EDITORA DO CONHECIMENTO

Auxiliando a humanidade a encontrar a Verdade

Feiticeiros e Feitiçaria no Segundo Império Brasileiro

Feiticeiros e Feitiçaria no Segundo Império Brasileiro

Diamantino Fernandes Trindade (Org.)

Todos os direitos desta edição reservados à
CONHECIMENTO EDITORIAL LTDA.
Fone/Fax: 19 3451-5440
www.edconhecimento.com.br
vendas@edconhecimento.com.br

Projeto gráfico: Sérgio Carvalho
Ilustração da capa: Banco de imagens

ISBN 978-85-7618-460-7
1ª edição – 2019

• Impresso no Brasil • Presita en Brazilo

Produzido no Departamento Gráfico de
CONHECIMENTO EDITORIAL LTDA
Rua Prof. Paulo Chaves, 276 – 13485-150
Fone: 19 3451-5440 – Limeira – SP

Dados Internacionais de Catalogação na Publicação (CIP)
(Angélica Ilacqua CRB-8 / 7057)

Trindade, Diamantino Fernandes.
Feiticeiros e feitiçaria no segundo império brasileiro : A transição da feitiçaria para a macumba nas primeiras décadas da República / Diamantino Fernandes Trindade (Org.) – Limeira, SP: Editora do Conhecimento, 2019.
436 p. : il.

ISBN: 97-85-7618-460-7

1. Umbanda - História - Brasil I. Título

18-1874 CDD – 299.672

Índice para catálogo sistemático:
1. Umbanda – História – Brasil

Diamantino Fernandes Trindade
(organizador)

Feiticeiros e Feitiçaria no Segundo Império Brasileiro

A transição da feitiçaria para a macumba nas primeiras décadas da República

1ª edição – 2019

EDITORA DO CONHECIMENTO

Figura 1: Logo da Casa de Cultura Umbanda do Brasil.

Dedicatória

Para minha querida esposa Tarsila Costa de Oliveira (Larayara).
Para a minha irmã de santo Déia Filha d'Água.

Figura 2: Feiticeiro do Congo Tata kimbandeiro versado na magia congo. Desenho mediúnico de Rosa Teubl. Acervo do autor.

Agradecimentos

Aos irmãos Mário Alves da Silva Filho, Tâmara Rodrigues, Tarsila Costa de Oliveira, Tatiana Giustino, Susi de Oliveira, Coronel Carlos Soares Vieira, Aluísio Berezowsky e Adão Lamenza pelas preciosas colaborações.

Figura 3: Caboclo das Matas. Desenho de Ricardo Godoi Kock. Acervo de Tâmara Rodrigues.

Há muitas vezes na história, ao lado dos fatos públicos, outros sucedidos nas trevas, os quais frequentemente são a causa verdadeira daqueles, e que os explicariam se fossem revelados.

Alexandre Herculano

As raízes da verdadeira feitiçaria são muito antigas. Mergulham em paragens profundas da consciência humana e vão à pré-história da sociedade, embora não sejam obrigatoriamente primitivas.

Doreen Valiente

A palavra bruxaria, segundo o uso corrente da língua portuguesa, designa o uso de poderes de cunho sobrenatural, sendo também utilizada como sinônimo de feitiçaria.
"Na África, é fútil perguntar se existem ou não feiticeiros", declara o livro *African Traditional Religion* (Religião Tradicional Africana), acrescentando que, "para os africanos de toda classe, a feitiçaria é uma realidade importante".

https://wol.jw.org/pt.

O grande cientista inglês Roger Bacon, que viveu no século XIII e aperfeiçoou o telescópio, o microscópio e a pólvora, foi certa vez condenado a 10 anos de prisão por "se dar à prática da feitiçaria".

Brazil Revista, n. 44, 1957.

EPA YEI OYÁ

Salve minha querida Mãe Iansã!

Figura 4: Oyá (Iansã). A saudação *Epa Yei* Oyá significa: *Saudação aos majestosos ventos de Oyá*. Pintura de Felipe Caprini. Acervo do autor.

FEITIÇARIA

Correio Paulistano, **n. 24400, 6 de outubro de 1935.**

Dentro da noite, que é um antro de bruxarias,
O teu sorriso audaz de feiticeiro,
E o meu temor supersticioso.

Abro os braços em cruz num gesto de esconjuro,
Mas tu, insolente,
Tu não foges da cruz, como o demônio,
Trazes, pelo contrário, para ela,
Para a extasiada cruz impaciente,
O sortilégio dos teus olhos cor de treva,
A magia negra das tuas mãos sacrílegas.
E o filtro embebedante do teu beijo.

Ada Macaggi

Sumário

INTRODUÇÃO

Caro leitor!

A feitiçaria brasileira, "precursora" da macumba, é um tema palpitante para os adeptos dos cultos afro-brasileiros e de outros segmentos religiosos.

Nos nove volumes da obra *História da Umbanda no Brasil*, publicados pela EDITORA DO CONHECIMENTO, fizemos uma abordagem dos elos entre vários cultos afro-brasileiros e a Umbanda. No sétimo e nono volumes o tema principal é a *Macumba e as perseguições religiosas*.

Neste livro mostramos a transição da feitiçaria para a macumba. Quando nos referimos à transição, em primeira instância, estamos aludindo à denominação das práticas religiosas, pois, como o leitor poderá perceber, ao longo do texto, a feitiçaria no Segundo Império e final do Século XIX, pouco difere da macumba do final do século XIX e primeiras décadas do Século XX. Lembramos também que a macumba recebeu influências, não só da feitiçaria, como também do extinto e secreto culto da Cabula como podemos ver nos volumes 1 e 8 da nossa obra *História da Umbanda no Brasil*. Os candomblés e catimbó-jurema e outros cultos também tem sua cota de participação na formação das macumbas cariocas. Lembro ainda que a Umbanda, fundada em 1908, por Zélio Fernandino de Mores e o Caboclo das Sete Encruzilhas, também acabou bebendo na fonte da macumba quando a Umbanda começou a se disseminar, em diversas vertentes, pelo Brasil afora.

Uma das possibilidades para pesquisar a história da feitiçaria no Brasil Imperial é recorrer às publicações dos periódicos da época. D'Alessio cita:[1] Não é necessário retroceder para reconhecer que a imprensa pode produzir significados políticos e ideológicos na sociedade em que ela está localizada e para quem ela se destina. Diz ainda:

> Ao escolher a seção de notícias como fonte, o historiador obtém do jornal o cotidiano da vida social no momento do seu acontecer. Por isso mesmo, a informação obtida é fragmentada. Quem dá sentido aos fatos é o historiador, articulando a *curta duração* de sua eclosão às outras temporalidades da história. Este é um dos aspectos que distinguem a notícia da análise, o repórter, do articulista. O último produz uma interpretação, o primeiro se pretende fiel ao real (embora as reflexões metodológicas já tenham desmistificado essa crença, mas esta é outra discussão).

D'Alessio diz ainda: O que está em jogo quando se analisa um periódico não é o real, mas a cultura imposta às classes populares.

Não é nosso objetivo fazer abordagens sociológicas e antropológicas neste livro, pois, isso será uma tarefa futura para outros dois escritores já designados para tal mister. Assim, para sermos fiéis à história, reproduzimos na íntegra os artigos, matérias, notícias e reportagens.

Em qualquer época o jornalista utiliza os recursos disponíveis no momento, além de deixar vir à tona as preferências politicas, ideológicas, religiosas etc. Afinal são seres humanos.

Sabemos que o jornalismo impresso da época não é o único veículo para interpretarmos a realidade dos cultos afro-brasileiros, porém, muito pouco se preservou da memória documental dessas práticas. Assim o resgate da maior parte dos textos de jornais e revistas, em um período de aproxi-

[1] D'ALESSIO, Márcia Mansor. *Imprensa, história, historiografia: algumas observações.* In: BEZERRA, Holien Gonçalves; DE LUCA, Tania Regina; FERREIRA, Antonio Celso (Orgs.). *Historiador e seu tempo: encontros com a história.* São Paulo: Editora Unesp: ANPUH, 2008.

madamente 120 anos, ganha uma importância crucial para a pesquisa e o estudo do tema. Vale ressaltar, também, que na maioria dos artigos, matérias e reportagens fica explícito o interesse dos periódicos em explorar apenas a face negativa das feitiçarias e macumbas, deixando de lado os aspectos positivos dessas práticas.

Não nos consideramos, na maior parte do tempo, nestas obras, um autor e sim um organizador de tais documentos jornalísticos, colocando à disposição dos leitores, pesquisadores e estudiosos, um acervo de fácil consulta. Além disso, disponibilizamos uma grande quantidade de 1.800 imagens, entre fotografias, desenhos e pinturas para fortalecer tal estudo.

A feitiçaria brasileira é, em parte, uma herança da colonização portuguesa no Brasil, bem como herança dos negros que aqui chegaram escravizados e a algumas práticas místicas dos índios. As dicotomias: bem e mal, Deus e Diabo, Céu e Paraíso são também heranças europeias. Laura de Mello e Souza[2] cita:

> Na época em que se descobriu a América, a Europa mergulhava num período ambíguo, caracterizado pela alternância das Luzes e das Trevas. De um lado, o Renascimento, a retomada do crescimento econômico, o próspero comércio transoceânico; de outro, os manuais do inquisidor, a caça às bruxas, as fogueiras e a institucionalização da tortura. No imaginário europeu o Brasil foi simultaneamente Paraíso e Inferno. Enviava à metrópole cargas preciosas de metal e pedras rutilantes. Enviava também a carga danada de presumíveis inimigos de Deus e do credo católico, que, uma vez processados pela Inquisição, saiam condenados nos Autos da Fé. Ser feiticeiro em terras da Colônia era um estigma a mais. Identificava-se o Brasil ao Inferno, e já no século XVII frei Vicente do Salvador se consternava ao constatar que o nome da madeira vermelha (o pau Brasil) acabara engolindo a denominação religiosa de Terra de Santa Cruz. Sendo assim, as práticas próprias dos habitantes da Colônia eram vistas como demoníacas: o colono e o diabo se

[2] *O Diabo e a Terra de Santa Cruz: feitiçaria e religiosidade popular no Brasil Colonial*. 2 ed. São Paulo: Companhia das Letras, 2009.

aproximavam no imaginário europeu.

> Em 1591, a Inquisição já andava em terras americanas rastreando heresias, desvios sexuais, práticas mágicas e feitiçarias. O Brasil mal era Colônia, e já seguiam processos dos seus moradores para Portugal. Portanto, desde o princípio, colonos e Inquisição divergiam no que dizia respeito à religião, às práticas mágicas, à sua inserção na vida cotidiana.

Cita ainda:

> Os portugueses chegaram ao Brasil num momento em que a presença de Satã entre os homens era especialmente marcante. Monstros, animais, seres diabólicos, os colonos foram também feiticeiros, as formulações se sucedendo e se desdobrando no imaginário europeu, índios da América, negros da África e brancos da Europa se combinaram mais uma vez para engendrar práticas mágicas e de feitiçaria extremamente complexas e originais.

Nas cidades litorâneas, do Rio de Janeiro ao Nordeste, a magia permaneceu mais ligada às tradições africanas (particularmente de origem banto), servindo-se das ossadas, roubadas nos cemitérios, para livrar os brancos de inimigos políticos ou de rivais em amor.[3] João do Rio,[4] em suas crônicas de 1904, observa como essas práticas eram difundidas no Rio, envolvendo pessoas das altas camadas da sociedade. "Há feitiços de todos os matizes, feitiços lúgubres, poéticos, risonhos, sinistros. O feiticeiro joga com o amor, a vida, o dinheiro e a morte, como malabarista de circo com objetos de pesos diversos".

Baroja[5] distingue dois tipos de magia maléfica: os encantos e os sortilégios, que estão associadas às práticas individuais, e a bruxaria vinculada às práticas coletivas e associados a verdadeiro culto. Norman Cohn[6] também vai nesse sentido dizendo que a bruxaria é coletiva e a magia é individual. Porém, também faz distinções entre feitiçaria

[3] BASTIDE, Roger. *As religiões africanas no Brasil*. São Paulo: Editora da USP, 1971.

[4] *As religiões do Rio*. Rio de Janeiro: Nova Aguilar, 1976.

[5] BAROJA, Julio Caro. *As bruxas e seu mundo*. Lisboa: Editora Vega, 1978.

[6] Norman Rufus Colin Cohn (12 de janeiro de 1915 – 31 de julho de 2007) foi um acadêmico, historiador e escritor britânico que atuou 14 anos como professor emérito de História na Universidade de Sussex, onde dirigiu um projeto de pesquisa internacional sobre genocídio.

(técnica que induz ao mal) de bruxaria (onde a pessoa é fonte do mal).

Evans-Pritchard,[7] ao estudar os Azande do Sudão, distingue a bruxaria da feitiçaria: "A diferença entre um ato imputado que é impossível e um ato que é possível". O mesmo autor cita:

> A bruxaria é uma noção tão estranha para nós que se torna muito difícil apreciarmos as convicções azande sobre sua realidade. Mas não podemos esquecer que tampouco é fácil para os Azande entenderem nossa ignorância e nossa descrença sobre o assunto. Certa vez, ouvi um deles dizer de nós: "Talvez lá na terra deles as pessoas não sejam assassinadas por bruxos, mas aqui elas são."

Já Thomas[8] não vê necessidade na distinção antropológica entre bruxaria e feitiçaria. Segundo esse autor, o feiticeiro lança mão de objetos, enquanto o bruxo não.

Samuel Oliveira,[9] praticante de bruxaria moderna e bruxaria tradicional diz que "um bruxo é uma pessoa que vive os preceitos da Arte dos Sábios. Já um feiticeiro nada mais é que uma pessoa que faz feitiços, independente de ser bruxo ou não. Mas dificilmente uma pessoa se mantém como feiticeiro, na maioria das vezes acaba se tornando um bruxo".

Entendemos, em um contexto geral, que feitiçaria e bruxaria são práticas semelhantes.[10]

---

[7] EVANS-PRITCHARD, Edward E. *Brujeria, magia y oráculos entre los Azande*. Barcelona: Anagrama, 1976.

[8] THOMAS, Keith. *Religion and the of magic – Studies in popular beliefs in XVI century England*. 4 ed. London: Widenfeld and Nicolson, 1980.

[9] http://apedradasbruxas.blogspot.com

[10] O tema é controverso e ainda não há um consenso da parte dos antropólogos e dos sociólogos do mundo todo. A noção moderna de bruxaria como religião deriva de Margaret Alice Murray, Gerald Gardner e Charles Godfrey Leland, cujas obras criaram o que hoje se conhece por Wicca ou a Velha Religião (ou ainda *La Vechia Religione*, para os seguidores de Leland). Na Europa, até o início do século XX, a Arte (*The Craft*) era praticada em grupo (conventículos) ou solitariamente. Muito embora alguns bruxos definissem sua arte como resultado de uma herança familiar (de sangue ou apenas de "sangue-bruxo"), diferenciando-a, desse modo, da feitiçaria, fato é que ambos os termos eram usados indistintamente para designar a assim chamada magia popular. Sobre o tema, não é demais destacar o relevante papel dos bruxos solitários (*hedgewitch*, *cunning man* ou *cunning woman*) na difusão das tradições mágicas folclóricas europeias, de natureza acentuadamente regional, pois a magia popular portuguesa chega ao Brasil com as bruxas, as mais das vezes solitárias, aqui mandadas por degredo. (Aluísio Berezowsky).

E o que é sortilégio, palavra que aparece várias vezes nos textos? Sortilégio significa ato ou ação de enfeitiçar, encantar ou seduzir, através de atributos naturais ou artificiais; ação do feiticeiro que pratica magia ou bruxaria. Outro termo que também é citado amiúde é "mezinha" ou "meizinha" que significa: remédio caseiro, ou manipulado em farmácias do interior, geralmente com o uso de ervas medicinais. Muito citadas são as rezas e as simpatias dos feiticeiros, um conhecimento muito difundido no interior brasileiro desde os tempos coloniais. O leitor encontrará também, nas páginas deste livro, a palavra fetichismo (sentido religioso) e que significa culto de determinados objetos aos quais se formou uma crença de estarem ligados aos espíritos ou santos, ou àqueles que estão

Figura 5: Sigidi é associado com o pesadelo. É um Exu pouco e conhecido no Brasil. É cultuado dentro da cultura a Orunmilá-Ifá. https://verbumsapiens-blog.wordpress.com.

associados à magia e que passam a representá-lo.

Vejamos um exemplo na figura a seguir:

O Século XIX não eliminou das cidades os curandeiros, rezadores, feiticeiros e bruxos. Tolheu-lhes intensamente as atividades ao decretar contra eles verdadeira guerra no Segundo Império Brasileiro, porém, como diz Couceiro[11] não existiam leis reguladoras das acusações de feitiçaria no Império, ao contrário da Colônia e do período republicano. Vários tipos de documentos da época nos ajudaram a demonstrar, no entanto, que a crença no feitiço, no Império do Brasil, assim como na República, perpassava todas as classes sociais.

A pesquisadora e professora Ivonne Maggie[12] afirma que as autoridades brasileiras imiscuídas nos assuntos da magia acabaram por criar mecanismos de controle e regulação das acusações, na República. Explica como agentes do Estado, juízes, promotores, delegados e policiais, além dos advogados e dos seus clientes acusados de feitiçaria, estavam envolvidos na própria crença, separando assim o joio do trigo e legitimando ou deslegitimando as acusações. O Estado, através de processos criminais constituídos a partir de inquéritos produzidos pela polícia para investigar acusações de feitiçaria, regulava o sistema punindo os que eram definidos como praticantes da magia e seus sortilégios.

O Estado Imperial Brasileiro criou mecanismos institucionais de regulação da feitiçaria, mesmo tendo abolido do Código Criminal, promulgado em 1830, a punição e a definição da prática de feitiçaria como crime. A palavra feitiçaria sequer aparece nesse Código, o primeiro corpo de leis exclusivo do nosso território, não mais subordinado ao governo colonial português. Não era crime praticar feitiçaria e nem acusar alguém de praticá-la ou provocar o infortúnio à outra pessoa mediante poderes mágicos.[13]

Vejamos o trecho que fala sobre os cultos religiosos a Lei

---

[11] COUCEIRO, Luiz Alberto Alves. *Magia e feitiçaria no Império do Brasil: poder e crença no Sudeste e em* Salvador. Rio de Janeiro: UFRJ, IFCS, PPGSA. Tese de Doutorado, Programa de Pós-Graduação em Sociologia e Antropologia, 2008.

[12] MAGGIE, Yvonne. *Medo do feitiço: relações entre magia e poder no Brasil.* Rio de Janeiro: Arquivo Nacional, 1992.

[13] SOUZA, Rafael Pereira de. *Desvendando mistérios!: Repressão e resistência dos cultos afro-brasileiros nas páginas policiais.* http://anais.anpuh.org, 2009.

de 16 de dezembro de 1830:

Manda executar o Código Criminal

D. Pedro por Graça de Deus, e Unânime Aclamação dos Povos, Imperador Constitucional, e Defensor Perpétuo do Brazil: Fazemos saber a todos os Nossos súditos, que a Assembleia Geral Decretou, e Nós Queremos a Lei seguinte.

CÓDIGO CRIMINAL DO IMPERIO DO BRAZIL

PARTE QUARTA
Dos crimes policiais

CAPITULO I
OFENSAS DA RELIGIÃO, DA MORAL, E BONS COSTUMES

> Art. 276. Celebrar em casa, ou edifício, que tenha alguma forma exterior de Templo, ou publicamente em qualquer lugar, o culto de outra Religião, que não seja a do Estado.
> Penas – de serem dispersos pelo Juiz de Paz os que estiverem reunidos para o culto; da demolição da forma exterior; e de multa de dois a doze mil réis, que pagará cada um.

As Posturas de 1845 observam: "Todo o que a título de curas, feitiços, ou de adivinhar, se introduzir em qualquer casa, ou receber na sua algum para fazer semelhantes curas por meios supersticiosos e bebidas desconhecidas, ou para fazer adivinhar e outros embustes, será multado, assim como o dono da casa em 30$000 – ou em 15 dias de cadeia, sendo livre, e sendo cativo será punido corporalmente".

Após o final do Governo Imperial, há um novo panorama jurídico e retorna-se à condenação da magia, seus sortilégios e a feitiçaria no Código Penal Republicano de 1890. Vejamos o que dizia sobre o tema o Decreto nº 847, de 11 de outubro de 1890, promulgado pelo Generalíssimo Manoel Deodoro da Fonseca, Chefe do Governo Provisório da Republica dos Estados Unidos do Brasil:

CAPITULO III

DOS CRIMES CONTRA A SAÚDE PUBLICA

> Art. 157. Praticar o espiritismo, a magia e seus sortilégios, usar de talismãs e cartomancias para despertar sentimentos de ódio ou amor, inculcar cura de moléstias curáveis ou incuráveis, enfim, para fascinar e subjugar a credulidade pública:
> Penas – de prisão celular por um a seis meses e multa de 100$ a 500$000.
> § 1° Se por influência, ou em consequência de qualquer destes meios, resultar ao paciente privação, ou alteração temporária ou permanente, das faculdades psíquicas:
> Penas – de prisão celular por um a seis anos e multa de 200$ a 500$000.

As práticas de feitiçaria, denominação utilizada pelos jornais e homens letrados às práticas religiosas dos cultos afro-brasileiros no período imperial, sempre eram realizadas às escondidas. Pois no momento em que o jornal realizava uma matéria sobre esta cidade, a população branca da Corte via horrorizada essas práticas, em "antros de devassidão e corrupção dos padrões de civilidade e de progresso". Esses personagens que povoavam os subterrâneos da cidade viam as suas práticas condenadas e reprimidas duramente pelas autoridades competentes. Só através da observação feita pelo repórter, que em alguns dos casos acompanhava a polícia nas batidas policiais e buscava detalhar ao máximo como eram essas casas na sua reportagem, é que conseguimos adentrar nestas casas, e compreender melhor o motivo de tanta preocupação das autoridades.[14]

Várias dessas situações serão descritas nesta obra. As mesmas cenas se repetiam, no início do Século XX, com as macumbas e os candomblés.

Os processos criminais eram formas institucionais criadas para disciplinar as acusações, julgar se o indivíduo era um feiticeiro ou charlatão e conferir a devida pena ao culpado ou a merecida liberdade ao inocente.

[14] MAGGIE, Yvonne. *O Arsenal da Macumba*. https://raizafricana.wordpress.com, 2009.

A denúncia era o primeiro passo dessas ações criminais comuns a partir do fim do século XIX. A acusação de fato é ponto fundamental para que a ação fosse instaurada. O código de 1890 estimulou de maneira decisiva a denúncia de associações religiosas "quando elas serviam para fins ilícitos". Sem denúncia não havia ação nem havia processo.[15]

Reis[16] cita que a crença no poder dos feitiços era compartilhada por autoridades policiais e políticas, fossem elas do Estado colonial português, fossem do Império do Brasil, respectivamente. Tais autoridades reprimiam o que chamavam de "prenúncios de catástrofes", produzindo documentação oficial, uma vez que acreditavam no poder da magia e da feitiçaria nas ações dos escravos e libertos que poderiam lhes causar malefícios. No Império, curadores, pajés, feiticeiros, jesuítas e benzedores continuaram a serem figuras proeminentes nas artes de curar pessoas.

Mello e Souza[17] diz que as curas mágicas tinham grande importância nas culturas primitivas. Tratar doenças adequadamente e ter êxito nas curas eram provas do talento dos feiticeiros Tupinambá. Na opinião de Caldas:[18] Ao longo do século XIX, a percepção sobre doenças e a maneira de lidar com elas em diferentes grupos sociais passava por um entendimento muito integrado do funcionamento do corpo e do espírito, da concepção de doença e cura relacionada a ideias de feitiços, ou de ligações com o "sobrenatural", com deuses e santos ou com problemas espirituais.

Montero cita:[19] O Brasil apresenta amplo espectro de terapias alternativas que concorrem no tratamento de doenças e doentes. A composição desse pluralismo terapêutico

---

[15] *Ibid.*

[16] REIS, João José. *Magia Jeje na Bahia: a invasão do calundu no Pasto de Cachoeira, 1785*. In Revista de História – Escravidão, São Paulo, ANPUH, Marco Zero, v. 8, n. 16, 1988 e *Nas malhas do poder escravista: a invasão do Candomblé do Accú*. In: João José Reis & Eduardo Silva, *Negociação e conflito: a resistência negra no Brasil escravista*. São Paulo, Companhia das Letras, 1989.

[17] MELLO E SOUZA, Laura de. *O Diabo na Terra de Santa Cruz*. 2 ed. São Paulo: Companhia das Letras, 2009.

[18] CALDAS, Glícia. *Curas e feitiços: religiosidade e identidades étnicas da população negra do Brasil Imperial (1850-1888)*. http://www.encontro2016.rj.anpuh.org

[19] MONTERO, Paula. *Da doença à desordem: a magia na Umbanda*, Rio de Janeiro, Graal, 1985.

decorre da peculiar história social, econômica e cultural do país. Diz ainda: O século XIX também foi palco de uma guerra declarada de médicos contra aqueles que exerciam práticas de cura. Eles organizaram-se institucionalmente, defendendo o monopólio da saúde e das práticas de curar com a expedição de diplomas, habilitando profissionais com o ensino da maneira de tratar doenças. Durante todo o século XIX, o controle da profissão médica não foi suficientemente para extirpar outras formas concorrentes de práticas de cura e definição de doenças e por isso, a instituição médica não se impôs à sociedade de forma absoluta.

Abordamos nesta obra a feitiçaria durante o Segundo Império e a sua "transição" para a macumba no século XX. Destacamos o célebre José Sebastião da Rosa, mais conhecido como Juca Rosa, um dos líderes religiosos negros mais importantes da Corte. Os periódicos da época o chamavam de "feiticeiro negro". Era tema de matérias jornalísticas em função de seu envolvimento com prostitutas, costureiras, mulheres pobres e negras, senhoras brancas e casadas oriundas de famílias importantes na vida política da Corte. A maioria de seus seguidores eram mulheres que eram atraídas pelos seus atrativos e olhar penetrante. Abordaremos o famoso Processo Juca Rosa onde ele foi condenado a seis anos de prisão.

Apresentamos interessantes e importantes registros dos seguintes periódicos: *Gazeta da Tarde*, *Jornal da Bahia*, *Província de São Paulo*, *Diário de Notícias*, *Carioca*, *Carbonário*, *Cidade do Rio*, *Diário Carioca*, *Shimmy*, *Correio da Manhã*, *O Brasil*, *O Estado* (PR), *O Estado de São Paulo*, *Folha da Manhã*, *Jornal das Moças*, *O Imparcial*, *O Século*, *O Tempo*, *A Capital*, *A Imprensa*, *A Epoca*, *Critica*, *A União*, *A Gazeta*, *Correio Paulistano*, *Correio de São Paulo*, *A Manhã*, *A Cruz*, *Fon Fon*, *A Notícia*, *Careta*, *O Malho*, *Diário do Rio de Janeiro*, *A Noite: Suplemento*, *Diário do Commercio*, *O Lobisomem*, *A Comédia Social*, *Gazeta de Notícias*, *O Comércio* (Sorocaba), *Jornal de Umbanda*, *O Jornal*, *Intervalo*, *Periódico dos Pobres*, *O Cruzeiro*, *Folha de Poços* (MG), *O Paiz* e *O Que Há?*

Antes dos temas relativos à feitiçaria, macumba e bruxaria no Segundo Império, apresentamos alguns artigos que fornecem subsídios para o entendimento das matérias históricas resgatadas.

Iniciamos apresentando um excelente texto escrito por Ítala Gomes Vaz de Carvalho, que aborda o tema bruxas e bruxedos, mostrando um interessante panorama sobre as bruxas europeias nos Século XVI e XVII. Logo após temos o artigo, de Gustavo Barroso, intitulado "A noite de Walpurgis", de 1933.

A seguir mostramos os primórdios da feitiçaria no Primeiro Império. Francisco Guimarães (o *Vagalume*) escreveu na *Crítica*, em 1929, um sensacional artigo intitulado "A caravana negra de D. Pedro I", onde aborda a atuação do Imperador no mundo das feitiçarias, que mandou vir da América um numeroso grupo de feiticeiros que formavam a caravana negra. Sua Majestade usava e abusava do feitiço e seu trabalho predileto era castigar políticos.

Logo após apresentamos um texto sobre os processos da "Santa Inquisição" de Lisboa contra a calunduzeira Luzia Pinta e outro sobre o feiticeiro José Francisco Pereira. No primeiro artigo são dadas explicações sobre o culto do Calundu, precursor colonial do Candomblé. Apresentamos também um texto sobre os balangandãs em pencas, uma joia de características místicas e religiosas.

Em seguida apresentamos duas notícias curiosas de 1834 e de 1844: a primeira é um anúncio sobre um calendário anual, publicado pela R. Ogier, intitulado "Nova Folhinha de Feitiçaria Branca". A outra dá conta da atuação de um feiticeiro em Braga, Portugal. Logo após apresentamos um artigo, de 1855, do *Jornal da Bahia*, relatando uma batida policial, seguida de várias prisões, no Candomblé do Engenho Velho, o terreiro mais antigo de Salvador. No tópico "Feiticeiros e curandeiros no Segundo Império" mostramos algumas matérias da época dos periódicos *Correio Paulistano* e *Província de São Paulo*.

Apresentamos a seguir um pouco da história de Pai João de Camargo, missionário negro, compositor, médium, curandeiro, também conhecido como médico dos pobres, e que atuava em Sorocaba, Estado de São Paulo, onde fundou uma igreja sincrética: Capela Senhor do Bonfim. Apresentamos também uma matéria sobre ele, publicada em 1934, no periódico *O Malho*. O jornal sorocabano *O Comércio*, de 1942, publicou uma reportagem sobre o cortejo fúnebre de João de Camargo. Narramos, em seguida, uma visita que eu e minha esposa Tarsila Costa de Oliveira fizemos, em julho de 2018, a Capela Senhor do Bonfim e no Cemitério da Saudade onde estão sepultados os restos mortais de João de Camargo. A sepultura é uma réplica da Capela Senhor do Bonfim. Diversas fotografias registradas por Tarsila Costa de Oliveira são mostradas neste capítulo.

Em seguida contamos um pouco da vida e das atividades de Juca Rosa. Mello Barreto e Hermeto Lima, no livro *História da Polícia do Rio de Janeiro (1870-1889)*, escreveram o artigo intitulado "Juca Rosa – O célebre feiticeiro da Rua do Núncio".

Seguem-se algumas reportagens do *Diário de Notícias* e do *Diário do Rio de Janeiro*, de 1870 e 1871, sobre a prisão, o processo e a condenação de Juca Rosa. *A Comédia Social*, em 1870, publicou uma matéria e um poema sobre Juca Rosa. O jornal *O Lobisomem*, em 1870, apresenta uma reportagem sobre o tema intitulada "Um feiticeiro". O *Diário do Rio de Janeiro*, em 1871, publicou um poema de Trapiche e Macaco sobre Pai Feitiço e Pai Quimbombo.[20] "Juca Rosa e o feiticeiro" é um poema divulgado, em 1871, pelo *Periódico dos Pobres*. O *Diário do Rio de Janeiro*, em 1877, divulgou a liberdade de Juca Rosa após cumprir seis anos de prisão.

Oportuno citar que, ao longo da leitura destas matérias, aparece algumas vezes o termo macumba como instrumento de percussão.

Em seguida apresentamos várias matérias do *Diário de Notícias*, entre 1870 e 1892, sobre a feitiçaria. O *Diário do Commercio* publicou, em 1889, um artigo sobre a Irmandade das Almas que se dedicava à prática de feitiçaria. O mesmo periódico, em 1891, traz uma matéria sobre a alta feitiçaria. O jornal *Carbonário*, entre 1833 e 1888, também aborda o assunto nas seguintes publicações: "Rua Sete de Setembro"; "Feiticeiros" e "A serpente portuguesa". Também *O Tempo*, em 1892 e 1893, trata dos temas: bruxaria e feitiçaria. O

[20] Uma das entidades espirituais que incorporavam em Juca Rosa.

mesmo ocorre com os jornais *Cidade do Rio,* em 1896 e *Diário Carioca*, em 1900. A *Gazeta da Tarde*, entre 1882 e 1898, apresenta cinco matérias sobre o tema: "Feitiçaria em Tatuí"; "Casa de dar fortuna"; "Santo Antonio cura por milagre"; "Registrozinho" e "Feitiçaria – Bruxaria e mágica".

Três reportagens do *Correio da Manhã*, entre 1905 e 1907, descrevem casos da atividade dos feiticeiros. "Consequências da feitiçaria", "Nos domínios da magia" e "Os caboclos não impediram a entrada da polícia" são matérias publicadas pelo *O Imparcial*, entre 1913 e 1918. *O Século*, em 1914, publicou o artigo intitulado "Aventuras de um feiticeiro". O *Jornal das Moças*, em 1920, apresentou uma notícia sobre o famoso Centro Espírita Redentor. O periódico *O Brasil*, em 1922, trás a matéria "No convívio dos magos e feiticeiros".

A Notícia publicou bastante material sobre a feitiçaria entre 1895 e 1916. Os textos apresentados pelo periódico são: "Talismãs e amuletos"; "Feitiçaria – Morte repentina"; "Feitiçaria nas Águas Férreas"; "Tranquilino, o feiticeiro"; "Uma cena de feitiçaria"; "Feitiçaria na Piedade"; "Sátiro – Curandeiro"; "Volta à baila o feiticeiro Faustino", "Feiticeiro preso"; "Feiticeiro em apuros"; "Do 'bicho' à feitiçaria"; "É feitiçaria!" e "Sortilégios e mandingas".

A feitiçaria também foi objeto do jornal *A Capital*, em 1902 e 1911. Também *A Imprensa* aborda o assunto, entre 1889 e 1911 com os seguintes artigos: "Um caso de feitiçaria"; "A Castália dos papalvos"; "Mão santa"; "Bruxos e bruxas"; "Medo dos bruxedos," "A exploração da crendice!" e "O Rei mandinga".

O periódico *A Epoca* publicou diversas reportagens sobre a feitiçaria entre 1914 e 1916: "Feitiços e feiticeiros"; "Madame Zizina"; "Guerra aos feiticeiros"; "Quatro dias nos antros da bruxaria" (cinco reportagens); "A credulidade popular e os males dela decorrentes"; "A polícia vareja um antro de feitiçaria" e "No mundo da feitiçaria". *A União*, em 1919, apresentou a matéria "A feitiçaria em progresso". O jornal *A Manhã*, em 1927 e 1928, publicou os artigos: "Um despacho na avenida"; "Não quiseram ir à macumba"; "O esqueleto teria feito parte do arsenal do macumbeiro?" e "Com medo do feitiço".

A feitiçaria e a macumba também ocorriam em larga escala em São Paulo no período do Segundo Império e nas primeiras décadas da República. A ação policial contra esses cultos era semelhante ao que acontecia no Rio de Janeiro. O Código de Posturas do Município de São Paulo de 1886 dizia:

> TÍTULO XVII
>
> SOBRE VAGABUNDOS, EMBUSTEIROS, TIRADORES DE ESMOLAS, RIFAS
>
> Artigo 199 – Todos que se intitularem curandeiros de feitiços, ou efetivamente empregarem orações, gestos ou quaisquer embustes, a pretexto de curar, incorrerão na multa de 30$ e oito dias de prisão.
> Artigo 200 – Os que fingirem inspirados por algum ente sobrenatural e prognosticarem acontecimentos que possam causar sérias apreensões no ânimo dos crédulos, sofrerão a multa de 30$ e dez dias de prisão.

O Gabinete de Investigações era temido pelos macumbeiros da época. O jornal *Folha da Manhã*, na edição do dia seis de outubro de 1931, descrevia a divisão do departamento da Polícia Civil que conduzia as acusações aos "macumbeiros" e praticantes de baixo espiritismo da cidade:

O Gabinete de investigações visto por dentro

Terceiro andar: costumes e jogos – Baixo espiritismo e medicina ilegal – meretrício e derivantes – oito mil mulheres e duzentos e cinquenta prostíbulos – apreensão de menores em casas suspeitas.

Quatro periódicos relatam a feitiçaria em São Paulo. No *Correio Paulistano*, entre 1892 e 1928, encontramos os seguintes textos: "A feiticeira da Rua da Concórdia"; "Feitiçaria no Brás"; "Feitiçaria no Matadouro"; "A feitiçaria"; "Agressão"; "Uma casa de feitiçaria no Itutinga" e "Em Mogi Mirim".

Na *A Gazeta* temos, entre 1915 e 1933, as matérias: "Professora de ciências ocultas"; "Feitiçaria e cartomancia"; "A ação da polícia contra um curandeiro determinou grande agitação na cidade"; "Mais de mil casos de loucura devidos à prática da feitiçaria"; "Sal grosso? É feitiçaria na certa"; "Feitiçaria, feiticeiros e enfeitiçados"; "Cavando a vida"; "No reino dos águias"; "Seria feitiço?"; "Os grandes males sociais" e "A feitiçaria no Brasil", texto de Humberto de Campos.

A revista *Shimmy*, em 1928, apresenta o artigo "À margem da crença popular". Entre 1935 e 1937, temos as notícias do *Correio de São Paulo*: "Charlatã e feiticeira!"; "Feitiçaria africana"; "Calças entrelaçadas e terra de cemitério"; "Feiticeiro fracassado"; "A cartomante queimou os dois contos de réis do padeiro!" e "A Polícia de Costumes fechou um centro espírita".

Nos jornais *O Estado de São Paulo* e *Folha da Manhã* encontramos algumas notas, dos primeiros anos do Século XX, sobre as macumbas.

Interessante notar que o *modus operandi* das feitiçarias do século XIX, bem como as ações policiais contra os feiticeiros, era muito semelhante ao que ocorria, até 1960, com as macumbas e os macumbeiros. Percebe-se, ao longo desta obra, que a transição do termo feitiçaria para o termo macumba ocorreu gradativamente do final do século XIX para o início do século XX.

O Malho, em 1916, apresenta uma interessante charge sobre o estardalhaço da polícia, na perseguição aos charlatões, às cartomantes e às casas de feitiçarias. O jornal *O Paiz*, em 1918, traz uma reportagem sobre a invasão policial ao Rancho do Caboclo Urubatão. O periódico *A Cruz*, em 1922, publicou o artigo "A capital da feitiçaria".

Em 1930, na revista *O Que Há?* encontramos uma interessante matéria de Mattos Pinto intitulada "Sobre as sugestivas forças secretas do desconhecido". Em 1931, a revista *Fon Fon* apresentou um poema de Horta Macedo sobre a *mandrágora*. *Careta*, em 1965, publicou um artigo de Humberto de Campos sobre as bruxas. *O Estado* (PR), em 1936, apresenta um artigo sobre o combate ao baixo espiritismo.

Apresentamos a seguir quatro publicações de *A Noite: Suplemento*, no período de 1933 a 1941. A primeira narra um episódio da Santa Casa de Belo Horizonte, onde um adepto do baixo espiritismo feriu várias pessoas; a segunda descreve uma macumba em Madureira; a terceira traz uma excelente reportagem sobre a macumba e a última, intitulada "Guerra a ebós e Orixás" fala sobre a ação policial nos terreiros de macumba.

No jornal *Carioca*, em 1943, encontramos curiosas propagandas do batom Colgate, sob o título "Famosas receitas de amor".

Mostramos em seguida a reportagem de Geoffrey Murray, em Londres, sobre os trabalhos de cura da Senhora Mackenzie que atuava mediunicamente com o índio pele vermelha *Água Corrent*e, publicada pelo *O Jornal*, em 1952. A revista *O Cruzeiro*, em 1933, mostra um texto sobre a arruda, erva de grande sensibilidade e muito utilizada nos terreiros para limpeza espiritual das pessoas. O mesmo periódico publicou mais duas matérias interessantes em 1953 e 1966: "Mãe d'Água", de autoria de Rachel de Queiroz e "Coisas do outro mundo em uma casa do Século XV".

Algumas matérias do célebre *Jornal de Umbanda* foram publicadas entre 1954 e 1960: "Macumba mascarada"; "A Umbanda em Cuba"; "A Umbanda em marcha em Minas Gerais"; "Mandinga"; "Grupo Espírita Humildes de Jesus"; "Marco de uma vitória" e "Notícias da UEUB".

Edmundo Cardillo escreveu, na *Folha de Poços*, o artigo "Prisão de 25 cidadãos em Poços de Caldas", onde aborda de forma competente e fundamentado na Constituição Brasileira, o excesso da polícia nas batidas aos cultos afro-brasileiros.

Voltamos ao *Diário de Notícias* com várias publicações. Em 1960, o periódico mostra um artigo sobre a homenagem da Umbanda à Princesa Isabel. No mesmo ano relata o sequestro de uma moça, por três meses, em um antro de mistificação. Em 1965, retrata a macumba e a superstição do dia 13. No mesmo ano o jornal apresenta reportagem sobre o envolvimento de uma consulente com um médium de um terreiro, seguido da separação do casal. Ainda em, 1965, mostra uma reportagem sobre o apoio de Atilla Nunes à candidatura do educador Flexa de Lima a deputado da Guanabara. Em 1966, relata o primeiro dia oficial de Iemanjá no Rio de Janeiro. Em 1968, traz dois artigos do General Mauro Porto sobre a Umbanda. Em 1969 publicou a matéria de Maria Lucia Amaral sobre os Santos na Umbanda. No mesmo ano temos duas reportagens sobre as homenagens à Iemanjá. Em 1970, publicou um texto de Gélcio Siqueira sobre a famosa cachoeira de Tingussu, local de muitas oferendas aos Orixás. Ainda em 1970 temos uma matéria sobre a Umbanda e a nova lei do silêncio do vereador Manoel Barbosa, de Nilópolis. A última reportagem do *Diário de Notícias*, de 1971, escrita por Antonio Carlos Freitas, aborda os ritos de Umbanda na Sexta Feira Santa.

A revista *Intervalo*, em 1968, publicou uma entrevista de Paulo Stein, com o cantor Noriel Vilela que ficou famoso com o disco "Eis o ôme". A polêmica sobre a farmácia de Zélio de Moraes é esclarecida logo em seguida.

Adão Lamenza dá sua preciosa colaboração escrevendo sobre Seu Sete da Lira. Em seguida temos os artigos "Lukumi e Santeria" e "A Rainha Jinga". Mário Alves da Silva Filho colabora com texto intitulado *As religiões afro-brasileiras e a "intervenção militar"*. Apresentamos logo após um artigo sobre o incansável pesquisador da História da Umbanda, Coronel Carlos Soares Vieira. Também de sua autoria é o "Hino de Umbanda no Microcosmo" e a mensagem do Caboclo Tupinambá.

Encerramos com uma Galeria de Imagens.

Desejamos uma boa leitura a todos!
Um saravá profundo!

Diamantino Fernandes Trindade
Hanamatan Ramayane

BRUXAS E BRUXEDOS

Ítala Gomes Vaz de Carvalho

A Noite: Suplemento, n. 256, 8 de dezembro de 1934

Há bruxas creio que sim. Os jornais não há muito tempo anunciaram o caso de um lavrador chamado Druse, que declarou ter morto a tiros em Wisconsin, Estados Unidos, o seu vizinho, Sut Wierzba, porque este era um bruxo que lhe havia enfeitiçado as vacas, a ponto de não se lhes poder tirar mais nem uma gota de leite. O assassino entregou-se logo à polícia, declarando com altivez que agira como interprete e agente de uma entidade ultrajada! Outras, e mais fortes indicações da crença nos ofícios dos bruxedos, encontram-se na tradução recente do clássico livro em latim – *Malleus Maleficarum*[21] – que enumera e explica desde o Século XV o melhor meio de descobrir os bruxos e de lhes dar a morte por meio do fogo.

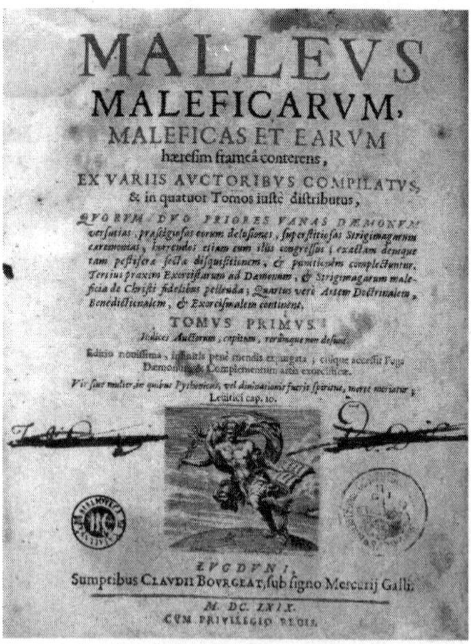
MALLEVS
MALEFICARVM,
MALEFICAS ET EARVM
hæresim frameâ conterens,
EX VARIIS AVCTORIBVS COMPILATVS,
& in quatuor Tomos iustè distributus,
TOMVS PRIMVS
LVGDVNI,
Sumptibus CLAVDII BOVRGEAT, sub signo Mercurij Galli.
M. DC. LXIX.
CVM PRIVILEGIO REGIS.

Figura 6: Frontispício do livro *Malleus Maleficarum*. https://upload.wikimedia.org.

O livro foi escrito em 1484, após a promulgação da famosa "Bula" do Papa Inocêncio VIII, com o fito de acabar, especialmente na Germânia, com bruxos, bruxas e bruxedos de toda espécie! Nesta "Bula", o Papa referiu-se a pessoas de ambos os sexos que enganavam a si próprias e que, com o auxilio do demônio, faziam mági-

[21] *Malleus Maleficarum Maleficat & earum haeresim, ut framea potentissima conterens* ou mais comumente chamado apenas *Malleus Maleficarum* é o título original, em latim, (também chamado *O Martelo das Bruxas* ou *O Martelo das Feiticeiras*) do livro publicado pelos dominicanos Heinrich Kraemer e James Sprenger, em cumprimento à bula papal *Summis Desiderantis Affectibus* de Inocêncio VIII, que os autorizava criar um manual de combate aos praticantes de heresias.

cas, encantamentos e esconjuros, pronunciando palavras ocultas, que destruíam os frutos da terra, os cachos de uvas, as crianças, os homens e todos os animais deste mundo!

Antes mesmo do aparecimento do livro em latim, *Malleus Maleficarum*, o inquisidor Cumano já havia mandado para a fogueira quarenta e duas bruxas, após tê-las feito lavar e raspar cuidadosamente no intuito de descobrir os sinais da "macumba" escondidos sob os cabelos e as camadas de sujeira.

Bem entendido, não achou nada de especial e o famoso livro encerra conselhos contra as infelizes criaturas que fossem acusadas, naqueles tempos remotos, de algum bruxedo ou macumba! Os compiladores da obra a dividiram em três partes:

"Coisas que pertencem à bruxaria".

"Os efeitos dos encantamentos".

"Remédios contra a bruxaria".

O livro demonstrava uma ingenuidade infantil na última e terceira parte, que devia justamente encerrar o meio mais seguro de libertar o mundo das bruxas e dos bruxedos. Uma espécie de "Código Criminal", onde se declara, antes de tudo, que basta uma acusação ou uma simples suspeita para fazer prender e condenar quem pratique qualquer ato imputável de bruxedo. E qualquer pessoa, ou o próprio advogado do acusado, demonstrando grande apego na defesa do condenado, será também considerada herege e condenada e queimada na praça pública.

No artigo XIII explica-se que o juiz deve estar escrupulosamente alerta, porque "as bruxas deram a alma e o corpo ao demônio, o que as torna insensíveis às torturas, da roda e capazes de se deixarem cortar em pedaços de preferência a confessarem o crime", e acrescenta mais: Para convencer o acusado a fazer uma confissão espontânea poder-se prometer-lhe a vida salva, embora sem a menor intenção de manter a promessa. Se a bruxa não confessa no primeiro dia a tortura poderá ser prolongada, além do terceiro dia. E há um sinal importantíssimo para certificar os juízes de efetuar interrogatórios e torturas.

Decididamente não era bom negócio ser "macumbeiro" naqueles tempos remotos da Inquisição!

A imagem popular da bruxa sempre foi a de uma mulher velha, feia, cheia de rugas, com o lábio superior coberto de pelos espinhosos, os dentes proeminentes, os olhos vesgos, a voz estridente e a roupa esfarrapada. Ao lado havia sempre um gato preto, arrepiado, e uma coruja, mas havia também outras categorias de bruxas, que viviam com a roca e o fuso na mão e que se dividiam em séries negras, cinzentas e brancas. As primeiras eram onipotentes para o mal e nada podiam fazer em beneficio de alguém; as brancas tinham faculdades mais limitadas, porém sempre em favor das coisas ruins, e as cinzentas podiam apoiar tanto o mal quanto o bem. As maneiras de enfeitiçar eram variadíssimas. A mais comum consistia em deitar o "mau olhado", mas havia operações mais complicadas, que consistiam em fazer, com cera ou argila, figurinhas, que representavam a pessoa visada que torravam no fogo ou espetavam com mil alfinetes, ou então a mergulhavam em uma mistura de infusões feitas com ervas mágicas. Outras vezes bastava murmurar imprecações.

Supunha-se que as bruxas só andassem sobre as ondas do mar ou pelos ares a cavalo em cabos de vassouras para irem tomar parte aos clássicos "sabats" das noites de sexta feira a sábado. Naquelas reuniões cada bruxa tinha obrigação de levar uma relação de todo o mal que havia praticado e de receber novas ordens de seus diabólicos patrões para os outros malefícios que deveria espalhar em torno de si.

Ainda há lembrança do famoso processo de bruxaria intentado contra o padre Urbano Grandier,[22] em 1633, acusa-

[22] Envolvido também em escândalos sexuais. Quando as freiras do Convento de Loudun apresentaram sintomas de possessão, ou histeria, o padre foi acusado de magia negra: o povo acreditava que ele era o responsável pelos fenômenos e o inquérito apurou que Grandier estaria associado a dois demônios, Asmodeus e Zabulon, para produzir os ataques. Sessenta testemunhas fizeram acusações de adultérios, sacrilégios e outros crimes cometidos mesmo em recintos sagrados, dentro da Igreja. O processo de Urbain Grandier foi marcado por contradições. Várias religiosas retiraram as denúncias e revelaram terem sido "instruídas" por superiores. O réu afirmou sua inocência, mesmo submetido a torturas, e manteve esta posição até o momento final, na fogueira. Nos meses seguintes à morte de Grandier, vários de seus acusadores morreram vitimados por doenças misteriosas e as freiras continuaram a padecer de convulsões. No processo jurídico-eclesiástico contra Urbain Grandier, acusado de enfeitiçar as freiras de Loudun, consta que uma cópia do pacto, um documento escrito foi encontrado entre os papéis do réu, devassados depois de sua prisão. Diz o texto:
Meu Senhor e Mestre tenho-o como meu Deus; prometo servi-lo enquanto viver e, desde esta hora, renuncio a todos os outros deuses e Jesus Cristo e Maria e todos

do pelas freiras ursulinas de Loudun (França) de lhes haver atirado um feitiço satânico!

No começo, o padre Urbano foi absolvido por falta de provas, mas um primo da madre abadessa, o Senhor De-Lauordemout, recorreu ao Cardeal Richilieu, que ordenou a revisão do processo admitindo o requerente entre os requerentes. Neste novo processo, as freiras tornaram a comparecer como testemunhas e a linguagem endemoninhada, de verdadeiras histéricas, que elas empregaram, foram aceitas como prova indiscutível da culpabilidade do padre. Também foram apresentados documentos que, conforme a acusação, tinham sido estipulados entre Grandier e Satanáz! Um dos documentos era assinado: Urbano Grandier, o outro trazia a assinatura de sete diabos, representantes do demônio, assim como a de Baalbrith, que é o secretário particular de Satanáz, escrito com letras brilhantes como se fossem espelhos. O infeliz Urbano Grandier foi barbaramente torturado e queimado vivo a 18 de agosto de 1634. Todo esse processo havia obedecido às indicações do famoso *Malleus Maleficarum*.

A perseguição das bruxas foi de todos os países e de todos os tempos e os protestantes não foram nisto menos encarniçados que os católicos. Durante o reino da Rainha Elisabeth deram-se numerosos casos de bruxaria. Um dos mais notáveis foi o de Margarida Simons, residente em Breuchly, no condado de Kent. O filho do vigário da localidade, John Farral, passando em frente à casa dos Simons foi assaltado pelo cão de guarda e refugiou-se atrás da porta, quando a senhora Simons (pelos dizeres do vigário) jogou, uma praga ao rapazinho, que adoeceu e morreu, cinco dias depois. A Simons foi processada e só conseguiu escapar da fogueira, porque um dos jurados se recusou a declará-la culpada.

A influência do *Malleus Maleficarum* e de outras literaturas semelhantes, que lhe floresceram em volta, manifestou-se

os Santos do Céu e à Igreja Católica Apostólica Romana e a todo o bem e preces que possam ser feitos por mim. Prometo adorá-lo e prestar-lhe homenagem pelo menos três vezes por dia e fazer o máximo de mal possível e levar ao mal tantas pessoas quanto possível; renuncio de coração ao Cristo, ao batismo e a todos os méritos de Jesus Cristo; no caso de desejar mudar, dar-lhe-ei meu corpo e minha alma e minha vida como garantia, tendo entregue tudo isso para sempre sem qualquer vontade de arrependimento. Assinado: Urbain Grandier, com seu sangue. (*http://alvaro-horus.blogspot.com*)

não somente na Europa, mas também na América e principalmente em New England entre 1688 e 1692. Lá as perseguições principiaram quando o irlandês Glover se viu acusado de haver enfeitiçado as filhas de um Senhor Goodwin, de Boston. As moças sofriam de convulsões epiléticas, consideradas sintomas infalíveis de "possessão diabólica" e quando o Dr. Matuer quis exorcizá-las, elas caíram imediatamente em "transe", montando a cavalo sobre cabos de vassoura imaginários como se estivessem se preparando para ir ao "sabat das bruxas", rindo e falando animadamente com pessoas invisíveis. Felizmente os séculos passaram apaziguando os ânimos, exaltados pelas mórbidas excitações da fantasia e bruxos, bruxas e bruxedos já quase todos desapareceram do nosso mundo de viventes!

Figura 7: Padre Urbano Grandier. *https://www.fatosdesconhecidos.com.br.*

Figura 8: Desenho alegórico sobre a atuação dos demônios sobre as freiras de Loudun. *https://www.guioteca.com.*

Figura 9: Quadro representando o julgamento do padre Urbano Grandier.

A NOITE DE WALPURGIS

Gustavo Barroso

A Gazeta, n. 8345, 31 de outubro de 1933

Quando Goethe escolheu, nas ásperas montanhas do Harz, o maciço sinistro do Brocken para cenário da famosa noite de Walpurgis, fê-lo porque, segundo antiquíssima tradição popular, ali as bruxas se reuniram para o culto demoníaco e a orgia imunda do sabat. Muitos desses locais de reunião satânica existiam pela Europa inteira, conforme se pode ler em diversos autores, notadamente em Michelet e de Guaita. Entretanto nenhum gozou jamais da nomeada universal do Brocken, graças ao gênio imortal de Goethe. Recentemente, no começo deste ano, a Sociedade Britânica de Estudos Físicos preparou com o maior cuidado, no chamado "Triângulo Mágico" do monte Brocken, no meio da cordilheira do Harz, uma nova noite de Walpurgis, com o fim de verificar se a feitiçaria medieval tinha em verdade o poder que lhe foi atribuído.

Vários psicólogos alemães e ingleses subiram ao cume deserto numa noite de luar, acompanhados de outras pessoas, entre as quais a jovem Urta Bohn, filha de um médico de Breslau, a qual devia se prestar ao papel central de Rainha do Sabat. Cumpriu-se todo o antigo ritual da feitiçaria, de acordo com as regras do vetusto *Supremo Livro Negro*.

À meia noite em ponto, acenderam-se fogueiras e trouxeram o bode em que se devia encarnar, como de praxe, o espírito do Mal. Ungiram-no com um unguento feito de sangue humano, mel e raspaduras de um sino de igreja. A Rainha do Sabat, em pé, histérica e desnuda, esperou a consumação horrenda dos ritos. Pronunciaram-se todas as fórmulas mágicas de encantamento e todas as blasfêmias exigidas pela pragmática do inferno.

Descreveram-se os círculos e sinais cabalísticos prescritos com o fogo no ar, com a água na terra e com a terra na água. Mas – ó decepção! – nem os rebanhos de sapos saíram de suas tocas, nem os bandos de bruxas vieram pelos ares montados em cabos de vassouras e o Príncipe das Trevas não deu um ar de sua graça.

Na noite seguinte, à luz triste de uma lua que as nuvens velavam em presença de umas quinhentas pessoas, realizou-se nova experiência. O bode limitou-se a berrar naturalmente, como qualquer bode, e ainda desta vez o tão falado Mestre Leonardo dos Sabats medievos não se manifestou.

Quase toda a imprensa europeia se ocupou do acontecimento, traçando em torno, antes e depois da experiência, os mais desencontrados comentários. Alguns jornais consideraram tudo simples brincadeira de desocupados ou fantasias de sonhadores. Outros se indagaram com a ressurreição, sob pretexto sabat, pedindo a intervenção da polícia. Outros julgaram até possível qualquer resultado útil no interesse das pesquisas científicas, sendo que o próprio fracasso poderia contribuir para eliminar qualquer vestígio de superstições dessa ordem que ainda existam no espírito da humanidade. E ainda outros declararam que a experiência gorou por faltar aos que tentaram o animo decidido do mal pelo mal, a fé no mal.

Até na Europa, como vemos, se entrega à macumba.

Decididamente este mundo está perdido.

Figura 10: Detalhe do ritual. Ilustração da U. B. I. Desenho de Solon Henriques

A CARAVANA NEGRA DE D. PEDRO I

Francisco Guimarães

Critica, n. 47, 13 de janeiro de 1929

O feitiço, não é, como muita gente pensa, original da África. Os egípcios já o praticavam, chegando até a denomina-lo "a arte sagrada".

Remonta de muito antes do século IX, florescendo na Idade Média, para tomar maior desenvolvimento no século XVIII, sendo incontestavelmente os árabes os seus precursores.

No Brasil, porém, devemos aos africanos o enraizamento do feitiço, datando o seu início de 1820.

D. Pedro I chamou a si a primazia de tudo: foi o nosso primeiro Imperador, o nosso primeiro mandingueiro!

Os últimos anos do seu império correram agitadíssimos e sua Majestade via a cada momento a queda da dinastia. Era preciso impedi-la fosse como fosse, e principalmente dominar o entusiasmo que ia pelos quartéis do Sul ao Norte. Foi então quando D. Pedro I mandou vir da América um numeroso grupo de feiticeiros, que afinal chegou como presente régio, para não dar a perceber.

Os homens entraram em ação e chegaram mesmo a impedir o assassinato de Sua Majestade que apesar de ciente da eficiência dos trabalhos daqueles homens, os mandava castigar e barbaramente quando o resultado não era imediato.

Com a mesma facilidade com que mandava recarimbar as moedas de cobre, alterando-lhe o valor – de 20 para 40 e de 40 para 80 réis, mandava meter no tronco um dos seus babalaôs quando falhava o bote em qualquer dama que lhe caísse na graça.

Aquelas cólicas que tanto o importunaram em sete de setembro de 1822, eram o início de uma vingança de um dos membros da caravana negra!

Supersticioso em excesso, D. Pedro I usava e abusava do feitiço, sendo que nem todos poderiam produzir o efeito desejado, porque os despachos não eram feitos pela pessoa, ainda mais se abandonou seu ori e desinteressada.

O nosso primeiro Imperador jazia filho de Ogum.

Quando reunia o Conselho da Mandinga, intitulava-se "Omancheo".[23]

O seu trabalho predileto, para castigar políticos, era o "ojó" que faz enlouquecer.

Contam que certa vez Sua Majestade chamou o babalaô de semana e ordenou:

– Seja como for a baronesa de... tem que vir ao meu beija mão.

O preto africano consultou o Ifá e declarou ao Imperador que o trabalho era difícil, mas seria feito.

O soberano sorriu e perguntou:

– Quantos dias?

– *Sete dia difitiço, oito dia ela está aí.*

– Oito dias?

– *Sim meu sinhô. Eu chama a egun e depois*!

– E depois terás a recompensa. Tens à disposição o que for necessário.

Dentro de três dias a bela e encantadora baronesa era recebida em audiência especial – nos aposentos particulares de Sua Majestade o Imperador.

O preto Olouo-Oié foi elevado, dentre os 50 da Caravana Negra de D. Pedro I, ao cargo de ládamo.

Quando o Imperador teve conhecimento de que no Rio Grande do Sul, nas províncias Cisplatinas, na Bahia, em Pernambuco e em São Paulo se conspirava abertamente, dividia os babalaôs por toda a parte.

Em verdade, D. Pedro I não gozava da menor simpatia daquela gente, a quem maltratava, castigava, quando não satisfeito nos seus desejos e se queria impor como Imperador, como Soberano, quando perante eles, deveria ser sempre um crente dócil e obediente e principalmente, todas as vezes que cogitasse de preparar um ebó.

Livres da opressão, do tronco e do vergalho, os membros da Caravana Negra, combinaram previamente, e, cada um do seu lado, começou a ser feito o trabalho contra D. Pedro I, mas, lentamente, afim de que Sua Majestade não pudesse desconfiar, o que neste caso lhes poria a cabeça em risco.

---

[23] Discípulo de Alikali (juiz). João do Rio na obra *As Religiões do Rio* cita: "Alikaki, um preto de pernas tortas, morador à Barão de São Félix, que incute respeito e terror".

Quando a situação foi se agravando por aqui, o Imperador lembrou-se tardiamente de reunir a Caravana Negra, para uma ação conjunta.

Muitos já haviam desertado, outros falecido, de modo que o "vigário geral" Olouo-Oié, muito velho e cansado, rodeado de outros tantos nas suas condições, já não tinha força para a execução de trabalhos que exigiam muita agilidade e grande atividade.

E foi assim que D. Pedro I viu apagar-se o farol, percebeu que a sua estrela perdera o brilho e inesperadamente, resolveu abdicar em sete de abril de 1831.

LUZIA PINTA E O CALUNDU

Luzia da Soledade, mais conhecida como Luzia Pinta, nasceu em 1693, em Angola e era filha de Manoel da Graça e Maria da Conceição.

Figura 11: Luzia Pinta. A. V. Guinard. http://sousabara.com.br.

A menina Luzia, escrava, de aproximadamente doze anos de idade, trabalhava em Angola, em casa de seu senhor Manuel Lopes de Barros. Saiu certo dia, pela manhã, ao grande quintal da casa em que o seu senhor morava. De repente, ficou paralisada e inconsciente. Então, foi levada, sem saber como, ao encontro de uma velha, à margem de um rio grande. A velha lhe perguntou para onde ia e ela logo respondeu que não sabia. Então, a velha recomendou que fosse logo embora, porque brevemente haveria de voltar, e a menina continuou no seu caminho.[24]

Eduardo de Paulo, no blog http://sousabara.com.br cita:

Foi transferida de Angola para a Vila de Sabará (MG), no início da década de 1720. Chegou à maturidade já liberta e bem de vida. Era, então, conhecida como Luzia Pinta. Tornou-se proprietária[25] de terra, de duas escravas, mais um escravo e era calunduzeira, curandeira e adivinhadeira. Por tudo isso, ganhara muita simpatia e prestígio entre a maioria da população, afora os eclesiásticos, é claro. Foi quando lhe aconteceu uma desgraça, com a acusação de prática de bruxaria e superstições. Almejando mostrar serviço e se projetarem perante a Santa Inquisição, alguns padres elegeram Luzia como vítima. A ação foi deflagrada com o envolvimento de moradores de Sabará, Roça Grande e arrabaldes.

Nesta época qualquer coisa era motivo para denúncias ao "Sagrado Tribunal da Inquisição". André Moreyra de Carvalho prestou queixa ao padre Manoel Freyre Batalha. Em carta datada de 07 de setembro de1739, dizia que Luzia agia em prejuízo de muitas almas e que Luiz Coelho Ferreira, estando enfermo, vitimado por hidropsia,[26] e, recusou os cuidados médicos e foi procurar Luzia que fez várias orações diabólicas invocando o demônio, por meio de umas danças, a que chamam calundu.

O padre Manoel Freyre Batalha aceitou as queixas de André Moreyra de Carvalho e como tinha em mente infernizar a vida de Luzia, ampliou o teor das denúncias, e produziu outra mais elaborada e detalhada, datada de 23 de dezembro de 1739, baseada em informações e opiniões, colhidas pelo notário Gonçalo Luiz da Rocha, habilitado pelo Concílio Tridentino, que assinou o documento, no Rio de Janeiro. A carta foi enviada ao "Sagrado Tribunal da Inquisição". Dizia a carta:

---

[24] Processo de Luzia Pinta, PT/TT/TSO-IL/028/00252. Arquivo da Torre do Tombo, Portugal, Tribunal do Santo Ofício, Inquisição de Lisboa, proc. 252.

[25] Processo de Luzia Pinta, PT/TT/TSO-IL/028/00252. Arquivo da Torre do Tombo, Portugal, Tribunal do Santo Ofício, Inquisição de Lisboa, proc. 252. Depoimento de Francisco Pereira Ribeiro, feitor de Domingos Henriques, morador na freguesia de Curral d'El Rei (atual Belo Horizonte): *Disse que conhece Luzia Pinta, que sabe que é moradora no sítio e córrego do Cordeiro e a razão de saber e a conhecer é por estar na roça da dita.*

[26] Patologia que é caraterizada por uma acumulação de líquidos acima dos níveis normais.

Denuncio ao Sagrado Tribunal de Inquisição, Luzia Pinta, preta, forra, moradora nos Cordeiros, freguesia de Roça Grande, da Vila de Sabará. A causa e o motivo da denúncia são os seguintes:

Faltando certas oitavas de ouro, em casa de Antônio Pereira de Freitas, morador no arraial de Santa Luzia, freguesia de Roça Grande, da comarca de Sabará, foi um Domingos Pinto, morador em casa do dito Antônio Pereira de Freitas, à casa da dita Luzia Pinta, para que essa lhe dissesse quem lhe teria tirado o dito ouro, e com Domingos Pinto agiu para ser denunciada.

Após as denúncias ocorreu um interrogatório de testemunhas de acordo as normas determinadas pela Inquisição de Lisboa. Em 07 de fevereiro de 1741, O Tribunal do Santo Ofício, aceitou a denúncia que lhes foi repassada pelos representantes do Rio de Janeiro e abriu o processo. Em 18 de dezembro de 1742, Luzia Pinta foi embarcada, com destino a Lisboa, para o julgamento.

Manuel Pereira da Costa, uma das testemunhas, disse saber "por ser público" que Luzia era calunduzeira, observando, porém, que não sabia se era feiticeira.

Sua primeira confissão ocorreu em 18 de março de 1743, quando se encontrava nos cárceres da custódia. Em 27 de julho do mesmo ano, a Mesa inquisitorial decidiu enviá-la a tortura. Conforme Dines:[27]

> Na manhã do dia 12 de agosto de 1743, o Tribunal do Santo Ofício de Lisboa submeteu Luzia Pinta a uma sessão de tortura. Após ter seu vestido arrancado, ela foi deitada em um potro, espécie de estrado de madeira com saliências pontiagudas, sobre o qual seu corpo foi amarrado com correias de couro. Como era de costume, nesse tipo de tortura essas cordas eram puxadas com intensidade de modo a comprimir o torturado contra as pontas de seu leito.

Não tendo os inquisidores conseguido as confissões que desejavam, depois de grande sofrimento de Luzia, anunciaram a sentença:

[27] DINES, Alberto. *Vínculos de fogo: Antônio José da Silva, o Judeu e outras histórias da Inquisição em Portugal e no Brasil.* São Paulo: Companhia das Letras, 1992.

Acordam os Inquisidores, Ordinário e Deputados da Santa Inquisição, que vistos estes autos de culpas e confissões de Luzia Pinta por que se mostra que sendo cristã batizada, obrigada a ter e crer tudo o que tem e se confirma a Santa Madre Igreja de Roma, dar de sua vida e costumes bom exemplo, não se apartar do uso comum dos Reis Cristãos, reconhecendo a Deus Nosso Senhor por autor de todos os bens, e detestar o demônio, não se valendo do seu poder e astúcia, para obrar coisas extraordinárias e curas supersticiosas; ela o fez pelo contrário e, de certo tempo a esta parte, esquecida de sua obrigação, com pouco temor a Deus e à justiça, fazia coisas contrárias à nossa Santa Fé Católica, improporcionadas para o fim que pretendia. Pelas culpas sendo a ré presa nos cárceres do Santo Ofício e, na Mesa do mesmo, com clareza admoestada quisesse confessar suas culpas, para descargo de sua consciência, salvação de sua alma e se poder com ela usar de misericórdia, disse e confessou.

Em seguida:

Mandam que a ré, Luzia Pinta, em pena e penitência das ditas culpas vá ao Auto Público da Fé,[28] em 21 de junho de 1744 e nele ouça sua sentença e faça abjuração de leve suspeita na Fé e vá degredada, por tempo de quatro anos, para Castro-Marim, e não entrará mais na Vila do Sabará. Será instruída nos mistérios da Fé, necessários para a salvação da sua alma, e cumprirá as demais penas e penitências espirituais que lhe forem impostas e pague as custas.

Uma semana depois, em 27 de junho de 1744 os Senhores Inquisidores mandaram vir perante a si, dos cárceres da penitência, *a Luzia Pinta e, sendo presente, lhe foi dito que não torne a cometer as culpas* pelas quais foi presa e processada, nem outras semelhantes, sob pena de ser gravemente castigada e que trate de dar com sua vida e costumes bom exemplo e que, neste primeiro ano, confessará quando das quatro festas do ano, a saber: Natal, Páscoa, Ressurreição do Espírito Santo e Assunção de Nossa Senhora. E, em todas as semanas, rezar um terço à mesma Senhora e, nas sextas feiras, cinco Pai Nossos e cinco Ave Marias, às cinco chagas de

[28] Atos públicos de penitência, para a humilhação de heréticos, apóstatas e todos aqueles que ousassem contrariar a fé que lhes era outorgada.

Cristo, e que vá cumprir o seu degredo para onde foi julgado.

Em 04 de agosto de 1744, no couto de Castro-Marim, no Algarve, Luzia foi escoltada por uma mulher e entregue ao notário do Santo Ofício que a remeteu à prisão do castelo, onde ficou degredada por quatro anos. Desde esse dia nunca mais se teve notícias de Luzia Pinta.

Em 1785, na Vila de Cachoeira, no Recôncavo Baiano, teve lugar uma devassa de um calundu.

De acordo com Reis:[29] O termo calundu, encontrado naquela devassa, foi usado na América Portuguesa para se referir a diferentes manifestações religiosas de matriz africana e por vezes qualquer tipo de batuque envolvendo africanos e seus descendentes. A origem do termo é banta e diz respeito, na África Centro-Ocidental, a uma grande variedade de manifestações religiosas, em particular o transe espiritual.

Mello e Souza[30] cita que, em Minas Gerais, o calundu parece ter se generalizado mais cedo do que em outras partes da América Portuguesa.

Reis[31] diz que existem documentos, sem caráter inquisitorial, que se referem a calundus na Bahia. Do final do século XVII, temos Gregório de Mattos[32] relacionando os calundus com feitiçaria, e ainda os associava à resistência escrava na chave do quilombo:

Que de quilombos que tenho
Com mestres superlativos,
Nos quais se ensina de noite
Os calundus e feitiços.
Com devoção os frequentam
Mil sujeitos femininos
E também muitos barbados,
Que se prezam de narcisos.
Ventura dizem, que buscam;
Não se viu maior delírio.

---

[29] REIS, João José. *Revisitando "Magia Jeje na Bahia"*. In: COSTA, Valéria & GOMES, Flávio (Orgs.). São Paulo: Selo Negro, 2016.

[30] MELLO E SOUZA, Laura de. *Revisando o calundu*. In GORENSTEIN, Lima; CARNEIRO, Maria L. Tucci (orgs.). *Ensaios sobre a intolerância: inquisição, marranismo e antissemitismo*. São Paulo: Humanitas, 2002.

[31] *Ibid.*

[32] *Obra poética*. Rio de Janeiro: Record, 1990, v. 1.

Figura 12: Calundu. Zacharias Wagener. http://sousabara.com.br.

Mas o que é o calundu?

Nuno Marques Pereira,[33] fez a primeira descrição de um calundu, um candomblé colonial, qualificando-o com atributos demoníacos.

Reis[34] explica que o calundu era um complexo de crenças e práticas rituais que envolvia possessão espiritual (daí dança e batuque), adivinhação, cura, propinação e a garantia da sobrevivência.

Daibert[35] explica que James Sweet[36] considerou o calundu colonial uma espécie de aglutinação de variados ritos de cura praticados na África Central que tinham em comum o fenômeno da possessão por espíritos. A palavra calundu, segundo o autor, seria uma variante do vocábulo *quilundu*, termo usado para designar qualquer tipo de espírito responsável por causar doença ou aflição passível de ser curada por meio da intervenção de um sacerdote. Nesse sentido, segundo o autor, a abrangência desse significado amplamente difundido entre a comunidade escrava teria facilitado, no território colonial, a designação do calundu como uma religião centro-africana transplantada para o Brasil e responsável pelo tratamento de tormentos e angústias.

[33] *Compêndio narrativo do peregrino da América.*

[34] *Ibid.*

[35] DAIBERT, Robert. *A religião dos bantos: novas leituras sobre o calundu no Brasil colonial.* http://www.scielo.br/pdf/eh/v28n55/0103-2186-eh-28-55-0007.pdf.

[36] SWEET, James H. *Recriar África: cultura, parentesco e religião no mundo afro-português (1441-1770).* Lisboa: Edições 70, 2007.

O FEITICEIRO JOSÉ FRANCISCO PEREIRA – AS BOLSAS DE MANDINGA

O escravo José Francisco Pereira, que residiu em Lisboa, fazia feitiços sob encomenda para obter alforrias.

Mello e Souza[37] descreve alguns aspectos da atuação desse feiticeiro e alguns desenhos feitos por esse feiticeiro, incluídos no processo inquisitório.

Nos anos de 1730 e 1731, ocorreram três processos da "Santa Inquisição", sobre as bolsas de mandinga, em Lisboa. Dois deles estavam conectados entre si: os réus eram amigos, atuavam em conjunto. Quanto ao terceiro, apesar da possibilidade de contato com os outros dois, não apresenta elementos suficientes para que se faça afirmação nesse sentido. O réu era Manuel da Piedade, escravo do capitão Gaspar de Valadares. Baiano e residente em Lisboa. Preso em março de 1730, havia sido denunciado como mandingueiro em 1729 por vários escravos.

Os outros dois negros tinham passagens pelo Brasil e afirmaram ter estado em reunião que, de certa forma pode ser considerada como sabática. José Francisco Pereira e José Francisco Pedroso eram escravos de dois irmãos, respectivamente João Francisco Pedroso e Domingos Francisco Pedroso. O mentor intelectual das feitiçarias era José Francisco Pereira, o outro sendo antes um executor de ordens. Ambos tinham o costume de colocar orações sob a pedra d'ara, como Manuel da Piedade, e confeccionava bolsas de mandinga[38] que comercializavam.

Manuel da Piedade foi torturado e confessou que ia com outros companheiros, todos negros, falar com o diabo nos campos que circundam a cidade do Porto. Ele aparecia em formas de animais, pedindo sangue, orientando o preparo da mandinga, exigindo que o adorassem, tomando-lhes pedaços da camisa e dos calções, querendo, por fim, que lhes desse a alma.[39]

José Francisco Pereira e José Francisco Pedroso cons-

---

[37] MELLO E SOUZA, Laura de. *O diabo na Terra de Santa Cruz*. 2 ed. São Paulo: Companhia das Letras, 2009.
[38] Também conhecidas como patuás.
[39] IANTT. *Inquisição em Lisboa*. Processo n. 9972.

truíam narrativas entrelaçadas em que os dois são protagonistas dos mesmos episódios, juntamente com outros negros que se encontravam todos com o diabo, para o adorarem e com ele correrem os campos próximos a Lisboa.

Figura 13: Desenho de José Francisco Pereira. IANTT. Inquisição de Lisboa. Processo n. 11767.

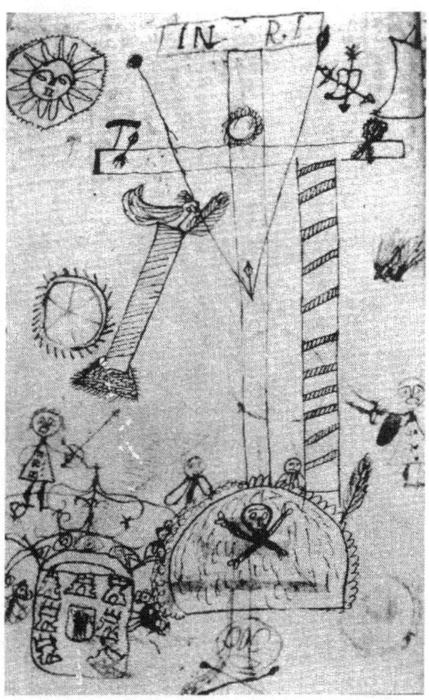

Figura 14: Desenho de José Francisco Pereira. IANTT. Inquisição de Lisboa. Processo n. 11767.

BALANGANDÃS EM PENCAS

Nos Séculos XVIII e XIX, a cidade de Salvador da Bahia era o principal local de prósperos engenhos de açúcar. A ostentação e a abundância econômica da época possibilitaram a entrega de numerosas joias aos escravos, que poderiam vendê-los para comprar sua liberdade.

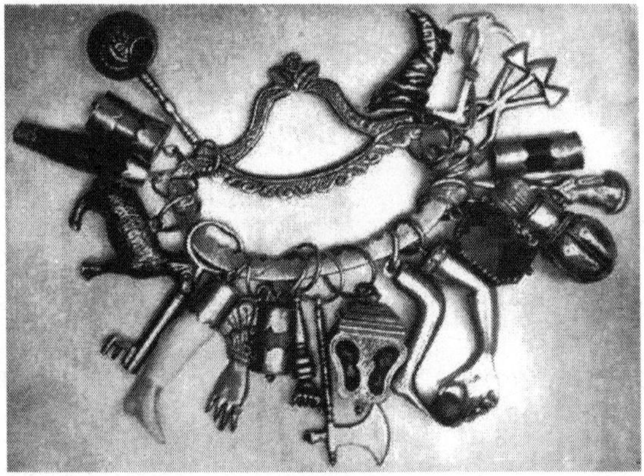

Figura 15: Balangadã em penca. *www.todocoleccion.net.*

O balangandã é um objeto muito presente na memória, nos costumes e na cultura popular brasileira. Tem forte significado religioso e ritualístico, originário dos afrodescendentes. É uma joia que, além dos atributos dos amuletos, adquiriu, em determinadas circunstâncias históricas, o poder de transformar a vida de seus proprietários.

Os balangandãs em pencas faziam parte do vestuário tradicional das pretas na Bahia do século XIX.

Márcia Pompei[40] cita:

> Alguns historiadores indicam seu surgimento na Bahia. São miniaturas de objetos, sinais e símbolos originalmente confeccionados em metal, normalmente ouro ou prata. Entre eles encontramos a figa, espada, animais, búzios e frutas, reunidos em uma argola também metálica. Seu nome, Balangandã, imita o som que produziam quando eram agitados pelos movimentos do corpo de quem os usava.

[40] *Balangandãs: crença e misticismo em adornos. http://www.joia-e-arte.com.br*

Figura 16: Negra da Bahia com seus balagandãs. Fotografia de Marc Ferrez (1885). http://brasilianafotografica.bn.br.

NOVA FOLHINHA DE FEITIÇARIA BRANCA

Diário do Rio de Janeiro, n. 1200006, 6 de dezembro de 1834

NOVA FOLHINHA DA FEITIÇARIA BRANCA, contendo todos os artigos que pertencem ao calendário propriamente dito: segredos curiosos, habilidades raras e jogos de prendas para divertimento das famílias, os segredos da fisionomia ou arte de conhecer os homens pela cara, a interpretação dos sonhos, os espectros e visões, as superstições sobre os eclipses, a interessante novela *O pé de freira*, ou *O cadáver mutilado*, contendo mais oito estampas litografadas para melhor inteligência e comparação na arte de conhecer indivíduos pela cara.

FEITIÇARIA EM BRAGA

Diário do Rio de Janeiro, n. 6720, 18 de setembro de 1844

Acha-se preso nas cadeias de Braga um indivíduo das vizinhanças da cidade, o qual passava a vida com feitiços. Este ratazana, vendo que os jornais pouco davam, abandonou a sua ocupação, e fingindo-se endemoninhado, no meio de grandes convulsões ouvia as partes, aplicava remédios, e assim ganhava a sua vida; a sua casa era o ponto de reunião de muito povo que ali acudia, e aí esperava algumas vezes dias, porque o homem necessitava que dele se apoderasse o espírito de um frade, o qual vinha apenas uma vez no dia, e alguns dias se passaram sem que viesse. A polícia não se enfeitiçou, prendeu-o, e a justiça o condenou a trinta dias de prisão.

PRISÕES NO CANDOMBLÉ DO ENGENHO VELHO

Jornal da Bahia, 3 de maio de 1855

Repartição da Polícia
Extrato da parte do dia 27 de maio de 1855

Foram presos e colocados à disposição da polícia Hygino Pereira Rodrigues e a crioula Maria do Bomfim, encontrados em desordem; os africanos Zacharias, liberto, Inaê e Maria, escravos, incursos em infração de postura; Cristóvão Francisco Tavares, africano liberto, Maria Salomé, Joana Francisca, Leopoldina Maria da Conceição, Escolástica Maria da Conceição, crioulos livres, e os escravos Rodolfo Araújo Sá Barreto, pardo; Melônio, crioulo, e as africanas Maria Tereza, Benedita, Silvana, com um filho de peito, e Maria igualmente com um filho, encontrados no sítio do Engenho Velho, em reunião a que denominavam *Candomblé*. Foi mais presa pela delegacia do 1° Distrito a africana escrava Elvira Caetana.

OBS.: É interessante notar nesse documento o nome, pouco comum, de Escolástica Maria da Conceição, o mesmo com o qual seria batizada, em fevereiro de 1894, Mãe Menininha do Gantois, cujos pais, nessa época, eram seguidores do terreiro de *Ilê Iya Nassô*, onde ocorreu essa batida policial. Esse é o mais antigo templo de Candomblé do qual se tem registros na capital baiana e é conhecido atualmente como Casa Branca do Engenho Velho, mantida pela Sociedade Beneficente e Recreativa São Jorge do Engenho Velho, fundada em 25 de julho de 1943. A Casa Branca do Engenho Velho é o primeiro monumento da cultura negra considerado Patrimônio Histórico do Brasil, tombado pelo IPHAN em 1986.

FEITICEIROS E CURANDEIROS NO SEGUNDO IMPÉRIO

Selecionamos alguns trechos de periódicos paulistanos onde fica patente o curandeirismo e a feitiçaria desde a metade do século XIX. Vejamos uma carta de um morador da cidade de Itu, enviada ao Bispo de São Paulo, sobre a atividade de um negro feiticeiro e curandeiro.

Correio Paulistano, n. 109, 03 de novembro de 1854

Ilustríssimo e Excelentíssimo Senhor Bispo de São Paulo.

Certamente terá assistido as discussões e lido o que se tem escrito sobre um negro curandeiro de feitiço que aqui há. Este negro, segundo a opinião de gente muito boa, tem feito muito mal, e não sei o que é mais digno de admiração, se a estupidez e charlatanismo deste negro, ou a credulidade e superstição deste povo.

Agora a carta do morador da Ilha de São Sebastião, Vicente José Ramos, ao Bispo de São Paulo.

Correio Paulistano, n. 109, 03 de novembro de 1854

Ilustríssimo e Excelentíssimo Senhor Bispo de São Paulo.

Por este anúncio a Vossa Excelência, Reverendíssimo, que a sua ovelha José Vieira, morador na Ilha de São Sebastião, ferreiro e homem que tem com que viver, aqui está há quinze dias, em casa de um célebre Manoel Joaquim Pereira Rosa curando-se de feitiço. Apresentarei as testemunhas do que assevero, e indicarei o curandeiro que é um negro congo.

Estes congos trazem enfeitiçada a Vila de Caraguatatuba; e admira, Reverendíssimo Senhor, que, embora a raça se apure dando-lhe uma cor mais nobre, é impossível modificar-lhes a inclinação que tal raça tem para o mal.

Este fato de feitiço passa-se no coração desta vila: ouvi dizer que este homem foi aconselhado por um célebre, mas não distinto Cabral, morador do bairro, que dizem já fora frade (o que não posso asseverar), mas que Vossa Excelência, Reverendíssimo poderá sindicar: o que eu afianço a Vossa Excelência, Reverendíssimo, por caridade se dignará despachar como for de justiça este meu requerimento, aconselhando-me ao mesmo tempo, se conhecer que estou no caminho da perdição. Afianço a Vossa Excelência, Reverendíssimo que estou muito calmo na presente ocasião, mas confesso também, que tenho ocasiões em que, por causa destas injustiças, fico irado. Este grande pecado, que eu não tinha, é filho da falta de regularidade na sua diocese.

Um prelado é um homem, por isso pode errar, e por isso pode governar mal a sua igreja e pode ser muitas vezes injusto por falsas informações ou por demasiado crédulo.

Ilustríssimo e Excelentíssimo Senhor Bispo – Por caridade peça ao Reverendíssimo Vigário de São Sebastião que não nos odeie e que nos abençoe, e peça à Nosso Senhor Jesus Cristo por todos nós e ao vigário de São Sebastião que não espere pelo advogado para responder à carta exarada.

A paz do Senhor seja com nossas almas.

Caraguatatuba, 4 de fevereiro de 1859.

Vicente José Ramos.

A Província de São Paulo, 6 de março de 1879

Feiticeiro – Lemos no "Guaripocaba de Bragança": Para o lado das Pedras mora um preto velho, tido e havido como tal. Sua casa é frequentemente procurada por forros e cativos, que vão consultar ou receber lições de bruxaria, havendo mesmo reuniões em certas noites com caráter de sessão fatídica. Admira que nesta época haja quem ainda acredite em feitiçarias que, quando muito, podem ser, sob certas fórmulas e aparato, a aprendizagem de saber conhecer drogas nocivas ou plantas venenosas, com o fim de fazer mal à vida dos senhores ou desafetos. Esses focos, em que alimenta a credulidade estúpida de pessoas ignorantes e mal-intencionadas, devem ser banidos dentre nós.

À autoridade compete não permitir tais reuniões, obrigando este embusteiro, explorador de magras algibeiras a assinar termo de bem viver, e no caso de continuar com suas imposturas fazer sobre ele recair o rigor da lei.

PAI JOÃO DE CAMARGO DE SOROCABA

Figura 17: Pai João de Camargo. https://olhosdagua-doxum.blogspot.com.

> *Crendo no que eu creio seremos irmãos; e descrendo no que eu creio nem parentes seremos; nem com este nem com aquele posso ter amizade. Principia dos miudinhos até o porte maior. De Deus não sou amigo. Só humilde empregado aonde Deus me pôs. Ora pro nobis, misere nobis, Dominus ó Bispo. E o padre e o amor a Igreja Católica me declarou: Eu não sou padre e nem nada com ele tenho. Cada qual em suas obrigações quem recebe e Deus e nada mais podemos saber.*
>
> Pai João de Camargo

Esta é uma história que envolve a atividade de um médium carismático, considerado um santo popular, milagreiro e médico dos pobres, que ajudou muitas pessoas nos seus processos caritativos. Foi uma figura muito importante nos processos espiritualistas afro-brasileiros, retratado no filme *Cafundó*, com Lázaro Ramos no seu papel.

Seu nome era João de Camargo Barros. Como escravo

herdou seu sobrenome do seu antigo dono. Popularmente era conhecido como João de Camargo e mais tarde *Nhô João*. Nasceu, em 16 de maio de 1858, na fazenda dos Camargo Barros, no município de Sarapuí, na região metropolitana de Sorocaba, no Estado de São Paulo. Era filho de Francisca Paula de Jesus (Nhá Chica), escrava de Luís de Camargo Barros e de pai incógnito. Foi batizado na Igreja Matriz de Nossa senhora das Dores de Sarapuí.

Cresceu na fazenda onde nasceu e não teve acesso à

Figura 18: Capela Bom Jesus do Bonfim de Pai João de Camargo

educação escolar, sendo analfabeto. Nessa fazenda trabalhou como tropeiro. Após a Lei Áurea, oficialmente Lei Imperial n. 3.353, sancionada em 23 de maio de 1888, foi para Sorocaba. Nesta cidade trabalhou como cozinheiro. Saiu duas vezes de Sorocaba e em uma dessas vezes conheceu Escolástica do Espírito Santo Maduro com quem ficou casado cinco anos.

Em 1893, alistou-se como soldado voluntário, no batalhão dos Voluntários Paulistas. Deu baixa em 1895, quando terminou a Revolução Federalista. Retornou à Sorocaba para recomeçar a vida, trabalhou em vários empregos para sobreviver na lavoura e olarias.

Muito jovem começou a receber algumas influências religiosas, das religiões africanas, crenças populares e prática de curandeirismo por intermédio de sua mãe Francisca (Nhá Chica), e do Catolicismo, com sua sinhazinha Ana Teresa de Camargo e também com Monsenhor João Soares do Amaral através de seus sermões. Essas diversas influências estimularam nele uma fé fundamentada no sincretismo entre os cultos afro-brasileiros e o Catolicismo popular. Em 1897 iniciou-se na trilha do misticismo. Tinha o hábito, que adquiriu com Nhá Chica, de acender velas e rezar ao pé da cruz. Nessa época já efetuava algumas curas.

Vejamos mais detalhes nas palavras abalizadas do sociólogo Florestan Fernandes:[41]

> João de Camargo nasceu em Sarupuí, bairro de Cocais, onde foi cativo dos Camargo de Barros. Em julho de 1858 foi batizado, tendo como madrinha Nossa Senhora das Dores. Sua mãe era uma negra cativa, um pouco desvairada, chamada Francisca, mais conhecida como "Nhá Chica" e "Tia Chica", que também fazia algumas práticas de curandeirismo (informações obtidas de Dona Eugênia Marília de Barros, descendente dos Camargo de Barros, que vive em uma casa perto a Igreja, mandada construir por seu primo João de Camargo). Por intermédio de sua "sinhá", dona Ana Tereza de Camargo, católica praticante e muito devota, foi João iniciado no Catolicismo. Trabalhou nos serviço da casa e depois na lavoura, como cativo, tendo com certeza recebido influências de sua mãe e doutros escravos, nesta época. Depois da libertação, até 1893, quando fez parte do Batalhão de Voluntários Paulistas, que formou ao lado do governo, em Itararé, trabalhou como doméstico em várias famílias. Casou-se, nesta época, com uma mulher branca, do Pilar, e continuou na mesma vida até 1905. Nesta data passou a trabalhar numa olaria. De onde passou, em 1906, já "profetizado", como diz o povo, construiu a pequena capela em frente à estrada da Água Vermelha. Daí em diante, dedicou-se exclusivamente à sua "missão". Todavia, em contraste com a versão, que circula entre os crentes, soube o seguinte, o Nhô Dito: "João de Camargo curava antes de ser "profetizado", desde muito, mas só aqui e ali". Isso confirma a hipótese da influência

[41] FERNANDES, Florestan. *A revolução burguesa no Brasil*. 5 ed. Rio de Janeiro: Globo, 2006.

> da mãe e de sua mãe e de algum companheiro negro, cativo como ele.

Maria Elise Gabriele Baggio Machado Rivas cita:[42]

> Outra figura que marcou a vida de João de Camargo foi Alfredinho. Esse menino morreu em um acidente com um cavalo e, como dissemos, a cidade era conhecida pelo envolvimento com a montaria, o que causou grande impacto em todos os habitantes e se transformou em um mito local.
> Alfredinho teve uma cruz posta próxima à Estrada da Água Vermelha para rememorar aos transeuntes sua morte. Aí ocorreram os primeiros fenômenos mediúnicos, que considerava ininteligíveis.

Em 1905 quando caminhava pela Estrada da Água Vermelha parou para rezar ao pé da cruz de Alfredinho. Chegando a casa, por volta da meia noite, começou a sentir coisas estranhas como luzes, ventos e outros sinais. Por causa desses fenômenos, às vezes, era considerado louco. Genésio Machado,[43] no livro *João Camargo e seus milagres*, cita:

> João de Camargo foi uma dessas pessoas que, há seu tempo, se revelaram "seres especiais", dotados de poderes misteriosos e predestinados a cumprir certas missões em seu meio, após terem vivido experiências mitológicas, esotéricas, místicas ou religiosas; há seu tempo, pois, foi que ele veio a saber o que lhe foi anunciado por Rongondongo, quando da visão que teve certa noite, aos pés da cruz do pequeno mártir Alfredinho:
> *Tu hás de ser*
> *Aquele da nossa cor,*
> *O escolhido para mostrar ao mundo*
> *O poder de Deus*

[42] RIVAS, M. E. B. M. *O mito de origem : uma revisão do ethos umbandista no discurso histórico*. São Paulo: Arché Editora, 2013.

[43] Genésio Machado foi diretor adjunto do Grupo Escolar "Visconde de Porto Seguro"; inspetor da Escola Normal Livre de Sorocaba; dirigiu o Grupo Escolar Carandiru em São Paulo, aposentando-se em 1939. Entre outras atividades foi redator do Jornal Cruzeiro do Sul, Sorocaba/SP, ganhou o prêmio "Literatura" no Rio de Janeiro. Editou o livreto *João de Camargo e seus Milagres*. http://www.sorocaba.com.br/enciclopediasorocabana

Adilene Cavalheiro[44] explica:

> Entre as vozes que ouvia, a mensagem para que parasse de beber era clara, uma vez que, segundo a voz que lhe falava o álcool o impedia de receber a missão designada, além de lhe estragar o corpo. Em 1906, recebera uma visão ao pé da cruz do Menino Alfredinho que lhe indagava o porquê de sua permanência ainda na bebida e a necessidade de preparar-se para a incumbência recebida. Fugiu para a serra como quem vai a Capela da Penha, mas novamente ouviu uma voz que dizia para que não se perturbasse, devendo voltar e preparar-se a fim de construir uma Igreja no bairro da Água Vermelha, longe da cidade. A partir desse encontro João de Camargo passou praticar a caridade, cura, bem como organizar o espaço a ele designado.

Claudinei Brito, administrador da Capela Bom Jesus do Bonfim esclarece:

> Foi após uma visão ou sonho que teve com o menino Alfredinho, um garoto que morreu por ter sofrido queda de um cavalo, que ficou curado do vício e conforme orientações do menino decidiu erguer uma igreja. "Nessa visão apareceram para ele também a Virgem Maria e o padre João Soares do Amaral. Eles falaram que a missão de João seria curar as pessoas e então o padre se tornou seu guia espiritual".

Com a ajuda de familiares e de pessoas simples, João de Camargo ergueu a capela às margens do Córrego da Água Vermelha. Em 1910, a capela foi ampliada. Em 1913, João de Camargo foi processado, sob a acusação de pratica de curandeirismo.

Maria Elise Gabriele Baggio Machado Rivas cita a jornalista Sônia Castro e o dramaturgo Fernando A. Lomardo:[45]

> A tese do advogado de defesa de João de Camargo, Juvenal Camargo, revela a identidade dos princípios fundamentais de conteúdo religioso, das crenças e práticas africanas do médium negro, e dos

[44] *João de Camargo*. http://www.sorocaba.com.br

[45] RIVAS, M. E. B. M. *O mito de origem: uma revisão do ethos umbandista no discurso histórico*. São Paulo: Arché Editora, 2013.

dogmas científicos kardecistas. Foram esses aspectos que sustentaram a argumentação e justificou a legitimação do culto negro do médium, justamente por sua identificação aos bens aceitos, princípios do espiritismo.

Foi absolvido e, para proteger o novo culto de perseguições, fundou em sua capela a Associação Espírita e Beneficente Capela do Senhor do Bonfim, que foi reconhecida como pessoa jurídica em fevereiro de 1921. É um templo de uma religião sincrética, que mistura o Catolicismo popular com os cultos afro-brasileiros. João de Camargo contrariava os padrões estabelecidos e foi preso mais 17 vezes pela prática de curandeirismo, mas sempre tratou seus detratores com doçura.

Adilene Cavalheiro cita que: "Em 1915, fundou a Corporação Musical São Luís, composta por vinte e oito músicos, sendo muitos deles os que animavam os cordões carnavalescos da nossa cidade, visto que se apresentavam em festas religiosas e profanas".

Seus discípulos diziam que João de Camargo curava várias doenças utilizando apenas óleos e ervas. Pessoas de várias partes do Brasil e do exterior o procuravam em busca de auxílio. Consagrou sua vida aos necessitados. Tornou-se famoso e foi tema de livros, artigos, dissertações de mestrado e do filme *Cafundó*, estrelado por Lázaro Ramos e dirigido por Clóvis Bueno e Paulo Betti.

Pai João de Camargo desencarnou em 28 de setembro de 1942 em Sorocaba. Foi sepultado no Cemitério da Saudade. Após sua morte a Capela do Senhor do Bonfim ficou fechada durante cinco anos por questões judiciais, pois, Escolástica do Espírito Santo Maduro, sua ex-esposa, requereu sua parte no espólio. Seu quarto na capela até hoje é preservado.

A sepultura de João de Camargo é uma réplica da Capela do Senhor do Bonfim, construída em 1948, por João Massa, um de seus devotos, e é visitado por grande número de devotos. A devoção cresceu muito após o seu falecimento e aumentou ainda mais o respeito pelo culto sincrético que ele praticou em vida.

"Figura extremamente carismática e que encontrou na Umbanda a continuidade do trabalho que ele já praticava encarnado".[46]

É um Santo!...
É um espírito de Luz!...
É nosso Pai!...

Trecho da entrevista de Dona Isaura de Oliveira Borges, concedida ao jornalista Alcir Guedes e publicado no *Jornal da Cidade*, em 6 de maio de 1984.

Um fato curioso é citado por Maria Elise Gabriele Baggio Machado Rivas:[47]

> A famosa imagem de preto velho usada nos pegis, altares e congás de Umbanda foi baseada em João de Camargo? Mais um indício, pois, de seu envolvimento com a Umbanda não apenas no campo das ideias, mas também nas influências visíveis.

Figura 19: Pai João de Camargo. Imagem de gesso na Capela Senhor do Bonfim. Foto de Tarsila Costa de Oliveira.

Oração de Pai João de Camargo

Guia Glorioso João de Camargo, vós que tem a graça

[46] RAINHO, Douglas. *João de Camargo e a Igreja de Água Vermelha*. http://perdido.co/2015/10/joao-de-camargo-e-a-igreja-da-agua-vermelha

[47] RIVAS, M. E. B. M. *O mito de origem: uma revisão do ethos umbandista no discurso histórico*. São Paulo: Arché Editora, 2013.

Figura 20: Pai João de Camargo.

Figura 21: Entrada da Capela do Senhor do Bonfim. Foto de Tarsila Costa de Oliveira.

Figura 22: Interior da Capela do Senhor do Bonfim.
Foto de Tarsila Costa de Oliveira.

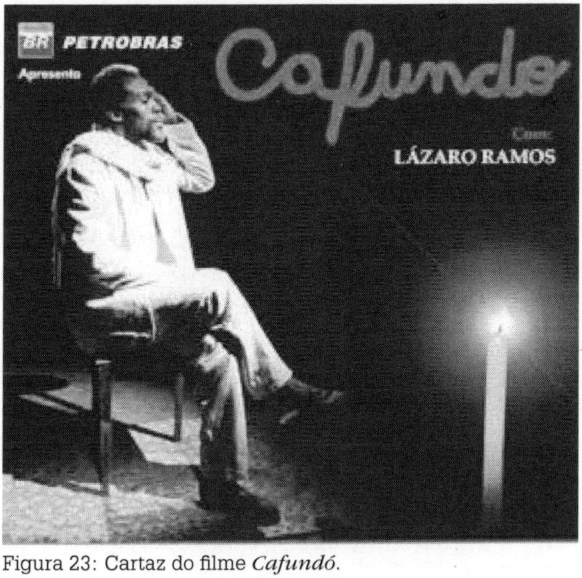

Figura 23: Cartaz do filme *Cafundó*.

Figura 24: Cartaz do filme *Cafundó*.

recebida de Deus de defender-nos contra o mal, e nos ajuda a receber o bem, peço-vos Senhor, que retire todo mal, que nos tortura, defendei-nos também contra as pessoas que nos desejam mal.

Livrai-nos das invejas que nos perseguem em nossos lares e onde estivermos trabalhando. Assim seja. Com a prece ao senhor João de Camargo será abençoado por Deus.

Referências

CAVALHEIRO, Adilene – *João de Camargo. http://www.sorocaba.com.br*

FERNANDES, Florestan. *A revolução burguesa no Brasil.* 5 ed. Rio de Janeiro: Globo, 2006.

MACHADO, Genésio. *João Camargo e seus milagres.*

RAINHO, Douglas. *João de Camargo e a Igreja de Água Vermelha. http://perdido.co/2015/10/joao-de-camargo-e-a-igreja-da-agua-vermelha*

RIVAS, Maria Elise Gabriele Bagio Machado. *O mito de origem : uma revisão do ethos umbandista no discurso histórico.* São Paulo: Arché Editora, 2013.

https://www.facebook.com/pages/Igreja-De-Jo%C3%A3o-De-Camargo
http://www.joaodecamargo.com.br
http://rongondongo.blogspot.com
http://axeumbanda.blogspot.com
https://www.jornalcruzeiro.com.br

JOÃO DE CAMARGO - O PAPA NEGRO DE SOROCABA

Plinio Cavalcanti

O Malho, n. 56, 28 de junho de 1934

A dois quilômetros de Sorocaba, Água Vermelha é mais um arraial do que propriamente um bairro.

É aí que João de Camargo com o seu estado-maior, há vários anos se instalou criando em torno de si e de sua seita, um aureola de mistério que tem chegado até para livros populares como o de Antonio Francisco Gaspar sob o título *Os mistérios de Água Vermelha.*

Formando um conjunto irregular de casas à margem da estrada, o arraial de Nhô Camargo, não teve um plano de desenvolvimento uniforme e parece refletir no seu arcabouço geral, a confusão dos dogmas do velho beato cuja classificação no índice religioso constitui verdadeiro problema por isso que, o famoso macumbeiro, ora se apresenta como médium espírita fazedor de milagres, ora como apóstolo de uma crença nova, ora como iluminado criador de um culto especial, ora envolto na penumbra do mistério como esse da praia de Santos, onde uma voz desconhecida lhe ordenou dedicar sua igreja ao padroeiro Nosso Senhor do Bonfim da Água Vermelha.

Ao mesmo tempo, pasma saber que a igreja misteriosa de Água Vermelha tem estatutos e que estes se acham registrados sob os números 1 e 40 de ordem no Registro Geral da Comarca por despacho do Excelentíssimo Sr. Dr. Juiz de Direito.

Os estatutos da Associação Espírita e Beneficente Capela do Senhor do Bonfim, consoante o nome oficial da seita camargona, nos quais encontro alguns preceitos bem razoáveis que estabelecem entre outras coisas o seguinte:

Art. 1°) – A Associação Espírita Capela do Senhor do Bonfim é uma associação religiosa fundada de conformidade com as Constituições Políticas dos Estados Unidos do Brasil e do Estado de São Paulo, com observância das leis em vigor.

Art. 27°) – Será proibido todo e qualquer jogo na associação e festividades; não sendo igualmente permitido leilões, quermesses, casas de tavolagem e botequins ou restaurantes em que se vendam ou forneçam bebidas alcoólicas ou fermentadas.

É justo convir que, neste particular, a igreja de João Camargo andou bem orientada.

Art. 32°) – Os sócios são obrigados a respeitar os outros cultos religiosos e seus ministros, evitando quaisquer atritos e dando sempre exemplos de cordura, tolerância e urbanidade para com os seus adversários.

Também neste dispositivo evidencia-se uma superioridade e um liberalismo, que muito dogma nobre não soube aprender e que, não deixa de surpreender, em face da mixórdia que forma a estrutura básica da seita em vista.

Dotado das instalações indispensáveis ao seu *metier* e para abrigar as levas de prosélitos que o procuram, Água Vermelha é acessível a qualquer mortal e ali, à beira da estrada, parece oferecer os seus préstimos como tocada da mais consoladora piedade cristã.

Nada de portas trancadas, ou baluartes de maçonaria nessa vilazinha de casas caiadas construídas sem o gosto e apuro das construções paulistas. Quem quer que ali chegar, será bem recebido familiarmente por Nhô Camargo e o Nhô Teodoro, o Baiano seu íntimo e que como secretário, ou exercendo qualquer outra função na cabido da ordem, é personagem graduado e de absoluta confiança do ogan sorocabano.

Segundo me informaram, Nhô Teodoro é secretário geral da seita e tem a seu cargo a venda dos óleos milagrosos da seita e a administração dos hotéis e das estalagens.

Nhô Teodoro, porém, se mostrou algo reservado às minhas perguntas, apenas declarando ser compadre e amigo de João de Camargo. Solicito e jeitoso, sem deixar escapulir pela fala qualquer coisa para que me servisse de visada ou ponto de referência, o Baiano como ele é conhecido, apenas me respondia em monossílabos vagos.

Quando indaguei para que servia a grade existente ao fundo da nave central, abaixo do altar mor, aliás, única peça que me pareceu guardar o célebre telefone ligado ao céu, Nhô Teodoro mui naturalmente me respondeu: é ali que ele trabalha.

Evidentemente se referia ao chefe apocalítico e que, nas asas dos zéfiros mais velozes, acariciar as barbas veneráveis de São Pedro.

Arraial aberto que se alcança partindo de Sorocaba, em cinco minutos de automóvel, Água Vermelha terá ao todo uma centena de casas cuja disposição faz crer que tenham sido construídas segundo as necessidades do pequeno burgo a medida que as dádivas dos fiéis ia permitindo o seu crescimento.

Além da igreja situada ao fundo da praça principal, possui um hotel, grupo escolar, armazém, lojas e outras dependências como a da Corporação Musical São Luiz a qual se comunica com a igreja e tem as paredes apinhadas de retratos.

Aí, entre muitos milagres e bentos, vi uma muleta que um aleijado curado por João de Camargo deixara como penhor de seu reconhecimento e para atestar a cura milagrosa. Água Vermelha é banhado pelo riacho de igual nome cujas águas não podiam de ter virtudes extraordinárias.

Vejo então que João de Camargo, cujo perfil tem qualquer coisa de um Dom Quixote africano, tem cerca de 77 anos, é completamente analfabeto, não recebe dinheiro pelos benefícios espirituais que pratica e que, o único remédio que dá, é uma simples rodela de papel geralmente chamada guia e na qual se acha escrito: "tome chá do que quiser".

Pelo livro *Os mistérios de Água Vermelha*, que já citei, vim porém a saber que o popular curandeiro, recomenda extraordinariamente duzentos réis de vinagre diluído em duas xícaras de água e duas colheres de açúcar.

Todavia, segundo ele, quem cura é a fé, servindo o remédio apenas consolo momentâneo, para dar à alma maior resistência. Creio que assim concebida, a filosofia de João de Camargo não é pior do que as outras.

Afetada pela crise universal, a igreja de João de Camargo sofre também, presentemente, as angústias da falta de clientela.

Mesmo assim, acredito que, aquela fábrica em que o milagre é matéria prima, não venha a sofrer como outras, em que pelas contingências materiais da vida humana, o dinheiro é ainda insubstituível. Mesmo assim, a capela de Água Vermelha deve render o necessário para que o bairro santo de Sorocaba não venha a desaparecer.

Convenhamos também que o Papa Negro da grande cidade paulista, não é um adorador do bezerro de ouro e que, se quisesse, teria enchido os alforjes e as arcas de sua fundição nos bons tempos em que o dinheiro em São Paulo sobrava a toda gente.

Este traço superior de desprendimento pela moeda, que, juntamente com a carne era coisa vil e das mais condenadas do velho testamento, exalta bastante a obra de João de Camargo que, aliás, guarda um caráter simples e afável sem aquela belicosidade do Padre Cícero e Antonio Conselheiro.

(*Continua*).

O Malho, n. 57, 5 de julho de 1934

Para completar o aparato da corte de João de Camargo era indispensável uma banda de música, coisa que em nossa terra é comum até um nos lugarejos mais remotos do sertão.

A corporação musical São Luiz, constituída na sua quase totalidade de homens de cor, é o que exerce em Água Vermelha essa importante corporação tendo mesmo já acompanhado em Sorocaba a várias procissões católicas.

Os seus componentes dispõem de fardamento vistoso e vivem mais ou menos na dependência do famoso Pai de Terreiro cuja missão tentamos tornar conhecida.

A iniciação de João de Camargo, preto humilde e sem dotes especiais de inteligência, sua atuação tanto nas altas cavalarias como essa de feiticeiro de alto bordo, é complexa como, aliás, tudo que se prende às questões desse gênero.

Uma visão de menino parece ter atuado efetivamente em seu espírito e gerado o delírio e alucinação religiosa que havia se materializar-se no arraial de Água Vermelha.

Ao despertar em sobressalto de um dos seus transes declara que recebera ordem do espírito do Monsenhor Soares do Amaral e do menino que ali morrera, "para erigir uma capela para curar e favorecer com a graça de Deus o povo que necessitasse".

O proprietário de uma olaria que havia nas circunvizinhanças, apesar de taxar a João de Camargo de homem imprestável, foi quem forneceu os primeiros tijolos e telhas para a fundação da igreja.

O terreno foi doado por Pedro Camargo a Nosso Senhor do Bonfim e a capela começou então a ser erguida, à beira do Córrego da Água Vermelha com a frente para a estrada. Estando coberta e acabada, João de Camargo colocou no altar principal a imagem de Nosso Senhor Bom Jesus do Bonfim e prendeu-lhe à mão uma fita, que pendida vinha até quase o chão.

Contrastando com o aparato daquela corte onde a mescla de corpos humanos é tão rica de colorido como a dos santos de grande massa, de mármores, de bronze e outros metais preciosos ali em profusa ostentação, a figura chinfrim de João de Camargo quase choca como um duende.

Com aquele ar triste de preto velho imbecilizado, o Papa Negro dá, à primeira vista, ideia de um Pai João humilde, completamente abstraído do mundo material que o cerca.

Entretanto, não lhe seria difícil paramentar-se com o maior luxo e arrogância, principalmente, quando, dispondo de conselheiros, João de Camargo não deve ignorar o efeito formidável que aos olhos do vulgo causaria semelhante encenação.

Esse desprendimento constitui um traço superior do soba[48] sorocabano, principalmente quando se considera que por esse Brasil afora, o charlatanismo camuflado de ciência, tem mesmo nas cidades mais importantes, cultores apaixonados e convencidos.

Então, no que diz respeito às curas milagrosas de úlceras abdominais e estomago caído, a nossa medicina popular é tão rica e mirabolante como a da Rússia.

[48] Nome dado aos chefes das aldeias em Angola, desde o tempo pré-colonial até hoje.

Figura 25: Um aspecto parcial de Água Vermelha. *O Malho*, n. 56, 28 de junho de 1934.

Figura 26: Igreja do Bonfim. *O Malho*, n. 56, 28 de junho de 1934.

Figura 27: Pai João de Camargo. *O Malho*, n. 56, 28 de junho de 1934.

Figura 28: Pai João de Camargo. *O Malho*, n. 57, 5 de julho de 1934.

Figura 29: Baiano, secretário de Pai João de Camargo. *O Malho*, n. 57, 5 de julho de 1934.

Figura 30: A banda musical de João de Camargo. *O Malho*, n. 57, 5 de julho de 1934.

O CORTEJO FÚNEBRE DE JOÃO DE CAMARGO

O Comércio (Sorocaba), 30 de setembro de 1942

Grande massa popular acompanhou respeitosamente os restos mortais de João de Camargo

O passamento de João de Camargo não podia deixar de tocar profundamente nos corações crentes nos seus sacrifícios e nos seus auxílios para os que os procuravam.

No horizonte longínquo de uma existência caridosa, João de Camargo continuará a receber de todos os recantos, manifestos de gratidão por seus conselhos e pelo conforto moral que sabia incutir a quem se achegasse à sua capela, na Água Vermelha. Esta foi a mudo porque a chocante notícia de sua morte levou legiões de corações agradecidos até o bairro de Água Vermelha para reverem o homem piedoso, e o acompanharem até a última morada. Desde as nove horas da manhã de segunda feira quando expirava João de Camargo, não foi pequeno o número de pessoas que fielmente ou mesmo curiosamente para render-lhe as homenagens póstumas.

O sepultamento

Cerca de seis mil pessoas acompanharam os restos mortais de João de Camargo. A classe humilde representada pela maioria dos presentes mantinha-se respeitosamente ao lado do modesto caixão em que era conduzido o corpo do venerado quando filas de moças encabeçaram o desfile mortuário seguidas pelas Corporações Musicais "Carlos Gomes" e "Santa Cecilia". Um estandarte de Monsenhor João Soares, guia espiritual de João de Camargo, antecedia o caixão. O féretro entrou na cidade pela Rua Cesário Mota, continuando pela Rua São Bento, Praça Coronel Fernando Prestes, seguindo, finalmente, par o Cemitério da Cidade.

No cemitério

Grande número de pessoas aguardava no cemitério da cidade e imediações a chegada dos restos mortais de João

Camargo. Foi então que o cortejo mortuário chegou ao seu término, tendo falado nessa ocasião diversos oradores que se improvisaram em eloquentes testemunhos de reconhecimento à grande alma caridosa do extinto. Durante uma hora ficou o corpo de João de Camargo às vistas da enorme massa popular que, aos poucos e em grupos, procuraram jogar flores e outros a recolher, como relíquia outras flores que enchiam seu caixão, numa apoteose de fé, de reverência aos grandes predicados da pessoa de João de Camargo. Às 11 horas, deu-se enfim o sepultamento.

Traços biográficos

Vários escritores sorocabanos já lançaram no mercado literário obras sobre a existência de João de Camargo, entre eles o professor Genésio Machado, o ferroviário Afrânio Francisco Gaspar e José Barbouda.

Errante pelas veredas do mal, João de Camargo converteu-se mais tarde a um homem piedoso e que bem tinha palavras de conforto e de conselhos a todos que o procuravam, embora lhe faltasse instrução. Sua popularidade se fez, num abrir e fechar de olhos, atravessando os limites de nosso município, nosso Estado e até mesmo as fronteiras do Brasil. Cartas de súplicas e agradecimentos chegavam-lhe as mãos em uma média de 80 por dia. Embora fosse guerreado e perseguido por muitos, ele soube manter-se, chamando para si a maior porção de justiça daqueles que o conheciam e acreditavam em seus milagres.

Foi a cinco de junho de 1858, há 84 anos passados, que nascia de um ventre escravo, o pequeno que receberia, no ato do batismo, o nome de João. Cresceu no ambiente cruel de escravidão, que muito pesava sobre a vida do Brasil daqueles dias. E vivendo como escravo foi que João viveu sua mocidade impiedosamente. Afeito aos trabalhos caseiros foi muito cedo trabalhar na lavoura. À falta de escola, não lhe faltou quem lhe ensinasse os princípios básicos da doutrina cristã, fazendo-o observar os mandamentos onde estão infundidos os princípios do temor a Deus e o amor ao próximo.

Suas relações alongaram-se, levando ao matrimônio, realizado numa quarta-feira do mês de 1895, na Igreja do Pilar. Veio então residir em Sorocaba. João separou-se alguns anos depois. Sua esposa chamava-se Escolástica do Espírito Santo.

Aqui, em Sorocaba, esteve ao serviço de diversas pessoas. Sempre foi sempre trabalhador e honesto, respeitoso e obediente. Só era viciado no álcool. Foi a fase negra da sua existência.

João de Camargo narra sua completa transformação, como consequência de todas as visões e misteriosas manifestações que se lhe faziam sentir. Começou a construir, com as suas economias, a sua atual Capela do Nosso Senhor do Bonfim, além de outros prédios contíguos, distantes mais ou menos dois quilômetros do centro da cidade. Seu guia espiritual foi o saudoso Monsenhor João Soares.

Já em 1913, o nome de João de Camargo era soberbamente conhecido pelos vários recantos do país. Corria célere a sua fama de curandeiro. Não demorou, entretanto, o aparecimento de perseguições dos princípios religiosos do médium, sendo então processado, mas impronunciado devido a defesa arguta do advogado Dr. Juvenal Camargo.

A popularidade do caridoso distender-se intensamente e não foi pequeno o número de pessoas que, diariamente achegou-se à Capela da Água Vermelha, para consulta-lo. João de Camargo viveu ali humildemente, não regateando suas economias para a felicidade de todos os coabitantes do bairro, cedendo-lhes pequenas residências e terras. Não chegou mesmo a distinguir os homens nem pelas raças, tampouco pelas posses e muito menos pelas seitas religiosas que seguissem. Foi o fundador da Associação Espírita Beneficente, cujas finalidades foram explicitas em seus estatutos o bem e a perfectibilidade do homem e da comunhão social, prestar culto e adoração a Deus, praticar o bem e proceder dadivosamente para com todos, indistintamente, render veneração e homenagem à memória dos benfeitores da humanidade, socorrer os pobres e necessitados, tratar do aperfeiçoamento próprio e do próximo.

VISITANDO A CAPELA DO SENHOR DO BONFIM

Em 12 de julho de 2018, eu e minha esposa Tarsila Costa de Oliveira visitamos a Capela do Senhor do Bonfim, em Água Vermelha, Sorocaba.

A energia reinante na Capela é algo muito intenso e sereno. A egrégora de Pai João de Camargo permanece viva no local.

Em vários altares convivem harmonicamente imagens de Santos Católicos, Orixás, Pretos Velhos, Caboclos, Crianças, Baianos, Boiadeiros, Zé Pelintra, Budas e outras imagens orientais, quadros do Papa e de Getúlio Vargas e até mesmo uma imagem de Allan Kardec, mostrando que a espiritualidade não tem fronteiras.

Em seguida visitamos o Cemitério da Saudade onde está sepultado o corpo de Pai João de Camargo em uma sepultura que é uma réplica da Capela do Senhor do Bonfim.

Mostramos a seguir diversas fotografias registradas por Tarsila Costa de Oliveira.

Figura 31: Caboclos na Capela do Senhor do Bonfim. Foto de Tarsila Costa de Oliveira.

Figura 32: Santos e Zé Pelintra na Capela do Senhor do Bonfim. Foto de Tarsila Costa de Oliveira.

Figura 33: Zé Pelintra na Capela do Senhor do Bonfim. Foto de Tarsila Costa de Oliveira.

Figura 34: Monsenhor João Soares do Amaral. Pintura de P. Maragno, 1977. Guia espiritual de Pai João de Camargo. Foto de Tarsila Costa de Oliveira.

Figura 35: Quadro de Pai João de Camargo. Foto de Tarsila Costa de Oliveira.

Figura 36: Diamantino F. Trindade ajoelhado em oração no altar da Capela do Senhor do Bonfim. Foto de Tarsila Costa de Oliveira.

Figura 37: Um dos altares da Capela do Senhor do Bonfim. Foto de Tarsila Costa de Oliveira.

Figura 38: Outro altar da Capela do Senhor do Bonfim. Foto de Tarsila Costa de Oliveira.

Figura 39: Fotografia de Pai João de Camargo junto a uma imagem de Nossa Senhora. Foto de Tarsila Costa de Oliveira.

Figura 40: Fotografia de Pai João de Camargo. Foto de Tarsila Costa de Oliveira.

Figura 41: Detalhe da Capela do Senhor do Bonfim. Foto de Tarsila Costa de Oliveira.

Figura 42: Diamantino F. Trindade junto a um altar na Capela do Senhor do Bonfim. Foto de Tarsila Costa de Oliveira.

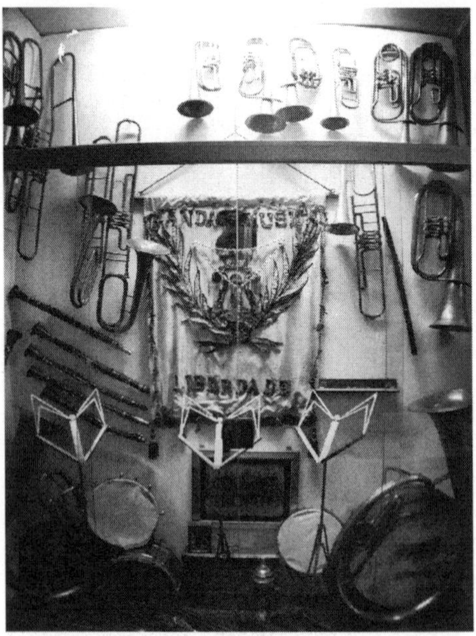

Figura 43: Instrumentos musicais da Banda formada por Pai João de Camargo. Foto de Tarsila Costa de Oliveira.

Figura 44: Sepultura de Pai João de Camargo. Cemitério da Saudade, Sorocaba. Foto de Tarsila Costa de Oliveira.

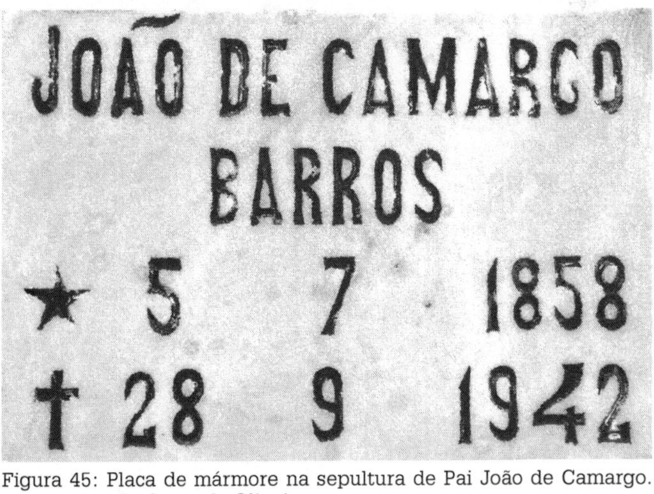

Figura 45: Placa de mármore na sepultura de Pai João de Camargo. Foto de Tarsila Costa de Oliveira.

Figura 46: Cruz de ferro fundida na Fundição Ipanema. Cemitério da Saudade. Foto de Tarsila Costa de Oliveira. A Real Fábrica de Ferro São João do Ipanema, ou Fundição Ipanema, foi uma siderúrgica que operou entre 1810 e 1926 na região de Sorocaba, no atual município de Iperó, interior do estado de São Paulo.

JUCA ROSA - O CÉLEBRE FEITICEIRO DA RUA DO NÚNCIO

Mello Barreto e Hermeto Lima

Do livro *História da Polícia do Rio de Janeiro (1870-1889)*

Figura 47: Frontispício do livro *História da Polícia do Rio de Janeiro.*

O curioso que aí por 1873 quem atravessasse a Rua do Núncio, perto da Rua do Senhor dos Passos, em frente a um armarinho conhecido pelo nome de *O lenço de Alcobaça*, veria na porta do corredor de uma casa colonial, ainda então ali existente, uma negra enormemente gorda, vendendo bolos africanos e pomadas de cheiro.

Ao fundo do corredor, pendia uma cortina de chita suja e tosca.

O fato de estar ali a negra não causava admiração; o que, porém, chamava a atenção, era ver-se que, lá dentro, ao fundo daquele antro, senhoras bem vestidas e da mais alta categoria social entravam, como se fossem tratar de negócios de grande importância.

Entravam, mas não saiam pela mesma porta, pois a saída era pela Rua Senhor dos Passos.

Dir-se-ia que ali era o consultório de algum afamado médico, cuja clientela, de primeira ordem, aumentava a cada dia.

Podia pensar-se também que ali era o escritório de algum judeu onzenário e que aquelas senhoras nada mais eram do que freguesas, que iam empenhar as suas joias à espera de dias de menos apertos.

Supor-se-ia, também, que fosse alguma excelente modista, que, não tendo capitais para se estabelecer, mas conhecendo bem o seu ofício, arranjasse a freguesia do escol feminino carioca.

É possível que seja isto... Aquilo... Aquilo outro.

Cada um, enfim, tinha o seu modo de ver sobre o que era aquela casa, ou que espécie de comércio estava nela instalado, apesar de sua aparência medonhamente repugnante.

Aquela casa, tão frequentada pela gente fina do sexo feminino, era, nada mais nada menos, do que o antro do feiticeiro José Sebastião da Rosa, conhecido por *Juca Rosa*.

Juca Rosa era negro inteligente e, passando por várias profissões, sem se dedicar a nenhuma, compreendera que a mais rendosa era a de viver da imbecilidade alheia: – fizera-se feiticeiro, tornando-se, assim, tipo popular.

Tinha cerca de 40 anos de idade, era natural do Rio de Janeiro, negro retinto, já a pele com fundas engelhas, filho de pais africanos, nariz chato, beiços grossos, olhos vivos e penetrantes. Um ou outro fio de barba lhe adornava o rosto. A cabeça ovoidal deixava ver a carapinha característica da raça.

Expressava-se mal, mas de tudo quanto queria dizer nada lhe ficava oculto no pensamento, porque completava o colorido da frase com a vivacidade do olhar.

O que dizia, o que afirmava, pesava como um dogma nos espíritos fracos das mulheres suas consulentes e, quiçá, sobre alguns homens.

Se tivesse instrução, *Juca Rosa*, que às vezes inspirava verdadeiro terror, seria talvez um perfeito rival de Cagliostro.

Pouco antes de se fazer feiticeiro, fora cocheiro de carro.

A sua fama de fabricante de casamentos, de unir pessoas

que se achavam arrufadas,[49] de quebrar feitiços, de curar quebrantos e maus olhados, se espalhou pela cidade com a rapidez de um raio, de sorte que a sua casa em breve se tornou refugio de senhoras arrufadas com os maridos e de moças que queriam casar e não sabiam por que não eram amadas.

A sua clientela feminina era quase toda de senhoras ricas, porque a mãe do Juca – a tal negra que sempre se via à porta, vendendo bolos e pomadas de cheiro – procurava-as de preferência, propagando as propriedades do filho, como um privilégio do céu em fazer orações e em fabricar pós, que davam virtudes etc.

E com a fabricação de tal pó, de efeitos especiais, a sua fama crescia, aumentando-lhe os proventos.

E, à medida que empanturrava o mealheiro, *Juca Rosa* avaliava de perto quanto é fértil e produtiva a fraqueza humana, convenientemente explorada.

Uma feita foi lá uma senhora fazer-lhe certa consulta.

Juca Rosa fez-lhe propostas menos dignas e a senhora imediatamente foi à Polícia comunicar o fato, pedindo providências.

O escândalo veio a público, os jornais bradaram, e por muito tempo foi Juca Rosa o assunto predileto do Rio de Janeiro.

Preso e processado foi o feiticeiro condenado, cumprindo a respectiva pena na Casa de Detenção.

Quando de lá saiu, não quis mais saber de feitiçarias. Arranjou um lugar de guarda fiscal da Municipalidade; mas não perdeu a popularidade.

A titulo de curiosidade, damos aqui uma das receitas de *Juca Rosa*, vendida por muito bom dinheiro.

Receita para os homens se verem obrigados a casar com as suas amantes.

Tomem-se 26 folhas de erva de Santa Luzia e depois de cozidas em seis decilitros de água, meta-se numa garrafinha branca bem arrolhada, até que tenha no fundo alguns farrapos, e sobre o gargalo dessa garrafa reza-se a seguinte oração:

Ó Santa Luzia, *que sarais os olhos, livrai-nos de escolhos, de noite e de dia; Ó Santa Luzia, bendita sejais, por serdes bendita, no céu descansais.*

[49] Arrufado: termo regional que no Nordeste significa: Aborrecido; irritado; agastado.

Aqui se tira um sete de um baralho de carta e põe-se-lhe em cima a garrafa, dizendo: *Em nome do Padre, do Filho e do Espírito Santo, te imploro, Senhora, que assim como esta está segura, assim eu tenha seguro por toda a vida a (fulano) a quem amo de todo o coração e peço-vos Senhora, que façais com que ele me leve à Igreja, nossa mãe em Cristo Senhor Nosso.*

Rezando em seguida uma coroa a Nossa Senhora, a mulher pode ter certeza do êxito.

É preciso conservar a carta debaixo da garrafa até o dia do casamento.

UM FEITICEIRO NA CORTE IMPERIAL

Diamantino Fernandes Trindade

Figura 48: Juca Rosa. Biblioteca da Universidade Estadual de Campinas.

José Sebastião da Rosa, mais conhecido como Juca Rosa, foi um dos líderes religiosos negros mais importantes do Rio de Janeiro. Filho de mãe africana, nasceu em 1833. Era alfabetizado. Foi Praça do Exército. Exerceu as funções de cocheiro e alfaiate antes de se tornar líder de uma seita religiosa, com muitos adeptos, onde era conhecido como Pai Quimbombo, tido como possuidor de grande força sobrenatural.

Passou alguns meses na Bahia aprendendo os mistérios da religião africana. Quando voltou ao Rio de Janeiro, montou um terreiro de grande fama no bairro de Pequena África, onde os negros provenientes do Norte e Nordeste se concentravam.

Os periódicos da época o chamavam de "feiticeiro negro". Era tema de matérias jornalísticas em função de seu envolvimento com prostitutas, costureiras, mulheres pobres e negras, senhoras brancas e casadas oriundas de famílias importantes na vida política da Corte. A maioria de seus seguidores eram mulheres que eram atraídas pelos seus atrativos e olhar penetrante. Estava sempre bem vestido e usava joias caras.[50] Além dos escravos e negros libertos, muita gente importante o seguia como: políticos, comerciantes, membros da elite social e intelectuais. Estabeleceu relações com pessoas importantes da sociedade e seus ritos e festas reuniam em sua casa essa gente que ia a busca de seus conselhos e curas.

Ele era conhecido por "provocar paixões, tirar a potência sexual dos homens, fazê-los adoecer e sucumbir a moléstias". Tudo por dinheiro – escreviam os redatores dos jornais.

Juca Rosa atendia em uma vila localizada à Rua do Núncio, em frente a um congá com imagens. Em um ambiente de pouca luz, aconteciam as macumbas. Distribuía patuás para usar junto ao pescoço. Incorporava o Pai Quimbombo. No seu terreiro recebia gente importante, além de belas senhoras que ele enfeitiçava e alegravam a vida de Juca.

Uma denúncia anônima, publicada no *Diário de Notícias*, dirigida ao segundo delegado de polícia da Corte, acusava-o de envolvimento sexual com várias mulheres. Juca Roca interrompeu suas atividades e foi preso e processado por estelionato. O fato tornou-se um prato cheio para a imprensa. Virou notícia em diversos jornais de várias capitais brasileiras.

Segundo o *Diário de Notícias*, quem o acusava era um jovem de 24 anos que conheceu o Juca, quando procurou tratamento para um braço doente. Pagou 30 mil réis, como

[50] "Ser negro, feiticeiro, de vestes elegantes, com boa moradia e bem relacionado com mulheres brancas era inaceitável, e mais, um péssimo exemplo para uma sociedade que não desejava mudanças, principalmente nas classes oprimidas". RIVAS, M. E. B. M. *O mito de origem: uma revisão do ethos umbandista no discurso histórico*. São Paulo: Arché Editora, 2013.

adiantamento, para compra de medicamentos e participou de um ritual. Assistiu Juca realizar uma "amarração": cercado de "bugigangas", descalço e sem paletó. Conforme o denunciante, ele transformava inimizade em afeição, aconselhando também métodos para vencer qualquer dificuldade cotidiana. De acordo com a matéria do jornal, "era nesse momento que todos os assistentes lhe beijavam a mão direita e batiam com a cabeça no chão".

O julgamento teve início no dia cinco de janeiro de 1871, mas Juca já estava preso há oito meses. A sala estava lotada de autoridades, gente importante, mulheres e seguidores, dando um tom festivo ao tribunal. Seu advogado foi o Dr. Felipe Jansen de Castro Albuquerque. De acordo com o *Diário de Notícias*, os advogados de acusação tiveram que conduzir uma "luta heroica para arrancar a verdade" de testemunhas aterrorizadas pelo olhar que Juca lhes lançava. O periódico, no sentido de vender mais exemplares, prosseguiu sua campanha destacando feitiços e mortes promovidos por ele e alertando as autoridades para prosseguir seu julgamento com "louvável energia".

Foi condenado. Não por mandingas e macumbarias, pois o Código Criminal do Império não contemplava crimes desse tipo. Foi condenado por estelionato. Foi libertado após cumprir seis anos de prisão, em 26 de julho de 1877.

Em uma sociedade organizada com base na escravidão e no poder dos brancos, o debate surgido em torno do julgamento de um religioso negro que adquiriu fama e prestígio.

Juca Rosa foi um bode expiatório no contexto histórico e social da época?

Maria Elise Gabriele Baggio Machado Rivas cita:[51]

> As macumbas e seus feiticeiros não refletiam apenas questões culturais, mas também transformações sociais, políticas e econômicas. Os feiticeiros e curandeiros eram um ícone de mudança e passaram a interagir com todas as classes sociais.
> Juca Rosa serviu de exemplo para vários movimentos que a elite pretendia reprimir: a "feitiçaria",

[51] RIVAS, M. E. B. M. *O mito de origem: uma revisão do ethos umbandista no discurso histórico*. São Paulo: Arché Editora, 2013.

movimentos pró-abolição, mantendo os negros na periferia social, de onde Juca se atreveu a sair, e o mediunismo com característica "nacional".

Figura 49: A justiça de nossos dias. *O Mosquito*, n. 65.

Gabriela dos Reis Sampaio[52] explica que a charge *A justiça de nossos dias* representa a Justiça: negra e pobre trazia na mão uma placa, ao invés do cetro, onde os escritos estavam permeados de erros de português. Ironiza-se a ação da justiça na condenação de Juca Rosa, já que muitos diziam que nada ia acontecer ao feiticeiro por suas ligações com importantes figuras do cenário político. Ao invés de uma balança, a justiça negra tinha na outra mão um saco de dinheiro, e usava na cabeça um chapéu de arlequim. A alusão é direta às classes pobres, analfabetas, morando na Rua do Sabão, local de concentração de negros e pobres.

---

[52] SAMPAIO, Gabriela dos Reis. *Juca Rosa: um pai de santo na Corte Imperial.* Rio de Janeiro, Arquivo Nacional, 2009. Este livro é fruto de doutorado em História pela Universidade Estadual de Campinas em 2000.

Os capangas da autoridade erguem-se furiosos.
Na polícia não havia há muito tempo constituição.
Também não há leis.
A arma da polícia é a injúria e a calunia.
Não admira: mudou de rua e de rumo.

O pasmado.

Diário do Rio de Janeiro, n. 34, 3 de fevereiro de 1871.

Conforme Gabriela dos Reis Sampaio: Junto com o pro-

Figura 50: Juca Rosa.

cesso criminal, uma única fotografia foi encontrada. Juca Rosa e João Maria da Conceição, um de seus seguidores, foram para um estúdio, e posaram para o fotógrafo.

A pose do auxiliar deveria ser típica da atitude dos fiéis reverenciando o pai durante os rituais.

Ainda de acordo com a autora: Junto dele era muito comum estar João Maria da Conceição, arranhando um instrumento de pau riscado, com a forma de uma lima, chamado macumba – daí o fato de ser Rosa conhecido por alguns como *chefe das macumbas*. Com outra macumba nas mãos, porém esta de madeira lisa podia ser encontrada com o pardo Fortunato, que morava bem próximo a Rosa, na Rua do Núncio, perto da Rua do Conde, em sua casa se ensaiava a dança de reis, e Fortunato, trabalhando para Rosa, conduzia boa parte das danças nos dias de festa. Lúcio José da Silva também estaria certamente por lá, batucando um atabaque de fundo.

Referências

RIVAS, M. E. B. M. *O mito de origem: uma revisão do ethos umbandista no discurso histórico*. São Paulo: Arché Editora, 2013.

SAMPAIO, Gabriela dos Reis. *Juca Rosa: um pai de santo na Corte Imperial*. Rio de Janeiro, Arquivo Nacional, 2009.[53]

http://historiahoje.com

https://www.blackpagesbrazil.com.br

IMPORTANTE DILIGÊNCIA POLICIAL – O PROCESSO JUCA ROSA

Diário de Notícias, n. 96, 23 de novembro de 1870

Sortilégios – Evocações – Estelionatos – Roubos – Defloramentos – Mortes – Propinações de venenos – Abusos de confiança – Ataques e religião – Seitas proibidas – Reuniões secretas – Feitiçarias

O Sr. Delegado de Polícia, sempre ativo e enérgico no árduo desempenho de seus deveres, conseguiu capturar o célebre José Sebastião da Rosa conhecido vulgarmente como Juca Rosa. Crioulo, criado e vivendo nesta cidade, onde é escassa a civilização entre o povo, filho de uma africana, que

[53] A obra reconstitui diferentes aspectos da sociedade brasileira, especialmente carioca escravista e paternalista do período. Nas mãos da autora o famoso caso de Juca Rosa aparece como uma janela por meio da qual a autora penetra nos desvãos da sociedade escravista urbana da corte, para recuperar não apenas a dinâmica das crenças existentes entre as camadas populares cariocas, mostrando como estas estavam embebidas de ritos de origem africana, mas também para penetrar nas relações sócias que moldavam a sociedade escravista.

lhe legou o misterioso arcano de *dar fortuna*, conseguiu este herói por longo tempo criar uma plêiade de mulheres, ainda moças e bonitas, que partilhando alternadamente o seu leito e para ali conduzindo suas próprias filhas, ainda virgens, para a consumação de um sacrifício que encaravam como uma honra contribuíam com o imposto de grandes quantias para a manutenção do sultão e de suas sessões lúgubres e sinistras onde a superstição e a mal entendida crença dos espíritos evocados pelo novo *pajé*, deixava no animo dos assistentes o terror, e o que é mais: um respeito e obediência que aliás lhe eram garantidas por um juramento de fidelidade e de dedicação, a que o fanatismo de suas vítimas prestavam um verdadeiro culto.

Verdadeiros escravos, as suas ordens eram sentenças que não se discutiam, visto o chefe ter sobre os mesmos o poder de vida e de morte! O filho dissoluto que visava a herança paterna, a mulher adultera que ocultava o seu crime, e todo esse negro cortejo de dissabores que nos seguem a existência, encontravam ali pronto e salutar remédio; uma vez que o neófito depositava nas mãos do *mestre* a sua vida, e se sujeitava ao seu inteiro domínio. Como se vê, não se trata aqui de um *feiticeiro* vulgar que a troco de algumas patacas, e sobre um sujo tapete, ao lado de uma galinha preta e cercado de imundices, nos prediz um futuro de rosas, suavizando, por momentos, a lama com a perspectiva de um futuro risonho. Juca Rosa era mais hábil; e a sua influencia era firmada por cálculo que não falhou nunca; ele explorava a desgraça do lar doméstico.

O Sr. 2° Delegado de Polícia nos interrogatórios que tem feito e na extensa rede que estendeu com tino e perspicácia, acaba de ter notícia de grande número de vidas de sacrilégios cometidos em face de altares sagrados em que o impostor causava, batizava e preenchia todas as funções de um sacerdote segundo o seu rito, aliás, professado por toda a comunidade.

Pesa-nos o dizer aqui que pessoas decentes e famílias, e o Sr. Dr. Miguel Tavares, que tantos e tão bons serviços tem prestado no lugar que ocupa, não deve, por um momento retardar os golpes da espada da justiça. De um fato temos o conhecimento, e que vamos expô-lo, para mostrar apenas a quantos perigos se arriscavam as infelizes, que vítimas de superstição, iam a busca de lenitivo à essas negras e pungentes dores que suavizam apenas, só com o bálsamo da religião.

Uma pobre moça a quem não lhe faltou o carinho de pais extremosos e cuja educação foi cultivada com todo o esmero, casou-se, e não encontrou no marido o verdadeiro amigo que devia, enxugando-lhe as lágrimas da orfandade, protegê-la e ampará-la com os desvelos e o amor que distinguem o verdadeiro esposo. Abandonada e desprezada, enquanto o infiel consorte ia à busca de criminosos prazeres, a sua imaginação perdia-se e delirava nessas horas caladas da noite, em que depois de volver os olhos a Deus em fervorosas preces se torna ao mundo, ao mundo sempre tão mau. Nada obtendo com a sua resignação, com as suas súplicas; nas longas noites de insônia e lágrimas, resolveu aconselhar-se com alguém. Esse alguém a iniciou nos poderes mágicos de Juca Rosa, a quem ela recorreu amargurada e aflita; e este, cativou também da mocidade e beleza, exigiu logo como premio de um melhor porvir na sua vida conjugal, o sacrifício de sua honra afim de na junção dos corpos inspirarem-lhe a alma!

E o cafre saciado em seus brutais instintos, cevado em seus torpes gozos, entregou-lhe uns pós que ela devia semear no travesseio e roupas do marido, guardando de tudo o maior sigilo, negando-se ela aos carinhos do mesmo. Obediente a tudo, cumpriu a misera promessa feita, e executou-a sob as ordens que recebera! Habituado o esposo a encontrar o perdão sempre pronto às suas faltas estranhou a relutância da mulher e o silêncio desta às suas perguntas. Recolheu-se ao seu quarto, deitou-se, e sentiu logo pesar-lhe o cérebro, vertigens e um cheiro ativo que não conhecia. Saindo imediatamente e interpelando a mulher com todo o afago, este de joelhos, lhe confessou tudo, sem nada lhe ocultar. Os pós, sujeitos a um exame médico, tinham uma ação nociva e continham efeitos mortíferos aspirados que fossem por longo tempo.

Aí tem, pois, uma pobre vítima calando em silêncio a sua desonra e a não querer cobrir-se de vergonha e de ridículo negando tudo à autoridade e não depondo sequer neste monstruoso processo. Confiando muito na integridade e justiça do ilustre Dr. 2° Delegado de Polícia dele esperamos enérgicas providências e a continuação de diligências que, como esta, não tem desmentido o conceito como um dos mais ativos delegados que tem tido a Polícia da Corte.

Diário de Notícias, n. 97, 24 de novembro de 1870

Continuaram ontem as investigações policiais sobre os monstruosos delitos praticados pelo célebre José Sebastião Rosa, conhecido por Juca Rosa. O digno 2° Delegado de Polícia tem sido incansável na procura dos fatos que tem de servir de base a tão singular processo.

A nossa folha de ontem deu alguns pormenores a respeito, e esperamos continuar a dar aos nossos leitores o mais que se tiver descoberto e que possa ser dado à publicidade. Seguiremos a ação deste drama que tanto está prendendo a atenção publica, por conterem cenas de superstição, evocações diabólicas, tramas sanguinolentos, exploradores do lar doméstico, sacrilégios à face de altares sagrados, exercício lato das funções sacerdotais, enfim, tudo quanto pode chamar a curiosidade, e ao mesmo tempo desiludir com uma lição severa a credulidade do povo. E não querem que ele leia, ainda as coisas mais fáceis e rudimentares?

Se a ignorância é tanta que ainda há gente que desconhece que a nenhum ser humano é dado produzir feitiços e coisas sobrenaturais; que acabou o falso império das bruxas e lobisomens com que outrora os espertos engodavam os néscios; que abaixo de Deus, só tem poder para operar milagres e verdadeira ciência, e esse mesmo poder é circunscrito, e pouco ou nada influi nas coisas da ordem imaterial. Leitura, leitura ao povo que muito carece dela.

Proteção às trevas da inteligência popular, para não continuarmos a ver em ação medicamentos secretos, filtros milagrosos e bruxarias, que vai atirando à eternidade os néscios que os acreditam, roubando-lhes a honra e o dinheiro. Mas na verdade, o Sr. Dr. Miguel Tavares, alcançou um verdadeiro triunfo com esta importante captura, que tende a desenrolar um pavoroso sudário de crimes. Não se cifram eles nas imoralidades praticadas a troco de mistificados conselhos, há não poucos assassinatos praticados por meio de subtis venenos que Juca Rosa ministrava, como remédio para que as adulteras encobrissem suas faltas, e para que filhos e parentes que visavam heranças, as realizassem de momento.

A justiça há de proceder com todo o rigor, não só contra este malvado, como contra todos que lançam mão destes meios, ofensivos à sociedade e a Deus.

Diário de Notícias, n. 98, 25 de novembro de 1870

Chegaram-nos mais pormenores sobre os fatos horrorosos praticados pelo célebre feiticeiro José Sebastião da Rosa, conhecido por Juca Rosa, que está sendo processado pela 2ª Delegacia da Polícia da Corte, e cuja punição a tranquilidade pública requer, tendo preocupado bastante as revelações que fizemos nas folhas de ontem e de anteontem. Segundo as informações que colhemos, e que podemos dar como exatas, na residência de Juca Rosa, estava armado de tela preta um gabinete onde se praticavam os sortilégios, precedidos de evocações diabólicas, e de harmonias infernais, executadas pelos acólitos, que, sob juramento de vida e de morte, o circulavam. As sessões cabalísticas que se repetiam diariamente pela afinidade pasmosa de consulentes, abriam-se logo depois da meia noite, em frente de toda corte, que em traje próprio e descalça marchava em frente do Pai Quimbombo, reverenciando-o de braços cruzados e salmeando em viso de surdina um versículos selvagens.

Estabelecida a corte nos lugares competentes entrava o consulente, ao toque de *tan tan*, acompanhado do cambono, secretário de Juca Rosa, e logo lhe era ministrado um gole de água em uma taça feita de búzio. Esta cerimônia, seguida de uma harmonia surda, executada pela cohorte[54] em instrumentos indígenas, dava ao ambiente a feição característica do sobrenatural. Uma luz mortiça, caindo do teto despargia uma luz sinistra, sepulcral. Depois da marcha, seguia-se o beija mão, que se verificava acompanhado de visualidades, transformações e bailados. O neófito então fazia o seu reque-

[54] Grande quantidade de pessoas.

rimento, entregando a Juca Rosa, 500 réis.

Expunha à assembleia, as necessidades do assistente, e pedia-lhe a sua intervenção benéfica em prol do generoso, que tão boa oferta acabava de fazer-lhe. Ao geral assentimento, uma vozeria infernal estrugia os ares, e em pouco, uma cobra de raiz natural, e aonde introduziam uma porção de azougue,[55] começava a mover-se no pavimento atapetado. Então Juca Rosa, introduzindo na boca um pedaço de sabão diluía-o à maneira que, contorcendo-se na sua cadeira, ia-se tornando endemoninhado, arremessando-se por fim até ao réptil, que se semelhava verdadeiro.

Por quinze minutos, o Pai Quimbombo se mantinha enlaçado na fera, dando urros de raiva, afuzilando os olhos e espumando como atacado de hidrofobia. Durante esta cena, que apavora a superstição, todos os comensais sustentavam um coro gemebundo, pungido, durante o qual continuava a distribuição de goles de água em copos de búzio. Em seguida a este ato em que Juca Rosa parecia epilético, o macumbeiro (consultante) era novamente interrogado, e à sua vista se despedaçavam as asas de um galo preto, sacrificado em ato continuo, e cujo sangue era dividido por todos aqueles sacerdotes da maldade e do crime.

Pelo solo da câmara misteriosa, achavam-se dispersas muitas raízes, e os cantos dela, diferentes esferas, quadrantes, vidros partidos, horóscopos, cartas, figuras do zodíaco, símbolos de constelações, ossos humanos, fogareiros de carvão, frascos de líquidos desconhecidos, chifres de grandes dimensões, cascos de anfíbios, finalmente, tudo quanto o charlatanismo tem inventado para apavorar a ignorância e a pusanimilidade. Depois daquelas cenas de sortilégio, era dado ao consulente o filtro que devia matar, excitar afeições ou ódios.

Para com as mulheres, Juca Rosa tinha meios mais positivos de lhes dar fortuna. A moralidade pública é bastante exigente para que possamos revelar os atos verdadeiramente pavorosos praticados por essa fera, que a justiça há de em breve punir, afastando-a do centro de uma povoação, que tem direito a exigir a sua tranquilidade. Entre as sacerdotisas

[55] Mercúrio liquido.

que a polícia capturou, e que francamente tem deposto na devassa aberta para tão importante processo, há seis mulheres de cor, com os nomes de Belmira, Marcolina, Henriqueta, Generosa, Leocádia e Angélica, que compunham o conselho de deliberação. Todas elas trajavam sinistramente nesses conciliábulos onde se jogava a honra, a vida e os haveres de cada um; todas elas haviam prestado juramento de fidelidade ao Pai Quimbombo e o incensavam com turíbulos de crâneos humanos, espargindo sobre as brasas gotas de sangue das aves sacrificadas.

Às sextas feiras, então, esta seita infernal, estes novos *thugs*[56] adoravam o Manipanso,[57] a sua divindade, e Juca Rosa, em trajes de sacerdote em frente do ídolo toscamente e de feições estrambólicas, casava e batizava, erguendo saudações sacrílegas a um pedaço de madeira informe! E tudo isto se tem passado na Rua do Núncio, no meio de uma cidade importante e ilustrada! Além do Manipanso, muitos outros ídolos se achavam dispersos pelo pagode do novo Soba, e especialmente pelos aposentos das cubatas.[58] Nesses dias de veneração, os fiéis transpunham o templo, submissos e respeitosos, levando galinhas, marrecos, lenços, dinheiro e até vinho, depondo tudo ante a esdrúxula divindade.

Antes, Juca Rosa, dirigia um discurso excitando a superstição e a credulidade nos prosélitos que conquistava, acabando as cerimônias por grandes festejos, com toques, gritos e bailados, em frente daquela estúpida criação. Vamos parar por hoje, porque o espaço de que podemos dispor não comporta a geral descrição que queremos fazer das torpezas e sacrilégios praticados pelo moderno pajé.

Diário de Notícias, n. 101, 29 de novembro de 1870

Continuaram, ontem, na 2ª Delegacia da Polícia os inquéritos das testemunhas no célebre processo de José Sebastião da Rosa, e segundo informações, que colhemos, são horrorosos os fatos pronunciados pela boca das vítimas de tão nefando feiticeiro. Juca Rosa não servia, simplesmente, de motor

[56] Brutamontes.
[57] Ídolo, figura, imagem, estátua.
[58] Choça de folhas, habitação dos pretos da África.

a indivíduos que dele se serviam para satisfação de desejos ignóbeis, levava muito longe a sua má índole, pois, não só pretendia evocar um poder que a nenhum mortal é dado possuir, como obtinha, fraudulentamente, grandes somas de dinheiro a troco de filtros e preparações venenosas, impondo à credulidade das mulheres, que o procuravam, certas condições que não nos é permitido revelar.

Os efeitos desses filtros são bem conhecidos. Apontam-se não poucas vítimas; e há na Rua do Riachuelo um negociante que está à beira da sepultura, envenenado por Juca Rosa, que prometeu dar-lhe morte breve, sabendo que ele proferia ameaças e se predispunha a revelar à justiça as maquinações que distendia pelo vasto campo da sua perversidade. Esse negociante, bem conhecido na Corte, tinha relações com uma filha do nigromante, e pouco depois daquela ameaça, adoeceu e começou a sofrer do estomago, tendo vômitos frequentes; enfim, apresentando todos os sintomas de um envenenamento que em breve o levará à campa.

É esta uma das testemunhas mais importantes deste monstruoso processo, e ainda há poucos dias a vimos amparada por dois homens, quase sem poder mover-se, mas as suas declarações servirão bastante para que a justiça cumpra com o seu dever. Outro fato praticado por Juca Rosa é o seguinte: Uma menina, órfã de pai, amava extremosamente um mancebo pobre, mas a mãe que possuía também fracos recursos, queria que a moça se matrimoniasse com um homem de abastada propriedade que a pedira em casamento. A moça recebeu, com as lágrimas nos olhos, tão infausta nova, e jurou antes morrer que desprender-se do seu amor. A mãe atribulada, por esta declaração, aconselhou-se com alguém sobre o partido que devia tomar.

Disseram-lhe, pois, que se dirigisse à Rua do Núncio, e ali falasse com Juca Rosa, capaz de banir, em um momento, do coração da menina o amor que lhe ia nele. Foi a crédula mãe, e o feiticeiro, recebendo-a e ouvindo-a, respondeu-lhe que nada podia fazer sem a presença da moça, a quem queria transmitir a fortuna, mediante a paga de 100 réis. No dia seguinte, a título de uma visita, subiram para a residência de

Juca que, já paramentado, as recebeu, conduzindo a menina, a sós, para um gabinete escuro. A infeliz, não sabe o que se passou porque perdeu os sentidos; mas o certo é que a coroa de laranjeira que lhe devia ornar a cabeça no seu noivado, rolou aos pés do infame sátiro, que em um gargalhar mefistotélico, as expulsou depois de casa.

A mãe, doida de pesar, queixou-se às autoridades; mas aconselharam-na a que escondesse a vergonha da filha no interior de sua casa, deixando de dar ao mundo a notícia de um acontecimento em que ela era a primeira culpada. Assim, estas duas vítimas da selvageria de um homem, choram e definham-se de momento para momento. Amargas verdades são estas que temos publicado; tristes, cheias de lágrimas, de opróbios e de vergonhas. Mas isto ainda não é tudo; ainda, à luz pública, se não desenrolou todo sudário da vida dessa fera, ainda se não descreveram muitas cenas que o silêncio mortuário, daquela casa, encobriu por bastante tempo o que só agora nos é dado revelar; ainda não expusemos, à indignação de todos os homens sensatos deste vasto império, os crimes altamente horrorosos expostos por este ente, à análise filosófica do historiador contemporâneo.

Mas vejam esses funestíssimos exemplos da credulidade pública; pairem seus olhos sobre esses montões de vítimas enchidas pelo assopro de uma alma condenada; e trabalhem, todos, para que desapareçam para sempre essas profundas noites das gerais indiferenças, distendendo-se a luz suave da educação feminina e a sua influência e a sua influência amorável, bondosa e benéfica, para que ela calque ousada o charlatanismo e a imoralidade que ameaçam derruir os alicerces das mais sagradas instituições – religião e família. Escolas, escolas ao povo, que muito carece delas, e teremos coroado, com o desprezo público, essas feras tão danosas como a peste.

Diário de Notícias, n. 102, 30 de novembro de 1870

Não tem descansado a polícia. O inquérito das testemunhas no processo de Juca Rosa tem continuado na 2ª Delegacia da Corte, e os depoimentos, segundo nos informam, são horrorosos. Ontem e anteontem regurgitava de gente a secretaria, uns levados por curiosidade, outros pelas intimações e por terem de depor nesse monstruoso processo. É, pois certo que existia no Rio de Janeiro um centro de aventurosos, que se inculcando possuidores de influência sobrenatural e misteriosa, como capazes de dar e tirar fortuna, praticavam toda a sorte de crimes e de barbaridades. Essa plêiade capitaneada por Juca Rosa, concentrava-se em uma casa da Rua do Núncio, onde atraia grande número de pessoas, de cuja credulidade latamente abusava. Pai Quimbombo, tal era a denominação de Juca Rosa, dizia-se feiticeiro ou macumbeiro, exercendo uma funesta influência, principalmente ou quase exclusivamente, sobre as mulheres, de cujo espírito fraco e exaltável se apoderava, tornando-as, não só vítimas dos seus brutais e desenfreados desejos, como de constantes exigências pecuniárias, que a muitas levava ao último degrau da miséria, ao derradeiro degrau do prostíbulo.

A audácia e perversidade desse homem chegaram até o ponto de envolver a nossa santa religião em suas práticas sacrílegas, conseguindo substituí-la pela mais abjecta superstição, pelo acatamento a um ídolo africano, o Manipanso, em frente do qual, revestido de sacerdote casava e batizava. Assim Juca Rosa, iludia muitas mães, que conservam pagãos os inocentes filhos, e há crianças de quatro, cinco, seis anos que nunca foram à igreja pela circunstância apontada. Era, pois, urgente que a justiça pública, que a polícia intervisse pronta e enérgica, para extirpar um mal tão profundo e que flagelava numerosas vítimas, até aqui indefesas, acabando-se assim com essa fonte de imoralidade, irreligião e miséria.

José Sebastião da Rosa, ex-praça do Exército é um crioulo de 40 anos de idade, alfaiate de profissão. Aborrecendo o trabalho e possuindo alma satânica, abraçou a carreira nefanda de feiticeiro, que tem semeado de mil enormidades, tanto mais condenáveis, por partirem de um homem que não parecia ter a alma endurecida pelas superstições africanas. Desde que abraçou a sua nova carreira, a vida de Juca Rosa tornou-se um tecido de defloramentos, prostituições, defraudações, profanações e porventura envenenamentos, pois, sabendo o uso de cantigas e sortilégios africanos, preparava diversas plantas venenosas, e mais de um seu inimigo ou desafeto, tem-se visto desaparecer ou morrer de moléstias que por fatal coincidência apareciam na época da descrença ou inimizade.

Entre as dezenas de fatos horrorosos que se apontam, citaremos hoje apenas um. A infeliz L. M. da G. moradora à Rua da Lapa, parda, moça elegante, e, muito requestada, querendo prender uma pessoa a quem se afeiçoara e que tinha bens de fortuna, aceitou os serviços de Juca Rosa, e para isso deu-lhe pela primeira vez 30 réis, pela segunda (a sessão magna) 100 réis e pela terceira 70 réis. Para satisfazer as exigências do feiticeiro, esta desgraçada vendeu, até, uma rica mobília de medalhão que possuía, e ficou reduzida à miséria. Tendo filiado a Rosa, fanatizou-se, a tal ponto, que, batizou uma filha natural que tinha, segundo o infame e torpe ritual de Pai Quimbombo.

Diário de Notícias, n. 103, 1 de dezembro de 1870

Sessão na 2ª Delegacia de Polícia. – Presidente, Sr. Dr. Miguel Tavares; advogado o Sr. Dr. Tito Franco; escrivão, Sr. Chaves. – À uma hora da tarde de ontem. Testemunha inquerida R. M. da S., solteiro, de 24 anos de idade, disse: que conhece a José Sebastião da Rosa, desde o ano de 1868, tendo começado as suas relações, porque ele, testemunha, se achava enfermo de um braço e aconselharam-no, que, para obter a completa cura, seria necessário ouvir o feiticeiro; que, com efeito, foi procurá-lo e tratando do negócio recebeu Juca Rosa 30 réis, que dizia precisos para compra de medicamentos; que assim em contato com Rosa, e ouvindo este dizer constantemente, que tinha um poder sobrenatural, e que por causa dele até era conhecido na Europa, fez parte da sua irmandade, assistindo pela primeira vez a uma cerimônia, por ele feita, na Rua do Cabuçú, n. 2; que esta cerimônia foi celebrada no meio das bugigangas que se acham na delegacia, estando o celebrante descalço e sem paletó, e que tinha por fim converter em afeição a inimizade, o que se verificou por meio de um ato chamado amarração; aconselhando os meios de se vencer quaisquer dificuldades da vida; que para Rosa dar a consulta, era necessário ser tomado de um espírito, ao qual na ocasião chamava de pai; e isto se realizava quando no meio da cantoria que se ouvia, mudava de voz, principiando a dar saltos, e era nesse momento que todos os assistentes lhe beijavam a destra, e batiam com a cabeça no chão; que todas estas cerimônias eram celebradas, concorrendo cada um com o que podia dar; que assistiu também a uma cerimônia verificada à Rua da Carioca, n. 36, na casa em que residia uma moça branca, portuguesa, por nome M. T., que, então, tinha em vista, atrair a sua casa cada vez mais, um negociante, opulento que a frequentava; que aí se fez o serviço da amarração, que consistia em estender-se no pavimento um pedaço de pano, e sobre este, em forma de cruz outro preto e encarnado, pondo-se sobre tudo, urubu, anu, pimenta de Angola, farinha, azeite de dendê, milho e acaçá; feito isto comparecia a consulente, e Rosa fazia-lhe passar um galo pelo corpo, em todas as direções, pronunciando algumas palavras ininteligíveis; após, cortava-se o pescoço da ave, e a consulente esquartejava-a enchendo-a de ingredientes, e mandando-a colocar à porta da Igreja de São Francisco de Paula, sendo a testemunha quem a levava; por estes e outros fatos altamente repugnantes recebia Juca Rosa, dinheiro, sendo M. T., uma das filhas em quem mais confiança depositava, e que mais das vezes lhe dava dinheiro; que o nigromante empenhou à tempos a casa de Francisco Motet, um anel de brilhantes, pertencente àquela mulher, e pelo qual obteve 50 réis, que Juca entrouxou; que lhe consta que esta moça tem empenhado joias, por muitas vezes, para satisfazer às exigências do seu pai e senhor; que assistiu à filiação de L. F. C., que teve lugar em dezembro de 1868, na casa da Rua Larga de São Joaquim, n. 135, trabalhando Rosa, com os paramentos que se conhecem; que assistiu a juramentos de fidelidade, e que mais tarde a própria Leopoldina lhe disse que tinha rompido o juramento, porque Juca a queria obrigar ao pagamento de 60 réis mensais, servindo-se ainda dela, por um modo tão repugnante, que a misera se viu na necessidade de fugir a semelhantes perseguições; que o fim da filiação de Leopoldina era conservar a estima de um homem, e que ela despendera perto de 20 réis; que em uma reunião a que assistiu na Rua do Cabuçú, viu 30 pessoas filiadas, que obedeciam cegamente ao Pai Quimbombo; que conhece uma infeliz a quem Juca exigiu dinheiro por consultas, o que depois de lhe dar boas somas e achando-se sem recursos teve de vender a sua mobília, certamente para satisfazer às exigências de Juca; que se afastando de tais sessões, soube que o feiticeiro o ameaçava com pena de morte, adoecendo pouco depois; que o feiticeiro se casava com diferentes mulheres, segundo o seu infame ritual, e que se efetuavam danças eróticas em frente de imagens santas; que Juca Rosa aplicava condenações às *filhas*, fazendo remir a dinheiro as penas que pretendia aplicar-lhes, finalmente concordou que José Sebastião Rosa, praticava sortilégios, evocações, estelionatos, roubos, abusos de confiança, ataques à religião, fazendo reuniões secretas e perpetrando feitiçarias.

Diário de Notícias, n. 104, 2 de dezembro de 1870

Sessão na 2ª Delegacia de Polícia. – Presidente, Sr. Dr. Miguel Tavares; advogado o Sr. Dr. Tito Franco; escrivão, Sr. Chaves. À uma hora da tarde, 2ª testemunha, – M. A. de M. S., natural do Rio de Janeiro, de 32 anos, solteiro, disse, que conhecia o acusado Juca Rosa, de nome, tendo já visto uma fotografia, igual à que se acha junta aos autos, em poder de uma moça por nome J. A. de X. que mora com L. M. da G., à Rua da Lapa 81, ambas fanaticamente dedicadas a Juca Rosa, acreditando-o dotado de poder sobrenatural, capaz de inspirar paixões, tirar o vigor a indivíduos, fazê-los adoecer e sucumbir em moléstias; que, sabe, exercer Juca Rosa a feitiçaria, prometendo fortuna ou realização de desejos, e que para isso percebia a maior soma que lhe podia dar a pessoa que o consultava; que L. M. para se filiar o obter de Juca Rosa, o que se chamava guia e breve, vendera uma mobília de medalhão e mais trastes, a fim de apurar a quantia de 300 réis exigidos pelo acusado, para essa filiação; que sabe da influência; que sabe da influência funesta que o feiticeiro exercia sobre muitas moças, obrigando-as a dar-lhe dinheiro, sob promessa de alcançarem fortuna; que M. T. outrora moradora na Rua do Sabão da cidade nova, e agora residente à Rua do General Pedra, se casara no congá com o acusado, ultrajando assim a religião de Cristo; que o nigromante batizava crianças, conhecendo a testemunha duas mocinhas de quatro anos que ainda se conservam fora do grêmio católico, sob a cerimônia pagã efetuada segundo o ritual de Juca Rosa; que o feiticeiro ministrou a H. de A. por intervenção de alguma de suas "filhas" certos medicamentos que o levaram à beira da sepultura, estado em que infelizmente se acha; que nas sessões de Juca, as mulheres trabalhavam ou assistiam descalças, e algumas nuas; que todas as filiadas nesta torpe instituição, dizem, que se ele pudesse na prisão em que se acha dispor dos seus preparos, conseguiria sair já, mas que afinal a questão será de tempo; pois efetivamente ele sairá livre; que o acusado faz uso de moxinifadas[59] a que chama medicinas, correndo entre as *filhas* que ele extraía de feridas, porções de agulhas e ferros velhos; finalmente que o feiticeiro recebia dinheiro de várias pessoas para efetuar certos desejos, a maioria dos quais se tornavam irrealizáveis, sendo certo que a propinação[60] de medicamentos secretos, eram totalmente nocivos, o que se prova exuberantemente.

Diário de Notícias, n. 105, 7 de dezembro de 1870

Sessão da 2ª Delegacia de Polícia. – Presidente, Sr. Dr. Miguel Tavares; advogado o Sr. Dr. Tito Franco; escrivão, Sr. Chaves. Às dez horas da manhã, 6ª testemunha inquerida, Leopoldina F. C., natural da Bahia, de 22 anos, casada, disse, que conhece há dois anos a Juca Rosa, que se inculcava com o poder de dar fortuna e obter da sorte tudo quanto quisesse; que o procurando com o fim de alcançar essa felicidade, foi a uma casa da Rua de São Joaquim, aonde, em frente de um oratório de imagens santas, havia um vaso com raízes, nas quais estavam cravados cinco ou seis punhais; que uma hora depois de entrar começou a cerimônia tocando os circunstantes um instrumento que lhe chamam macumba, cantando-as em linguagem ininteligível; que o *deus* do feitiço se exibia pouco depois, vestido carnavalescamente, e tomando parte

[59] Resultado da ação de misturar comidas, bebidas, temperos, condimentos, ingredientes etc.
[60] Propinar: Oferecer, dar a beber.

na dança, caindo, após alguns instantes, no chão; que neste momento a comunidade ajoelhava, batendo palmas, cantando e beijando-o na testa; que o secretário conduzia depois o nigromante para um quarto no qual só era permitido o ingresso às *filhas de mesa*; que ela testemunha ficou na sala, tendo então bebido, como todos os circunstantes, aguardente, aonde Rosa lançará uns pós; que dentro do quarto aonde só entravam as *filhas*, haviam imagens para ela desconhecidas, galinhas, galos, pombas brancas e pretas; que Juca Rosa, com o espírito na cabeça vinha para a sala dar consultas a ela testemunha, exigindo a quantia de 60 mil réis mensais para ocorrer às despesas do ritual; que ao espírito se chamava Pai Vencedor, pedindo Rosa mais duas galinhas brancas e um carneiro; que não podendo satisfazer às exigências de Rosa, este a ameaçou com desgraças, afiançando-lhe que iria morrer no Hospital da Misericórdia; que falou a primeira vez com Rosa, dando-lhe sob intimação, a quantia de 30 réis que o feiticeiro disse necessários para a cerimônia; que posteriormente lhe exigira diversas quantias, que entregaria, com medo de que sofresse o poder do mal, que Juca dizia ter; que Rosa exigiu dela um juramento para ser considerada filha da mesa, alcançando assim, tudo quanto desejasse, e contribuindo com uma pensão segundo suas forças; que esse juramento a obrigava a ceder a todas as exigências do negro, ainda às mais ignóbeis; que M. T. empenhara as suas joias para mandar dinheiro a Juca Rosa que se achava na Bahia, sem recursos; que L. vendera a sua mobília para dar uma quantia ao feiticeiro que pedira sob penas infringidas no ritual; finalmente, que o acusado despendia largamente sem que tivesse fonte legal donde lhe proviesse o dinheiro.

Diário de Notícias, n. 107, 9 de dezembro de 1870

Sessão na 2ª Delegacia de Polícia. – Presidente, Sr. Dr. Miguel Tavares; advogado o Sr. Dr. Tito Franco; escrivão, Sr. Chaves. Às dez horas da manhã, 5ª testemunha inquerida, E. M., natural do Rio de Janeiro, de 28 anos, solteira, costureira, figura simpática e inteligente, disse, que conhece há cinco anos, a Juca Rosa, tendo começado as suas relações com ele por lhe haverem dito que tinha o poder de alcançar da sorte tudo quanto desejasse; que levada pela voz da fama, procurara Rosa, expondo-lhe desejos que alimentava, e queria ver satisfeitos; que o feiticeiro respondera tudo poder alcançar, recebendo por pagamento do seu trabalho o que a vontade e posses da testemunha ordenassem, mas que não começaria o trabalho sem que E. M. lhe entregasse 50 mil réis pelo menos; que tendo a quantia exigida, deu-lhe perto de 30 réis, recebendo aviso do dia em que devia ter lugar o trabalho, sendo designada por Juca a casa da Rua do Lavradio, n. 134, onde morava então L. M. G.; que às 10 horas da manhã do dia desejado, se dirigiu à dita casa, onde se encontrou com quatro ou cinco mulheres e dois indivíduos, J. C. e L.; que Juca Rosa a levou para um quarto, onde havia um altar com imagens, castiçais com velas, uma pequena salva destinada a receber dinheiro que qualquer quisesse ali deixar, fosse em papel ou prata; que viu mais outra vasilha, onde haviam raízes e pós destinados a darem felicidade à pessoa que consultava; que recebeu em um papel uma quantidade desses pós para espalhar na casa, e outra porção de raízes para trazer no cabelo e na boca, sempre que falasse com a pessoa que queria cativar; que ajoelhou e beijou o altar e que lhe deram um banho de ervas cheirosas; que recebeu de Rosa um breve para trazer ao pescoço, que devia tirar em determinadas ocasiões; que a infração desta ordem era punida conforme o rito, e quando Juca tinha o espírito na cabeça; que durante uma ano frequentou as cerimônias de Juca, com quem despendeu cerca de 200 mil réis, quantia que pagou não só para as consultas, como para celebrar-se a cerimônia conhecida entre eles, com o nome de brincadeira; que além dessa quantia deu ao nigromante alguns presentes, por que lhe diziam as *filhas*, que quanto mais desse melhor resultado obtinha; que a cerimônia com o título de *brincadeira*, de que se tem falado, consistia em reunir-se no lugar uma porção de homens e de mulheres ante um altar onde se tocavam macumbas, cantando-se em língua africana, e dançando-se eroticamente; que no fim disto, Juca Rosa, caia como morto; que nesta ocasião, em que tinha o espírito na cabeça, dava o feiticeiro consultas, vestido dos trajes que representa a fotografia junta ao processo; que Rosa aconselhava e fazia as pessoas que o consultavam beberem espíritos,[61] por uns copos de búzios onde haviam umas raízes que conservava sobre o altar e que na ocasião lhe eram levadas pelo secretário e uma mulher por nome Samba; que findas as consultas vinha Rosa para a sala onde se continuava a dança e o toque de macumba; que Juca nas filiações dava a comer uns pós a que chamavam pemba; que não prestou o juramento que muitas tem feito de o acompanharem sempre em suas cerimônias e a valerem-lhe em suas aflições; que não prestou esse juramento por não querer, visto que desejava ter o pensamento livre para retirar-se como de fato se retirou depois; que para se fazer a cerimônia concorriam todas as filhas de Rosa com uma quantia que nunca era menor do que um réis; que todos esses sectários concorriam mensalmente com o que podiam dar; que Rosa forçava desgraçadas a cedências ignóbeis, ameaçando-as com prejuízos se não satisfizessem às suas intimações, que, finalmente, Juca Rosa batizou crianças segundo o seu infame ritual.

Diário de Notícias, n. 108, 10 de dezembro de 1870

Sessão na 2ª Delegacia de Polícia. – Presidente, Sr. Dr. Miguel Tavares; advogado o Sr. Dr. Tito Franco; escrivão, Sr. Chaves. Às dez horas da manhã do dia cinco, 7ª testemunha inquerida, Generosa C. de C. natural do Rio de Janeiro, de 23 anos, solteira, disse, que conhece Juca Rosa desde 1868, época em que o procurou por conselho de alguém, para obter curativo em enfermidades que padecia, que Rosa lhe afiançara as melhoras mediante o pagamento antecipado de 70 réis; que não tendo essa quantia se resolveu a vender o pouco que possuía conseguindo apurar tão somente 30 réis pedindo emprestado o resto do dinheiro exigido; que entregara os 70 réis ao feiticeiro ficando reduzida à miséria, sem ter até onde deitar-se; que recebera a troco daquela importância uma pomada feita com azeite de dendê, que nenhum resultado favorável lhe deu; que consultando novamente a Rosa, este mandou percorrer o mato em busca de certas ervas, isto com

[61] Bebidas alcoólicas.

o fim de haver mais dinheiro; que o réu celebrava cerimônias para dar fortuna, recebendo dinheiro, que dizia serem aplicados em compras de objetos destinados nelas; que o feiticeiro lançava mão de toda a sua astucia para defraudar; que nas cerimônias, Juca Rosa, se dizia inspirado, fazendo sacrificar diversas aves, que estufava com moxinifadas mandando-as colocar junto às igrejas; que o nigromante reunia certo número de acólitos, que prestando juramentos no congá, contribuíam com determinadas somas, executando submissamente todas as suas ordens; que Rosa fizera acreditar a M. T. que a sua fortuna era devida aos seus trabalhos de feitiçarias, obrigando-a a dar-lhe dinheiro constantemente; finalmente, disse, que estava convencida de que Juca Rosa punha em prática todos os meios para haver dinheiro, afetando poderes que a nenhum mortal é dado possuir e dispondo dos haveres e vida das pessoas que o rodeavam e dos que, por conhecerem a maldade e o crime, se afastavam ou procuravam fazer punir.

Diário de Notícias, n. 111, 11 de dezembro de 1870

Sessão na 2ª Delegacia de Polícia. – Presidente, Sr. Dr. Miguel Tavares; advogado o Sr. Dr. Tito Franco; escrivão, Sr. Chaves. Às dez horas da manhã do dia sete, 8ª testemunha inquerida, E. C., natural da Bahia, solteiro, disse, que há ano e meio impressionado por ter seu pai ausente foi por conselho de G. procurar a Juca Rosa, em casa de quem podia ver o autor de seus dias; que com esse indivíduo se dirigiu às sete horas da noite de nove de abril de 1868 à Rua do Sabão, onde morava o feiticeiro e que ali encontrara grande número de pessoas, a maioria mulheres; que o nigromante aquela hora já se achava endemoninhado, e que o acolhera dizendo-se capaz de exibir tudo quanto os mortais julgam possível; que Juca Rosa estava assentado em uma cadeira de forma esquisita, e vestido tal como mostra a fotografia junta aos autos, espumando de forma que já descrevemos e dando audiência à corte e aos consultantes que pagavam previamente o serviço; que essa audiência teve lugar em um quarto onde haviam objetos, para a testemunha, desconhecidos, e que não pode analisar por se achar extremamente impressionado;

que viu em redor de si grande número de homens trejeitando lugubremente, e que não pode dar razão do que praticavam pelos motivos que já especializamos; que reparara, todavia, em uma mesa, onde viu, uma taça com poções de favas, contas, pimentas e outros vegetais que não pode classificar; que fora intimado para entregar 150 réis se quisesse ver seu pai, que apareceria na localidade que designasse; que entregando imediatamente essa quantia a Juca Rosa, este saindo da cadeira com as formalidades requeridas no ritual, tomara uma esteira e se predispusera a fazê-la girar, soltando frases para a testemunha ininteligível; que Juca Rosa lhe afiançara que a esteira se abria mostrando visivelmente a criatura cuja aparição desejava; que esperara debalde pela tal aparição, conhecendo depois exuberantemente que Juca Rosa lançava mão daqueles meios fraudulentos para haver dinheiro; que fora roubado na quantia de 150 réis e que estava convencido que o feiticeiro se inculcava como tal para enganar os tolos e lograr os incautos, o que lhe constava muitos crimes praticados pelo réu, mas sobre os quais não podia depor, por motivos que facilmente se podem prever; finalmente, que andando bastante tempo atrás do amigo G. para haver a quantia supra mencionada este lhe respondera que o negócio não era comigo, mas sim com Juca Rosa, capaz de enganar o próprio Deus Onipotente, lançando mão de todos os meios, ainda os mais difíceis para alcançar os seus fins, concordando nas acusações tácitas de que rezam o processo.

Diário de Notícias, n. 113, 14 de dezembro de 1870

Tem estado parado o inquérito das testemunhas, em consequência de importantes investigações a que se tem entregado a polícia. Tudo quanto se sabe de positivo, se diz e se conta nada é, comparativamente com a realidade dos fatos pavorosos que se escondem. É preciso uma luta heroica para arrancar a verdade das testemunhas atemorizadas com a presença do réu, que fita de uma forma extraordinária as próprias vítimas de sua estupenda maldade.

Mas o resultado do inquérito das oito testemunhas é já o suficiente para que a justiça não de a liberdade a esse homem perigosíssimo, punindo-o na forma da lei. Confiamos muito nos executores dela, para que se verifique a predição dos que malsinam a moralidade pública.

Está verificando exuberantemente que as chamadas "filhas" de Rosa, ligadas sob juramentos solenes, são as suas maiores vítimas, pois não só se sujeitavam a todas as suas exigências torpes, como se curvavam a suas constantes requisições pecuniárias, para cuja satisfação elas empregavam sempre todos os esforços e sacrifícios. E frequentes vezes as miseras mulheres se privavam de objetos indispensáveis, vendendo tudo quanto possuíam para satisfazer a paga de malefícios que julgavam benefícios, mas que a ciência alcunha de nocivos, senão mortais. Os padecimentos e torturas que o nefando feiticeiro infligia a suas miseras "filhas" são indizíveis, não só pela constante sujeição e abjeção em que viviam por ele dominadas, como pelos pungentes sarcasmos, insultos e espancamentos que muitas sofriam dos maridos e amantes quando descobriam o pacto, finalmente, pela miséria que lhes produz a espoliação ignóbil, e o descrédito com que as coroavam tais relações.

A embriaguez era também um dos males que flagelavam algumas das "filhas" de Rosa, pois que excitadas pelas terríveis ervas que lhe ministravam envolvidas em diferentes espíritos, habituavam-nas rapidamente ao mais horrível dos vícios, lançando-as enfim no último degrau do prostíbulo. Longe iríamos hoje se quiséssemos descrever muitas das desgraças causadas pelo feiticeiro, que a justiça ignora, que nos tem sido comunicadas, mas cuja revelação repugna os nossos sentimentos.

Não podemos, porém deixar de falar nas coroas de virgens lançadas à lama, nos casamentos impedidos e malogrados. Numerosos são os crimes que Juca Rosa tem praticado impunemente, e alguns com circunstâncias as mais agravantes. Em regra ele praticava tais atos criminosos, abusando da confiança e da submissão que alcançava das mães, parentes, tutoras ou protetoras das miseras. Umas entregavam-lhe em razão da obediência passiva que lhes juravam; outras eram vítimas de entrada que lhe davam em suas casas e dos exemplos de submissão que ofereciam aos olhos das pobres vítimas, cujo espírito assim dispunham para submeter-se às exigências de Rosa.

Vários casamentos ele impediu ou malogrou, quer por descobrirem os noivos que as novas tinham tido relações com o nigromante, quer por ele, dissuadir as mães, protetoras, ou as próprias, de aceitarem as propostas honestas do casamento, a fim de realizar ele, como sempre realizava os seus danados projetos. Assim, pois, José Sebastião Rosa, não recuava nem ante a fraqueza da mulher, nem ante a pureza da virgindade, nem ante a ameaça da lei penal, nem mesmo ante a santidade da religião.

Para viver no seio da ociosidade, para trajar com luxo, ele tudo fazia, tudo ousava impunemente. Mas não é possível continuar-se esse estado de coisas. Juca Rosa, e os que com ele vivem semeando males em sua carreira, devem e hão de encontrar o verdadeiro castigo.

Além dos crimes de que é acusado esse horrendo feiticeiro, há o estelionato, questão provada categoricamente e de que não pode fugir o íntegro juiz que tem de o pronunciar, pois que está provado costumar ele haver dinheiro de suas vítimas por meio do artifício fraudulento de inculcar-se com poderes sobrenaturais, capaz de dar ou tirar fortuna com sua influência. Não podemos, porém, deixar de mencionar o simpático nome do ilustre 2° Delegado de Polícia, o Sr. Dr. Miguel Tavares, que tanto tem feito para que a moralidade pública seja desagravada, punindo-se um homem que tantos crimes e torpezas têm praticado.

Diário de Notícias, n. 115, 15 de dezembro de 1870

Da *Tribuna do Povo*, de Macaé, transcrevemos o seguinte sobre esse importante assunto que tanto tem atraído a atenção pública:

Trata-se presentemente na Corte, perante a 2ª Delegacia, de um processo importante, onde inúmeros crimes se têm descoberto. José Sebastião Rosa, conhecido vulgarmente por – Juca Rosa – é o principal autor do grande número de fatos escandalosos, que com a denominação de – feitiçarias – tem acarretado tantas vítimas, no centro da capital do Império, à face do governo.

Estelionatos, roubos, defloramentos, mortes e propinações de venenos, são os crimes que, acompanhados de um cortejo de circunstâncias horrorosas vão sendo revelados naquele processo com pasmo da própria polícia, que só por um feliz acaso pode achar o fio para descobrir a série de escândalos ocultos na casa misteriosa da Rua do Núncio. É admirável o fanatismo que se apoderou de tanta gente vítima das astúcias e especulações do feiticeiro Juca Rosa, que há tanto tempo nem uma só palavra de indignação chegasse aos ouvidos da polícia, para por cobro aos atos de selvageria que constantemente tinham lugar na câmara infernal do Pai Quimbombo.

Recusado é dizer aos nossos leitores, que o fim principal das feitiçarias do preto Juca Rosa era obter dinheiro; e para isto incutia a credulidade e superstição no animo dos ignorantes que iam consultá-lo e que não saiam do antro infernal sem lhe terem deixado boa oferta. Não é somente cá pela roça que se encontram um Pai Joaquim do Imbiry, e outros semelhantes que especulam com a ignorância do povo e obtém dinheiro praticando toda a sorte de fatos espantosos que se escapam à punição; na própria cidade do Rio de Janeiro, no centro de uma população ilustrada, à face do governo, se praticam horrorosos crimes sob a capa de feitiçarias. Aquele importante processo continua, pois, atraindo a atenção pública.

Diário de Notícias, n. 133, 6 de janeiro de 1871

Está pronunciado o célebre feiticeiro Juca Rosa. Triunfou a justiça, a razão e a moralidade pública. Graças à independência do muito digno doutor 2° Delegado, Miguel Tavares, e à integridade do ilustre promotor público, o Sr. Dr. Paula Ramos, vai o maravilhoso processo ter entrada no salão do júri, onde tem de ser julgado o horrendo feiticeiro. A autoridade conquistou nesta causa a simpatia pública, e a lei há de cair inexorável contra quem tão ominosos crimes praticava.

Tudo quanto se possa dizer de digno à forma porque procedeu o Sr. Dr. Tavares, é pouco, e o país saberá um dia recompensar devidamente, o grande caráter de tão digna autoridade. O Sr. Dr. Paula Ramos, verdadeira ilustração brasileira, também procedeu com a máxima dignidade, no desempenho do seu cargo de promotor público.

Eis a pronuncia:

Vistos e examinados estes autos etc. Deles resulta evidentemente a prova de existir nesta Corte, conforme se diz na bem deduzida exposição que acompanha o ofício da folha 3 uma classe perigosa de indivíduos, vulgarmente conhecidos com o nome de feiticeiros ou macumbeiros, que, inculcando-se possuidores de um poder sobrenatural, misterioso por meio de constantes e premeditadas fraudes e de manejos os mais reprováveis e condenáveis, vivem no vício e no crime, à custa de inumeráveis vítimas que conseguem fazer com grave ofensa da moral, da religião e das leis.

O mistério de que tais criminosos rodeiam os seus atos e práticas, a superstição que provocam e alimentam em suas vítimas, tem sido causa da sua impunidade, e da dificuldade de contra eles ao colherem provas. Resulta destes autos não menos evidente prova de que o réu José Sebastião da Rosa é um dos principais, senão o principal e mais perigoso feiticeiro desta cidade. A fotografia da folha 14, em que está o réu retratado com suas vestes de feiticeiro, os numerosos objetos apreendidos nas duas buscas executadas por ordem deste juízo, e constantes dos autos de folhas 16 e 22, as terminantes declarações de folha 19, os depoimentos de quase todas as testemunhas, provaram exuberantemente que o réu passava vida ociosa e folgada, que não tinha outro meio de vida além dos criminosos atos de feitiçaria, única e funesta profissão, em cujo exercício fez inumeráveis vítimas, sacrificadas muitas à sua brutal concupiscência e todas à sua avidez dos lucros ilícitos.

As indicadas provas demonstram que o réu para firmar seus créditos de feiticeiro, sua influência misteriosa, para garantir, a própria impunidade, usou de fraudes as mais bem combinadas e apropriadas, e influiu no espírito de suas vítimas. Assim vê-se que o réu especulava com os sentimentos mais vivazes do coração humano, o instinto da conservação, a esperança, a paixão amorosa, o crime, o amor fútil (depoimento da folha 119), e até a religiosidade.

Para suas fraudes servia-se o réu desde a mentira a mais

engenhosa até os esgares convulsos do possesso, desde o emprego de substâncias vegetais, e beberagens combinadas, e receitadas de modo supersticioso, até os breves e talismãs, – ousava arrogar-se o dom de profetizar, e para mais completa tornar sua influência, e a crença no seu poder, exigia de quase todas as suas vítimas um solene juramento e absoluta obediência e segredo, e atrevia-se a profanar as sagradas imagens adoradas em nossa santa religião, praticando ante elas batizados, casamentos, e finalmente o monstruoso ato de feitiçaria.

Em vista do que e do mais dos autos:

Considero que dos numerosos atos ilícitos e reprovados praticados pelo réu, alguns escapam à ação pública, e até à sanção penal, outros como o emprego de substâncias tóxicas, são objeto de maiores indagações, o de processo que se instaurará oportunamente, e não se podia acumular nos limites deste. Considerando que está exuberantemente provado no presente processo ser o réu useiro e vezeiro no emprego de artifício fraudulento, para haver dinheiro daqueles, que conseguira iludir. Considerando que o emprego de tais artifícios para o dito fim constitui o crime previsto no artigo 264, § 4° do Código Criminal, conforme bem o demonstra do Dr. 2° Promotor Público em seu ofício á folha 138, cuja doutrina assenta na jurídica interpretação do citado artigo, nas disposições citadas pela promotoria: Chaur e Melier-Ker do código francês, capítulo 32, n. 3483, e notas – Dallor – Jurisprudence Germak – excoquerie ano de 1857 a 1859. Considerando que, por meio dos artifícios acima mencionados José Sebastião Rosa houve de Maria Thereza Ferreira, por muitas vezes, várias quantias, e a fez vender e empenhar joias para dar-lhe dinheiro.

Considerando que com emprego de fraudes semelhantes houve de Leopoldina Fernandes Cabral diversas quantias e em diferentes prestações – ut a 105, – Considerando que por modo fraudulento houve de Elias Carlos Machado, ut a folha 117, a quantia de cento e cinquenta mil réis. – Considerando que o réu só convidava para suas feitiçarias gente da classe baixa, e educação menos apurada, e que entre estas preferia as mulheres, sobre cujas inteligências fracas e facilmente exaltáveis dominava, além do que já ficou exposto, para obter dinheiros não só para sua substância, como ainda para o luxo que ostentava, banqueteando os seus amigos. – Considerando que o réu Lucio José da Silva comparecera nas cerimônias de feitiçaria praticadas pelo réu José Sebastião da Rosa e o coadjuvava, como afirmam as testemunhas de folhas a folhas, e destarte concorria diretamente para que Rosa lograsse seus criminosos intentos; deixando para ulteriores processos os demais atos criminosos, que dependem de mais amplas indagações, a que não cabiam nos limites de um processo: julgo o réu José Sebastião Rosa incurso no artigo 264, § 4°, por cada um dos fatos especificados, e igualmente a Lucio José da Silva, como cúmplice no citado artigo, combinado com o artigo 35, *ex et* do que dispõe o artigo 5° do mesmo código. O escrivão lavre os nomes dos réus no rol dos culpados, e recomende-os na prisão em que se acham, visto ficarem sujeitos a prisão e livramento. Extraiam-se com urgência traslados da exposição de folha 4 da declaração de folha 19, e dos depoimentos de todas as testemunhas, e bem assim dos autos de busca constantes de folha a folha. Este despacho surtirá os seus jurídicos efeitos, visto independer de revisão, por acumular esta delegacia o exercício da 2ª Vara Municipal. E paguem os réus as custas dos autos.

Rio, em 4 de janeiro de 1871.
Miguel José Tavares.

A PROPÓSITO DE JUCA ROSA

Diário de Notícias, n. 133, 6 de janeiro de 1871

Dona Simplícia, viúva rica e senhora mui circunspecta, tendo de ir passar alguns meses no campo com sua única filha, linda e interessante menina de 4 a 5 anos, por conselhos de seu médico aconteceu ir residir perto das senhoras Amabilis, duas irmãs, ambas casadas e cujos maridos andavam ausentes cuidando em seus negócios.

As senhoras Amabilis bem educadas, instruídas e de trato ameno travaram logo relações com a boa viúva e a cercaram de tantos agrados, carícias e obsequiosos serviços que não sabia ela a que atribuir nem como agradecer tantos favores. Desde o segundo dia as três senhoras passavam juntas a maior parte do tempo e conservaram com tanta franqueza e intimidade como se fossem amigas de longa data.

Por vezes as senhoras Amabilis em suas variadas palestras fizeram recair finas observações sobre os usos e costumes da nossa sociedade e das classes e condições que a constituem. Em relação ao belo sexo: – as moças, é justo, é natural e mesmo necessário que se casem, porque a vida de casado é o paraíso da terra quando a sorte reúne dois gênios que se conformam. – A viúva que tem bens da fortuna, faria bem não tornar a casar, para evitar o perigo de cair em poder de algum vicioso que lhe dissipe os bens e maltrate; e, quando sujeitada a mudar de estado deve escolher com a maior atenção – um homem que lhe agrade, da sua idade pouco ou mais ou menos, cujas qualidades, gênio e educação precisa estudar convenientemente; embora seja pobre; a gratidão do beneficiado é a mais doce recompensa de quem faz o benefício. Dona Simplícia não emitia opiniões a respeito: tinha o coração tão cheio com o amor de sua filhinha, cuja educação pretendia começar dentro de um ano ou dois, que até lá, nem pensar queria se conviria ou não a mudança de estado a uma viúva nas suas circunstâncias.

Durante os meses que iam correndo aparecia por casa das senhoras Amabilis, o Sr. Aurélio, moço atencioso, modesto, falar aveludado, maneiras delicadas e revelando a cada dia novas qualidades que o faziam estimado de toda a casa e o indicavam o modelo do noivo próprio para fazer a fortuna de qualquer viúva rica. E ainda por fortuna o Sr. Aurélio era parente das senhoras Amabilis.

Agora vejam o diabo como as arma.

A menina de Dona Simplícia que tinha corado e robustecido com os ares do campo aparece com tosse semelhando coqueluche; logo no outro e seguintes, febre, sede, irritação de fígado, estômago, estremecimentos convulsivos, delírios, cólicas, dejeções sanguinolentas; do oitavo para o nono, dia pequena melhora e depois recrudescência de todos os sintomas até o décimo quarto em que uma convulsão mais forte anunciou a morte.

Desde o primeiro dia, chamado um hábil médico do lugar, previu ele uma enfermidade de mau caráter, e foi fazendo aplicação enérgica de tudo que a ciência aconselhava nas graves circunstâncias daquela doentinha: a triste mãe inconsolável e suas dedicadas amigas, não descansavam, prestando noite e dia os possíveis socorros à enferma... Tudo foi baldado!

Pouco tempo depois, a viúva tinha de retirar-se para seu domicilio; e, respirando novos ares, quem sabe as modificações porque passaria o seu animo em ralação às pessoas que ali ficavam? Era preciso não perder a ocasião. O Sr. Aurélio, com o maior acanhamento, tendo já por vezes exprimido a Dona Simplícia, a parte que tomara nas dores produzidas pelo golpe que ali sofrera, não podia também deixar de revelar-lhe a indelével impressão que suas belas qualidades tinham feito em seu coração. Humilhava-o e o desesperava ao mesmo tempo, não ter uma fortuna brilhante para lhe oferecer com a mão de esposo; porém conhecendo a generosidade de sua alma animava-se a pedir ao menos, uma esperança de que sua dedicação seria aceita. A viúva teve o bom senso de adiar a sua resposta.

Agora a propósito de Juca Rosa. O doutor qualificou de febre perniciosa a moléstia da menina. Os fâmulos da casa diziam pela boca pequena que a menina parece que morreu de feitiços. Fora aquela febre, algum parentesco com o efeito dos remédios que o Juca Rosa ministra para vencer dificuldades e obstáculos. Será possível que haja alma danada capaz de atentar contra a vida de uma inocentinha, mimo e esperança de uma família inteira para satisfazer a ambição hedionda de quem quer que seja?

Não há dúvida que a menina era obstáculo à pronta realização, assaz provável, de um projeto hipócrita e ambicioso e que a destruição desse obstáculo duplicava ainda o valor do objeto ambicionado. A dar-se, tal monstruosidade, só podia ela partir de um sectário ou filiado aos processos infernais da seita de Juca Rosa. Os depoimentos das testemunhas, as revelações dos próprios réus vão trazendo a lume fatos criminosos, indicadores de outros muitos que ainda estão nas trevas.

Que a autoridade prossiga com a louvável energia com que começou. Que a não embaracem, solicitações de potentados, promessas embaidoras,[62] ameaças insolentes, nem as

[62] Embair: enganar, seduzir.

banais considerações de conveniências de muitos contra o bem estar de todos.

A moral, a religião, a humanidade reclamam a punição dos envenenadores, dos assassinos e perturbadores da honra e paz das famílias. Se alguns puderem escapar à espada da justiça, a publicidade pede os nomes ditados, ao menos para evitá-los e profligá-los como merecem.

Dezembro de 1870.

LUNDU

A Comédia Social, 8 de dezembro de 1870

O feiticeiro e as feiticeiras

Se acaso por feiticeiro
Juca Rosa ainda em vai e vem,
Sei de uma Rosa sem Juca
Que é feiticeira também.
Denúncia à polícia dou
Que Rosa me enfeitiçou.

Juca Rosa está em talas,
Já não lhe vale o feitiço;
Mas a polícia assanhada
Que não se ufane por isso;
E senão... Se animo tem,
Que prenda Rosa também.

Se nessa entrosga se mete,
Ah! Que festa que há de haver!
A polícia fica presa
Em vez de Rosa prender;
E o chefe e seus delegados
Caídos e enfeitiçados!

Prenderam o Juca Rosa,
Feiticeiro charlatão;
Mas a minha feiticeira
Juro que não prendem, não.
Que o seu feitiço é dos tais

Que a gente ainda pede mais.

Se a polícia quer, eu digo
Onde a minha Rosa está,
Saia à rua e em cada casa
Essa Rosa encontrará;
Porque em cada brasileira
Terá uma feiticeira.

Feitiços de Juca Rosa
São negras ardis de horror;
Feitiços puro só há
Das brasileira no amor;
Pois tem no amor mimos tais
Que é gozar e pedir mais.

UM FEITICEIRO – CONSIDERADO FILOSOFICAMENTE

O Lobisomem, n. 2, 8 de dezembro de 1870

Eu nunca vi um feiticeiro no exercício das suas funções e tenho pena!

Se um mágico ou um profeta valessem por um feiticeiro, estava a minha ambição satisfeita: contemplava os da Rua do Ouvidor, um com casa de fogos de rabiar, e o outro com casa de roupa feita.

Mas não o valem; e nem mesmo as cartomantes e as síbilas[63] que todos os dias anunciam os seus milagres, podem comparar-se aquele Sumo Pontífice de uma nova seita toda maravilhosa e sobrenatural.

Um feiticeiro! Que achado para quem tenha um museu de raridades!

Os seus hieróglifos devem recordar-nos os tempos patriarcais.

Elevar um pedaço de pau, toscamente lavrado, à altura de um ídolo, emprestar ao sangue de um galo, que com certeza não é sangue fidalgo, virtudes assombrosas, convencer que uma batuta agitada no ar tem o poder da vara de Moisés e que o bico carbonizado de um pássaro, feitas certas cerimônias, prende dois corações como se fossem trespassados

[63] Profetizas.

por uma seta de Cupido, é de uma audácia só comparável à petulância de um Miguelista meu conhecido, que entende que todos os sectários da Ibéria devem ser enforcados nas vergas da nau Vasco da Gama.

O adorável nigromante, o incomparável Juca Rosa, tu és a pedra filosofal, e o elixir da vida, és o Édipo de nossos dias e o oráculo das quitandeiras do angu e vatapá.

Chefe de uma religião, e propagador de doutrinas sublimes, a vida escoava-se rápida demais para quem tinha de sondar todos os profundos arcanos das fraquezas humanas, e estudar nos filtros e nos sortilégios a verdadeira felicidade com que querias a todo o transe dotar a sociedade, cuja paga agora recebes deixando-te estatelado entre as quatro paredes de uma prisão.

E que admira isso?

Sócrates não se deixou morrer tomando uma xaropada de cicuta, acusado de feiticeiro por acreditar na imortalidade da alma?

Galileu, outro feiticeiro, não é perseguido pela inquisição?

E Colombo o que era senão um visionário, que julgara ter descoberto um mundo novo, em remuneração de cuja mania lhe deram por gabinete de estudo o úmido subterrâneo de um calabouço?

Ingratos povos, ingratas gentes, que não sabem condignamente recompensar o mérito!

Da esquerda para a direita:

Figura 51: Impressões causadas ao lerem o *Jornal de Notícias* relativamente ao processo Juca Rosa. *O Lobisomem*, n. 2, 8 de dezembro de 1870.

Mórmon de nova espécie! Abutre humano!
Que ávido devoravas tenrinhas rezes.
Vais ser queimado vivo, mas se não o fores
Horror! Horror! Direi eu três vezes

Nada me assusta, é tudo tão corriqueiro
Mesmo entre os figurões de gravata e luvas
Que me estás parecendo, meu jornalista,
A manhosa raposa a olhar para as uvas!

Mamãe, que história é esta
Que se vende a dois vinténs?
Dizem que é lição aos pais
Do mau exemplo das mães!

São cães que ladram à lua,
São invejosos, que queres!
Já chamavam de malvado a um homem
Que era amigo das mulheres.

JUCA ROSA

A Comédia Social, 15 de dezembro de 1870

O Juca Rosa continua a dar dinheiro a ganhar dos exploradores do seu processo.

Mas o Juca Rosa tem uma rival que também enfeitiça os papalvos, e que também é Rosa.

Coisas deste mundo!

Na polícia o feiticeiro.
E a feitiçaria em folia:
Juca Rosa na cadeia,
No alcançar Rosa Maria.

Asseguram que o Juca Rosa protesta que na cidade do Rio de Janeiro se ostentam impunes muitos outros feiticeiros que a polícia ou protege, ou respeita.

Por exemplo:

Os anunciadores de remédios que curam todas as moléstias.

Os negociantes falidos que vivem em luxo e magnificência sem ver os credores que ficaram de boca aberta.

Os empregados públicos que, sem outras fontes de renda, ganham dez e gastam vinte e ainda em cima arranjam fundo de reserva.

Os homens pobres, cujas mulheres e filhas andam cobertas de brilhantes e não perdem bailes e nem teatros.

E o diabo do Juca Rosa ainda vai além e jura que há feitiçaria no tesouro público; porque o Sr. Visconde de Itaboraí declarou no senado que havia *sobras* no tesouro e recursos eficientes para as despesas do ano financeiro, e pouca semanas depois o novo ministro da fazenda, que é *homem*, emitiu vinte e cinco mil apólices de conto de réis *por não achar dinheiro no tesouro para as despesas públicas*.

O Juca Rosa é mesmo um demônio.

JUCA ROSA - O FEITICEIRO

Periódico dos Pobres, n. 6, 8 de janeiro de 1871

Dava fortuna!
Na roda do azá
Dançava o faninho,
No escuro congá.

Pai Quimbombo Juca Rosa
Na verdade és feiticeiro?
Quase que passas negrito
Como bem sabes brejeiro,.
Pelo fundo de uma agulha,
Todo o Rio de Janeiro.

Na rua, dizem do Núncio,
Bem juntinho da polícia,
De dia e noite brincava
Do preto Juca a malícia,
Praticando torpes atos
De infernal impudência.

Há seis anos, quem diria,
Nesta grande capital,
Juca Rosa o feiticeiro
Exercendo sempre o mal!
Iludiu a vigilância
Do sono policial.

Pobre Juca és *inocente*,

Ou talvez menos culpado
Das infames tropelias[64]
De que ora és acusado
– Mereces ser enforcado

Não importa! Gordos cobres
Filastes, ó maganão![65]
Muito embora tu fizesses
Figura de papelão!
É que atrás da figurinha
Se escondia o figurão.

Em cada canto da rua,
Nas praças e nos hotéis
Só se fala em Juca Rosa,
E dizem que dos quartéis
Os soldados falam nele
Da cabeça até os pés.

Entretanto o feiticeiro
O Juca Rosa malvado
Dizem que tinha vultos
Importantes a seu lado,
E que no quartinho escuro,
Por estes era trocado.

PAI FEITIÇO E PAI QUIMBOMBO

Diário do Rio de Janeiro, n. 40, 9 de fevereiro de 1871

Andam em ordem do dia
Dois heróis da mesma grei,
Um famoso nos feitiços
O outro no que não sei.

Tem privilégios aos centos,
Estradas de *Graças* e casa
Um dizer que tudo alcança
Imitando o Juca Rosa.

[64] Travessuras, astúcias.
[65] Travesso.

Com efeito a imitação
É orçada com tal manha,
Que o Juca Rosa sucumbe,
O Pai Feitiço é quem ganha.

Poços e diques e mocas,
Tudo está hipotecado
Aos dois cometas opacos,
Das águas sujas do Estado.

Dizem que até da bisnaga
Querem ter um privilégio,
E o pobre do Dr. Freitas
Que ature um tal sacrilégio!

Os mil e seiscentos contos
Que a Graciosa gastou,
Fora os luxos e *mão de obra*
Que o aguaceiro levou.

Tudo isso é compensado
Com *vinte léguas de chão*
E mais um *trilho de ferro*
Para a colonização.

Nas serras de Curitiba,
Já bombardoa o ribombo,
Do progresso *rebuçado*,
Nos trilhos de Pai Quimbombo.

Com os cento e cinquenta contos
Da *via do Mato Grosso*
Pai Quimbombo há de fundar
Uma colônia colosso!

E quem pensa de outra forma
Pode mudar de miolo;
Na época das mocas
Quem não faz *trocas* é tolo.

Trapiche e Macaco.

PROCESSO DE JUCA ROSA

Diário do Rio de Janeiro, n. 65, 7 de março de 1871

Razões de recurso

Agora, que foi decidido o recurso dos presos José Sebastião da Rosa e Lúcio Antonio da Silva, é tempo de dar conta ao público ilustrado, como prometemos, das razões do advogado Jansen Junior, da resposta ao Dr. 2° Promotor Público e da sentença do Dr. Juiz de Direito da 2ª Vara Crime, com os comentários devidos.

Os homens sensatos, e lidos na lei e na ciência do direito criminal, decidirão se a lei foi cumprida ou se mais do que ela podem o *erro e as superstições*.

Eis as razões:

Ilustríssimo e Excelentíssimo Sr. Dr. Juiz de Direito da 2ª Vara Crime.

Para Vossa Excelência recorrem os réus presos, José Sebastião da Rosa e Lúcio Antonio da Silva, da pronuncia contra eles decretada pelo Sr. Dr. 2° Delegado de Polícia, que está acumulando as funções de Juiz Municipal da 2ª Vara.

As razões em que os suplicantes baseiam este recurso são as que passam a expender no curto espaço de tempo que para isso tem.

O primeiro recorrente está pronunciado como incurso no artigo 264, § 4°, do Código Criminal, como autor de estelionatos.

O segundo recorrente acha-se pronunciado como incurso ao mesmo artigo, parágrafo citado, combinado com o artigo 35 do mesmo Código, *ex vi*[66] do artigo 5° dele, como cúmplice de estelionatos.

A improcedência do processo se conhece da simples leitura dele, e sem exageração pode dizer-se que é um sumário especial, apartado de todas as regras do procedimento criminal, começado pelos atos ilegais que o recomendam, e que terminou pela maior injustiça de que há notícia nos anais jurídicos desta Corte: em nenhum outro processo tanta confusão, tão pronunciada transgressão da lei, tantas incoerências

[66] Por efeito; por força; por decorrência.

e tão graves injustiças.

Basta estudar a sentença pronunciada, longa dissertação que confirma a aptidão do julgador, porém que não justifica e sustenta a mesma sentença, para se conhecer que este processo servia para fazer barulho, mas sem utilidade alguma para a causa da justiça.

A sentença de pronuncia é a demonstração eloquente, jurídica e enérgica do nenhum mérito e valor deste processo.

É a lei que o diz, é o bom senso que o aponta.

Os recorrentes são acusados vagamente e vagamente são pronunciados.

A demonstração é facílima em vista da ilegal portaria de f. lv., e da contraproducente sentença pronuncia.

A portaria do Sr. Dr. 2° Delegado de Polícia ordena em 18 de novembro de 1870 que o escrivão passe o mandado de busca e apreensão de objetos de propriedade do mesmo recorrente, indiciado em crime inafiançável, o mandado de busca e apreensão de objetos de propriedade do mesmo recorrente, destinados a feitiçaria, e mandado de intimação a 14 pessoas especificadas para averiguações policiais.

Esta portaria oculta qual era o crime inafiançável, em que o primeiro recorrente estava indiciado. Refere-se ao fato de feitiçarias, que não é denominação de crime ou de delito classificado pelo nosso Código Criminal, nem constitui um crime inafiançável.

Não faremos reparo em que a portaria manda apreender objetos de propriedade do primeiro recorrente, de um modo vago e de imenso arbítrio.

A sentença de pronuncia nos seus oito considerandos, à folha 106 v., não adianta mais, sendo que o julgador nada descobriu, nada especificou, e tudo escapou à rigorosa e desapiedada ação da justiça.

Em cada um desses considerandos a sentença de morte do processo é novo argumento contra esse processo e essa sentença, que não resistem à análise.

Em cada um desses considerandos está um protesto vivo, feito pela autoridade legítima contra essas vozerias imprudentes, que há um tempo pintavam a sociedade em que vivemos e o primeiro recorrente de modo a despertar a reprovação pública: – a corrupção havia invadido tudo; a imoralidade, o cinismo, tudo constituíam, tanto o recorrente como a sociedade brasileira.

Em cada um desses considerandos o desmentido formal e não suspeito de tantas calúnias irrogadas ao primeiro recorrente, de tantos crimes acumulados, concebidos ou inventados "na febre da maledicência, na avidez de fatos horrorosos", que só saciavam aqueles que não viam e pensavam envolve com esses crimes e criminosos povo e autoridades.

Em cada um desses considerandos, finalmente, um dilema que vence a pronuncia e aponta a sua insubsistência: ou tudo quanto se diz aconteceu, e repetiu-se com escândalo na capital do Império, caso em que não há outro criminoso senão a justiça oficial, especialmente a polícia, que deve saber e evitar tais fatos, ou tudo não é verdade, nem teve jamais a proporção e alcance que lhe emprestaram, caso em que se levanta uma vítima da vingança ou da opressão, que, escudada na lei e no seu direito pede e chama que cessem os seus sofrimentos, e se lhe restitua a sua liberdade.

Vejamos o que dizem e o que concluem esses oito considerandos:

Diz o 1° que "dos numerosos atos ilícitos e reprovados praticados pelo réu, alguns escapam à ação pública e até à sanção penal, outros, como o emprego de substâncias tóxicas, são objeto de maiores indagações, e do processo que se instalará oportunamente e não se podia acumular nos limites deste".

Eis aí, este 1° considerando nada tem relativo ou concernente ao crime de estelionato. Revela a prevenção mal conselheira, e tendo, ainda que em vão, a prevenir os julgadores e juízes.

E a declaração solene da improficuidade ou imprestabilidade dessa larga e prolongada devassa, que a lei altamente condena. E a ameaça formal de novos futuros processos à desgraçada vítima que luta com a justiça.

Fatalidade! O primeiro recorrente praticou numerosos atos ilícitos, repetiu atos reprovados ao centro desta Corte civilizada, que tem uma polícia aparatosa e poderosa, que tem um sem número de autoridades de todas as categorias, e só agora é que se tem notícia vaga de tais atos!

Destes, uns escapam à ação pública; ninguém se queixa deles, ninguém procura o auxílio e proteção da justiça! Escapam mesmo à sanção penal, e jamais houve autoridade que obrigasse o primeiro ao menos assinar termo de bem viver!

Para outros, são necessárias maiores indagações, que a justiça não pode fazer em todo o tempo decorrido desde 16 de novembro de 1870 em que começou a mover-se!

Não importa que o 1° considerando, no processo pelo suposto crime de estelionato, falhe em o emprego de substâncias tóxicas. Esta parte do considerando tem a fraqueza de um boato, que tem igual base ou origem. Nada se determina, contra quem foram empregadas tais substâncias, quando e em que lugar? A impressão que um boato tal pode produzir, não pode conseguir os funestos efeitos da prevenção.

Não se pense que a última parte do 1° considerando estende o seu valor, alquanto de se pensar ser preferível a sustentação deste processo em ordem a evitar que depois da anulação dele se faça aos recorrentes outros, embora ilegalmente improcedentes.

Dois meses são decorridos, e ainda não colheu a autoridade as maiores indagações de que carece para abrir esses novos processos, o que importa conhecer-se que o primeiro considerando, embora aterrado pela ameaça que se lhe faz de outros processos, não corre o grande risco que se afigura; cumprindo notar aqui, que não é legal prender-se um cidadão para depois averiguar se ele cometeu crimes.

Diz o 2° considerando que está exuberantemente provado ser o réu useiro e vezeiro no emprego de artifício fraudulento para haver dinheiro daqueles que conseguiu iludir.

A proposição deste considerando não está concluída e fica obscura e não aceitável. Qual é o artificio fraudulento em cujo emprego é o réu useiro e vezeiro? Quais os fatos que determinam essa afirmativa temporária? Nunca foi o réu processado por crime de estelionato. Jamais sofreu uma condenação pelo delito de obter dinheiro por meio de artificio fraudulento, que faz o crime de estelionato classificado no artigo 264, § 4°, do Código Criminal.

Tratando-se de crime em que cabe o procedimento oficial de justiça, a autoridade não pode dizer que um indivíduo qualquer é useiro e vezeiro nesse crime sem mostrar que esse infeliz já foi processado e condenado por semelhante crime.

E o quer dizer useiro e vezeiro no crime de estelionato! Significa duas coisas: 1ª que a autoridade protege quando quer o estelionato, o que não é permitido supor; 2ª que o indivíduo assim conhecido tem muito maiores dificuldades, ou mesmo impossibilidade de cometer esse crime.

Desde que é um useiro e vezeiro no emprego de artificio fraudulento para haver dinheiro das pessoas a quem ilude, ele não pode facilmente praticar esse crime, e chega até a não poder praticá-lo.

Portanto o 2° considerando é gracioso e até contraproducente, ou, concedendo-lhe algum mérito, prova demais. E, assim deve ser, porque neste processo, em tudo se vê exasperação.

Diz o 3° considerando o que: "o emprego de tais artifícios para o dito fim, constitui o crime previsto no artigo 264, § 4°, do Código Criminal, conforme o bem demonstra o Dr. 2° Promotor Público em seu oficio, cuja doutrina assenta na jurídica interpretação do citado artigo, nas disposições citadas pela mesma promotoria e nos autores que apontou".

Ora, não enumerando o 2° considerando os artifícios por ventura empregados pelos réus, e usando da expressão no emprego de artificio fraudulento que faz um singular indeterminado, parece que o 3° considerando, tomado mesmo como complemento do 2°, se refere à exposição que na pronuncia precede aos considerandos.

Mas esse 3° considerando é supérfluo e ocioso, porque não se contestará que constitui o crime de estelionato o emprego de artificio fraudulento pelo qual se obtenha de outrem toda a sua fortuna ou parte dela, segundo está citado no artigo 264, § 4°.

Mas, a sentença recorrida, na exposição que precede aos considerandos, não fala à razão calma, refletida, desprevenida, desapaixonada; fala às paixões exacerbadas, ao coração angustiado.

Perdida a noção do direito, desfigurada a justiça, sucedem-se e aglomeram-se ideias, cuja preocupação é fatal ao julgador e ao acusado.

No meio do labirinto deste processo a preocupação pelo interesse público, e pela moralidade da sociedade, e pela segurança da família, e pela propriedade, e pela honra, e pela Santa Religião que professamos, não deve esmagar a razão fria e calma que aquilata fatos e provas, e que executa a lei.

Esta preocupação é mais para o legislador, para o filósofo, para cada um recolhido ou discricionariamente entregue ao exame dos males que afligem a comunhão, e a pensar nos meios mais valentes de remediá-los e evitá-los.

A missão do juiz é outra e diferente. Executar a lei que cogita desses males, que lhes dá remédio, resultado daquela preocupação que não é do juiz, mas pertence ao legislador. E nesta parte o que pensa e exige a lei? Quer conhecer o fato criminoso "com todas as suas circunstâncias". Quer o tempo e o lugar em que foi perpetrado. É o que temos no artigo 79 do Código do Processo Criminal, e está no espírito de toda a nossa legislação criminal, e do respectivo processo. O contrário oferece este processo. Nem fatos discriminados com todas as circunstâncias. Nem ao menos, com as circunstâncias indispensáveis. Nem tempo, nem lugares!

Apesar de muito talento do juiz do processo, seu zelo e esforços não produziram senão, e se vê da exposição, que ele fez na sentença de pronuncia, um volumoso sumário, que começou pela demorada devassa iniciada pela ilegal prisão do primeiro recorrente, que assentou com uma denúncia anônima, escrita e não assinada (é a da folha 3 a folha 15), e que como uma caldeira em ebulição não apresenta na superfície mais do que espuma; a calunia não somente aos recorrentes, também à nossa boa sociedade.

Além disso, e o dizemos com o mais profundo respeito, nem lei, nem direito, nem razão, nem justiça.

Um pouco de reflexão sobre a mencionada exposição que figura na pronuncia, e, não o de fazer vergal à sociedade brasileira ao peso de tanta imoralidade praticada e repetida, diz a autoridade, com estrondo e longa duração, com curtos intervalos, "nos olhos de todos", e com a tolerância das autoridades; e ver-se-á que ninguém fica contente e satisfeito com essa exposição, nem mesmo os mais encarniçados inimigos dos recorrentes.

Todas as forças vivas do raciocínio, todos os elementos da razão humana, levantam-se e condenam essa exposição ingrata; a sociedade inteira não aceita essa real miséria do seu Estado, incompatível com a real fraqueza e obscuridade do sumário. Salvo o delírio que cega.

Em um sumário crime não é dado faltar teórica e vagamente dissipações, imoralidades, ociosidades, feitiçarias, poder sobrenatural, manejos reprovados, ofensa da moral e da religião, e um sem número de vocábulos que ocupam muitas linhas da exposição do juiz, da qual ora nos ocupamos.

Ultrapassou-se aí as raias estabelecidas no artigo 144 do Código do Processo Criminal.

Não se limitou o juiz a declarar a existência do delito e de quem seja o delinquente.

Foi além. Com cores carregadas procurou pintar a enormidade dos fatos e descrever o horror dos crimes e o perigo em que esteve este grande mundo chamado sociedade brasileira, esta grande área chamada Brasil, no meio do soberbo e enfurecido diluvio chamado feitiçaria, cujas águas cresciam e se encapelavam tanto que ameaçavam devorar tudo e todos.

Baldado empenho! Missão que é da justiça!

Ora essa exposição revela que nesta sociedade tudo se paralisa na inércia, o que não aceitamos, ou que a incerteza e a confusão desvairaram o voo da inteligência que, no seu elevado esvoaçar, convence do que expõe a sentença recorrida.

E os recorrentes que não podem, cidadãos brasileiros, curvar a cerviz a essa exposição; que não podem, acusados, cruzar os braços em menoscabo dos seus mais sagrados direitos; que não podem, perseguidos, abaixar os olhos humilhantes, não devem banir de sua cabeça a ideia de justiça, de sua alma a coragem do direito. A virtude do dever, de seu coração a esperança; porque a injustiça não é, e nunca será o catecismo do julgador.

A exposição diz que existe nesta Corte uma classe perigosa de indivíduos, vulgarmente conhecidos pelo nome de feiticeiros que se inculcam um poder sobrenatural e misterioso, e que vivem no vício e no crime, ofendendo a moral, a religião e as leis.

A exposição descreve que esses indivíduos rodeiam seus atos de um mistério tal que provocam e alimentam superstições e criam dificuldades para se colher provas.

Esses indivíduos são somente os recorrentes!

Estes dois pontos da exposição condenam o presente processo, e tiram todo o valor dela.

Há essa classe perigosa de indivíduos, ela tem prosélitos, forma uma crença, tem adeptos, tem sectários, tem mestres, tem apóstolos, tem discípulos? Pois bem! Porque não a proibis, não evitais suas sessões ou reuniões?

Não o podeis fazer? Não vos bastam os artigos 285 e seguintes do Código Criminal, que tratam dos ajuntamentos e reuniões ilícitas?

Será um processo pelo crime, ou pelos crimes de estelionato, o meio legal para conseguirdes o fim? Certamente que não!

Abra-se o Código Criminal, e o seu primeiro artigo responde que não há crime ou delito em uma lei anterior que o qualifique. E a doutrina dos códigos, da Espanha artigo 2°, da França artigo 4°, da Áustria, artigo 6°, e de muitos outros.

Onde está a lei que diz que a feitiçaria é crime? Onde a lei que considera criminoso o feiticeiro? Era lógico; mais do que lógico, justo, não se fazer uso em tal caso do processo pelo crime do estelionato.

Mas diz-se: ofendeu a religião e a moral, porque esses feiticeiros inculcando um poder misterioso fazem reuniões e nelas atos contrários à nossa santa religião. E a lei escrita, que não ofende a moral e a religião, levanta-se com sua clava de Hércules *dura lex, sed lex*[67] – e diz ao julgador: – eu no artigo 276 do Código Criminal, não aprovo o vosso procedimento fazendo do que dizeis o crime de estelionato, porque neste artigo eu só puno a sessão ou reunião dessas seitas, os atos práticos dessas crenças, quando são em casa ou edifício que tenha forma exterior de templo ou quando publicamente em qualquer lugar, porque eu lei brasileira professo a tolerân-

[67] A lei é dura, mas é a lei.

cia de crenças e de religiões!

E, se ainda não basta isto, digo-vos, eu lei norma única das ações dos juízes, no artigo 280 do mesmo código, que o vosso ato não pode vigorar, porque a prática de qualquer ação "que na opinião pública seja considerada como evidentemente ofensiva da moral e bons costumes" só constitui um "delito policial", e é punida com prisão simples de 10 a 40 dias e multa correspondente à metade do tempo, quando, notem bem, porque "eu lei quero o mando", for praticada essa ação em lugar público.

Diz o 4° considerando que "por meio de artifícios fraudulentos acima mencionados o primeiro recorrente houve de Maria Thereza Ferreira por muitas vezes várias quantias, obrigou-a a vender e empenhar joias para dar-lhe dinheiro".

Este considerando exclui a pronuncia. Antes de tudo, não diz a importância dessas várias quantias, não só do total, mas ainda a importância de cada um. Também não menciona o valor da venda e penhor das joias. Não diz a datas e lugares em que se deram estes fatos.

Em segundo lugar, cumpre notar que as expressões – muitas vezes – denotando de Maria Ferreira tais relações de íntima amizadezinha com o primeiro recorrente que a levaram a supri-lo de dinheiro todas as vezes que o recorrente precisava, ou quando ela o queria presentear, e até a fazer o sacrifício de empenhar e vender a sua mobília, repelem a existência do estelionato.

Pretende o Sr. Dr. juiz *a quó*,[68] que essa mulher dava esses dinheiros e fazia esses sacrifícios, porque acreditava na feitiçaria e mesmo no poder misterioso e sobrenatural de que fala a pronuncia. E esta frase – *muitas vezes*? E a liberdade de crenças? Concedendo tudo de barato, não vemos onde está o estelionato.

O crente pensa que o alopata o salva, que o homeopata o restabelece, que o advogado lhe consegue a absolvição, que este ou aquele culto, o faz feliz, o enche de venturas neste ou em outro mundo; procura-o, pede-lhe seu auxílio, sua proteção, entrega-se em corpo e alma, e dá-lhe dinheiro, dá-lhe bens, aliena o que tem e despe-se dos seus bens, e às vezes da própria honra. Onde está o estelionato?

[68] É uma expressão latina que significa "de onde veio, de onde teve origem". É vulgarmente usada na linguagem jurídica, para referir o tribunal hierarquicamente inferior donde provém um recurso.

Um acredita no poder daquele a quem espontaneamente procura. O outro crê com igual firmeza ao culto, na seita que segue e professa. Onde está a fraude, esse dolo mau, esse dolo especial que faz o crime de estelionato?

Não vai procurar a pessoa alguma. Serve a quem diz que acredita nele. Porque o procuram?

Abandonado ou desenganado da medicina oficial, da medicina legal, o doente, na vastidão do mundo, e no desespero da moléstia, procura o curandeiro, o herbanário, magnetizador por excelência, como tal conhecido é venerado na sociedade que tem moral, que tem leis e autoridades, acredita nele, entrega-lhe sua vida, espera dele a saúde, e dá-lhe dinheiro, dá-lhe bens, e o curandeiro, crendo operar o milagre, esforçando-se e esperando restituir a saúde ao enfermo que o procurou, faz disto sua profissão que julga lícita e que "nenhuma autoridade lhe diz ser profissão criminosa". Ninguém dirá, por certo, que esse curandeiro comete estelionatos.

Aquele que pelas "cartas" prediz o futuro descrente que o consultam, aquele que pela "sonâmbula", pelos "traços das palmas da mão", e tantos outros que nesta Corte tem e anunciam seus escritórios e percebem estipêndios que exigem, que falam do passado e do presente não conhecidos, que se aventuram a dizer o que há de acontecer, e que mil vezes causam males, inquietações e maus juízos, ainda não foram considerados estelionatários. E nunca o serão!

A nossa lei não quer que "todos os artifícios" sejam estelionatos. Aí está bem eloquente o artigo 296, § 3° do Código Criminal: – Os que mendigam fingindo chagas e outras enfermidades não são estelionatários. – Aí estão os artigos 254, 255 e 256 do Código Criminal: – Os que se fingem de empregados públicos. O que finge de marido de uma mulher para usurpar direitos maritais. A mulher que se finge casada com um homem para o mesmo fim. A mulher que finge prenhe, que dá o parto alheio como seu, que substitui a criança sua por outra; que troca uma pela outra. Aí está o artigo 302 do Código Criminal: – Aquele que obtém por meio de nome suposto, ou mudado, ou de algum título, distintivo ou condecoração que não tem o que de outro modo não consegue.

São estes fatos estelionatos? Porque não são? Não são artifícios? Não tem fraude? Não constituem dolo mau?

Ou o estelionato tem um característico especial, uma fraude bem pronunciada, bem manifesta?

(Continua).

Diário do Rio de Janeiro, n. 76, 18 de março de 1871

Está no 5° considerando que "com emprego de fraudes semelhantes houve o 1° recorrente de Leopoldina Fernandes Cabral diversas quantias em diferentes prestações".

Consigna o 6° considerando que "semelhante houve de Emília Carolina Mascarenhas a quantia de 50 réis, e de Elias Carlos Machado a quantia de 150 réis".

Temos, que o juiz da pronuncia achou que o 1° recorrente houve por meio de artificio, feitiçarias, dinheiro de:

1°) Maria Thereza Ferreira.

2°) Leopoldina Fernandes Cabral.

3°) Emília Carolina Mascarenhas.

4°) Elias Carlos Machado.

Necessariamente temos "quatro fatos", "quatro pessoas ofendidas", e, portanto, "quatro épocas diferentes".

Resulta que nenhuma dessas quatro pessoas podem ser testemunhas, deste processo, porque não é justo nem decente ser ao mesmo tempo "parte ofendida e testemunha".

À folha 74 está Maria Thereza Ferreira depondo como testemunha.

À folha 80 depõe como testemunha Leopoldina Fernandes Cabral.

À folha 36 está depondo como testemunha Emília Carolina Mascarenhas.

À folha 90 está Elias Carlos Machado depondo também como testemunha.

Quais as datas desses supostos estelionatos?

Quais são as pessoas que os afirmam? De que modo o asseveram?

Examinados os depoimentos das 11 testemunhas, porque foram ouvidas oito testemunhas e mais três referidas, incluindo as quatro ofendidas cujas declarações são "graciosas e suspeitas", não se encontra fundamento legal para a pronuncia.

A primeira testemunha, folha 60, Mariz Sarmento, escrivão da subdelegacia do 1° Distrito de Sant'Ana, não fala em coisa alguma relativa aos "supostos estelionatos" de que foram vítimas as quatro pessoas mencionadas. Sabe, diz ele, das sessões de feitiçaria, sem indicar épocas e lugares, por ouvir dizer a duas mulheres: Julia e Leocádia em cuja intimidade vivia.

Nota-se que esta testemunha veio a juízo "aterrada", lembrado e impressionado ainda de que há um mês, segundo disse Julia agastando-se com ele a ameaçara com o poder sobrenatural do 1° recorrente.

A 2ª testemunha, folha 64, v. Azurar, a respeito de quem a 1ª testemunha à folha 63 v. diz que Julia lhe contou que tendo sido Leocádia abandonada por ele e tendo ido queixar-se ao 1° recorrente, este respondera que não se desgostasse porque faria "com que Azurar não prestasse para outra mulher", além desta "suspeição", diz no princípio do seu depoimento que o mesmo recorrente foi a "causa" dele, testemunha, abandonar sua amante Leocádia, a que manifesta o estado de "despeito" ou "infelicidade" em que jurou. Não obstante, não diz palavra alguma relativamente aos quatro supostos estelionatos em questão.

A 3ª testemunha, folha 66, Rodrigo Militão, fala de cerimônia a que assistiu em casa de Maria Ferreira, e de outra solenidade em que se fez a filiação de Leopoldina Cabral. Quanto à 1ª disse é ela das filhas da seita do recorrente a que lhe dá mais dinheiro e à quem o 1° recorrente recorre mais vezes. Quanto à 2ª sabe, porque lhe contou ela, que rompera com o juramento que prestara ao 1° recorrente, porque este a queria obrigar ao pagamento de 60 réis mensais.

Não fala nos estelionatos com as duas outras pessoas. E desses dois fatos, que referia, não declara as épocas.

Ninguém dirá, que houve estelionato nesses dois fatos.

Se Maria Ferreira "acostumou-se" a espontânea e voluntariamente dar dinheiros ao 1° recorrente, está no seu direito, ninguém lhe pode proibir: não se acha aí o estelionato.

Se Leopoldina Cabral apartou-se do 1° recorrente porque

este a quis obrigar ao pagamento mensal de 60 réis, dar-se-ia uma "tentativa" de qualquer coisa, jamais o crime de estelionato.

A 4ª testemunha, Emília Mascarenhas, à folha 73, é a mesma ouvida na devassa da folha 36, com a diferença que ali tem o sobrenome Cândida, e aqui tem o de Carolina. É uma das figuradas ofendidas enumerada no considerando 6°. Diz que foi ela quem "procurou" o 1° recorrente para consultá-lo e pedir-lhe a cerimônia pela qual queria conseguir da pessoa com quem vivia algumas vantagens, e que o acusado lhe disse que "seu trabalho seria pago depois, à vontade dela testemunha", a qual assistiu à solenidade e teve a "fortuna" de conseguir o que queria, que era não se ausentar o seu amante, mas fazer-lhe todas as concessões por ela pedidas.

Disse mais que durante "um ano" frequentou as cerimônias do 1° recorrente e gastou com ele 200 réis, além de presentes que lhe deu. E ouviu dizer que Maria Thereza "gasta muito com ele". Nada disse sobre os outros supostos estelionatos em questão.

Onde está aí o estelionato? Emília Mascarenhas deu quanto e quando quis. Fez "presentes" ao 1° recorrente. Ela mesma é quem o "procurou", quem lhe "foi pedir" o trabalho, cerimônia ou solenidade. Ela "acreditou" e ainda "acredita" na "qualidade" desse trabalho. Ela diz que se faz com o 1° recorrente o que se faz com os médicos: "pagasse-lhes e ainda se lhes dá presentes". Se tudo isto assim foi, certamente não se praticou o estelionato.

A 5ª testemunha, à folha 78, Jacinto Pereira, fala de fazer o 1ª recorrente vida de "feitiçarias", mas absolutamente nada diz relativamente aos quatro estelionatos em questão.

A 6ª testemunha, à folha 81, Leopoldina Cabral, é uma das ofendidas, apontadas pela pronuncia. Confessa que "voluntariamente" procurou ao 1° recorrente e "espontaneamente" lhe deu algum dinheiro.

A 7ª testemunha, folha 87, Generosa de Campos, disse que teve uma ferida em uma perna, a conselho de alguém "procurou" o 1° recorrente, "para curá-la", a quem deu 30 réis, dando-lhe ele uma pomada, que aplicou sem resultado; que procurou ao 1° recorrente segunda vez, o qual lhe fez "outra receita de que ela usou e ficou boa". Disse mais, que os dinheiros que o 1° recorrente recebia eram aplicados à compra de objetos para as solenidades e cerimônias. Disse ainda, que o 1° recorrente tem algumas filhas de sua seita que lhe dão dinheiro o que sabe por que elas o dizem.

E sobre os quatro estelionatos em questão nada disse.

Pelo expendido se vê que, apesar de ser a 7ª testemunha de depoimento negativo quanto ao crime de estelionato, afirma que o 1° recorrente recebe o que espontaneamente lhe dão e "faz benefícios" como "ela recebe" como a receita que lhe curou a úlcera.

A 8ª testemunha, folha 90, Elias Machado, é outro suposto ofendido, como refere a pronuncia. Não obstante, disse que querendo ter noticias e ver de seu pai que estava ausente, Luiz Gonzaga aconselhou-o a "procurar" o 1° recorrente; que foi uma noite à casa deste quando este fazia a solenidade e dava audiência, onde o dito Gonzaga disse-lhe que botasse sobre uma mesa a quantia de 150 réis, o que ele fez. Disse mais:

Que dias depois perguntou a Gonzaga por essa quantia, o qual lhe respondeu que não era com ele, mas sim o 1° recorrente. Que nunca falou ao 1° recorrente.

Aí temos "o ofendido" Elias, único que fala no fato com ele acontecido, não depondo contra o 1° recorrente, de modo a gerar a "convicção" de haver este acusado cometido estelionatos. Como, pois, cometeu-se o crime de estelionato?

Foi Gonzaga que exigiu o dinheiro, e provavelmente quem ficou com ele, ou sabe o seu destino, se o fato é verdadeiro!

Agora examinaremos o que dizem as testemunhas referidas.

São três:

A 1ª, folha 94, Maria Ferreira, é uma das quatro pessoas, vítimas dos fantasiados estelionatos. Jura contra a pronuncia. Diz que as testemunhas que se referiram a ela "mentiram". Diz que não conhece Leopoldina Cabral (6ª testemunha). Afirma que não a aconselhou a procurar o 1° recorrente. Jura que não "conhece" o 1° recorrente, a quem viu pela primeira vez quando depôs.

Afirma não ter dito coisa alguma a Generosa Campos (7ª testemunha) sobre negócios de feitiçaria. Jura que não conhece Generosa, e é falso tudo quanto esta disse. Afirma que Rodrigo Militão nunca foi à sua casa, nem o conhece. Assevera que "nunca deu ao 1° recorrente dinheiro algum" e que nunca teve anel seu de brilhantes em poder dele. Assevera que jamais lhe escreveu. Diz que deu retratos seus a várias pessoas, sem poder saber ou explicar como foram parar alguns parar em casa do 1° recorrente.

Temos aí um depoimento bem "contraproducente" que diz que a pronuncia é uma injustiça notória, e crime de estelionato neste processo é um "sonho" ou um "mito".

A 2ª testemunha referida, folha 96, Emerenciana de Jesus, não prestou juramento por ser tia do 2° recorrente, e não foi ouvida.

A 3ª e última testemunha referida, à folha 96 v., Julia Xavier, disse que só viu o 1° recorrente três vezes, mas nunca como está na fotografia. Nunca viu trabalhos de feitiçarias feitos pelo 1° recorrente. Tem ouvido dizer que ele os faz por dinheiro, não podendo determinar quais as quantias nem se lembra das pessoas que lá o contaram. Contesta alguns fatos referidos pela 1ª testemunha Maria Sarmento, e quanto aos fatos declara que "não os pronunciou" e deles só sabe por "ouvir dizer".

Em face deste depoimento, a que se reduz o depoimento de Maria Sarmento, que se referiu a esta testemunha? Que valor tem outras testemunhas, que também se referem a Julia Adelaide?

E deve-se bem notar, esta 3ª testemunha referida, absolutamente nada diz sobre os quatro estelionatos que a pronuncia aponta.

Desta arte os considerandos 4°, 5° e 6° caem por terra, e, em vez de razões jurídicas para justificar a pronuncia tornamse "moldes de ferro" para se torturar a liberdade dos recorrentes. Assim, é uma urgência moral a reforma da pronuncia.

Com esses considerandos, com este processo "inquisitorial", com essa pronuncia "ilegal", só pode triunfar a lógica do "erro". Há mais do que uma concessão forçada, do que uma imputação estulta, do que uma calunia atroz: há a "violação do direito", afronta aos recorrentes e à sociedade, em nome da qual se propala que se fez este processo, em que se acumulam "tantos crimes sem prova alguma", que afrontam a civilização.

E como esta não se desafronta com um processo onde se aglomeram tantas injustiças, onde tantas vezes "se viola a lei", e se estende a "devassa" até o mais íntimo das cartas, até o mais particular e sagrado da família; onde se dirige a pesquisa até o "pensamento"; e se alarga a esfera da justiça humana até os domínios da religião e do tribunal de Deus, não pode, não deve vingar este tumultuário processo.

Diz o 7° considerando que "o réu só convidava para as suas feitiçarias gente de classe baixa e de educação menos apurada, preferindo as mulheres, sobre cujas inteligências fracas e facilmente exaltáveis dominava, além do que já ficou exposto, para obter dinheiros, não só para sua subsistência, como ainda para o luxo que ostentava banqueteando os seus amigos".

Este considerando parece um "lenitivo" ao mito que se disse e menos prudentemente escreveu-se e publicou-se contra a nossa sociedade, pintando-a cheia de vícios e torpezas, para que, depois deste considerando só restem as "lágrimas da pobreza". Entretanto:

O 1° recorrente só convidava gente de "classe baixa", mas ninguém jura que fosse convidado; só lê que algumas pessoas aconselhadas por outras é que "procuraram" a casa do réu. E se eram somente pessoas dessa classe que iam a casa do 1° recorrente, dizei-nos: qual o "valor moral" das testemunhas? E se assim era, como acreditar nesses repetidos estelionatos "contra a gente baixa" e que por isso mesmo "precisavam de dinheiro?"

E que mulheres, senão "quiçá as meretrizes" que já venderam tudo: honra, vida e alma? Mulheres diante das quais o sentimento do pudor público revolta-se; mulheres, cujas faces já não coram de vergonha, cujos corações são forçados à angustia que já não as oprimem!

Estelionato contra elas que nada possuem, que nada valem, que nada zelam?

E pode ser que, em nome dos "sagrados direitos delas", se instaure um processo por fantasiados estelionatos?

Terão elas inteligências fracas e facilmente exaltáveis? Mergulhadas no vício que as alimenta nada as exalta "a dar dinheiro, tudo as impele soberanamente a exigi-lo e recebê-lo", qualquer que seja o sacrifício que tenham de fazer para o alcançarem.

Se há estelionatos, são elas que o praticam. Se existem oprimidos, não são elas, são os desgraçados, cegos, alucinados, iludidos, embriagados que caem no seu regaço. Se há fanatismo é da parte dos infelizes que se ajoelham nesses altares de "devassidão". Se há artifícios fraudulentos são elas que o conhecem e executam, até afogarem em sangue e lágrimas o "fanatismo" das suas vítimas.

O que convém, porém, é não fazer que o "desespero" cresça na proporção da "decadência geral", em que com a "miséria e a moral pública", muito se especula.

Diz o 8° e último considerando que, "o 2° recorrente comparecia às cerimônias de feitiçaria praticadas pelo 1° recorrente e o coadjuvava, e desta arte concorria diretamente para que o 1° recorrente lograsse seus criminosos intentos".

É este o único considerando, e pode dizer-se a única parte da sentença de pronuncia, que fala ao 2° recorrente.

De prova testemunhal vê-se que só duas testemunhas, a 4ª à folha 73, e a 2ª referida à folha 96, falam ao 2° recorrente. Mas o que dizem? A 4ª testemunha diz que às 10 horas da manhã de um dia foi à casa de Leocádia, "em data que não se recorda", onde se encontrou com quatro ou cinco mulheres, cujos nomes não se lembra, e com dois indivíduos que se recorda serem, Joaquim Corrêa e o 2° recorrente. A 2ª testemunha referida disse unicamente ser tia do 2° recorrente.

Se estes dois depoimentos comprometem o 2° recorrente, também comprometem Joaquim Corrêa, que, aliás, não foi pronunciado.

Quando o 8° considerando diz que pronunciou o 2° recorrente porque ele comparecia às reuniões do 1° recorrente, cometeu grave incoerência, porque muitas testemunhas juraram (portanto confessaram) "terem feito o mesmo", e não foram igualmente pronunciadas.

Quando esse considerando declara que lavrou a pronuncia, porque o 2° recorrente "coadjuvava as cerimônias de feitiçaria e assim concorria diretamente" para os crimes foi duas vezes injusto: 1°, porque não se sabe, nem se prova quais os "fatos" por ventura praticados pelo 2° recorrente, pelos quais se possa dizer, no rigor do artigo 5° do Código Criminal, que o 2° recorrente "concorreu diretamente" para os crimes imputados.

Neste processo, como diz a pronuncia, trata-se só dos quatro estelionatos apontados, cujos fatos, aliás, não estão provados, e quando provados não constituem estelionatos.

Consequentemente sobre o 2° recorrente absolutamente nada existe.

Por que: 2°, outras muitas pessoas são apontadas como "aconselhando e conduzindo diversas outras" pessoas à casa do 1° recorrente, como Luiz Gonzaga, do qual fala a 8ª testemunha, como Joaquim Corrêa, de quem fala a 4ª testemunha; entretanto a pronuncia não lhes achou responsabilidade alguma.

Deste modo há no processo uma injustiça tão manifesta e aflitiva, que se esclarece pelos fatos, e não carece de mais comentários. Para a pronuncia aí se encontra elementos contrários, heterogêneos, absurdos. Ausência de "provas" falta absolutamente de meios plausíveis de "convicção" da almejada criminalidade dos réus, carência de "fatos". Mas, tudo isso é "anômalo" e repugnante à lei e a civilização.

Aceita, porém, a pronuncia a "teoria e interpretação", que classifica "jurídica", que estão no oficio do douto 2° Promotor Público à folha 103. Essa "teoria" é realmente habilidosa e sagaz. Há na "interpretação" uma dissimulação bem sensível: a lei não é "obscura"; clara como é dispensa a interpretação, que não é autêntica.

O Dr. 2° Promotor Público pediu a pronuncia em crime de estelionato à vista das "provas" dos autos. Já está suficientemente demonstrado que tais provas não existem.

Procurou o Ministério Publico mostrar que os "feiticeiros" fazem estelionatos. Já dissemos bastante sobre esse ponto. Em complemento lembramos que Chauvea e Faustin-Helie na sua obra "Theorie de code penal" recomendam que nenhuma lei dá lugar a maiores construções da parte dos interessados, e a mais "erros da parte dos juízes", como a que trata do estelionato.

Assim, as expressões "artificio fraudulento", de que usa

o § 4° do artigo do nosso Código Penal, tem levantado muitas "dúvidas", e levado muitos julgadores ao "erro" e à "injustiça". Não é coisa fácil de caracterizar o "artifício fraudulento", capaz de constituir o estelionato.

Para o estelionato são necessários "três fatos distintos", o "emprego" de meios fraudulentos; o recebimento dos valores, e a dissipação destes valores.

Os meios fraudulentos podem ser de duas espécies. Ou "falsos nomes", ou "falsas qualidades". A condição de "naturalidade" e "possibilidade", do falso nome, ou na falsa qualidade, é indispensável. É preciso que uma pessoa se declare com o "nome do outro", apresentando-se como outrem, ou que arrogue uma qualidade que não tem, mas uma "qualidade possível" e que possa ser aceita e acreditada: a de credor, a de certo e determinado emprego, a do procurador, a do parente etc. é o que ensinam "Papinieu, Jousu, Favinacius" e outros muitos.

Quem disser que vai tocar o dedo no céu, não usa de uma qualidade ou poder "possível", não pode enganar.

Nada, pois, mais vago como as expressões "artifício fraudulento".

Em tais condições, quer atendendo às "provas", quer aos "princípios de direito", não pode substituir a pronuncia dos recorrentes.

O que se espalhou e se publicou contra eles é falsíssimo, e admira que a perversidade tenha chegado a tanto, que, para "prevenir e entreter a credulidade pública" se tenha irrogado aos recorrentes tantas "calúnias" e "torpezas".

Se o que temos dito não é suficiente, suprirão o que faltar a ilustração e bom senso do honrado Sr. Dr. Juiz "*ad quem*",[69] garantia segura da "execução da lei", e dos "direitos" dos recorrentes.

É o que achamos consentâneo com a "severa e necessária".

JUSTIÇA.

Rio de Janeiro, 18 de janeiro de 1871.

[69] É um termo em latim, muito usado no Direito, que significa juízo de instância superior, para o qual, normalmente, se remetem os processos julgados em primeira instância para que sejam reapreciados.

AO PÚBLICO

Diário do Rio de Janeiro, n. 165, 16 de junho de 1871

Processo Juca Rosa

Fui acre e virulentamente insultado no *Diário de Notícias* de hoje, em um artigo sem assinatura sob a epígrafe *Colaboração*.

Preso, processado e pronunciado injustamente, devo considerar-me sob a proteção da lei, e assim aguardo as decisões dos tribunais de meu país.

Não respeitam a minha desgraça, e traiçoeiramente me ofendem.

Vou chamar à responsabilidade o referido artigo, em que fui atrozmente insultado.

José Sebastião da Rosa.
Rio, 15 de junho de 1871.

OBS. A seguir mostramos o artigo anônimo citado.

COLABORAÇÃO

Diário de Notícias, n. 262, 15 de junho de 1871

O monstro José Sebastião da Rosa

O estudo ou análise sobre os crimes deste feroz e cruel salteador da honra, do pudor, da fortuna e da honestidade; deste algoz da inocência incuidosa, do viver sem malícia; tal estudo, que deve qualificar a índole do réu, do mais audacioso criminoso, deve interessar à sociedade brasileira.

José Rosa, desde que começou o sumário estava julgado pela religião, pois a filosofia cristã, pelo direito natural e civil, porque vilipendiou o gênero humano, escarneceu das leis divinas, ludibriou a família, o decoro, o pudor, e aberrando correção à humanidade: – criou mais um sentido.

Se a justiça tivesse mandado executar o maior criminoso dos nossos dias e dentre os grandes nomes dos mais célebres assassinos avivasse o daquele, que mais assombro causou a esta geração, pouco teria feito, porque Juca Rosa não deve ser enforcado.

Há datas de execráveis recordações na história; há memórias de cruciantes lembranças; deve haver um padrão de eterna vergonha a esta decadência de espíritos e desmoralização acintosa do século XIX.

Devia existir o feiticeiro Juca Rosa. O cadafalso para esse monstro seria uma pena estéril, porque o cadafalso nunca foi a última razão da justiça!

Deve viver; nós precisamos dele. Sobre o ponto de vista do direito criminal, os crimes de Juca Rosa quase estão capitulados em todos os artigos do código.

Aqueles sombrios e misteriosos vultos que encheram de terror as idade antigas, atravessando as épocas fabulosas e heroicas cheios da maldição que os acompanha, ficaram sem importância desde que em nossos dias um herói e não um tipo, fez deles um confuso borrão e um esplêndido de cinismo na tela dos crimes espantosos.

Juca Rosa fez a sua emboscada no coração da pobreza; edificou o seu castelo de espectros entre as ruínas de alguns supersticiosos; ergueu o aparelho da morte real e artificial aos desprevenidos e aos especuladores. Ele sem os arrestos da justiça, deportou famílias; extinguiu e tornou írritos alguns contratos; deu à religião do Estado nova forma; redigiu artigos para o código das suas filhas!

A imensa diferença dos costumes dos tempos modernos e dos antigos se distingue quando os legisladores comparam as suas legislações penais.

Os crimes que em nosso código e em nossas leis são hoje capitais, foram entre os gregos e romanos e entre outros povos autorizados pelas suas legislações.

Reivindicou essa época o feiticeiro Juca Rosa.

As regras gerais da penalidade em presença dos crimes cometidos por este desalmado, dificilmente podem ser aplicadas aos múltiplos e variáveis casos de que ele é autor na imensa imputabilidade de que é réu confesso.

A noite da barbárie na vida dos povos tem horas de acabrunhadoras expiações, e o que foi pela civilização condenado, aos olhos deste malvado pareceu injustiça, e por isso resgatou com todo o seu cortejo as evocações, as iniciações, as feitiçarias, os ritos bárbaros e praticou cultos e mistérios de que já se libertaram os mais selvagens habitantes da Baocia.[70]

JUCA ROSA EM LIBERDADE

Diário do Rio de Janeiro, n. 200, 26 de julho de 1877

Foi posto ontem em liberdade, por ter cumprido a pena de seis anos de prisão, a que foi condenado, José Sebastião da Rosa, conhecido como Juca Rosa, que teve a sua época nesta cidade.

Entrarão outra vez os manipansos em cena?

O diretor da casa de correção mandou apresentá-lo ao Sr. Dr. Chefe de Polícia.

OBS. Segundo Mello Barreto e Hermeto Limas após a sua libertação, Juca Rosa exerceu a função de guarda-fiscal da Municipalidade.

FEITIÇARIA EM TATUÍ

Gazeta da Tarde, n. 165, 21 de julho de 1882

Transcrito do jornal *Progresso de Tatuí*

Da Vila de São João Batista do Guaraí nos escrevem:

Ontem (13), às oito horas da noite estando em uma reunião de feitiçaria diversas pessoas, na casa de José de tal (vulgo José Riscado), foram elas surpreendidas pela polícia que as levou para a cadeia.

A reunião era presidida por Francisco Riscado, mestre em feitiçaria.

Foram presos seis indivíduos inclusive o dono da casa, sendo três homens e três mulheres.

Escaparam-se muitos, entre estes um homem e três mulheres.

Foram apreendidos os instrumentos que serviam para os trabalhos de feitiçaria.

---

[70] É uma província da nação de Chalion. Oficialmente o Royacy of Chalion, é um estado soberano e um estado membro da Green Protection Agency e da Green Trading Sphere. Sua capital é a cidade de Cardegoss).

O serviço prestado pela polícia foi muito bem feito, devido ao zelo e atividade do comandante do destacamento o furriel Luciano Damasceno Guimarães.

CASA DE DAR FORTUNA

Gazeta da Tarde, n. 81, 11 de abril de 1883

A polícia pôs-se ontem em movimento.

O Dr. Callado, 2º Delegado, foi às cinco horas ao 1º Distrito do Engenho Novo e pôs em cerco a casa de residência de Maria Bernardes do Rosário.

A autoridade penetrou no interior do prédio.

Na sala principal, funebremente iluminada, Maria Bernardina celebrava sessão de feitiçaria diante de diversos indivíduos de aspecto sombrio.

Pelas paredes viam-se corpos de animais mortos que produziam uns sons secos quando, agitados pelo vento, batiam de encontro a elas.

Uma coruja rasgava os ares soltando estridentes gargalhadas.

Pelo chão espalhados diversos ossos, chifres, búzios, peles de cabritos, negras como uma noite escura, panelas de ferro e bacias, contendo sangue e nas mesas vasos com ovos.

Em um quarto foram encontrados duas neófitas completamente nuas, tendo os corpos untados com liquido que parecia sangue.

Nesse mesmo quarto existiam também diversos objetos pertencentes à arte de Juca Rosa.

A sessão suspendeu-se à chegada da autoridade e esta, sem ouvir mais explicações, prendeu Maria, as duas neófitos e mais três pretas minas.

As outras pessoas fugiram.

Os objetos apreendidos foram enviados à polícia.

RUA SETE DE SETEMBRO

Carbonário, n. 236 e n. 237, 26 e 28 de outubro de 1883

Moram nesta rua duas grandes cafetinas e feiticeiras, uma de nome Guilhermina e outra Leonor, alcunhada Cavalo de Pau.

Estas duas sujeitas têm feito ultimamente todos os esforços para enfeitiçar um moço chamado Carvalho; mas como as águas dos banhos não tem dado resultado, agora resolveram procurar um caboclo que mora na Praia Grande e que sabe fazer feitiços.

O caboclo veio e fez grandes observações sobre o preço.

Elas, todavia não desanimaram. Responderam que o que queriam era o moço enfeitiçado.

Em vista desta resposta o caboclo disse-lhes que em 15 dias o moço estaria pronto. Isto se passou em um sábado do mês corrente.

No dia seguinte o caboclo foi dar princípio à feitiçaria. Eram sete horas da noite quando chegou.

Pediu luz de azeite; e para certos fins algumas cebolas, alecrim e água benta, terra e alfazema.

Tudo rapidamente apareceu.

O caboclo ordenou que uma delas se deitasse e foi a Cavalo de Pau; ordenou a Guilhermina que se ajoelhasse em frente da porta do quarto, onde o moço costumava descansar.

A criada foi colocada aos pés da Cavalo de Pau com um ramo de alecrim na mão, tendo ao lado, um vaso de água benta. Colocou a costureira do lado esquerdo com as duas mãos debaixo dos joelhos.

Depois de tudo pronto encheu um caixão de terra, com três facas enferrujadas. Dizia ele que significavam as três estrelas do oriente.

Em seguida, passou no rosto da Cavalo de Pau, pós de tijolo, que disse serem pós de uma raiz milagrosa, que custava muito caro.

Mandou a Guilhermina mascar as cebolas por espaço de três quartos de hora.

Quando viu tudo em atitude conveniente, começou a dar saltos no soalho e atirando porções de alfazema no rosto da

Cavalo de Pau e da Guilhermina. Elas tudo suportaram com uma paciência igual à fé de que se achavam possuídas.

Também fez da feitiçaria uma tal Mariquinhas que tendo entrado em tempo ficou com as mãos erguidas e com um crucifixo no pescoço.

Esta feitiçaria durou cinco dias, no último dos quais o caboclo já se ia chegando muito para a Cavalo de Pau, e ela estava final desconfiando da história.

Por último, pagaram 50 réis ao caboclo, que nada arranjou, deixando-as como dantes a darem no café e na comida água e certas lavagens ao pobre moço.

O que seria para elas tão grande despesa se não fosse os sete réis diários que paga de aluguel a Mariquinhas?

FEITICEIROS

Carbonário, n. 243, 19 de novembro de 1883

Chama-se a atenção da polícia para uma tal Maria, moradora a Rua do Núncio, que para atrair os homens a sua casa, costuma dar-lhes certas beberagens que tem estragado a saúde de muitos rapazes. Ainda ultimamente ela de combinação com sua comadre de Caxambi foram a Niterói, em casa de um caboclo, e de outro feiticeiro da Rua do Sabão para eles fazerem com que um moço da roça, voltasse para casa dela, onde o pobre moço seduzido tem gasto rios de dinheiro. As vezes alta noite anda pelas portas das outras a deitar feitiços, e tem cinco feiticeiros a quem ela consulta, o que não evitou que ela tomasse uma sova de pau na Penha.

Diz ela que a sua feitiçaria já se acha bem adiantada.

A SERPENTE PORTUGUESA

Carbonário, n. 243, 19 de novembro de 1883

Pede-se providências à polícia para fazer deportar uma serpente portuguesa muito inconveniente e feiticeira.

Esta serpente tem arranjado fortuna no trabalho de seduzir pessoas inexperientes, enquanto as vítimas tem alguma coisa para esta serpente desfrutar. Ela faz muitos agrados aos infelizes, e depois que os reduz a desgraça, trata de botar mandinga, feitiçaria, pelas portas delas para por este meio promover a separação dos maridos e suas mulheres, dos amantes e das amantes.

Prestaria a polícia, um grande serviço fazendo deportar esta desmoralizadora do sossego da lei.

Um queixoso.

SANTO ANTONIO CURA POR MILAGRE

Gazeta da Tarde, n. 201, 29 de agosto de 1884

Ontem, às nove horas, o subdelegado do 3° Distrito da freguesia de São José deu busca na casa n. 10, da Travessa de Dom Manoel, onde se passavam constantes cenas de repugnante feitiçaria.

Ali residia um individuo de cor preta de nome Francisco Firmo, já velho, que tratava de raparigas crédulas, curando-as de feitiços e exercia por tal modo aquela profissão que a sua casa era um antro de perdição e malvadeza.

A autoridade, revistando esse antro encontrou grande quantidade ervas, drogas, variedade de bugigangas, que serviam de remédio, e um Santo Antonio, que curava por milagre. Firmo foi preso e recolhido à detenção, bem como as seguintes mulheres, encontradas, algumas em tratamento, naquele cubículo: Miquilina Luiza, Fortunata Maria de Moraes, Nicácia Maria da Glória, Justina de Jesus Moraes, Ignácia Maria Euphrasis, Cezarina Maria da Conceição e Maria Lourença de Moraes.

Esta última, estava em tão mau estado de saúde que foi necessário recolhê-la ao Hospital da Misericórdia.

FEITIÇARIA CRIMINOSA

Diário de Notícias, n. 518, 8 de novembro de 1886

Em Irajá acaba de dar-se um fato digno de atenção do Senhor Desembargador Chefe de Polícia.

O subdelegado da freguesia deu anteontem, de madrugada, busca em casa do preto Miguel Marques da Silva, apreendendo diversos objetos consagrados à feitiçaria, tais como um Santo Antonio sem cabeça, um São Benedito amarrado, ervas, raízes e diversas cabeças de galinhas pretas secas, e até dois escravos fugidos!

Até aqui vai tudo muito bem, porém o fato digno de atenção é ter-se apresentado à autoridade Antonio Joaquim Alves, morador do lugar, queixando-se que o tal mandingueiro receitou para suas duas filhas menores certos remédios, cujo resultado foi acharam-se hoje as infelizes crianças completamente doidas.

O subdelegado, pelas providências que tem dado para elucidar esta questão, é digno de todo o elogio; resta que a ação da suprema autoridade policial não se faça demorar contra o pretinho, que deixa de ser um feiticeiro vulgar para tornar-se em criminoso digno de punição.

FEITIÇARIA - PIMENTA MALAGUETA

Diário de Notícias, n. 154, 12 de julho de 1887

Anteontem, pela manhã, apresentou-se ao Sr. subdelegado do 4° Distrito uma preta velha, moradora à Travessa do Príncipe, queixando-se de que uma tal Carlota, sua vizinha, tinha-lhe arrumado uma boa data de feitiço, que lhe havia posto todo o corpo *tuira*,[71] como canela de urubu.

Dizia a mulher que a *coisa*, que tresanda como todos os diabos, é sempre colocada junto ao cercado de sua casa, na ocasião em que ela passa, para começar o seu serviço.

A autoridade – dizem-nos – receitou-lhe um banho de pimenta malagueta.

Que pândego!

FEITIÇARIA - O MANIPANSO

Diário de Notícias, n. 174, 24 de julho de 1887

O subdelegado do 1° Distrito de Sant'Ana, anteontem às 10 horas da noite, deu cerco na casa n. 173 da Rua General

[71] Preto desbotado.

Pedra e encontrou em grande batuque 21 pessoas, que festejavam o *deus Manipanso*.

A mesma autoridade fez apreender os objetos ali encontrados, tais como búzios, peles, contas, galinhas esquartejadas, garrafas com líquidos, pós, cestos, marimba, arco e outras bugigangas usadas na prática dos atos solenes, a que vulgarmente chamam feitiçaria.

Dentre essas pessoas achavam-se dois homens e duas mulheres que eles denominavam – Príncipe e Princesa, a *Mãe de dar fortuna* e sua ajudante. Foram todos recolhidos à detenção com feitiço e sem ele.

FEITIÇARIA - TERRA DE CEMITÉRIO

Diário de Notícias, n. 206, 27 de setembro de 1887

Em Santos, Estado de São Paulo, tendo ciência o Dr. Delegado de Polícia que uma mulher moradora à Rua Itororó achava-se gravemente enferma, vítima de feitiçaria, para lá se dirigiu e certificou-se da realidade do fato.

Uma inimiga da referida mulher, por vingança, trouxe do cemitério um punhado de terra, e colocando-a debaixo da doente, disse ela não duraria muito tempo, porque a alma de sua mãe ali estava a chamá-la, o que a deixou excessivamente nervosa.

A feiticeira foi chamada à polícia.

VÍTIMA DE FEITIÇARIA

Diário de Notícias, n. 170, 31 de julho de 1888

Enlouqueceu o Senhor Oliveira, proprietário de uma loja de fazendas, à Rua das Flores com esquina para a Rua Trindade.

No sábado último o infeliz embarcou para Soure e aí se transtornou de tal forma a razão que ficou furioso; os seus amigos então empenharam seus esforços para contê-lo chegando a esta cidade ontem, pela manhã, e o recolheram ao hospital da Ordem Terceira, onde se acha em segurança.

Consta que a causa da loucura desse pobre moço foi uma

beberagem ou *pussanga*,[72] que lhe deram a beber umas feiticeiras, moradoras à Rua das Flores e Travessa Santo Antonio, tendo já a polícia se apoderado do resto desse *filtro* e de suas autoras.

Eis aí porque nós não cessamos de clamar contra as bruxas e os pajés.

O REI MANDINGA

A Imprensa, n. 324, 26 de agosto de 1889

Busca e apreensão

Maria José Cordeiro, dona do bordel da Rua do Lavradio, n. 42, canto da Rua do Senado, tem ultimamente andado caipora, vendo os quartos, que costuma alugar a meretrizes, quase todos vazios.

Depois de estudar profundamente sua situação comercial, resolveu procurar Antonio Francisco, vulgo *Rei Mandinga*, a fim de melhorar de sorte.

Nos fins de junho, Maria Cordeiro foi à Rua dos Inválidos, n. 153, residência do *Rei Mandinga*, em companhia da meretriz Luiza Levy, que lhe falara com ardor das grandes virtudes do *Rei Mandinga*.

Aí chegadas, expôs Maria a sua situação difícil, sendo atentamente ouvida pelo *Rei Mandinga*, cujo primeiro trabalho logo que chegou à residência de Maria, no dia seguinte à consulta, foi examinar uma filha recém-nascida da sua cliente, que estava enferma.

Três dias depois de beber a primeira droga e de tomar certos banhos, a criança morreu, sendo atestado o seu óbito pelo Dr. Benjamim Baptista.

Continuou sempre o *Rei Mandinga* a frequentar a casa de Maria, apelando aos defumadores e azeite nas portas da casa.

Por esse serviço recebia a *módica* importância de 100 réis!

Maria Cordeiro, que não via os hóspedes aparecerem nem a sorte melhorar, pois já tinha no *prego* as joias, anteontem fez sentir ao *Rei Mandinga* que era preciso dar um golpe de mestre.

[72] Medicamento caseiro; mezinha.

Prepararam as coisas para ontem, logo pela manhã: o *Rei Mandinga* mandou para a casa de Maria Cordeiro, para dar o golpe de mestre, em uma sessão de feitiçaria de primeira ordem, os preparativos seguintes: pés de galinha secos, pólvora, feijão fradinho, um quilo de rabada, quiabos, um copo com vinho, outro com água e um ovo quebrado, doze panelas de barro, grandes e pequenas, arruda, azeite, búzios e três imagens, uma sentada e duas em pé: Santo Onofre de Latrão, São Cosme e São Damião.

São Damião estava separado de São Cosme e tinha uma argola no queixo, com uma corrente que prendia aos pés.

O Dr. Rego Barros deu cerco nessa casa, às duas horas da tarde, não se achando na ocasião ali o *Rei Mandinga*, que devia chegar mais tarde, prendendo o acólito Antonio Francisco, que foi recolhido ao xadrez da 7ª Circunscrição.

FEITICEIROS AUDAZES

Diário do Commercio, n. 386, 26 de dezembro de 1889

Relativamente aos fatos que se deram em Caçapava e que foram por nós noticiados, pedindo providências às autoridades, escreve a *Folha Popular* daquela cidade:

IRMANDADE DAS ALMAS. – Parte da imprensa deste Estado tem-se ocupado com a *Irmandade das Almas*, essa associação composta de homens que tem por base o feitiço, tendo por fim todas as conquistas que a feitiçaria auxiliada pela ignorância de uma parte do povo puder alcançar.

Não obstante e apesar de ter essa irmandade se ramificado a ponto de já possuir irmãos em quase todas localidades do Estado, a polícia ainda não se dispôs a proceder ativamente, como o caso exige.

Entretanto, os homens não dormem, e se a polícia o faz, eles aproveitam a ocasião e continuam sua obra, que na carreira em que vai chegará certamente a ameaçar a segurança e os interesses das populações.

Não é somente no Amparo, na Serra Negra nem em Araraquara que a Irmandade está fazendo sentir seus maléficos efeitos. Em Caçapava, como em quase todo norte deste

Estado, ela está se incorporando, e na proporção de seu progresso vai se tornando tão ousada que chega a fazer ostentação de sua força e disciplina, como a arrogar-se o poder de assassinar os que a ela parecem seus inimigos.

Pedimos providência a quem de direito, por que o caso é mais grave do que parece.

Os brutos fundadores e aliados de tal associação negra, em um dos seus conciliábulos, no Amparo, decretou que deveria ser morto certo homem conhecido e considerado naquela cidade, segundo diz a imprensa. De feito, uma comissão sorteada pela irmandade, obedecendo ao decreto tentou assassinar a pessoa indicada, e se o não conseguiu, não será de certo por vontade ou condescendência dos pretos.

Aqui nesta cidade nossa, onde os conciliábulos ou sessões se repetem ordinária e extraordinariamente em plena cidade, a associação, segundo a voz do povo, *depois de feitos menos importantes*, decretou que hão de serem mortas quatro pessoas de certa posição em Caçapava.

Uma dessas pessoas já foi vítima de um atentado revoltante, sendo certo que para tanto não podia haver motivo de qualquer espécie, atendendo-se a uma infinidade de razões.

Felizmente o fato não passou de tentativa de assassinato, não sabemos se com ou sem pesar do cidadão que quase tirou a vida de uma pessoa considerada da terra.

Ora, diante desses dois exemplos (e há mais outros) muito suficientes para tornar suspeita a irmandade de que tratamos, parece que à polícia cumpre com energia e prontidão tomar medidas preventivas ou decisivas, porque estamos realmente ameaçados de um mal que poderá ser tão grande como irremediável.

FEITIÇARIA - O CAIXÃO

Diário de Notícias, n. 21, 26 de janeiro de 1890

Maria A. Pinto da Silva, moradora à Travessa da Piedade, casa n. 22, denunciou anteontem, ao administrador do cemitério, que dentro do caixão em que estava o cadáver de Gabriela Maria da Conceição, mão desconhecida tinha colocado cinco camisas pertencentes a Antonio Pinto de Almeida, seu ex-amásio.

O caixão foi revistado e foi efetivamente encontrado o que constava da denúncia.

ALTA FEITIÇARIA

Diário do Commercio, n. 808, 22 de fevereiro de 1891

Escreveram de São Luiz do Paraitinga para o *Correio Paulistano*:

Fez-se aqui uma importante diligência.

Constou a autoridade policial que no bairro do Selado, deste município, andava um preto, um dos numerosos chefes da *Irmandade das Almas*, a fazer sessões noturnas a que assistia grande número de adeptos de ambos os sexos, praticando nessas ocasiões *operações milagrosas*: extraindo de diversas regiões do corpo dos doentes, ossos, sapos, aranhas e outros animais.

O Delegado de Polícia, Sr. Comendador João Sangirardi, ao ter disso conhecimento, deu todas as providências que o caso exigia, capturando o feiticeiro no meio de uma das suas mais concorridas sessões noturnas.

No dia seguinte foi o preso com todos os objetos de que ele lançava mão para os seus milagres, conduzido à presença da autoridade policial para proceder-se a seu interrogatório, bem como a inquirição de três testemunhas juntamente presas na mesma reunião noturna.

Ao ser interrogado disse chamar-se José Monteiro, ter 40 anos de idade, solteiro, lavrador e natural de Taubaté.

Andava, havia quinze dias, por este município fazendo efetivamente curas não negava, mas que as fazia quase todas gratuitamente, recebendo de algumas somente a módica retribuição de um real.

Praticava realmente operações, não por feitiço, como se lhe perguntava, mas por milagres de santos e graças e influência sobrenatural de alguns objetos simbólicos que trazia sempre consigo.

Segundo as testemunhas que depuseram depois, o ousado curandeiro intitulava-se *doutor* José e dizia-se possuidor de uma carta para curar.

Os objetos cabalísticos de que fazia uso para seus milagres foram trazidos à sua presença e reconheceu-os. Constavam de dois pequenos baús de folha, um embrulho envolvido em um lenço vermelho e uma garrafinha branca.

Dentro de um dos baús foram encontrados um crucifixo de madeira envernizada e suja pelo uso, preso na parte superior por fitas que pareciam ter sido muito usadas, e envolto por diversos rosários feitos com um fruto de uma gramínea muito conhecida ente nós por lágrima de Nossa Senhora (*Gynerium sacharoides*); diversos rosários do mesmo fruto, porém, medindo uns um metro e meio e outros mais; diversos cordões de lã de várias cores e muitos outros objetos para excitar a crendice popular mas que, realmente, não mereciam atenção.

Do segundo baú tirou-se grande quantidade de raiz de guiné, uma planta aqui muito preconizada em tintura entre o povo como antídoto do veneno ofídico. Esta planta, mais conhecida por *pipi* (*Petiaeria aliacea*) é empregada em medicina como diurética e muito estimada pelos curandeiros feiticeiros em diversos ramos de magia. Continha mais o baú diversos ramos de arruda, planta que todos conhecem o emprego na medicina doméstica, mas que o *doutor* José empregava contra o quebranto ou mau olhado, nas crianças.

O lenço vermelho continha grande quantidade de giz, ou carbonato de cálcio, e a garrafinha continha álcool, em cujo seio fazia em maceração fragmentos de arruda, folhas de fumo, raízes de *bula*,[73] um rosário negro outrora pertencente a padres missionários e um pequeno depósito pulverulento na parte inferior, que foi cuidadosamente retirado para análise química, incumbindo-se deste trabalho o distinto farmacêutico-químico Comendador João Sangirardi e o médico da localidade.

Lançando mão dos reativos apropriados, viram que se tratava do carbonato de cálcio.

Infelizmente não é Monteiro o único desta espécie perniciosa de charlatões que exploram a ingenuidade e ignorância dos nossos pobres patrícios do sertão: ele tem colegas e discípulos.

[73] Valeriana.

FEITIÇARIA - AS COSTUREIRAS

Diário de Notícias, n. 2555, 11 de julho de 1892

A imprensa paulistana noticiou há dias um tristíssimo acontecimento, ocorrido no seio de uma família e a que deu lugar a crença de alguns de seus membros em coisas de feitiçaria.

O fato é narrado do seguinte modo:

A polícia, tendo conhecimento de que em uma casa da Rua dos Andradas, onde reside o Sr. Francisco José Dias, tinham endoidecido cinco moças costureiras, filhas do mesmo senhor, para ali se dirigiu o 4° Delegado Sr. Octaviano de Oliveira e verificou a veracidade do fato.

A polícia encontrou nessa casa uma mulher de nome Maria da Cunha, que dissera às moças que a casa estava assombrada, que elas tinham o diabo no corpo e que lançava agulhas e maços de cabelo.

As moças muito impressionadas pediram ao pai que mandasse chamar o vigário de Santa Efigênia, que não pode comparecer.

Chamaram então um padre italiano, que benzeu a casa e declarou que as moças tinham realmente o diabo no corpo.

O cidadão Francisco José Dias foi pelo padre italiano obrigado a joelhar-se e rezar etc.

Daí por diante as moças começaram a manifestar sinais de demência.

Maria da Cunha declarou na polícia que vomitava agulhas e cabelos depois que tomara remédios fornecidos por um tal Batuira.

Em presença do médico da polícia, foi-lhe ordenado que lançasse e ela lançou bastantes agulhas, algumas das quais secas!

Tirou do céu da boca alguns maços de cabelo.

Examinada pelo Dr. Castilho, médico da polícia, colocaram-na separada das companheiras com quem estava e sendo-lhe ordenado que lançasse, não mais ela pode fazê-lo, verificando-se que as agulhas eram jogadas ao chão pelas companheiras e que o cabelo era empalmado quando ela levava a mão à boca.

O médico da polícia declarou ser perfeita a ilusão.

Maria da Cunha foi recolhida ao xadrez, para ver se lançava mais agulhas.

A polícia prossegue no mais rigoroso inquérito.

As moças estão completamente doidas. O fato impressionou vivamente a população desta capital.

FEITIÇARIA - CAIXA DE FEITIÇOS

Diário de Notícias, n. 2728, 31 de dezembro de 1892

Lola, uma travessa rapariga da vida alegre, moradora à Rua do Catete, n. 43, parece que tem alguém que lhe inveja a aparente felicidade em que vive, a ponto de lhe quererem atirar feitiço.

Nem de outro modo se pode explicar o estranho aparecimento de um objeto verdadeiramente original, que anteontem lhe surgiu em casa, justamente quando ia recolher-se aos seus aposentos.

A porta ia fechar-se. Neste momento uma caixa grande de papelão é vista no corredor, o que fez pensar que ali dentro estava naturalmente um recém-nascido abandonado por mão desconhecida.

Apanhada a caixa, ela é aberta, quando de dentro pula, muito negro e muito enfeitado de penas, um manipanso feio como o diabo, com a boca escancarada e uns olhos muito abertos a fitarem Lola, amedrontada e trêmula, quase a deixar cair naquela tentação e a tombar desmaiada.

Acompanhava-a uma carta cheia de "diabruras", descompondo Lola, que não sabe o mal que fez para merecer esse presente diabólico que entendeu por sua vez enviar ao delegado da sua circunscrição para ver se ele decifrava o enigma.

Este, nada entendendo daquilo, mandou o manipanso para a repartição da polícia, onde foi admirado, passando de mão em mão, esperando-se que alguma luz jorre a respeito.

Que irão fazer dele? Não poderá ser a polícia vítima dos sortilégios de que naturalmente vai armado o estranho símbolo?

Cuidado! Com a feitiçaria não se brinca.

BRUXARIA

O Tempo, n. 505, 15 de outubro de 1892

A polícia acaba de dar caça a mais um dos muitos antros de perdição que por aí pululam e vulgarmente conhecidos pelo nome de casa de dar fortuna.

Na casa n. 3 da Ladeira do Mendonça residia Henriqueta Leite Pereira, que tinha por hábito admitir à consulta pessoas que desejassem serem felizes, saber o que lhes estava para acontecer etc.

Para isso usava de apetrechos do costume – manipansos, galinhas mortas, espadas, facas, roupas de fantasia, ervas de todas as qualidades, penas, penachos, louças esquisitas, caveiras etc.

A polícia, tendo denúncia disto, para lá se dirigiu anteontem e em ocasião de tão própria que surpreendeu 14 pessoas na consulta que efetuava, diariamente, das 11 horas da manhã até às três da tarde.

Foram todos detidos e obrigados a depor no inquérito que imediatamente foi aberto pelo delegado da 10ª Circunscrição.

Quanto aos utensílios próprios para as sortes de feitiçaria, foram todos apreendidos e enviados para o Dr. Chefe de Polícia, a fim de dar-lhes destino.

O inquérito continuou anteontem e prosseguirá hoje.

FEITIÇARIA – QUEM TEM BOCA VAI A ROMA

O Tempo, n. 686, 24 de abril de 1893

Denunciaram ao Dr. Chefe de Polícia a existência de profundos mistérios no chalé n. 1B da Rua Souza Barros, onde, ao que se assoalhou havia encerrado em um quarto com o *coió* completamente raspado semelhando apetitosos queijos, duas mulheres, além das quais um padre, negro como o pecado, diversos manipansos e *outras cositas mas*...

O Chefe de Polícia pensou ligeiramente no caso e incumbiu de destrinçá-lo o delegado da 16ª Circunscrição.

O delegado fez como o seu chefe: pensou ligeiramente na coisa e incumbiu o seu destrinçamento aos inspetores seccionais Henrique Eduardo Cussen e João Mariano dos Santos, que quiseram, como é fácil imaginar, fazer como o delegado ou como o Chefe de Polícia, pensando ligeiramente no caso ou na coisa e encarregando outrem de o destrinçar.

Mas não encontraram a quem mandar. Quem tem boca vai a Roma e os dois inspetores foram ao chalé n. 1B. Chegados ali, entenderam-se com o dono da habitação, Israel dos Reis, que franqueou a casa aos dois visitantes.

Ver para crer. Verificaram a exatidão da denúncia dada ao Chefe de Polícia.

A busca foi minuciosa, e como quem procura acha e quem espera sempre alcança – foi alcançado o resultado.

Acharam doze mulheres, entre pretas e mulatas, e cinco homens, entre mulatos e pretos.

Das mulheres havia uma com o coco raspadinho. Dos homens não foi encontrado o padre. Até parece que a outra fugiu com este.

Chamem-se as mulheres:

Francisca Maria da Conceição, Salustiana Maria do Bomfim, Maria Joaquina, Maria Júlia de Andrade, Izabel Maria da Conceição, Prudência Maria da Paixão, Generosa Maria, Rosa Francisca de Assis, Maria José Januária Maria da Conceição, Felicidade Maria Antonia e Monica Maria da Conceição.

Vê-se por aí que não há uma só Maria no mundo. Os homens encontrados foram: Israel dos Reis, Valentim Gabriel de Oliveira, Virgínio José Caetano de Macedo, Terêncio da Cunha e Oscar Corrêa de Sá.

A mulherzinha da cabeça raspada é a Francisca Maria da Conceição.

Os agentes deram mais comprida busca na casa do judeu Israel e encontraram rosários em penca, vestimentas de cores vivas, capacetes de penas como no *Guarani*.

Era um compartimento onde se realizavam as sessões de magia espiritual, moral, artificial, especial, etc. Foram achadas galinhas mortas, milagrosas avezinhas em decomposição, chifres (mas que porção de chifres!), palmatórias, um tocheiro da idade média e outras coisas que os inspetores julgaram bastante curiosas, remetendo tudo para a polícia.

Pois os senhores agentes caíram em cima daquele povo como bombas de dinamite lançadas em baixo da cama de qualquer *czar* de toda a Rússia. Houve um reboliço dos diabos, que acabou assim:

O delegado mandou lavrar auto de flagrante contra o dono da casa como incursos no artigo 157 do Código Penal, tendo mandado recolher as demais pessoas à Casa de Detenção.

TALISMÃS E AMULETOS

A Noticia, n. 231, 9 de setembro de 1895

Se o calor, se a luz, se a eletricidade se podem acumular certas substâncias, em um estado latente, pronto a manifestar-se, porque não se poderá o pensamento, a força física de cada um de nós concentra-se sobre um objeto, saturá-lo e ir mais adiante produzir seus efeitos?

Essa é a velha crença nos talismãs e amuletos, de que os bentinhos usados pelas beatas são uma degeneração.

Práticas de igreja sempre acreditaram que determinadas relíquias, orações ou objetos de outra natureza, preparados de certo modo, podiam produzir bem, podiam impedir moléstias, desgraças, catástrofes. Nesse objeto estava uma força para o bem, que contrabalançava a do mal.

Práticas de feitiçaria sempre afirmaram que era possível, fazendo sobre várias coisas rezas, esconjuros, maldições, impregná-las de um tal poder maléfico, que dadas à pessoa a quem se destinavam, lhe acarretariam graves danos. Ia nelas um pensamento de ódio, pronto a manifestar-se.

Que isto seja possível, é formalmente contestado. Em primeiro lugar, trata-se apenas de grosseiras superstições; em segundo, o fundamento científico de uma suposta força física não autoriza tal crença: – É o que dizem, pelo menos, espíritos excessivamente fortes e que tem o monopólio da razão humana.

Mas esses espíritos talvez tenham de capitular dentro em pouco, quer quanto à existência da força física, quer quanto à possibilidade de condensá-la em certos objetos ou de projetá-la no espaço.

Um cidadão entra no Hôpital de la Charité, em Paris, recebe do célebre psiquiatra Dr. Luys uma coroa de imã e vai, ao acaso, colocá-la sobre a cabeça de qualquer dos doentes, cuja moléstia ignora. Ao cabo de algum tempo retira-a e vem colocá-la sobre a de um indivíduo especialmente sensitivo e em estado de hipnose. Sabem o que sucede? O hipnotizado reproduz a moléstia do doente sobre o qual esteve a coroa, *embora nem ele, nem nenhum dos assistentes saiba qual ele era.*

A ser assim (e se foi assim, em condições de excluir rigorosamente se dispôs), é força convir que alguma coisa passou do doente para a coroa. Ela se fez portadora de uma série de ideias, de uma série de imagens mórbidas, tal qual como os legendários amuletos.

Dir-se-á que se tratando de casos patológicos nunca se sabe se houve ou não outros agentes mais ou menos infecciosos que transmitissem normalmente a afecção? – Não; porque se tratava de paralisias, de moléstias mentais.

E houve, entre outros, um caso decisivo.

Luys aplicou a coroa em uma paciente alucinada. Tomando-a depois e aplicando-a sobre vários indivíduos sensitivos, *em épocas diversas, evitando cuidadosamente a sugestão*, todos reproduziram não só o estado geral da primitiva doente, como ainda as formas especiais do seu delírio, as mesma alucinações, as mesmas frases!

É, ou não, um caso estupendo?

Pois bem: esse assombro da maravilha repete-se correntemente, como um meio ordinário de cura, na clinica do ilustre médico francês, cujos trabalhos sobre anatomia e fisiologia cerebral o tornaram justamente célebre.

REGISTROZINHO

Gazeta da Tarde, n. 354, 26 de dezembro de 1895

Ainda bem que o Senhor Cavalcante resolveu-se a providenciar sobre a epidemia moral, que lavra por esta cidade atualmente, sob o mundo do espiritismo.

Em data de anteontem, foi expedida a seguinte circular aos Senhores Delegados:

Convém que exerçais toda vigilância no intuito de serem legalmente punidas as pessoas que na vossa circunscrição violarem as disposições dos artigos 156 e 157 do Código Penal.

Merece francos aplausos o procedimento do Senhor Dr. Chefe de Polícia. Sua Excelência veio cortar uma larga sorte de abusos, de verdadeiros delitos, que há muito se alastram por aí além, visivelmente, tendo por campo de ação dos seus autores a grande massa do povo ignorante, cheio de superstições, demasiadamente ingênuo.

Convinha acabar quanto antes com esses ousados especuladores que vivem da renda dos seus covis, espalhados pelas ruas centrais; perigosíssimos focos da infecção moral, onde fazem extorsão dos magros vinténs do operário, por meio de uma feitiçaria de última espécie, fantasiada com o pomposo nome de espiritismo, nome esse que cabe apenas à teoria de Allan Kardec, teoria essa que, aliás, digna de leitura para quem deseja conhecer todas as extravagâncias científicas.

O menos que os Senhores espíritas roubam aos que caem sob suas garras é o dinheiro; geralmente o frequentador convencido dos antros, a que aludimos, deixa lá a sua maior riqueza – a razão.

Se os poderes constitucionais não fizessem alguma coisa em defesa dos mais caros interesses sociais, que perigavam, podíamos prever uma grande calamidade pública.

Talvez não fossem suficientes os hospícios existentes no Rio de Janeiro para conter todas as vítimas dos abalos *et reliqua*.[74]

Felizmente fez-se agora ouvir a palavra oficial – os artigos 156 e 157 do Código Penal não são leitura morta, vão ter execução plena.

Convém que os Senhores delegados estudem a lei e procedam dentro dela. Basta isso para que desapareça o mal, que tanto vão impressionando aos bons patriotas.

O Código Penal é rigoroso e justo nos citados artigos.

O espírita que causa a alguém a perda da razão, embora seja passageira essa perda, tem a punição máxima de seis anos de prisão celular.

[74] E o restante.

É crime, pois, inafiançável.

Se a polícia tivesse a mais tempo cumprido com os seus deveres, com certeza não teríamos hoje que combater mais o abuso. Agora que o Senhor André Cavalcanti deu o grito de guerra contra a especulação miserável, convém que os Senhores não se deixem seduzir pelos pedidos dos seus íntimos o cumpram a lei com todo o escrúpulo e dignidade. Já é tempo.

Procurem trabalho honesto os fornecedores de hóspedes para o Hospital Nacional dos Alienados. Basta de viverem à custa da ignorância dos pobres operários.

Esses chefes de sessões espíritas são geralmente uns sujeitos impagáveis. Há dias conversei com um deles e o assunto da conversa foi a doutrina de Allan Kardec.

Aviso desde já ao leitor de que não sou partidário desse filósofo.

Conheço, entretanto, toda a sua doutrina. Coloquei em apuros o espírito. Puxei por ele, fiz o possível para sondar os seus conhecimentos da coisa, que lhe servia de profissão.

Nada, nada e nada. Um ignorante de marca maior. Avalie por aí o público o que são os especuladores, que o Dr. Chefe de Polícia vai agora punir.

Uns espertalhões e nada mais.

FEITIÇARIA - ILUDINDO A CREDULIDADE PÚBLICA

Cidade do Rio, n. 686, 21 de abril de 1896

Tendo o delegado da 10ª Circunscrição denúncia de que na casa da Rua Dona Joaquina, n. 6, na praia Formosa, pertencente a Cypriano Manoel Esteves; frequentemente realizavam-se reuniões e sessões de feitiçaria, que eram frequentadas por grande número de pessoas, as quais iam consultar e assistir aquelas práticas; para aquele local se dirigiu anteontem à sete horas da noite, a fim de dar busca na referida casa.

Efetivamente encontrou Cypriano, homem de cor preta, baiano no exercício de suas funções de feiticeiro, isto é, iludindo a credulidade pública.

Além de muitas pessoas de cor, foram encontrados muitos

brancos, e entre eles José Venâncio da Graça Sobrinho, com duas senhoras, e João José Tavares Junior, os quais aguardavam a conclusão da sessão, a fim de consultar ao feiticeiro.

Cypriano foi preso em flagrante, sendo lavrado contra ele o respectivo auto. Em seguida a autoridade fez apreensão de todas as bugigangas e objetos que ornavam o quarto destinado às sessões. Estes objetos foram remetidos parte para a delegacia, parte para o depósito público.

Segundo a denuncia recebida pela autoridade por ocasião da sessão de anteontem devia ser sacrificada uma mulher, que depois de lhe rasparem a cabeça seria encerrada em um quarto durante três meses. Fato que não foi realizado pela presença do delegado.

A casa está colocada em lugar bastante solitário e é de aspecto bastante asqueroso e anti-higiênico, representando o verdadeiro antro da feitiçaria.

FEITIÇARIA - MORTE REPENTINA

A Noticia, n. 229, 27 de setembro de 1897

Há muitos anos as autoridades da 8ª Circunscrição têm ciência de que o negro africano Tito Augusto Diniz dos Santos, de 80 anos presumíveis, morador à Rua Senador Pompeu, n. 264, exerce a profissão de curandeiro, e, o que é pior, utiliza-se da feitiçaria para iludir a credulidade de sua clientela. Processado em 1895, foi condenado pelo tribunal civil e criminal no máximo da pena. Apelou, porém, para a Corte de Apelação e foi em seis de setembro do mesmo ano absolvido, contra os votos dos desembargadores T. Coimbra e Miranda Ribeiro.

Dessa data em diante as autoridades da circunscrição tornaram-se impotentes contra as façanhas do Tito, que, com maior audácia e entusiasmo, continuou a sua vida criminosa.

Ontem, à uma hora da tarde, José Antonio Rodrigues, um dos clientes, foi comunicar ao delegado que o súdito português João Damasceno Soares, que exercia as altas funções de secretário do feiticeiro, havia falecido repentinamente na dita casa.

Para ali se dirigindo o delegado, acompanhado de inspetores e praças, encontrou o cadáver de Soares deitado em um leito na sala de visitas e guardado pela sociedade ignara que diariamente vai ali buscar saúde, fortuna e felicidade.

Em uma cômoda armada em altar, estava um manipanso, cercado de tudo quanto há de esdruxulo no culto da feitiçaria.

Cornos de boi, veado e cobra, rosário de búzios, penas de galinha e papagaio, raízes, dentes, cabelos e unhas humanas e de animais, facas, pós, figas e mil outros acessórios singulares.

O delegado fez a arrecadação de todos esses objetos e recolheu-os à delegacia, onde se acham depositados em um grande cesto.

O cadáver do sectário Soares foi recolhido ao necrotério, onde será feita hoje a autópsia pelos médicos legistas da polícia.

Os indivíduos de nomes Antonio de Araújo, Manuel André Correia, Antonio de Moura, Leopoldo Ribeiro da Silva, Geraldino da Costa Rocha, Roque Francisco, Alberto da Costa Oliveira, Herculano Ferreira de Andrade, Maria Prudência, Leopoldina da Silva, Adalgisa da Silva e o feiticeiro foram recolhidos ao xadrez, iniciando a autoridade o inquérito a respeito daquele antro.

FEITÇARIA - BRUXARIA E MÁGICA

Gazeta da Tarde, n. 206, 9 de setembro de 1898

O Dr. Chefe de Polícia mandou que o capitão Carvalhaes Pinheiro, delegado da 10ª Circunscrição, procedesse a corpo de delito nos objetos de feitiçaria, ervas e bugigangas, encontradas na casa da Praia Formosa, n. 273, de propriedade do africano João Miguel Pereira.

É a primeira vez que se procede a corpo de delito em objetos de feitiçaria e, como é isso caso virgem, publicamos na íntegra o parecer dos peritos nomeados para responder aos quesitos apresentados pelo delegado.

Foram peritos os Senhores farmacêuticos Albino Pinto Guedes e Augusto de Queiróz.

Eis o parecer:

Apesar de reconhecermos que não nos cabe estender em consideração sobre o presente corpo de delito e que a nossa competência é simplesmente respondermos aos quesitos formulados pelo delegado, somos obrigados a fazer algumas considerações sobre a maioria.

Os quesitos apresentados à nossa resposta são relativos ao artigo 157 do Código Penal.

É fácil provar-se nestes objetos que nos são apresentados a existência do delito, pois os precedentes deles nos autorizam a responder que são de fato objetos próprios de feitiçaria.

Aa palavra feitiçaria quer dizer arte de fazer feitiço, bruxaria e mágica. Ora, em geral, quase todos os indivíduos da raça africana, como o é o acusado, dedicam-se por meio de ervas e tisanas à cura, bem como as outras espécies de sortilégios, amor e ódio.

Estudando um por um destes objetos se verifica que serviam para a magia e seus sortilégios; que os seixos, as unhas de cágado, o peixe seco que se acham entre estes objetos constituíam talismãs para despertar sentimentos de ódio e amor; que as ervas serviam para a cura de moléstias e que finalmente fascinava e subjugava a credulidade pública, vindo em nosso auxilio a idade do acusado, pois, sendo avançada, contribuía para que mais rapidamente fosse lubricada essa credulidade.

Assim respondem ao primeiro quesito sim – estes objetos seriam para a magia e seus sortilégios. Ao segundo, sim – eram talismãs – para despertar ódio e amor. Ao terceiro, sim – as ervas serviam para falsas curas de moléstia curáveis e incuráveis. Ao quarto, sim – serviam eles para fascinar a credulidade pública.

FEITIÇARIA NAS ÁGUAS FÉRREAS

A Noticia, n. 96, 25 de abril de 1899

Há nas Águas Férreas uma ladeira tortuosa que tem o nome de Guararapes.

No fim dessa ladeira algumas casinhas se agrupam, e outras ainda espalhadas sobem o morro íngreme, por entre as matas frondosas.

O aspecto pobre de umas e a aparência nobre de outras dão aquele sítio a feição de um arraial antigo.

A tradição diz que por ali habitou, não há muito tempo, um velho feiticeiro que já é morto, e que pela sua fama era tido como um chefe supremo, a quem todos recorriam nos seus transes aflitivos.

Esse velho chamava-se Lauriano, e teve seus sucessores, primeiro na preta Maria Cabinda, depois no crioulo Faustino que, ao que parece, foi sucedido agora por um pardo, moço ainda, pois conta apenas 21 anos.

Chama-se o novo feiticeiro e profeta Edgar da Cunha e tem um companheiro que o ajuda no seu sacerdócio.

O esplendor das sessões que faziam, o aparato com que cercavam as suas práticas e os meios extravagantes de que se serviam para proporcionar aos seus clientes a *fortuna* e a cura de malefícios chegavam já pálidos e desencontrados aos ouvidos das autoridades da 13ª Circunscrição, que trataram de esmerilhar o caso.

O inspetor Vital, encarregado da zona em que está compreendida a ladeira dos Guararapes, pôs-se em campo e tratava de obter dados mais seguros para dar uma providência enérgica, quando foi anteontem procurado em sua casa por uma mulher branca, de nome Balbina, e que disse querer fazer revelações.

Atento, o inspetor Vital ouviu o seguinte:

Que há tempos, julgando-se infeliz e sabendo que Edgar, que tivera como hábil professor de feitiçaria o célebre preto Faustino, dava sessões e distribuía *fortuna*, fora procurá-lo e com ele tratara por 80 réis receber uma *sorte* regular.

Edgar, depois de alguns dias, por meio de suas artimanhas, conseguira amancebar-se com ela, e agora, dizendo que ia ministrar-lhe "a última prova", dera-lhe uma dúzia de bolos, feito o que a obrigara a beijar-lhe os pés repetidas vezes.

Que sabia que Edgar e seu companheiro, nas sextas feiras, à meia noite, punham-se nus e assim vagavam caminho das matas próximas à busca de duendes, que, diziam, lhes davam inspirações maravilhosas.

Acelerando então as diligências planejadas, o inspetor Vital, acompanhado de praças, compareceu ontem pela manhã no antro onde habitam Edgar e seu companheiro e os fez prender, levando-os para a 13ª Delegacia, onde devem ser inqueridos hoje pelo delegado Dr. Homem de Mello.

No antro dos meliantes foi apreendida grande quantidade de bugigangas, tais como figas de guiné, caixas com pós, raízes, pedras etc.

Além disso, vimos ainda na 13ª Delegacia um vidro contendo espinhos de ouriço cacheiro em infusão e um pote de barro contendo, também em infusão, três pedras de diferentes cores.

Consta-nos que o preto velho Faustino, sabedor talvez da busca que se ia dar, transportou para Copacabana, sua residência, outros muitos objetos que estavam na casinha da ladeira dos Guararapes.

Esse preto, ao que nos disseram, ofereceu 200 réis pelo tal pote contendo as três pedras de diferentes cores.

A CASTÁLIA[75] DOS PAPALVOS

A Imprensa, n. 699, 5 de setembro de 1900

Como melhor ganhar a vida nestes tempos de quebradeira?

Pensaram muito, tiveram diversas ideias, porém, a mais fácil, a mais feliz, a mais sensacional foi a de anunciaram-se restauradoras da beleza aos velhos, metamorfoseadoras do horrível, graças a certas garrafadas, muito bem feitinhas, que elas haviam de impingir aos crédulos, cujas ricas bolsinhas haviam de explorar à farta.

E assim foi que de um momento para outro abriram casa de feitiçaria as pretas Maria Mercedes, Maria da Conceição e Maria Francisca.

A fama andou, correu, e correu tanto, que chegou *quand même*![76] – aos ouvidos do delegado da 19ª Circunscrição, que por ser também muito incrédulo e cético quase em absoluto,

[75] Castália é uma náiade (uma ninfa aquática) que foi transformada por Apolo em nascente de água. Inspirava o gênio poético daqueles que bebessem das suas águas.

[76] De qualquer maneira.

mandou passar vistoria no misterioso tabernáculo e apreender todos os apetrechos da nova terapêutica fantástica. E ruiu por terra a esperança de fortuna das pobres raparigas, das quais não pouparam nem um dedal do precioso liquido.

Para ser devidamente analisado, foi ontem enviado ao Dr. Chefe de Polícia um dos frascos da misteriosa panaceia.

MÃO SANTA

A Imprensa, n. 743, 19 de outubro de 1900

Domingos Ruggiano, empoleirado na Rua do Catete, n. 109, consultório aberto, lá dentro um arsenal de mil coisas diabólicas, aparelhos elétricos, pilhas, tíbias, fêmures, fotografias de surdos, de histéricos, de beribéricos, de paralíticos, antes e depois da cura, recebia diariamente, há quatro meses, uma grande romaria de supersticiosos.

Bastava tocar aquela mão santa e a cura, por um fenômeno mais que faquiriano, operava-se logo, diziam os seus anúncios, dos quais temos à vista curioso espécime.

E tanto correu a fama de seus milagres que a polícia veio a sabê-lo, embora tarde.

Ora, a polícia sabem-no todos é refratária a milagres e quejandas pataratas[77] de exploração deste fim de século; lá foi a casa do Ruggiano o delegado da 13ª Circunscrição, acompanhado dos seus 1° e 3° suplentes, escrivão e oficial de delegacia e, oh!, profanação! – lá foi para o xadrez, pegado em flagrante, o estranho taumaturgo.

Arsenal de feitiçaria, inviolável aos olhos dos crentes, também foi pelos ares, desbaratado figa por figa, amuleto por amuleto, tudo, tudo, para ser arrolado.

E o preso, jeremiando dentro das grades, está vendo correr-lhe por cima das costas um processo, como incurso no artigo 156 do Código Penal (medicina ilegal).

[77] O termo quejandas pataratas significa "semelhantes mentiras".

MAIS FEITICEIROS

Diário Carioca, n. 27, 29 de outubro de 1900

Ontem à oito horas da noite foram presos em flagrante as feiticeiras Maria Elydia dos Santos, Dona Mariquinhas (chefe), Rita Maria e Abílio de tal em exercício de feitiçaria, encontrando a ativa autoridade da 3ª Delegacia suburbana, paus de guiné, caixinhas com areia, canecas contendo água e pedras e pedras, tábuas com cruzes a giz, facas espetadas nas paredes, espelhos pequenos, santos quebrados, cascas de cobras, batatas secas para purgantes, bichos para curar asmas, ceroulas amarradas em nós e mais coisas desconhecidas.

Logo que correu a notícia da prisão dos feiticeiros, apareceu o Senhor Joaquim Corrêa da Silva e Oliveira escrivão da 4ª Delegacia suburbana (Santa Cruz) e requereu ao Dr. Eugenio do Nascimento Silva, delegado de Campo Grande, a respectiva soltura mediante fiança, sendo imediatamente postos em liberdade.

É digna de nota a solicitude e presteza com que este senhor escrivão requer fianças e *habeas corpus* para quanto individuo é preso naquelas redondezas, dificultando a ação da justiça.

BRUXOS E BRUXAS

A Imprensa, n. 754, 30 de outubro de 1900

Lembrando-se dos tempos felizes da Idade Média, em que reinava a alta e negra magia; recordando-se das bruxarias fantasiosas de Macbeth, em nossas soturnas e tempestuosas, aos sons infernais da música do sabat, Maria Elydia dos Santos (que blasfêmia), Rita Maria da Conceição, Anna Luiza Pereira da Silva e Abílio Gomes se entregavam ao exercício da feitiçaria, no Bangu, empregando as seguintes drogas: paus de guiné, caixinhas com areia, canecas contendo pedras e água, tábuas com cruzes a giz, facas espetadas nas paredes, pólvora, espelhos pequenos, santos quebrados, peles de cobras, batatas secas, bichos de várias espécies, entre os quais um pitecantropos, cuja feição característica e quase humana, não deixou de intrigar as autoridades policiais, pela extraordinária semelhança com a espécie racional do nosso planeta.

Todos esses bruxos e bruxas, apesar de presos em flagrante, foram soltos pouco depois, por haverem prestado fiança requerida por uma autoridade policial, o escrivão da 4ª Delegacia suburbana.

Ideal!

FEITICEIRO À FORÇA

A Capital, n. 64, 22 de abril de 1902

Como se devem recordar os leitores, publicamos, há dias, uma notícia sobre um caso original de feitiçaria, ocorrido em São Gonçalo, cuja autoria entendeu a autoridade policial do lugar que devia recair no vizinho da casa em que apareceu o volume misterioso, depositado no fundo de um poço.

Pois bem: não valeram a Ezequiel Cabral – o suposto feiticeiro por palpite da polícia – nem a sua justificativa verbal, nem o resultado negativo da busca violenta que sofreu em seu lar. Anteontem, para obter um certificado da sua conduta e do seu modo de vida, teve ele terminante ordem de prisão, tendo dali partido para o xadrez da vila, escoltado – o que ainda dá maior originalidade ao caso – pelo próprio filho. Assim quis e mandou a tal autoridade dentro dos seus coturnos.

Segundo o que ouvimos, Ezequiel Alvares Cabral, que tem pequena lavoura em São Gonçalo, onde é geralmente estimado, está sendo vítima da perseguição do comissário José Bernardino Pimentel, que, há muito namora-lhe o sitio, e que, para vê-lo fora da mão de Ezequiel, não trepida em atribuir-lhe todos os males e artimanhas diabólicas, que, por ventura, caiam na pacata Vila de São Gonçalo.

Estamos certos de que o digno Chefe de Polícia, Dr. Leonel Loreti, não demorara em mandar sindicar de toda esta embrulhada de feitiços na qual a polícia tem feito de Ezequiel um verdadeiro holandês.

A FEITICEIRA DA RUA DA CONCÓRDIA

Correio Paulistano, n. 13855, 18 de março de 1902

Há oito anos o italiano Demétrio Facci, morador à Rua da Saúde, n. 6, amasiou-se com Rosa Capello, parteira, residente à Rua Visconde de Parnaíba, n. 115.

De tempo para cá, porém, Rosa tem procurado afastar o amante de sua companhia, por não ter este um meio de vida, sendo ela que o sustenta.

No sentido de levar a efeito a resolução tomada, a parteira dirigiu-se a uma cartomante de nome Estelina Bernardoni, e esta lhe deu um vidrinho contendo um liquido cor de havana, e recomendou-lhe que fizesse o amante ingerir a beberagem. Assegurava a bruxa que, no fim de certo tempo, Rosa estaria infalivelmente livre do adorador dos seus encantos e do seu cobre.

De administrar a droga a Facci foi encarregada uma criada da parteira, de nome Carlota Bellini, a qual, para se esquivar à perigosa tarefa que lhe fora imposta, se via na contingência de despedir-se da casa.

Há seis dias, mais ou menos, Carlota, encontrando-se com o amante de sua ex-patroa, contou-lhe que se despedira da casa por querer esta obriga-la a deitar no café que ele tomava todas as manhãs algumas gotas do veneno, fornecido por uma feiticeira da Rua da Concórdia.

Imediatamente Facci dirigiu-se ao posto policial do Brás e aí expos o fato ao capitão Antonio Guimarães Junior, 6° Subdelegado.

Esta autoridade, ante a gravidade da denúncia, depois de ouvir as declarações de Carlota Bellini, abriu inquérito a respeito e fez vir à sua presença a cartomante e Rosa Capello, que negaram as afirmações de primeira.

O Senhor Subdelegado procedeu a uma busca nas casas de Rosa e Estelita, nada encontrando, porém, que pudesse justificar a denúncia.

FEITIÇARIA NO BRÁS

Correio Paulistano, n. 14183, 12 de dezembro de 1903

O major Firmino de Godoy, 5° Delegado do Brás, continua o inquérito contra Paulina Datti, a feiticeira que, conforme notícia que publicamos há dias, havia sido presa no Brás.

Hoje, aquela autoridade remeterá ao laboratório químico para serem examinados os vidros e os outros medicamentos apreendidos em casa desta mulher.

O capitão Cyrino Junior, 2° Subdelegado do Brás, descobriu no seu distrito uma das vítimas de Paulina Datti. O caso é o seguinte:

Philomena Rossi, que tem hoje 18 anos, filha de Miguel Rossi, residente à Avenida Rangel Pestana, n. 96, era operária da fábrica Penteado no Brás.

Philomena tinha simpatias por um moço operário de nome Achilles, com o qual depois de um arrufo, de namorado, cortara relações.

Ultimamente, disse-lhe ela que para isso precisava falar antes com os seus pais. Miguel, entretanto, não queria aceitar o alvitre que lhe propunha a moça.

Poucos dias depois, Achilles, Miguel e um amigo dele, de nome João, achavam-se em casa dos pais de Philomena, e ali Miguel viu que a moça não retirava os olhos de Achilles. Saiu dali desesperado.

João, notando o seu desgosto disse-lhe que podia muito facilmente fazer chorar a moça, e levou-o até a presença de Paulina Datti.

O que combinaram os dois homens com a feiticeira é o que vai se apurar do inquérito.

Aconteceu, entretanto, que Miguel apresentou Paulina à família Rossi, como sendo uma grande curandeira.

Paulina, achando que a Philomena estava doente, ofereceu-se para curá-la e começou então a ministrar-lhe um pó cinzento que fez adoecer efetivamente a moça, que chegou até o ponto de ser recolhida à Santa Casa, estando até hoje enferma.

A mãe de Philomena declarou a autoridade que aquele pó cheirava a cemitério e que Miguel comprara por dois réis, de um servente de um marceneiro, um osso de esqueleto humano, entregando-o a Paulina.

Sobre este fato corre inquérito.

CASO DE FEITIÇARIA

Correio da Manhã, **n. 1613, 10 de dezembro de 1905**

Na Avenida n. 104, da Rua do Campinho, estação de Cascadura, reside, em companhia de sua filha Judith, a nacional Maria Rita.

Atacada de uma moléstia horrível, a infeliz moça vivia em um meio de misérias.

Sua mãe, terrível megera, deixava Judith entregue às más companhias, cercada sempre de adoradores que lhe arranjava.

De 16 anos apenas, franzina, muito anêmica, a pobre moça sabia, apesar do meio baixo em que vivia, fazer respeitar a sua honestidade.

Maria, porém, queria vê-la como companheira na sua vida desgraçada e para ver realizado o seu baixo intento, a estupida mulher tudo fazia, lançando mão dos mais torpes recursos.

Na impossibilidade de conseguir o que desejava por meios brandos, a mãe desventurada resolveu procurar uma feiticeira, espanhola, a quem pediu os necessários conselhos.

Maria recebeu da espanhola um medicamento, que devia ser dado à pobre moça de hora em hora e cujo efeito, dizia a feiticeira, era pronto, imediato.

Cautelosamente e iludindo a filha, Maria conseguiu fazê-la beber o liquido, ministrando-lhe de hora em hora, forte dose.

O efeito foi, pouco a pouco, fazendo-se notar. A moça ao invés de melhorar ia piorando, caindo mesmo de cama.

Este caso, de natureza grave, foi denunciado à polícia da 20ª, cujos representantes, comparecendo ao local, encontraram Judith quase morta, estendida sobre um leito, tendo ao seu lado o perigoso e terrível liquido.

A garrafa que continha o liquido foi apreendida pela autoridade, que prendeu Maria, a fim de dar explicações sobre o caso.

Na delegacia Maria recusou prestar qualquer declaração,

portando-se de maneira inconveniente e acabando por agredir o inspetor, dando-lhe uma terrível dentada.

Judith, em estado melindroso, será hoje levada para a Santa Casa.

Na delegacia foi aberto rigoroso inquérito a respeito.

FEITIÇARIA NO MATADOURO

Correio Paulistano, n. 15462, 4 de setembro de 1906

O delegado da 2ª Circunscrição tendo conhecimento de que o pardo José de Oliveira e sua mulher, Carolina de Oliveira, moradores em um casebre existente na Rua Coelho, nas proximidades do Matadouro, se entregavam a toda a sorte de bruxaria, efetuou ali uma busca, apreendendo grande quantidade de ingredientes e quinquilharias empregados nesse mister.

José de Oliveira, que há quatro anos exerce esse meio de vida, esteve antes residindo em Jundiaí, onde explorava abertamente os incautos, dizendo que curava qualquer doença e arranjava tudo que se desejasse, até casamentos ricos.

Às pessoas doentes José de Oliveira aplicava tais xaropadas, que, em vez de produzir melhoras, agravavam mais a enfermidade, fazendo, às vezes, sucumbir o cliente.

Sobre o fato foi aberto o competente inquérito, em depôs o menor Francisco Aurélio, espia dos feiticeiros.

FEITIÇARIA - LENITIVO DA PAIXÃO

Correio da Manhã, n. 2366, 6 de dezembro de 1907

Rosalina de Mendonça, de há muito que vivia apaixonada por um elegante rapaz, assíduo frequentador das imediações de sua porta.

Rosalina, convencida de que ele lhe votava amor e convencida que a frequência cotidiana por ali fosse pelo seu belo rostinho, dirigiu-se a uma amiga e perguntou-lhe:

– Sabes a maneira de fazer um rapaz ficar apaixonado?

– Por você?

– Sim.

– Explico-te. Conheço um africano residente à Rua

Senador Pompeu, n. 168, de nome João Gonçalves da Rocha, conhecido na "roda" por Pai João, que arranja isso com facilidade e por pouco dinheiro.

– A questão não seja de dinheiro, retorquiu Rosalina, com um sorriso disfarçado; não me importaria de empenhar todas as minhas joias, desde que ele caísse.

Pouco depois Rosalina batia à porta de Pai João.

– Quem está? – Perguntou alguém.

– É uma pessoa que precisa falar com o Senhor João Gonçalves da Rocha.

– Com o Pai João?

– Sim.

– Então tenha a bondade de entrar e esperar um pouco, enquanto vou chamá-lo.

– Pois sim.

Após dois minutos da sua chegada, aparece o preto africano, que a vem receber.

Rosalina, depois de narrar a sua história toda e o fim que a levava ali, recomendou ao Pai João:

– E peço-lhe que o preço não seja fabuloso, pois a "ordem" é pobre.

O preto na sua linguagem de africano pediu-lhe 200 réis, como último preço.

Rosalina teve então um momento de satisfação e despediu-se.

No outro dia o Pai João já havia recebido o dinheiro, dando à moça um frasco contendo um liquido escuro e disse-lhe que procurasse ocasião para botar um pouco na xícara do café e quando se bota cuspisse três vezes na mão direita.

A muito custo a pobre moça arranjou o ingresso do moço em sua casa e já se iam passando três meses quando ela resolveu tomar outro termo de resolução, pois o moço cada vez mais se escapava dela, e se ia lá, era uma vez ou outra e assim mesmo desconfiado do mau gosto contido no café.

Ontem à tarde Rosalina dirigiu-se à delegacia do 8º Distrito e contou tudo.

Imediatamente seguiram para efetuar a prisão de Pai João, o delegado, dois comissários e algumas praças da Força Pública.

Em poder do preto foram encontradas diversas peles de macaco, uma de cobra, uma cabeça de bode e outra pequenas coisas.

O Pai João foi preso na ocasião em que dava uma receita a um indivíduo, sendo por isso processado pela respectiva autoridade.

O ERNESTO E A XANDU

Correio da Manhã, n. 2614, 10 de setembro de 1908

Tristes cavacos de um triste ofício

Xangô, Jurema, Rei Naná e Mãe d'Água, os quatro ídolos mais milagrosos de todos os templos da mandingaria, há muito tempo que operavam espantosos milagres na casa da Rua Major Pinto Sayão, n. 29, no perigoso bairro da Saúde.

Não havia quebranto, mau olhado ou espinhela caída que não achasse cura imediata nesta casa.

Moravam ali, em alegre camaradagem, a vestal Alexandrina Maria dos Prazeres, uma alentada crioula de 37 anos, e Ernesto Barroso da Silva, rapazola de 20 anos que na casa exercia o alto mister do sacerdócio.

Mas, como os dois gostavam também de fazer mal ao próximo, deitando-lhe bugigangas na porta, também acharam um dia quem lhes fizesse o mesmo.

Uma manhã viu, Ernesto, abrindo as portas do seu templo uma horrível caveira que o mirava sinistramente.

Ernesto tremeu de susto. Conhecia demasiadamente o valor daqueles trabalhos e por isso temia-os bastante. Daí abalou ele para o 11° Distrito, onde apresentou queixa contra João Henrique de Oliveira, seu ex-inquilino e inimigo, dizendo que só dele podia parir semelhante perversidade.

O delegado mandou chamar João Henrique de Oliveira e o admoestou, dizendo que era proibido o exercício da mandingaria, e patati-patatá.

João Henrique, que estava inocente no negócio, queimou os fusíveis, e contou a história toda por miúdo:

– "Seu" doutor, eu não sou feiticeiro, para andar fazendo

essas "porqueiras" de mandingaria. O Ernesto é que é um mandingueiro-mor e por isso pensa que todos são como ele.

– Como é isso? Perguntou o delegado.

– É assim mesmo "Seu" doutor, o Ernesto e a Alexandrina é que vivem de fazer mandingaria "e quando acaba" querem embrulhar os outros.

Chamado o Ernesto, foi ele por sua vez interrogado, confessando que efetivamente curava males do corpo e da alma, mediante saborosas oferendas culinárias que os padecentes levavam aos manipansos, que eram Xangô, Jurema, Rei Naná e a milagrosa Mãe d'Água.

Ante essa declaração, seguiram as autoridades do 11° Distrito para a casa de Ernesto, onde surpreenderam Alexandrina trabalhando com caramujos, búzios, maços de penas, algas marinhas, gessos, ervas, um círio, um fogareiro de defumar, uma garrafa com cruzeiro e mais uma porção de apetrechos de feitiçaria, que foram apreendidos pela polícia e removidos para a delegacia.

Aberto ali o necessário inquérito, foram ouvidas as testemunhas Anabella de Magalhães, José Manoel de Siqueira, Edmundo Nunes dos Santos, Pedro Pereira de Mello, Pedro Canuto dos Santos e Messias Filho, moradores na mesma casa com Ernesto, sendo todos unânimes em confirmar que, efetivamente, este, de parceria com Alexandrina, vive do exercício da feitiçaria.

E assim foram os dois grandes curandeiros do corpo e da alma dar com um e com outra no xadrez do 11° Distrito, onde, a estas horas, rezam à Jurema, à Mãe d'Água, ao poderoso Rei Naná e ao onipotente Xangô, para que os arranquem de tão duras penas, mas tudo é em vão, porque nenhum deles lhes abrirá as férreas portas da cadeia.

Virou-se o feitiço contra o feiticeiro.

UM CASO DE FEITIÇARIA

A Imprensa, n. 350, 24 de novembro de 1908

Aludimos, outro dia, à triste história de uma moça divorciada, que se transformou depois em amante do primo, de cuja ligação nascera uma criança, que ela entregara ao cuidado mercenário, de uma ama virada mais tarde em feiticeira e exploradora.

Perfunctoriamente cuidamos do caso, que foi afeto à polícia, do furto do menino, praticado pelo pai, a quem a feiticeira negou-se peremptória e tenazmente restituir o filho.

Mãe e pai, ao que corre, procuraram o Chefe de Polícia, que teria ordenado a abertura de severo inquérito.

Ora, nós, positivamente, não levamos mais a sério essas séries largamente enunciadas de início de inquéritos, que mais tarde são arquivados pela carência de provas quando não pela inércia e inabilidade dos representantes do Senhor Alfredo Pinto.

E tanto não temos fé na eficácia do remédio que a famigerada asseclagem do Senhor Chefe de Polícia possa propinar a delinquentes mais ou menos recalcitrantes, que estas considerações sugerem-nos o relato de detalhes ouvidos *a priori* de uma das vítimas da feitiçaria de Marcellina.

A moça divorciada, procurando esconder a sua vergonha na misteriosa casa de feiticeira, depois de haver dado à luz, deixou lá, para acompanhar o filhinho a sua primeira filha, criança de nove para dez anos.

O mistério, às vezes, chega a entenebrecer e perturbar o cérebro e, se por mais tempo a criança lá permanecesse, talvez, há esta hora, estivesse privada da razão.

Da narração simples e verdadeiramente traçada pela desventurada menina, chegou à aferição do grau de estupenda maldade que a bruxa praticava com essa desafortunada criaturinha.

Encafuava-a longas horas em quarto onde não penetrasse resquício de luz e onde ela curtisse amargamente o peso das suas travessuras.

Mas o pior não é isso. À noite, alta noite, forçava a menina a queimar pólvora, para afugentar os espíritos maus e durante outras consecutivas obrigava-a a mesma faina.

A criança andava aterrorizada; apossou-se do seu espirito tal pavor da feiticeira, que só ao ouvir-lhe a pronuncia do nome, a infeliz treme, chora e queda-se espantada.

Nós tivemos de tudo a prova material, porque, tornamos a repetir, inquirimos mãe, filha e demais pessoas da casa.

Permitiu-nos o Dr. Chefe de Polícia a liberdade de perguntar se já ordenou o início de um severo inquérito, no caso vertente, isto é, no caso de bruxaria, feitiçaria etc.

Nós não pretendemos insinuar-lhe a obrigação.

TRANQUILINO – O FEITICEIRO

A Noticia, n. 18, 21 de janeiro de 1909

De posse de uns tantos conhecimentos do ocultismo e da magia branca, espírito observador, cabra finório, Tranquilino dos Anzóis Carapuça meteu-se a exercer a feitiçaria nas redondezas da estação da Piedade, explorando a credulidade pública e tirando disso o proveito que podia. Ao cabo de algum tempo de prática, quando Tranquilino já havia adquirido fama e podia assim deitar-se na cama, tanto que era conhecido pela alcunha – *Tranquilino, o feiticeiro*, eis que o diabo armou um plano contra o Tranquilino, desmoralizando por completo o seu método de feitiçarias.

Foi simples a coisa.

Em um botequim da Rua Goiás, estava Pacheco Medeiros a discutir questões de seitas com outros companheiros, quando chegou Tranquilino que discordou logo do que se afirmava.

Da discussão nasceu assim a luta, e Tranquilino que devia usar de *passes* para provar a força, o poder de suas feitiçarias abandonou tudo e apelou para o poder do aço, sacando de uma faca e com ela ferindo Pacheco no braço direito.

Pacheco foi se queixar à polícia do 20º Distrito, e a polícia que agora trata o Tranquilino como um homem vulgar, pensa em prendê-lo.

UMA CENA DE FEITIÇARIA

A Noticia, n. 24, 18 de outubro de 1909

Há muita gente que ainda se enche de pavor ao ouvir falar da feitiçaria. Os próprios feiticeiros levantam em torno dos seus trabalhos tão grande, tão impenetrável mistério, que os espíritos menos resolutos facilmente são sugestionados.

Às seis horas da tarde de hoje, deve começar uma interessante solenidade na casa de João Alabah, à Rua Barão de São Félix, n. 168. É aí a tenda de muitos africanos, devotos de Oxum.

João Alabah, um preto baixo e de pouca barba, é o pai de santo Oxum, o protetoı de todos os outros santos.

De todos os outros santos porque os que se habilitam a praticar a feitiçaria tornam-se santos também.

É essa cerimônia de hoje. A crioula Victorina "vai fazer o santo".

Para isso tem de despender dinheiro. Cerca de um conto de réis.

Tem que pagar a fazenda gasta nos paramentos dos ogans, tocadores de atabaques, tambores e espalhar dinheiro pelo chão. Esse dinheiro é para o pai de santo.

Os paramentos são umas grandes camisolas brancas ou de chitão.

Há vinte anos chegou da Bahia Maria Badah, célebre feiticeira, que vai ser mãe de Victorina, a nova professante, a nova santa.

A cerimônia deve ser assim mais ou menos:

Victorina, que há 24 horas está incomunicável, será às seis horas da tarde levada por Maria Badah para um quarto.

Aí, posta nua, ser-lhe-á raspada a cabeça e dado um banho de cozimento de várias ervas. Durante o banho Badah, que fica sendo a mãe da nova santa, invoca Oxum e dá-lhe massagens.

Findo o banho, Victorina, que "fez santo" veste a camisola e dança ao som dos atabaques tocados por outros vestidos também de camisolonas.

É feito o defumador *turalê*. O defumador é de penas de galinhas e raiz de dendê.

Depois dançam todos e vão para o banquete. Este deve realizar-se pela madrugada.

Ao terminar o banquete João Alabah, que é o pai de santo, invoca Oxum.

Termina a solenidade. A crioula Victorina *fica santa* e pode exercer a feitiçaria.

Isso tudo é feito em absoluto segredo. Não admitem a presença de profanos. Evitam a publicidade. E para evitá-la, há seis dias fizeram um ebó. O ebó foi feito para que os repórteres que soubessem da coisa não dissessem nada. Mataram duas cabras para isso.

Aí fica a notícia provando a ineficácia do ebó.

A FEITIÇARIA

Correio Paulistano, n. 16827, 9 de junho de 1910

Na Rua General Osório – A ação da polícia

Aproximadamente há quinze dias, o Dr. Ascânio Cerqueira, Delegado da Terceira Circunscrição, recebeu denúncia, por parte de Rosária Lepri, residente à Rua General Osório, n. 42, de que, no prédio n. 30 da mesma via pública, o preto Bento de Sousa exercia a feitiçaria, explorando os incautos.

Rosa fora uma das vítimas do preto. Tendo luxado um braço, a ele recorreu, sem resultado, porém.

Para apurar o caso, a autoridade deu duas buscas na casa do preto Bento.

Na primeira, apreendeu raízes, folhas secas, dois santos – um São Sebastião e Santo Antonio, uma esponja, um lenço, cadarços e duas tábuas com sinais feitos a giz branco e com uma faca fincada no meio.

Na segunda busca, dada ontem, foram apreendidas três latas de pólvora, velas, lamparinas, rosários etc.

Instaurando inquérito a respeito, apurou a autoridade que Bento de Sousa é um desses vulgaríssimos feiticeiros, que há por aí às centenas.

O seu culto se resume em reunir, no aludido prédio, certo número de ignorantes, aos quais ensina umas máximas estultas e outras tantas parvoíces.

A tal religião é, afinal, um misto de feitiçaria e espiritismo.

Bento tem por médium, ou secretário, como lhe chama, o português José Furtado da Silva, incumbido de convocar, às quartas feiras, solenes reuniões, que sempre se realizam as oito da noite.

Bento declarou no seu depoimento, que o único remédio que aplicava para curar os seus doentes era a água filtrada. No mais, tratava os enfermos por meio de simpatias.

Nunca cobrou nada a ninguém, somente recebia gratificações, que, às vezes, lhe davam as pessoas que curava.

Bento de Sousa foi sempre conhecido em São Paulo como um bom preto.

Inteligente e ativo, exerceu o cargo de várias casas e até jornais de Santos.

Correio Paulistano, n. 16828, 10 de junho de 1910

Na Rua General Osório – A ação da polícia

Perante o 3° Delegado, Dr. Ascânio Cerqueira, prosseguiu ontem o inquérito instaurado, no posto policial de Santa Ifigênia, contra o preto Bento de Paula Sousa, acusado de exercer feitiçaria, no prédio n. 30, da Rua General Osório. Foram tomadas as declarações de duas testemunhas.

A primeira Eugenia de Oliveira, moradora à Rua dos Andradas, 43, disse que, sofrendo de reumatismo, foi pedir um remédio a Bento, que lhe deu a tomar, alternativamente, o elixir Nogueira e dois vidros de água.

Ao contrário do que se esperava, pois o feiticeiro tinha fama de curar tudo, Eugenia continuou enferma como dantes.

A outra testemunha é José Furtado da Silva, a que ontem já nos referimos, declarou que ignorava por completo o que se passava durante as sessões realizadas no aludido prédio pelo preto Bento. Sendo médium, dormia durante essas sessões e nada via, portanto.

As diligência policiais devem prosseguir ainda hoje.

Correio Paulistano, n. 16829, 11 de junho de 1910

O caso da Rua General Osório – Prosseguimento do inquérito – o que dizem as testemunhas

As testemunhas inquiridas, a saber – Ângelo José dos Santos, morador à Avenida Brigadeiro Luiz Antonio, 170 e Liberato Vitilo, residente à Rua General Osório, 78, declararam que Bento não era, como se propalou, um explorador

Praticava o seu culto – o espiritismo – de convivência com grande número de pessoas, ministrando curativos aos enfermos e procurando consolar os desgraçados.

Bento não exigia por esses curativos dinheiro algum; apenas recebia doações, que lhe eram dadas espontaneamente.

Referiu Ângelo Santos que, tendo enfermado sua mulher, levou-a até o prédio n. 30 da Rua General Osório, onde residia Bento. Ali, recebeu ela os necessários curativos, sem que o preto lhe cobrasse um vintém.

Vitilo, corroborando a afirmação de Ângelo, diz que lhe tirou uma agulha que tinha enterrada em uma das pernas, receitando-lhe depois água de alecrim e de cebola. Esses medicamentos, não os usou o depoente, que foi tratar-se com um médico.

Pelo serviço que lhe prestou, nada pediu Bento. Ele, espontaneamente, deu-lhe uma pequena quantia.

Outra testemunha ouvida nada mais fez que confirmar as declarações dessa duas.

As diligências policiais prosseguirão ainda hoje.

FEITIÇARIA?

A Capital, n. 5019, 12 de março de 1911

No aprazível bairro do Fonseca têm aparecido nestes últimos tempos alguns casos misteriosos como um que há dias noticiamos sobre o aparecimento de uma voz alta noite atrás da Capela de Santo Cristo dos Milagres e que bastante alvoroçou a população daquele bairro, chegando até o ponto de transferirem residências para outros lugares parte dos moradores da Rua de Santo Antonio, onde fica situada a elegante capela, em que apareceu o mistério.

Disso se devem lembrar os nossos leitores, como também do caso de uma luz que aparecia em uma árvore da alameda e que despertou a atenção da população, que ali fez uma verdadeira romaria a fim de verificar o que diziam os jornais.

Agora um novo caso que aparece ou antes uma simples bruxaria, mas que tem trazido alarme aos moradores, principalmente aqueles que acreditam em feitiçarias e que a nosso ver não é mais do que uma exploração ridícula dos curandeiros baratos como foi uma que há tempos noticiamos, de uma jovem que a conselho de um desses exploradores ficou durante oito dias em jejum e ajoelhada de mãos postas em uma cama, até que houve intervenção da polícia, fazendo aquela jovem abandonar os conselhos do vil explorador.

Mas, depois dessa exposição de fatos, relatamos aos nossos leitores o caso que apareceu naquele bairro. Na Travessa Desembargador Lima Castro existe um grande capinzal, que circunda essa travessa e à Rua de São José, e na madrugada de ontem foi ali colocada uma grande bacia onde foram postos uma vela, um grande pedaço de fumo de rolo, duas vasilhas, com azeite, uma linda figa de coral, uma garrafa de parati, um frango assado, um rosário, um cachimbo, grande porção de cabelo de mulheres e uma nota de cinco réis.

O fumegar da vela despertou a atenção dos transeuntes e pouco depois muita gente se dirigia ao local, onde, uma senhorita residente naquele bairro ao deparar com aquela bruxaria foi acometida de uma crise nervosa.

Torna-se necessário uma providência da polícia daquele distrito a fim de evitar que desocupados procurem alarmar a população com estes casos que concorrem para o despovoamento de um bairro salubre e pitoresco como e o do Fonseca.

MEDO DOS BRUXEDOS

A Imprensa, n. 1218, 23 de abril de 1911

Queixa ao 12º Distrito

É vezo antigo entre as mulheres receitar os bruxedos, crer nos feitiços, nesses engodos boçais que fazem melhorar ou piorar a sorte, determinar o futuro, insignificâncias asquerosas, como sejam cabeças de galo, pés de galinha, penas negras, terra de cemitério, sal, azeite, pimenta ressequida e outras porcarias.

Essas nonadas,[78] que nenhuma importância têm, causam verdadeiro pavor e na casa em cuja porta começam a aparecer esses bruxedos acreditam logo que algo de grave e de funesto lhes está reservado e que uma mão inimiga, às

[78] Ninharias.

ocultas, prepara essa feitiçaria.

Assustada, compareceu, ontem, na delegacia do 12° Distrito, a atriz Ismênia Matheus, acompanhada de sua mamã.

Tinha no olhar assustadiço um pavor extraordinário, como se na própria delegacia o feitiço a pudesse atingir.

Acercou-se do comissário e disse ter encontrado, cravada na porta de sua resistência, à Rua do Riachuelo, n. 105, uma faca pontiaguda, completamente nova.

Acrescentou que, no corredor de sua residência, já há muitos dias, quase diariamente, apareceram inúmeras porcarias, como sejam ervas secas picadinhas, terra, cinzas, ovos quebrados, sal e quejandos bruxedos.

A atriz, no auge da indignação, terminou dizendo acreditar que tais perversidades devem partir de sua inimiga, ex-atriz, Maria Mazza, atualmente moradora à Rua Itapiru, n. 152.

Para dar explicações a respeito, foi convidada a comparecer à delegacia do 12° Distrito.

Mais consolada, mais animada, retirou-se da delegacia a queixosa, depois de haver prestado atenção às sábias palavras do comissário Machado, que garantia à medrosa Ismênia tais sortilégios de nada valerem e que as feitiçarias e os bruxedos são criações fantásticas para amedrontar cérebros doentios.

FEITIÇARIA NA PIEDADE

A Noticia, n. 256, 29 de setembro de 1911

Dava a última badalada da meia noite de sexta feira última, e do alto da Rua Moura, na Piedade, surge o vulto de uma mulher, toda de preto, a cabeça e o rosto coberto por um chale negro, só deixando aparecer o nariz e os olhos.

À passos cadenciados caminhou até à Rua Amazonas a aí atirou por terra um embrulho. Debaixo da capa retirou um galo peto e tomando de um punhal cravou-o no peito da ave e enterrou a arma no solo, colocando o embrulho por sobre a ave. Um jato de sangue traçou no solo uma linha sinuosa rubra.

O vulto, cumprida a sua missão, retirou-se tomando a direção de onde viera, desaparecendo no alto da rua, por um matagal.

Duas horas da madrugada.

Um quitandeiro ambulante passa por aquele ponto e ao enfrentar a Rua Moura dá com o misterioso caso.

Acende um fósforo, vê o sangue e alguma coisa a mover-se embaixo do embrulho.

Um grito de horror escapa-se dos lábios do homem, que corre à cancela da Rua Amazonas e narra o misterioso achado ao guarda de serviço.

Este, por sua vez, corre ao conferente que por sua vez comunica pelo telefone para o 20° Distrito a existência de um crime na Rua Amazonas, esquina da Rua Moura.

A notícia é recebida pelo comissário, que logo, se prepara, e acompanhado de praças parte para o local.

Afobado, de revólver em punho e com o olhar perscrutador encaminha-se o comissário Espírito Santo para o ponto indicado.

Para e, a poucos passos dele, a comitiva de quatro praças.

A luz tremula de um fósforo ilumina o lugar e com isso o galo se move, dando lugar a que dos lábios da autoridade escape um grito de horror: "quiseram matar uma criança, que ainda se move. Um médico já! O fotógrafo! Miseráveis."

Um dos praças, porém, mais resoluto, aproxima-se do embrulho e com a ponta do sabre descobre a ave que então se debate nos últimos estertores da morte.

O comissário mais aterrorizado grita:

– Fujam daí, que isto é uma *muamba* e muito perigosa.

O pavor se apodera de todos e o mesmo praça toma do embrulho e abre-o.

As luzes de diversos fósforos deixam ver o conteúdo. Uma camisa de mulher, três penas de galinha preta, amarradas em cruz; três moedas de cobre, alguns búzios e pedaços de fazenda.

Além do papel exterior havia mais jornais embrulhando o conteúdo.

O comissário Espírito Santo benzia-se à exibição de cada coisa que era retirada do embrulho e bastante aterrorizado ficou.

O fatídico achado foi jogado para um matagal próximo, retirando-se todos impressionados com o fato.

O comissário Espírito Santo, no sábado, compareceu à casa de um feiticeiro e soube que a *muamba* havia sido feita para ele mesmo.

A EXPLORAÇÃO DA CRENDICE

A Imprensa, n. 1378, 30 de novembro de 1911

Dos bordéis ao ar livre é inútil falar, tanto já se tem falado. Mas, da feitiçaria e do falso espiritismo não se diria que já é ocasião de cuidar, se à polícia sobra fazer o que é lícito supor, da terrível campanha contra a nefanda jogatina. Enquanto, sob o pano verde, as partidas se travam com as vicissitudes do aleatório, uns tantos sujeitos, muito sabidos de manhas, apesar de seu analfabetismo, fundam igrejinhas de curandeirismo e vão belamente arrancando recursos para existências fantásticas dos magros cobres de outros mais tolos, que os admiram. Entre os que professam a doutrina de Allan Kardec há venerandos filantropos, cidadãos abnegados e convictos que derramam, a flux, a caridade, simplesmente por magnanimidade e pela exuberância de corações cheios de amor à humanidade.

Como ocorre, porém, com todas as religiões, alguns malandros se acolhem à sombra e indispensável se faz que a autoridade os puna. O mesmo se dá com a nigromancia de mil e uma castas, que rastejam nos *bas fonds*[79] de nossa capital. Tudo isto é mais pernicioso que o manusear das cartas e dos dados e, todavia, tudo isso prospera livremente. Será porque não se presta a cenas, retratos nos jornais e biografias fantasiosas?

SÁTIRO - CURANDEIRO

A Noticia, n. 54, 2 de março de 1912

O 2º Delegado Auxiliar procede a rigoroso inquérito

Não há muito tempo o Dr. Eurico Cruz, 1º Delegado Auxiliar, de acordo com o Coronel Câmara Campos, então inspetor do Corpo de Segurança Pública, moveu perseguição a uns tantos patifes que vivem na cidade a explorar ingênuos

[79] Bairros mais miseráveis de uma cidade.

com as suas profecias e as suas feitiçarias.

Houve um reboliço. Mas logo choveram empenhos a tolher a ação correta da polícia que, já por esse motivo, já por falta de elementos, abandonou a campanha e os exploradores aí ficaram fazendo mais largos negócios.

Disso se aproveitou Pedro Bandeira de Carvalho Filho, vulgo *doutor* Bandeira Filho, que tinha seu escritório, à Rua Sete de Setembro, n. 115.

Esse tratante há cêrca de dois anos estabeleceu o seu laboratório de feitiçaria à Rua do Livramento, n. 100 e, como o negócio rendesse, transferiu-se para a Rua Sete de Setembro.

O *doutor* Bandeira Filho, além de extorquir dinheiro de ingênuos para obras de mandingaria, ainda receitava aos seus clientes e manipulava os remédios, pelos quais calculava preços enormes, e seduzia senhoras de pouca reflexão que o procuravam para que ele lhes tratasse de alguma doença ou lhes arranjasse um casamento.

Várias são as suas vítimas.

Todos os crimes cometidos pelo explorador, inclusive o de ter feito uma senhora abortar e de lhe haver furtado joias, foram comunicados ao Dr. Hugo Braga, ativo 2° Delegado Auxiliar, de acordo, não como uma queixa, mas como um aviso.

Essa autoridade então, ontem mesmo, à noite, foi ao covil do *doutor* Bandeira Filho e aí apreendeu uma longa série de bugigangas e drogas com que ele operava os "milagres", inclusive um Oyamburú do Amazonas, empalhado que o feiticeiro vendia a 150 réis. Dizia o patife que o olhar do pássaro cativava qualquer mulher solteira ou casada.

E havia papalvos que os compravam.

CONSEQUÊNCIAS DA FETIÇARIA

O Imparcial, n. 101, 15 de março de 1913

Na delegacia do 20° Distrito Policial, apresentou-se ontem, às sete horas da noite, José Dias da Costa, ajudante de eletricista da Estrada de Ferro Central.

José é solteiro, tem 33 anos e reside à Rua Venâncio Ribeiro, n. 131.

Chegando à delegacia, José apresentou-se às respectivas autoridades como autor de uma tentativa de assassinato que pouco antes havia praticado contra Luiz Antonio Gonzaga.

Disse José às autoridades que Luiz e sua mulher eram feiticeiros e que todas as manhãs, encontrava na porta de sua casa uma porção de bugigangas das usadas pela feiticeiras.

Resolveu ele então procurar, e pedir-lhe que não prosseguisse naquelas asneiras que muito o contrariavam.

E hoje à tarde, saiu de casa e bateu na porta de seu vizinho que o veio atender.

Mal José começou a expor a Luiz o que o trazia ali, quando este se enfureceu e armado de faca o agrediu.

Sacando então de um revólver, José disparou-o três vezes sobre Luiz, que foi atingido por um dos projeteis no peito do lado direito.

Vendo tombar a sua vítima, José abandonou-a e foi se entregar à polícia.

Na delegacia foram tomadas por termo as declarações de José, contra o qual foi lavrado o auto de flagrante.

O ferido, depois de medicado pela Assistência, foi removido para a Santa Casa em estado grave.

AVENTURAS DE UM FEITICEIRO

O Século, n. 2389, 30 de maio de 1914

Não deixa de ser interessante e original o caso de que vamos tratar.

Há tempos, as autoridades do 19° Distrito receberam uma carta anônima, pedindo enérgicas providências contra escândalos que eram praticados diariamente na casa n. 472 da Rua Miguel Ângelo e denunciando como bígamo o seu proprietário, o preto Faustino de Oliveira Cortes, de 50 anos.

O anônimo dizia ser a referida casa ponto de *rendez vous* de pessoas da alta sociedade, acrescentando que aquele indivíduo, por meio da feitiçaria, conseguia atrair e levar, para o apontado antro, jovens inexperientes, que ele seduzia e cuja desonra promovia.

Diante da denúncia o delegado tratou imediatamente de

apurar o que havia de verdade, e, uma das últimas noites, lá apareceu acompanhado de comissários e de várias praças, dando rigorosa busca na casa.

Nas suas pesquisas, a polícia apenas encontrou, em uma pequena sala, grande quantidade de ervas, raízes secas, peles de cobras, ossos, santos, chifres e outras bugigangas.

Levado para a delegacia, foi Faustino interrogado.

Esperto, não se atrapalhou e declarou ser botânico e vendedor de ervas.

Nada podendo fazer a polícia, foi ele posto em liberdade.

Dias depois, nova carta chegava às mãos do delegado, denunciando fatos mais graves e aconselhando-o a voltar àquela casa durante o dia.

A polícia, julgando tratar-se de uma vingança ou de nova pilhéria, não ligou importância ao caso.

Anteontem várias pessoas vizinhas de Faustino foram a delegacia do 19° Distrito apresentar queixa e pedir providências contra os escândalos vergonhosos que ali são praticados durante o dia.

Não tendo mais dúvida sobre a primitiva doença, a polícia abriu rigoroso inquérito, e ontem, quando menos Faustino esperava, varejou-lhe a casa, encontrando-o na prática de feitiçaria.

A tenda de exploração estava repleta de clientes, sentados em torno de uma mesa.

Na sala dos fundos, Faustino atendia aos clientes, "receitando" a uns e fornecendo "medicamentos" a outros.

Em outra sala, três mulheres, completamente embriagadas, davam consultas de sonambulismo, fazendo grande algazarra.

A polícia deu uma meticulosa busca, prendendo Faustino, seus auxiliares e toda a clientela.

Submetido a rigoroso interrogatório, Faustino confessou ser feiticeiro e que alugava quartos por hora, em sua casa, a pessoas altamente colocadas, que ali iam acompanhadas de senhoras casadas.

O preto Faustino vivia com três mulheres, sendo com duas casado e com uma amasiado.

Há 10 anos, mais ou menos, casara pelo religioso, com a parda Justina e há três anos, pelo civil com a crioula Georgina.

Tendo necessidade de mais uma mulher para auxiliá-lo na exploração de feitiçaria, Faustino, no ano de 1912, raptou a menor Hermínia, também conhecida por Orminda, desonrando-a.

Preso foi o terrível *Don Juan* condenado a seis meses de prisão.

Saindo da Casa de Detenção após haver cumprido a pena, Faustino, disse depois, raptou outra menor, cuja honra vendeu a um indivíduo estabelecido naquela localidade, por um cento de réis.

Em poder de Faustino a polícia encontrou cerca de sete contos de réis, produto do seu infame comércio.

Faustino foi recolhido ao xadrez e está sendo processado.

VOLTA À BAILA O FEITICEIRO FAUSTINO

A Noticia, n. 127, 30 de maio de 1914

Um harém com três mulheres no Méier

A crendice popular cada vez mais se alastra, aumentando, na sua proporção direta o número dos charlatães, dos embusteiros, dos exploradores, disfarçados em feiticeiros, espíritas, cartomantes, nigromantes e quiromantes.

Por toda a parte a exploração, já ostensivamente alardeada, até pelas colunas dos jornais diários, ora cheios de anúncios de cartomantes, espíritas, ledores do futuro, garantidores de trabalhos de ocultismo, e concertadores de um sem número de mazelas inventadas pela perversidade dos homens.

Há as pitonisas celebrizadas pelas suas predições; há as ciganas andrajosas a lerem a *buena dicha*, pelas ruas, a troco de parcos niqueis; há os espíritas a diagnosticarem moléstias; há as cartomantes a lerem o futuro, predizendo casamentos, e há os feiticeiros a fazerem mandingas. E tudo isso nas ruas desta populosa e barulhenta cidade, desde as ruas centrais até aos mais distantes subúrbios.

Queixas da vizinhança

Desde alguns meses, vários moradores da Rua Miguel Ângelo, no Méier, andavam a reclamar contra a série de escândalos constantes de um negro velho que se davam na casa n. 462 dessa rua, residência de um negro velho, de nome Faustino, por todos apontado como feiticeiro.

De fato, o preto Faustino era continuamente visitado por inúmeras pessoas, de várias classes sociais, que ali aparecem em busca de seus valiosos ofícios.

Eram mulheres luxuosamente trajadas, que se faziam conduzir dos bairros *chics* e aristocráticos, em céleres automóveis, até à Rua Miguel Ângelo; eram conspícuos cidadão de barbas grisalhas, homens de trajes distintos e gestos sóbrios que ali apareciam, a par de pretos e mulatas de aspecto pouco abonador, a solicitarem sortilégios, tisanas, mandingas, breves e banhos de ervas, para malefícios, azares, quebrantos etc.

Mas, o que mais faz eco nas queixas da vizinhança não era a feitiçaria do velho Faustino, mas o escândalo de suas três mulheres a disputarem a preferência do velho feiticeiro.

Essas queixas chegaram até a polícia e daí a nossa reportagem a respeito.

Truque magnifico

Previamente de combinação com o comissário Aldarico de Souza, do 19° Distrito, a cuja jurisdição pertence à Rua Miguel Ângelo, um dos nossos companheiros foi ontem à casa do feiticeiro Faustino, no Méier.

Ao chegarmos, depois de havermos prevenido o fotógrafo para que se conservasse a distancia, oculto, fomos parar à porta da casinha n. 462, onde uma mulher magrinha e alta palestrava com um cargueiro.

– Está aí o tio Faustino? Perguntamos.

– Não, senhor. Foi ali ao sítio, mas não demora.

– É que queríamos consultá-lo. Uma coisa muito grave nos acontecia.

– É. Diz a preta.

– Imagine que minha mulher fugiu de casa. Disse o comissário, com ar compungido: o tio Faustino descobrirá o paradeiro dela?

– É. Retruca preta. Se Deus quiser e as almas ajudarem, talvez ache ela.

– Esperaremos a sua chegada. Demorará? Perguntou o nosso repórter.

– Não demora, não senhor. É melhor entrar, já tem outras pessoas esperando a consulta.

– Tem vindo muita gente hoje?

– Algumas. De manhãzinha é que vem mais.

– Por causa dos banhos, não é? Tornou a perguntar nosso repórter.

– É. Vem algumas moças.

Às vezes precisa ser o banho muito forte e elas tomam aqui mesmo.

– Às vezes é ele, às vezes somos nós mesmo e às vezes, o doente leva as ervas para fazer o banho em casa.

– O Faustino a demorar. Insistiu o comissário; e fingindo-se aflito – onde andará minha mulher!

– É melhor entrar. E a preta nos franqueou o portãozinho, nos acompanhando até a sala das consultas.

Figura 52: O altar e o feiticeiro Faustino. *A Noticia*, n. 127, 30 de maio de 1914.

A sala

É uma saleta pequena e quadrada, uma janela para a rua e três portas – a de entrada, a do quarto e a de passagem para o interior.

Cadeiras ao redor, uma mesa com bugigangas, um tapete

quadrado ao centro e no ângulo maior do altar, encimado por um crucifixo. No centro, duas velhas imagens de São Sebastião e Sagrado Coração de Jesus. Mais duas imagens pequenas de gesso, fingindo bronze. Outra cruz de madeira sem o Cristo e em baixo ladeando a lamparina de azeite doce ao centro dois castiçais com velas de estearina, dois manipansos negros, um vestido de roupagem rósea, outro trajando roupa azul. Pelas paredes quadros vários com estampas diferentes de vários santos, de mistura com duas oleografias de Romeu e Julieta.

A enfeitar o altar, coberto de um atoalhado de linho com barra de crivo, inúmeras flores de papel, cestinhas de palha e dois vidros de sal, vazios, servindo de jarro a umas flores já fanadas.

Entramos. Houve na sala, onde estavam quatro pessoas, uns ligeiros movimentos de curiosidade com a nossa chegada.

Os clientes que esperavam o feiticeiro eram: uma preta alentada, uma mulata já idosa e dois homens morenos, um dos quais aparentava assustadora palidez. Junto à porta que dá passagem para o interior, outro pretinho palestrava com um preto velho, que expunha a uns trêfegos raios de sol, uma perna chagosa, envolta em tiras de chita já bastante suja.

Houve ligeira palestra, para entreter o tempo, trocando-se opiniões sobre o valioso serviço que a ervas prestam nos enfermos.

Daí a momentos, a pretinha que veio receber à porta, avisou da chegada do feiticeiro.

Figura 53: O comissário Aldarico de Souza. *A Notícia*, n. 127, 30 de maio de 1914.

Feiticeiro

E era ele. Um preto velho, em mangas de camisa, descalço, vestindo umas calças grosseiras de riscado. Vinha ele afobado, nervoso, visivelmente cansado e segurando uma chave.

Sentou-se em uma cadeira de braços, defronte do altar, depois de haver saudado a todos com um "Louvado seja Nosso Senhor Jesus Cristo".

Tirou do bolso um cigarro de papel, de fumo escuro e nauseabundo, acendeu-o calmamente, na luz bruxuleante de lamparina e deixou que as baforadas do fumo subissem pelo alto em substituição da mirra e do olíbano que dos turíbulos se evolui nos templos.

– Está aborrecido. Contrariado mesmo com os gatunos. Mas peguei as minhas galinhas. Olha! Está aí! E mostrou um saco de amiagem dentro do qual havia ainda algumas penas de galinhas.

– Foi roubado? Perguntou o comissário.

– Os gatunos estão assanhados. E não é a primeira vez. Mas fui buscar ele com as galinhas e se não fosse uma topada... Credo, cruz... Talvez tivesse feito uma tentação.

– Noutro dia que me roubaram dois perus, e antes disso, uma peste que eu dava remédio e pagava uns trabalhinhos no sitio, me roubou um relógio que tinha custado 50 réis na Rua do Ouvidor.

– E achou o relógio?

Como não? Fiz uma rezas. Pedi às almas, acendi velas na Santa Cruz e ele voltou e me trouxe o relógio. Então? Para que é que eu sou feiticeiro?

Riu-se, soltou novas baforadas do infecto cigarro e perguntou-nos.

– Nhonhô quer consultar, não é?

– Sim, queremos. Respondeu o comissário juntamente com o nosso repórter.

– Espera um bocadinho. Chamou um dos pretinhos, deu umas ordens, foi até o interior da casa a chamado do pretinho que parecia servir de porteiro e voltou, chamando-o para o quarto.

Ao entrarmos, disse o velho, com ar de mistério:

– As meninas estão dizendo que Nhonhô é da polícia.

– Qual! Suposições tolas.

A consulta

Entrados os três no quarto, uma pequena alcova com janela para a rua, onde se via por mobiliário um leito de vinhático, com uma só almofada, tendo no bordado da fronha a palavra "Amor", uma mesinha e duas malas pequenas e velhas.

O feiticeiro fez o comissário e o nosso companheiro sentaram-se em duas cadeiras de pau, abancou-se sobre uma das malas e disse, com ênfase:

– Nhonhô está doente? Que é que tem?

O comissário, com calma, repetiu o que dissera na porta, à pretinha.

– Uma infelicidade; minha mulher fugiu de casa, hoje, de madrugada, e eu queria encontrá-la.

– Sim; sim! Nhonhô acha ela.

Modulou uma oração, fez passes e depois pediu que fosse escrito em um papel o nome da fugitiva e a rua onde ela residia. Isso feito, dobrou o papelinho em quatro partes, fez com ele uns sinais cabalísticos e foi coloca-lo por trás de um quadrinho de São Miguel e Almas, justamente com outros muitos papéis que já lá estavam.

Velas mágicas

Retomou seu primitivo lugar na cadeira de braços em frente do altar, acendeu as duas velas que ladeavam a lamparina, tomou outra vela de um pacote que ali havia, com um pequeno estilete de madeira escura, guiné talvez, feriu a estearina, formando em cruz, esquentou na luz da lamparina, depois de molhada no azeite a ponta do estilete, e aperfeiçoou as anfractuosidades[80] da cruz, repetiu a mesma operação em mais duas velas, uma das quais acendeu, fez o comissário segurá-la com a mão esquerda, engorolou umas palavras em africano e mandou colocar a vela na Santa Cruz, existente no quintal recomendando rezasse dois Pai Nosso e pedisse às almas para fazer reaparecer a imaginária fugitiva.

Quando o comissário voltou, o feiticeiro, que pachorrentamente embrulhava as duas outras velas em um pedaço de papel pardo, dirigia-se ao nosso companheiro:

– O senhor é irmão da moça, não é?

– Sim, senhor. Respondemos para manter o truque.

– Não houve nada ente eles? Foi mandinga, inveja! As

[80] Cavidades profundas e irregulares.

almas já me disseram.

E, voltando-se para o suposto marido infeliz:

– Vá daqui para casa, acenda estas duas velas no quintal, peça às almas para sua mulher voltar, que antes de acabar de arder ela chegará de novo à sua casa.

Aumenta a desconfiança

A esses episódios assistiam todos os presentes. Finda a cerimônia, o nosso companheiro saiu à rua, chamou o artista fotógrafo da *Notícia*, que ao entrar na ala, aumentou a desconfiança, que já se desvanecera quase.

O comissário ainda, continuando o truque, disse ao velho:

– Agora, "seu" Faustino, em troca do serviço que o senhor nos prestou, nós vamos tirar o seu retrato, para recordação.

– Ora. Disse o velho desconfiado.

– Ora, porque, concluiu o nosso companheiro; será a primeira vez que tirou retrato?

– Não, senhor.

– Então, pose, para sair bonito na fotografia.

E o velho Faustino sentou-se de novo e deixou-se fotografar junto do altar, onde faz ele os seus bruxedos, iludindo a crendice tola dos que se deixam embrulhar facilmente.

A "Santa Cruz"

Concluída a primeira chapa, o nosso companheiro insistiu para que a família fosse toda fotografada junto à "Santa Cruz".

Após ligeira relutância, a ideia foi vitoriosa, e, no quintal, junto a dois bambus grossos, pintados de azul, formando cruz, espetada em um caixão à guisa de pedestal, o feiticeiro e as suas três mulheres foram fotografados.

O feiticeiro é Faustino de Oliveira Cortes, de quase 60 anos, natural da Bahia e descendente de africanos.

Suas mulheres são: Julieta, casada na Igreja de São Benedito, a 10 de setembro de 1904, pela Congregação da Mão Santa; Georgina, casada pelo civil a 28 de dezembro de 1911, e Hermínia, casada por qualquer convenção imaginária, desde 6 de janeiro de 1912.

Nessa época foi dada queixa à delegacia do 19° Distrito contra o feiticeiro, acusado então de haver seduzido a menor Hermínia. Faustino esteve preso uns dias, mas foi solto mais tarde, por já ser casado civilmente com Georgina.

Esse harém tem produzido. De Julieta tem o feiticeiro cinco filhos; de Georgina, uma filha, e Hermínia, mais conhecida pelos de casa por Orminda, está de novo grávida.

Surpresos

Colhidas estas provas, irrefutáveis, não só testemunhadas pelos presentes como autenticadas pelo fotógrafo, quando o preto Faustino mostrou, no seu quintal, a sua criação de porcos, perus, galinhas, pombos, coelhos, e até jacus, em uma gaiola, tão cobiçados pela gatunice, o comissário revelou-se.

– Pois é isso meu velho. Eu não ando a procura de uma mulher imaginária, suposta irmã deste cavalheiro, que é jornalista. Sou comissário do distrito, e convido-o a ir à delegacia entender-se com o Dr. Delegado.

O preto quase desmaiou, mas sorriu irônico, em um sorriso maldoso e retrucou:

– As almas me tinham dito isso mesmo.

– Vão todos para a delegacia, você e suas três mulheres.

E, lá seguiram eles, caminho da delegacia, onde, a respeito desse processo da Rua Miguel Ângelo, n. 426 e das queixas dos vizinhos, foi aberto o inquérito.

O que dizem os vizinhos

De um ligeiro inquérito que o nosso companheiro fez pela vizinhança, da casa do feiticeiro, ficou patente ser ela um antro de devassidão e de charlatanismo.

Disseram-nos, vários vizinhos, ser continua a romaria à casa do feiticeiro. Há senhoras de alta roda, *cocotes* de espaventosas toaletes, que ali vão constantemente, com especialidade às segundas feiras, para o banho regenerador.

Mas, acrescentaram os vizinhos, os sortilégios pouco importa: o que escandaliza, são as cenas degradantes que praticam as tais mulheres do feiticeiro.

Ainda há dias, por causa de uma fronha de crochê, com a palavra "Amor", foi uma vergonheira.

O velho não é mau, e quando ele está em casa há relativo respeito, porque ele as surra a chicote: mas na ausência dele o escândalo duplica.

Grave

E não é só isso. Os moradores desta rua já não podem suportar a vizinhança daquele antro. Os credores vem ali constantemente fazer barulho, reclamar pagamentos de gêneros fornecidos.

Está vendo ali à porta aquele tropeiro? É um lavrador de Jacarepaguá, que traz ervas para o feiticeiro e há longo tempo reclama pagamento do que traz. Ainda hoje, deu ali um escândalo, por causa de 60 réis e jurou não sair sem levar hoje algum dinheiro. Desde cedo, ele pacientemente espera e já são mais de três horas da tarde.

Há mais, acrescentou outro vizinho, uma preta de nome Adriana, que aparece ali de quando em vez, completamente embriagada, e dá formidáveis escândalos.

Diz ela ser filha do Faustino, e que por artifícios malignos, feitos por ele, ela deixou o marido, correndo à sua sedução.

E entre outras coisas graves, grita ela do meio da rua – "O meu pai é pai do meu filho".

Os banhos e etc.

Prosseguindo nas informações que colhíamos, soube o nosso repórter que os tais banhos afamados, banhos fortes, como disse a pretinha, eram ministrados às clientes, em uma moita de bananeiras, e em uma bacia velha de folha, sob as vistas do feiticeiro, ajudado pelas suas mulheres, e às vezes, por uma tal Balbina, preta que auxilia o feiticeiro.

A maioria das mulheres que ali vão, sujeitam-se ao banho, que custa cinco réis.

Os abortos provocados, o feiticeiro cobra à razão de 50 réis, exigindo três réis pelas tisanas que fornece e para o qual o cliente deverá levar duas garrafas brancas.

Afora esses preços já conhecidos, a tabela dos serviços varia, de acordo com o trajar do freguês ou com a exigência do serviço a fazer.

Certa vez, uma vizinha pagou 15 réis para que o feiticeiro fizesse seu marido fazer as pazes com uma cunhada, o que não logrou conseguir, apesar de 15 réis pagos adiantadamente.

"A tosca"

Possui o feiticeiro um gramofone grande, e todas as manhãs de segunda feira, quando a afluência de fregueses de banho é maior, uma das três mulheres faz funcionar o aparelho, que executa a aria da *Tosca*, cantada pelo Caruzzo.

Pivete perigoso

Um molecote, de 12 anos presumíveis, de nome Waldemiro, filho do feiticeiro ou irmão de sua mulher Hermínia, é perigoso pivete.

Além de desaforos de todo calão que pratica, sempre que pode assalta quintais da vizinhança e busca furtar, sorrateiramente o que pode, das freguesas, quando no banho forte, vindo depois, para a rua gabar-se.

Tais cenas não pode a polícia permitir e urge, um paradeiro a esses constantes escândalos da Rua Miguel Ângelo, no Méier, onde habitam respeitáveis famílias.

Agora, que as autoridades do 19° Distrito tem em suas malhas esse audacioso charlatão, o feiticeiro Faustino, e suas três mulheres, graças a sagaz diligência do comissário Aldarico de Souza, bom seria obrigá-lo a mudar de vida, pondo fim ao harém escandaloso, dos bruxedos e dos torpes sortilégios.

Fala o feiticeiro

Depois desse episódio todo, cuja descrição já vai longa, falamos ao feiticeiro Faustino, quando em caminho para a delegacia.

– Então, Faustino, a feitiçaria rende?

– Qual, Nhonhô. Todos os que vem aqui dão pouco, dizem que andam com a vida atrapalhada e querem endireitar.

– E os banhos fortes?

– É a mesma coisa. Erva cozida e um banho com reza, mais nada.

– Fazes muitas bruxarias?

– Isso é conversa. A gente reza, dá breve, diz muita coisa que a prática ensina e no fim dá certo.

– E tens feito muitas curas?

– Erva do mato sempre ajuda.

– Como arranjas os abortos?

– É também erva do mato.

– Vives bem com as tuas três mulheres?

– Qual! Vida está cara.

– Elas brigam tanto. Por quê?

– Malucas! Quando "entornam" demais é o diabo. Dão escândalo, vizinhança reclama!

– Não deves fazer valer a tua autoridade?

– Já não tenho autoridade. Bato nelas, grito, tudo sossega. Se elas me deixassem. Eu fosse sozinho. Ah! Nhonhô, ia para o mato, para a lavoura e não faria mais feitiços. Feitiço é bobagem!

E ainda a crendice dos tolos admite feitiçarias!

FEITIÇOS E FEITICEIROS

A Epoca, n. 647, 2 de junho de 1914

Constante tem sido nos subúrbios a nossa campanha para exterminar a horda de aventureiros que abusando da credulidade pública cometem as maiores chantagens e até crimes repugnantes.

Os antros onde se abrigam esses velhacos, que por meio da feitiçaria, da magia, do sortilégio, assaltam a bolsa dos incautos, tem merecido de nós um combate terrível e quer em conferências, quer nesta secção, temos verberado a ação funesta que esses patifes exercem na população suburbana.

E, de uma feita, a nossa vida correu perigo, pois um desses meliantes armou o braço de um bandido para nos vitimar de emboscada como o fez, dentro do nosso lar, na estação do Engenho Novo.

Não desanimamos, entretanto, e continuamos a penetrar

nesses bordéis e a procurar novos elementos para mostrar à polícia a verdade do que afirmamos.

Desde a octogenária africana Tia Chimba, até o famigerado Gaudêncio, o pardavasco[81] pernóstico[82] e mau, Boca do Mato, desde o mesureiro[83] João, de Dr. Frontin, até o atrevido Raymundo, da Rua Aquidabã, analisamos as suas sessões, os seus candomblés, os meios, enfim, que empregavam para extorquir o dinheiro dos ingênuos.

A polícia, porém, nada fez para processar, de acordo com o Código Penal, esses intrujões e o resultado é o que vemos: as zonas suburbanas estão invadidas por esse pessoal perigoso.

A busca feita agora, no antro do célebre feiticeiro "doutor" Faustino, à Rua Miguel Ângelo, no Méier, onde além das sessões de feitiçaria se davam *rendez vous* amorosos, veio provar a necessidade de se sanear os subúrbios dessa horda miserável.

Procure a polícia perseguir todos esses indivíduos, interrogue habilmente todas as suas vítimas, processe-os regularmente e prestará assim um grande serviço à população suburbana.

E verá então a verdade do que temos dito, porque muita infâmia há de vir à lume, muitos crimes hão de ser descobertos.

MADAME ZIZINA

A Epoca, n. 849, 21 de dezembro de 1914

Previne ao público em geral daqui e todos os Estados que nunca teve secretários, representantes, emissários, nem discípulos; que só trabalha em cartomancia na Rua da Quitanda, n. 157. Não faz trabalhos de feitiçaria, nunca cooperou para falsos centros espíritas nem tem caixa numerada no Correio Geral.

O charlatanismo e as falsas profetas tem aumentado de uma maneira tão assombrosa, que é necessária esta minha declaração para que o povo não seja explorado.

[81] Mestiço de negro e mulato.
[82] Petulante, pretensioso, presumido, pedante.
[83] Servil, adulador, bajulador.

GUERRA AOS FEITICEIROS

A Epoca, n. 946, 28 de março de 1915

Uma canoa policial carregada

O feiticeiro Claudio Antonio Pimentel, residente à Rua Padilha, n. 52 no Engenho de Dentro, tinha uma bonita clientela.

Ontem, porém, a perversa polícia entendeu perturbar a bela vidinha do mandingueiro Claudio.

Os comissários do 19° Distrito, Arides Tavares e Aldarico de Souza, prepararam uma canoa policial e deram um cerco em regra à casa do Claudio, encontrando em pleno trabalho de feitiçaria, 37 mulheres e 19 homens, que foram todos para a delegacia, em companhia do "mestre".

Que boa colheita!

PROFESSORA DE CIÊNCIAS OCULTAS

A Gazeta, n. 2672, 6 de janeiro de 1915

Madame Reinard
Rua da Concórdia, 143 (Vila Polidor), Brás

Figura 54: Madame Reinard. *A Gazeta*, n. 2672, 6 de janeiro de 1915.

Cura qualquer doença, tira o vício de beber, fumar e jogar e também o mal da feitiçaria. Realiza qualquer negócio: trabalho garantido, por meio de ocultismo.

Da uma às seis horas da tarde e das sete às nove da noite. Às quartas e sextas feiras consultas grátis.

OBS. E você pensou que a propaganda nos postes e os panfletos nos semáforos do tipo "Trago seu amor de volta em três dias", era coisa do século XXI?

Figura 55: Templo da magia. Bairro de Botafogo na cidade do Rio de Janeiro. Foto de Diamantino Fernandes Trindade.

FEITIÇARIA E CARTOMANCIA

A Gazeta, n. 2777, 23 de março de 1915

Pede-se ao Senhor Delegado de Polícia, urgentes providências contra uma chusma de feiticeiros e cartomantes que foram escorraçados pela polícia da capital e vieram aninhar-se nesta cidade, onde continuam como essa torpe exploração.

NOS DOMÍNIOS DA MAGIA – PARTE I

O Imparcial, n. 1003, 1 de outubro de 1915

Figura 56: Gravuras. *O Imparcial*, n. 1003, 1 de outubro de 1915.

A polícia tem em mãos, presentemente, um complicado e repugnante caso de exploração à crendice popular agravado com o crime de sedução e ferimentos praticados por uma quadrilha de feiticeiros que armaram o seu antro na vasta e populosa zona suburbana do 18° Distrito. As nossas gravuras representam: 1) Noêmia da Silva, vítima do explorador Antonio dos Santos; 2) O agente que efetuou as diligências; 3) O feiticeiro Emilio Antonio dos Santos; 4) A casa à Rua Victor Meirelles, o antro da feitiçaria; 5) O chofer Delphim, cúmplice de Emilio; 6) Manoel da Silva, o dono do prédio à Rua Victor Meirelles; 7) Ludgera, auxiliar do feiticeiro; 8) Lucília, irmã da vítima e uma das frequentadoras das sessões do bruxo.

Duas moças martirizadas por uma quadrilha de feiticeiros

A polícia do 18° Distrito apura, presentemente, um torpe caso de exploração à crendice popular, agravada com o crime de ferimentos leves e de sedução de duas raparigas. Estas, ingênuas e ignorantes, se prestavam aos manejos de um especulador da baixa esfera, de nome Emílio Antonio dos Santos.

Passemos ao fato:

Esse indivíduo, conhecido feiticeiro e explorador de bruxedos, há cerca de um mês armou, à Rua Victor Meirelles, n. 55, casa de Ângelo Silveira Campos, funcionário aposentado dos Correios, que se achava, então doente, o seu antro de feitiçaria, dando de quando em vez diversas sessões que eram bem concorridas.

Emílio chamara para seus auxiliares, os indivíduos José da Silva, preto, de 26 anos, residente à Rua Barão de São Félix, n. 205, e Delphim de Oliveira Villela, que se diz chofer, morando à Rua Barão de Petrópolis, n. 280.

Ajudava-os naquelas práticas a preta Ludgera da Conceição, residente na casa de José da Silva, que desempenhava as funções de lugar-tenente do bando.

Há dias Ludgera, apareceu em uma das sessões dadas por Emílio, acompanhada de duas raparigas, que se tornaram depois assíduas frequentadoras do "candomblé".

Chamavam-se Noêmia da Silva e Lúcia de Castro, a primeira de 18 anos e a segunda de 22 anos, ambas residentes à Rua Barão de São Félix, n. 57. Examinadas pelo feiticeiro foram declaradas em "mau estado", isto é, "com mau espírito no corpo" e submetidas a tratamento.

Este, que consistia em ligeiros cortes sobre a pele dos clientes, feitos com faca de ponta, fortemente aquecidas martirizava fortemente as doentes, motivo pelo qual não continuaram com o tratamento.

Emílio, cioso da sua ciência e do seu poder, pôs Ludgera em campo, tendo a última conseguido induzir Noêmia a acompanhar o feiticeiro e passar a ser sua sacerdotisa.

Noêmia acedeu, fugindo então em companhia de Emílio, para uma casa sem número, à Rua Paraná, no Encantado.

Levada a denúncia à polícia do 18° Distrito, foi incumbido o agente Cunha, das diligências para a captura daquele e da menor o que foi feito ontem, na rua citada.

Conduzidos para a delegacia, Noêmia acusou-o de lhe haver desrespeitado o pudor, sob ameaças de envenenamento e sortilégios.

Os outros cúmplices de Emílio, Ludgera, Delphim e José já foram, igualmente, presos pelo comissário Edgard Machado, do 8° Distrito, na casa de n. 205 à Rua Barão de São Félix.

Emílio, interrogado pelo Dr. 18° Distrito, negou, terminantemente, os crimes que lhe são imputados dizendo ser curandeiro e não feiticeiro.

Foi aberto inquérito, devendo depor, hoje, diversas testemunhas.

NOS DOMÍNIOS DA MAGIA - PARTE II

O Imparcial, n. 1052, 10 de novembro de 1915

Figura 57: Gravuras. *O Imparcial*, n. 1052, 10 de novembro de 1915.

Proliferam os casos de sedução por meio da feitiçaria. Os exploradores da crendice popular, acossados do centro da cidade pela ação enérgica da polícia, procuram agora a zona suburbana servida pela Leopoldina, onde têm imperado com mais êxito. No texto, encontrarão os nossos leitores desenvolvida notícia sobre mais um torpe caso dessa natureza, que preocupa, presentemente, a polícia do 22° Distrito. As nossas gravuras representam: 1) O feiticeiro Emilio Antonio dos Santos; 2) Maria da Conceição, mulher do feiticeiro; 3) A menor Octávia, vítima de Emilio; 4) Noêmia da Silva, também vítima do charlatão; 5) Júlio Pires da Silva, o noivo de Octávia.

Mais uma vítima do bruxo Emílio Antonio dos Santos

Proliferam ultimamente no Rio os casos de sedução por meio de feitiçaria. Nada mais fácil a um indivíduo de baixos instintos, versado nas tramoias do ocultismo rasteiro, que dominar a vontade fraca de uma pobre moça supersticiosa e fazer dela um dócil instrumento nas suas mãos.

Não raro, as autoridades estão às voltas com um desses sujeitos, verdadeiros cancros da sociedade. Um dos bruxos mais conhecidos é, por exemplo, esse Emílio Antonio dos Santos, que tem seu centro de ação no Engenho do Mato, subúrbio da Leopoldina.

Emílio tem já nada menos de onze entradas na Casa de Detenção, por haver seduzido menores, valendo-se dos seus processos de magia. Ainda não há muito tempo, no lugar denominado Cachoeira do Tinguá, no Estado do Rio, foi ele obrigado a se casar com uma de suas vítimas, a menor Maria da Conceição.

Agora o perigoso feiticeiro está outra vez em contato com as autoridades policiais, pelo caso seguinte:

Entre os clientes de Emílio, figurava Octávia de Oliveira, interessante menina de pouco mais de 13 anos, filha do carteiro de 1ª Classe, da Repartição Geral dos Correios, João Caetano de Oliveira.

Emílio engraçou-se da pequena e ao cabo de algum tempo lhe desrespeitou o pudor, com promessas de um casamento próximo, que seria abençoado pelos bons espíritos. Num seu cliente de nome Júlio Pires da Silva, rapaz atoleimado,[84] de 21 anos, vindo há dias da Barra do Piraí, em procura de emprego, viu um recurso de salvação, caso o crime contra Octávia chegasse ao conhecimento de seu pai, e, consequentemente da polícia.

Concebido o plano, o feiticeiro lembrou a Júlio Pires o belo futuro que lhe estava reservando, se se casasse com Octávia, dizendo ser ela uma menina rica e bem prendada. Tanto fez que Júlio acabou por se enamorar deveras da menina.

O plano surtiu efeito. Era preciso continuar. O charlatão, então, fez ver ao rapaz que era necessário tratar de remover o grande obstáculo ao seu consórcio com a sua cliente. Mas não haveria dúvida. Ele arranjaria tudo.

O carteiro Caetano ver-se-ia obrigado a lhe dar a mão da filha.

Era muito simples: Júlio fingiria um rapto, o pai iria se queixar à polícia e estava o caso decidido.

O cliente do charlatão achou o estratagema magnífico e não trepidou em executá-lo. Descoberto o fato, o carteiro queixou-se às autoridades do 22° Distrito. No decorrer do inquérito, ficou apurado que a menor havia sido desvirginada e apontado como culpado Júlio Pires.

A menor, porém, relatou toda a verdade: já lhe tinha feito mal muitos dias antes o curandeiro.

Júlio viu-se, também, forçado a dizer as coisas tais quais se tinham passado.

Partiu, então, à caça do explorador o comissário Peixoto, que conseguiu prender o meliante na estação de Inhaúma, de malas feitas, prestes a fugir.

Emílio dos Santos, bem como o "noivo" Júlio Pires da Silva, e os pretos Augusto e Marcellino de Oliveira, presos no antro do bruxo, estão sendo processados pelas autoridades do 22° Distrito.

Agora, só falta que a polícia depois de hospedar por alguns dias o feiticeiro, na Casa de Detenção, o restitua à liberdade, como tem acontecido até hoje, havendo Emílio sido processado já 11 vezes.

É esse o premio que aquela se apressa em lhe dar pelas

[84] Que aparenta ser tolo; que age como um parvo; aparvalhado.

Figura 58: Marcellino de Oliveira, um dos auxiliares do feiticeiro Emílio dos Santos. *O Imparcial*, n. 1052, 10 de novembro de 1915.

façanhas em que vem se celebrizando.

Ainda no dia um de outubro último, tivemos o ensejo de noticiar detalhadamente outro caso de igual torpeza, em que o charlatão Emílio dos Santos abusou de uma pobre moça, Noêmia da Silva, passando de conluio com outros tipos, não menos asquerosos, a explorá-la barbaramente.

Emílio foi processado, preso etc., e já teve tempo de cumprir a pena imposta pela lei e de entregar-se à prática de outro crime da mesma natureza.

E assim, ele continuará a alongar a série desses atentados hediondos à civilização, amparado pela "reconhecida bondade" da polícia carioca.

A AÇÃO DA POLÍCIA CONTRA UM CURANDEIRO DETERMINOU GRANDE AGITAÇÃO NA CIDADE

A Gazeta, n. 2905, 15 de outubro de 1915

Em Salto de Itu

Noticiamos há dias que o Senhor Secretário da Justiça e da Segurança Pública, atendendo a uma requisição da Delegacia de Polícia de Salto de Itu, mandara àquela localidade o Dr. Antonio Nacarato acompanhado de praças de polícia.

A situação de Salto de Itu normalizou-se naquela cidade e o Dr. Nacarato regressou a esta capital com a sua missão concluída.

O que ocorreu naquela cidade foi o seguinte:

Há meses foi ali residir um indivíduo de cor preta, de nome José Pereira de Moraes Sant'Anna Filho, que se intitulava curandeiro, começando a explorar a boa fé de parte da população.

Intimado pela polícia a não mais continuar nessa exploração sob pena de ser processado por exercer ilegalmente a medicina, não obedeceu a essa intimação, o que decidiu o delegado local a fazer uma diligência a casa de tal curandeiro, prendeu-o e bem assim a mais dois indivíduos que se achavam na sua companhia.

Na busca a que a autoridade procedeu, foram apreendidas muitas orações, espelhos e diversas bugigangas empregadas em feitiçaria.

Conhecida que foi, na cidade, essa prisão, formou-se uma corrente de opiniões favorável ao preso, de indivíduos seus afeiçoados, os quais chegaram a lembrar da ideia de tomar o preso, libertando-o à força. No intuito de evitar um conflito, a autoridade pediu ao Senhor Secretário da Justiça a ida de uma autoridade policial, acompanhada de força.

Tendo sido solto, em virtude de *habeas corpus*, o mencionado curandeiro, a cidade voltou à calma habitual.

QUATRO DIAS NOS ANTROS DA BRUXARIA - PARTE I

A Epoca, n. 1198, 6 de dezembro de 1915

As provas a que se sujeitou um nosso companheiro

O Rio é o paraíso da bruxaria e dos supersticiosos.

Não há canto nesta vasta metrópole em que não se de, a cada passada, com o bico da bota ou com a ponta do nariz em uma casa de feiticeiro, em um consultório de "doutores", em um gabinete de espírita curandeiro, enfim em qualquer dessas mil espécies de ratoeiras armadas contra os incautos, ignorantes e fetichistas.

Os conceituados faquires conceituados no mundo inteiro, as adivinhas do futuro, as pitonisas, as rezadeiras e mezinheiras, vivem vida folgada, gozando a liberdade que a polícia lhe inculta para exercerem a torpe exploração contra a credulidade alheia ou contra a enfermidade nervosa e mental de grande maioria de crédulos, arrastando muitos deles, às casas fortes dos hospícios de alienados e outros aos cemitérios. Somente, de quando em vez, as nossas autoridades intervêm, para punir algum destes embusteiros, algumas vezes vítimas da própria ignorância e criminosos pela incúria das autoridades. Somente quando um dos assíduos frequentadores das sessões de bruxaria ou um dos clientes desses charlatães é infeliz na corrida que empreendeu, e, por isso, recorre à ação dos poderes repressores, é que estes poderes, compenetrando-se do seu verdadeiro papel, investem contra o réu apontado, punindo-o e processando-o.

Afora isso, todos eles exercem livre e amplamente o crime a que se devotaram.

Um nosso companheiro, durante quatro dias, percorreu vários desses antros, onde se praticam feitiçarias e candomblés, sujeitando-se às esquisitas e complicadas cerimônias, que constituem a liturgia fascinadora dos incautos e colhendo, assim, ao vivo, as impressões que ora transmitimos ao público.

Que é o feitiço

Chama-se feitiço o mal que ataca este ou aquele indivíduo, a força sugestiva que domina alguém, obrigando-o a praticar atos e tomar atitudes independentes da sua vontade. Feitiço é a ação, hipnótica, violenta, que obriga uma determinada pessoa a fazer tudo quanto o feiticeiro tem em mente.

É isto o que se conclui das explicações que nos são dadas por alguns dos mais afamados feiticeiros do Rio.

Eles fazem atuar a sua força por meio de "bruzundangas", postas no caminho por onde aquele que deve ser enfeitiçado tem de passar, em alimentos que devem ser pelo mesmo ingeridos, nas roupas e, finalmente, por simples rezas intencionais e características.

A feitiçaria é uma herança que nos deixou o preto africano aqui introduzido pelos grandes navios negreiros da escravatura. Foi esta gente que também nos deu a agudeza de superstição que possuímos.

Preparemo-nos a assistir e nos sujeitarmos a provas de feitiçarias para que melhor pudéssemos dar aos nossos leitores, àqueles que não estão habituados com semelhante "religião", uma ideia mais perfeita do que são os feiticeiros, no Rio.

Não trataremos do feitiço das feiticeiras patrícias, daquele feitiço que existe na graça, no donaire,[85] nos olhos, no *chic* e na silhueta elegante da carioca, da mulher brasileira, enfim.

[85] Garbo ou elegância.

Desta espécie só elas poderão falar e só o leitor saberá definir porque já deverá ter sentido a sua ação muitas vezes ao dia.

Resolvidos a esse penoso trabalho dispusemo-nos a iniciá-lo desde logo, ouvindo, antes de qualquer prática, a opinião de um bruxo e com ele concertando uma sessão para supostos fins.

A nossa primeira entrevista

Houve, no Rio, no Engenho de Dentro, a afamada feiticeira conhecida pela alcunha de Tia Chimba. Desta não foi pequeno e número de consulentes, nem tampouco a série de benefícios e malefícios por ela praticados.

Tia Chimba, não obstante haver feito um milhão de feitiços para salvar seus clientes da morte e de havê-los salvo, como nos afirmou o seu sucessor, nem por isso teve forças e poder para imortalizar-se.

Tia Chimba havia morrido há alguns meses.

Quem a sucederá? Estava aí o primeiro problema. A clientela da velha bruxa era tão avultada que, depois de sua morte, surgiram dezenas de sucessores, cada qual dotado de maior "energia" e "santidade".

Na estação do Méier, perambulando pelas calçadas, ingerindo aguardente pelas tascas, olhos amarelados pelas bebedeiras, pele negra, lustrosa e luzidia, dessorando e eliminando, em vapores, álcool etílico, encontramos um dos muitos indivíduos que disputam a primazia de ser o substituto da Tia Chimba. É ele o preto Pedro Gonzaga, afamado feiticeiro, respeitado e poderoso.

O nosso guia apresentou-nos a tão conceituado personagem.

– Queremos um "trabalho" seu – dissemos-lhe.

– Hoje não é possível – respondeu-nos, limpando os dentes com um palito de fósforo.

– Quando pode ser?

– É preciso conversar com o Manoel, porque ele é que está "trabalhando" agora. O Joaquim está preso, porque deu uma facada em um caboclo, na Boca do Mato. Somente depois do Manoel é que eu "trabalho". A nossa lei é muito séria e nós temos que obedecer.

– Então não pode ser hoje?

– "Inhô" não.

– Mas digo a você que é coisa de urgência.

– É para fazer mal a alguém? Se for, nós não fazemos esse serviço. A nossa religião é para o bem. O "sinhô" é moço, com certeza é negócio de amor.

– De fato.

– Bem. Pode ser na quarta feira. O "sinhô" trás quatro velas, uma garrafa de vinho virgem.

– Vinho virgem?

– Sim "sinhô". É para lavar a cabeça. Sem isso não se pode receber o "povo", porque os maus espíritos não deixam, pois a cabeça da gente, que anda assim no tempo, vive suja de maus pensamentos.

– Ah! Então não é para beber?

– "Oxente"! Como não é para beber? Já viu lavar a cabeça sem beber?

– E como é este negócio de "receber o povo na cabeça?"

– O "povo" é nosso santo. A nossa "língua" é muito difícil.

– Explique-me, então.

– As línguas são cinco: Cambinda, Geisa, Congo, Macanga e a daqui.

– Então aqui também há uma língua diferente?

– "Tem", moço. Vosmecê quer saber de muita coisa.

– É que eu tenho muita fé nas orações.

– A língua daqui é muito fraca, não presta para fazer milagres longe. A Congo é a da gente do Congo. A Cambinda é a dos pretos da Costa da África e que usam brincos. Macanga é a dos pretos que usam tanga e é uma língua muito atrapalhada, que ninguém compreende. Geisa é a das baianas.

– E qual é a sua?

– É a Cambinda; mas falo também as outras.

– Então você é um forte nesta religião.

– Ahn! Ahn! Eu tenho feito muito bem a todo mundo e já fui um grande.

– Já foi grande? Como? Explique-me.

– Basta dizer ao "sinhô" que fui conferente da Alfandega.

– ?

– Perdi o emprego devido a um mau "serviço". Tenho apanhado que não me canso. Todas as noites levo surras terríveis.

– E você não reage?

– Hum! Como, se não tenho o dinheiro?

Pensamos logo que era hora da primeira "dentada", mas Pedro Gonzaga parece que, inteligentemente, não quis aceitar o nosso oferecimento.

– O que eu preciso – adiantou ele – é de muito dinheiro – cem mil réis. Enquanto não obter essa quantia, não posso me salvar.

– E o que você vai fazer desta quantia?

– Tenho que comprar dois carneiros pretos, levá-los para o mato e preparar, em companhia de camaradas, dos meus irmãos e meus pais, comê-los e depois deixar lá tudo: talheres, pratos, toalhas, garrafas.

– Você falou em pais?

– Sim "sinhô". Tenho diversos. Na nossa lei temos diversos pais.

– ?

– Pai é aquele que nos "fez" na religião. O Manoel é meu pai e eu fui pai de meu legítimo pai. Ah! O "sinhô" não sabe que o pai pode ser filho do filho.

– Oh! Mas esta é sua lei é muito complicada.

Pedro Gonzaga deu uma gargalhada e continuou:

– Eu nasci de uma banda só.

– Bom; por enquanto estou satisfeito. Então, na quarta feira estaremos juntos para a sessão.

– Sim "sinhô". O "sinhô" não se esqueça de trazer quatro velas, duas garrafas de vinho virgem e 10 réis para abrir a mesa e algum mais para as "passagens".

– Oh! Não era uma garrafa apenas?

– Ora! O "sinhô" sabe que, quanto mais "lavada" a cabeça, tanto melhor. Se puder levar mais, é bom.

Despedimo-nos do preto e retiramo-nos.

Tínhamos estado em face de um dos mais cínicos farsantes, um dos mais atrevidos exploradores, com ares de santarrão.

Decididamente, Pedro Gonzaga estava convencido de que tinha um "manjar" para quarta feira e nós estávamos dispostos a ser explorados.

A principio receamos o contato com a gente que ia tomar parte no "candomblé", gente que fatalmente seria da catadura de Gonzaga, ou de pior espécie. Era preciso coragem, custasse o que custasse. Assim resolvidos, aguardamos o dia marcado. Amanhã prosseguiremos na descrição do que conosco ocorreu.

QUATRO DIAS NOS ANTROS DA BRUXARIA - PARTE II

A Epoca, n. 1199, 7 de dezembro de 1915

A primeira sessão e as primeiras provas

Prosseguimos hoje a narrativa do que observamos entre os feiticeiros que foram por nós visitados, descrevendo igualmente cenas em que nos vimos envolvidos, com o interesse de pormenorizar ao público o que ocorre nesses antros de bruxaria.

Pedro Gonzaga, depois da entrevista que nos havia concedido, partiu, alegre, antegozando lucros vantajosos, arrancados à nossa curiosidade, ou à nossa ignorância fetichista. Foi, decerto, avisar aos seus comparsas de haver colhido "um" para o "trabalho".

Desde esse dia nunca mais o vimos. Na quarta feira, porém, conforme estávamos combinados, fomos encontrá-lo no Méier, onde ele, em companhia de mais dois crioulos e mal cheirosos, aguardava a nossa chegada.

Eram nove horas da noite, quando desembarcamos de um trem de subúrbio, na gare daquela localidade.

O nosso encontro

Já a dois passos deparávamos com o grupo dos "mágicos sacerdotes de Cambinda".

– Lá vem o moço – ouvimos perfeitamente Gonzaga dizer para os companheiros.

– Boa noite – dissemos. Estamos prontos?

– "Inhô" sim; podemos seguir. Vosmecê trouxe as velas e o virgem?

– Vamos comprar agora.

O grupo acompanhou-nos até a Confeitaria Japão, onde

pedimos duas garrafas.

– É bom vosmecê levar mais algumas – interrompeu-nos um preto velho, o feiticeiro-mor. Sabe que pode ir muita gente.

– Bem. Seis garrafas de vinho virgem.

Feito o embrulho e paga a despesa, inclusive as doses de parati por eles ingeridas, marchamos para o bonde de Inhaúma.

– Para onde vamos? – Inquirimos.

– Não se importe, moço: vosmecê vai com Deus. Não lhe dê cuidado que nós só sabemos fazer o bem.

Aquela companhia, aquele meio em que nos havíamos introduzido, preocupavam-nos o espírito. Ocasião houve em que tivemos receios e nos arrependemos da arrojada empresa. Mil coisas passam, relampejando, pelo nosso cérebro.

Tivemos a sensação de que íamos ser sacrificados no meio deserto e escuro daquelas regiões, pouco e mal habitadas. A nós mesmos perguntávamos, nervosamente, sofregamente.

– Que gente será esta? Ladrões, assassinos, perversos? Mas para onde caminhamos? Por que razão não nos quiseram explicar?

E, enquanto desta maneira nós nos interrogávamos, a nossa imaginação era assaltada por coisas sinistras e violentas, cenas de tragédia.

Partimos

Éramos o chefe do bando, isto é, chefe, porque éramos nós que pagávamos todas as despesas.

Na longa viagem ainda aquele pesadelo nos dominava. O feiticeiro-mor, conhecido por Manoel da Ignácia, cochichava ao outro comparsa, enquanto Pedro Gonzaga cochilava à extremidade do banco que estava à nossa frente. Por vezes tivemos desejos de saltar, fugir, retroceder. Assim fizemos toda a viagem.

Quando o bonde ao termo da linha, eram 10:40 da noite.

– Estamos perto? Perguntamos.

– Qual! Ainda temos muito que andar.

– Então onde é isto?

– Vosmecê parece que está com medo.

– Não. É que estou ansioso para ver se me curo mais depressa deste mal que me atormenta.

– Deixa estar, o que o "sinhô" quer há de acontecer – respondeu-nos Pedro Gonzaga.

Já estávamos quase trôpegos de andar por entre buracos e matos, subindo ladeiras, descendo ribanceiras, avistando aqui e ali, o fumegar de um "bibiano",[86] quando Gonzaga falou:

– La está a casa. Agora estamos perto.

De fato, com mais algumas passadas galgamos um caminho estreito, subimos e paramos em frente a um nojento barracão, feito de latas e tábuas velhas.

Estremecemos antes de entrar a porta, e para ali penetramos. Foi necessário abaixar a cabeça.

A casa do feitiço

A aparência interna em nada diferenciava da exterior. Solo batido; a um canto, pendurado, um lampião a querosene, feito de folha de Flandres, e que comumente se denomina "bibiano". Cadeiras apenas existiam duas, que deviam ter vinte séculos, talvez de existência na Sapucaia.

Recebeu-nos uma preta que era perfeitamente igual aos nossos companheiros. Cabelo desgrenhado, casaco sujo e tresandando a cheiro característico da humanidade de desasseada, era ela que encarnava e recebia "povo" na cabeça.

Os preparativos

Ao centro da sala foi colocada uma mesa velha e desengonçada.

Pedro Gonzaga, segurando um carvão, traçou sobre ela o sinal que mostramos a seguir, pondo no vértice de cada ângulo uma vela acesa.

Assim tudo preparado, Manoel da Ignácia e a preta do "santo" aproximam-se e servem, em canecas de folha, o vinho aos circunstantes, isto é, àqueles que têm de "funcionar". Antes, porém, de ser bebido o vinho, todos se ajoelham e, em vozes altas, rezam um Credo.

Após tal cerimônia o vinho foi sorvido de um só trago, para "lavar a cabeça".

[86] Pequeno candeeiro de folha-de-flandres.

Figura 59: O sinal que está na mesa do "candomblé". *A Epoca*, n. 1199, 7 de dezembro de 1915.

Figura 60: A Ignácia que recebe "o povo" na cabeça. *A Epoca*, n. 1199, 7 de dezembro de 1915.

Enquanto tais coisas se iam desenrolando, nós, mudos, ora com desejos de rir, ora quase impelidos a aplicar uma formidável surra em toda aquela caterva,[87] assistíamos, a um canto, sentados sobre uma das gangorras a que convencionaram denominar de cadeiras, à espera da hora da nossa chamada.

Por fim, os batuques começaram, dirigidos pelo Manoel

[87] Grupo de vadios; desocupados.

da Ignácia.

No meio daquilo tudo, eis que a preta recebe o "povo" na cabeça e, em estrebuchamentos, vai dançando e cantando em derredor da mesa. Cada vez que passava por uma das faces desta, curvava-se sobre o sinal traçado.

Nesta ocasião parou o batuque. Pedro Gonzaga vai ao interior do barracão e de lá volta trazendo uma galinha preta, que, entre cantorias, é decapitada.

O sangue jorra com impetuosidade do pescoço do galináceo, e a preta do "povo da cabeça" suga-o sem a mínima repugnância, como se o fizesse a um fruto ou coisa saborosa.

Entramos em cena

Após esta selvageria, ela se nos dirige, pega-nos pelo braço, arrasta-nos ao meio da sala e, de braços abertos, agitando-os como se fossem asas, descrevendo círculos, em torno de nós, canta:

Caboclo do Mato
Não come folha
Para Deus ajudar
Manda cá loiá

E todos os presentes respondiam em estribilho:

Para Deus ajudar
Manda cá loiá
Uê uá, uê uá

Os atabaques retiniam ensurdecedores.

Assim estivemos nós durante uma hora, sofrendo todo o martírio a que nos quiseram submeter, ora voltado para a mesa, debruçado sobre o sinal cabalístico, repetindo o que desejávamos alcançar, ora de costas para o mesmo, ou rodando com as mãos presas às mãos da preta.

Uma pausa

De repente a preta estaca, esfrega os olhos, puxa a carapinha e finge despertar do estado agitado em que se debatia nas danças e cantorias.

– O "povo" é mau, ainda não está na luz – diz Manoel da Ignácia. Preciso lavar a cabeça.

Novamente vem para a mesa o vinho virgem, as velas são apagadas e o sinal desmanchado, para um novo desenho.

– É gente má que tem aqui – diz Gonzaga.

– Quem será? – Perguntamos, pensando que tivessem descoberto a causa da nossa presença, a nossa farsa.

– Gente que ainda está no purgatório. Pessoa de cá que foi má não chega aqui, porque o terreno está fechado.

– Como fechado? Quando passamos não estava.

– Ah! Agora quem tentar passar leva uma surra de fogo, sem saber de onde vem. Os homens não podem com eles. O anjo da guarda abandona eles à meia noite e estão perdidos.

– O "sinhô" agora vai botar na mesa dez mil réis, que é para abrir ela e não vem maus espíritos.

Prontamente atendemos, fazendo saltar sobre o sinal os dez mil réis, que foram dobradinhos e colocados no interior do sinal, por cima dos dois punhais cruzados.

Recomeça o festim

Manoel da Ignácia convida todos a rezar um Pai Nosso, uma Ave Maria e uma Salve Rainha. Todos atendem.

A preta Ignácia – só então lhe soubemos o nome – volta a ter os mesmos tremeliques, prenúncios da entrada do "povo na cabeça".

Paramos aqui, para não fatigar o leitor, prometendo continuar amanhã, com outros dados, novos e interessantes.

QUATRO DIAS NOS ANTROS DA BRUXARIA - PARTE III

A Epoca, n. 1201, 9 de dezembro de 1915

Corpo bruto e surras em São Cosme e São Damião

Manoel da Ignácia estava no seu elemento. Senhor daquela senzala, mandão de toda aquela gente, como "pai de todos", ele tinha atitudes de rei.

A Ignácia começou a receber o "povo". Ajoelhada aos pés do Manoel, tendo sobre a cabeça as mãos deste, ela foi, de repente, acometida de trismas[88] nervosos, até que, levantando-se, começou a dançar compassadamente, ao som do batuque.

Pedro Gonzaga era como o que o ajudante de ordens de Manoel da Ignácia. Dizia ele que na falta do Manoel era quem tinha obrigação de "chamar o povo". Pedro Gonzaga chegou-se para nós, aconselhou-nos a que nos concentrássemos e tirássemos o paletó.

Que fazer ante tal determinação, naquele meio deserto e sem garantias, tendo por nós apenas a escuridão da noite e o zumbido dos mosquitos girando em torno das velas acesas?

Difícil será dizer o que não faríamos aí se nos fosse mandado. A nossa situação era bem melindrosa.

Antes, Pedro havia falado na campanha dos jornais, campanha injusta contra uma lei, contra uma religião boa e que só fazia o bem. Se deixássemos conhecer a nossa profissão, estávamos desgraçados; nem a alma escaparia.

Despojados do paletó, sacado o colete, em mangas de camisa, fomos obrigados a sentar no chão e dizer em altas vozes o que desejávamos:

"Quero que ela não me abandone, que não se separe de mim, que me ame cada vez mais, assim como eu amo".

Íamos repetindo este desejo, enquanto o Manoel da Ignácia tirava a sua reza, estribilhada pelos outros, acompanhada pelos atabaques tocados por dois malandros que haviam chegado à última hora.

---

[88] Termo informal utilizado para quando uma pessoa não consegue abrir ou fechar totalmente a boca, ou ainda quando apresenta espasmos musculares doloridos na mandíbula.

A reza já era outra, cantada de maneira atrapalhada, confusa:

Carimbé, zuê, zuê
Manda, sinhô, sinhá
Zungum, zungá, zungue
Nagagá, mancá, luá

Todos repetiam a mesma quadra, mexendo com os corpos, sacudindo o batuque.

Depois de um longo martírio da incomoda situação em que nos encontrávamos, Manoel da Ignácia ofereceu-nos a beber um líquido, que era trazido em uma velha e enferrujada de folha de Flandres.

Esta caneca, que já havia passado de boca em boca, veio afinal a ser tocada pelos nossos lábios para sorvermos as últimas gotas do líquido.

Não é difícil calcular a repugnância que tal utensílio nos causava. Estivemos na iminência de nojo e asco.

Mais uma vez, sentimos profundo arrependimento de nos termos metido em tais prebendas.[89] Não havia, porém, outro recurso senão suportar tudo isso.

Depois de todo o ritual cerimonioso, Manoel da Ignácia faz parar o batuque e interroga o "povo" que estava na cabeça da Ignácia.

– Sinhô meu Deus, nosso pai, que há de o moço fazer para amolecer o coração dela?

E Ignácia firmando-se nos pés, perdendo todo aquele jogado de corpo, disse do alto, superiormente, numa atitude porventura identifica uma potestade divina:

O coração da moça é duro como pedra de rocha. Nosso pai quer que ele reze todo santo dia dez Ave Maria e cinco Salve Rainha; acenda no mato, duas velas a Sinhô do Pastorinho e dê em São Cosme e São Damião uma surra de folha de alecrim com manjericão.

Se puder trazer uns fios de cabelo nós fazemos outra reza e ela será dele.

A minha sentença estava lavrada. Era tudo quanto me havia sido imposto.

[89] Maçadas.

Depois de terminada a proclamação da sentença, uma rajada de vento, entrada pela porta ou lançada da boca de algum dos presentes, apaga a vela que estava numa das extremidades do sinal cabalístico, justamente naquele mais próximo do coração em chamas.

– Vê, diz Gonzaga, é o sinal de que o coração da moça abrandará.

A cerimônia estava terminada; eram quatro horas da manhã. Todos os presentes ajoelham-se, rezam o Credo e apagam as velas, que depois são levadas para o quintal e enterradas em um buraco, conjuntamente com os ramos de manjerico e alecrim que serviram para as benzeduras.

De volta ao interior do barracão as garrafas de vinho virgem são esgotadas.

– É ainda para lavar a cabeça; perguntamos.

– Inhô não. Agora é para enxotar os maus espíritos.

Estava concluída a nossa peregrinação na casa deste feiticeiro espertalhão. No bonde das 4h35min descemos todos juntos.

– Então, não ficam? Inquirimos.

– Inhô não. Só a Ignácia mora aqui, nós moramos na cidade.

– E por que não fazem as sessões lá em baixo?

– A polícia não deixa. Os jornais nos perseguem e só não perseguem os curandeiros ricos.

Afinal, quando paramos cá na cidade, respiramos sofregamente, alegremente, de narinas já livres do mau cheiro do suor daquela gente.

Conosco ficaram os remédios e os patuás que compramos para "fechar o corpo contra maus olhos" e feitiçarias.

QUATRO DIAS NOS ANTROS DA BRUXARIA - PARTE IV

A Epoca, **n. 1203, 11 de dezembro de 1915**

Os "dois pretinhos" curandeiros-feiticeiros-espíritas fazem "curas" maravilhosas

Terminada a nossa consulta ao Manoel da Ignácia, resolvemos procurar outro feiticeiro, que novos aspectos de feitiçaria nos oferecesse.

Foi-nos designado outro na estação de Quintino Bocaiuva, à Rua Cupertino, n. 5.

Imediatamente, procuramos uma entrevista com este bruxo. Para a rua indicada partimos, mas não encontramos.

Soubemos então que ali, de fato, havia residido o feiticeiro Augusto, em companhia de outro, de nome Manoel, conhecidos antes pela alcunha de "Dois Pretinhos".

Augusto e Manoel, perseguidos pela polícia, foram obrigados a se separarem, tomando cada qual destino diferente.

Uma cliente e crente dos dois mandingueiros, e que lastimava a mudança dos mesmos, julgando-nos seu irmão de seita, prontificou-se a dar-nos todas as informações de que necessitássemos para chegarmos à presença deles.

– É uma pena, disse-nos a senhora, que fossem eles forçados a deixar esta rua, tomando cada qual para seu lado. O número de fiéis que diariamente compareciam à sua presença, para receber o fluido de seu poder, era considerável. Todos sempre tiveram grandes benefícios e muitos foram curados de doenças, que os médicos disseram incuráveis.

– Então eram prodigiosos?

– O senhor não pode avaliar. Eu tive um filho, este que aí vem (entrava na sala um pequeno de oito anos, presumíveis), que foi desenganado pelos melhores médicos daqui, de Cupertino, e, no entanto, os "Dois Pretinhos", com plantas do mato, para beber (?) e estrume de gado, de infusão em espírito,[90] para esfregar no peito, nas costas e nas pernas, deixaram-no completamente bom e salvo, graças a Nosso Senhor Jesus Cristo.

– Pode ser que nem precise de remédios. Às vezes, basta ele rezar ou chamar pelo "santo".

A senhora solicitamente ordenou ao filho, a que nos referimos, que nos fosse mostrar a casa de Augusto, visto como o Manoel estava morando em Engenho de Dentro.

Agradecemos a gentileza e nos retiramos, guiados pelo pequeno.

Depois de atravessarmos um campo bastante extenso, fomos encontrar um quilometro, seguramente depois, em

[90] Álcool.

uma casa tosca, velha, ameaçando ruínas, o preto Augusto.

– É aqui, disse-nos o guri.

– Bate, ordenamos.

Cumprida a nossa determinação, veio abrir-nos a porta uma crioula, nova e suja.

– Mamãe mandou que eu trouxesse este moço aqui, para se consultar com o "seu" Augusto, disse o petiz.

– O "sinhô" entre e sente, que ele não deve tardar, falou-nos a rapariga.

A sala estava quase que vazia. A um lado, numa mesa, coberta com uma toalha de beiras de crochê, estavam dois quadros, um de São Cosme e São Damião e outro de Santo Antonio. Em cada face da mesa, ladeando os quadros, duas velas acesas, e em derredor deles, algumas flores.

Em um dos ângulos da sala, uma cantoneira suportava um copo de azeite, onde bruxuleava uma lamparina.

Atrás da porta, uma ferradura, uma figa, uma oração intitulada "Estrela do Céu" e em baixo de tudo isto e mesmo sinal, que fora traçado sobre a mesa do candomblé em casa do Manoel da Ignácia.

Enquanto o feiticeiro Augusto não chegava, resolvemos ir interrogando a crioulinha.

– Quando há reza?

– É só haver quem queira. Mas no sábado é o dia de costume. O "sinhô" quer reza ou meizinha?[91]

– Conforme o que ele achar. Acho melhor a reza.

– Os de reza é sempre maior. Todo mundo prefere ser rezado.

Estávamos neste ponto, quando bateu à porta, que havia se fechado, à nossa entrada, o Augusto.

– Vem ele, disse a rapariga.

De fato, era o feiticeiro-curandeiro-espírita-cartomante.

– Deus vos salve, convencido da sua importância, o preto, alto, tipo lombrosiano[92] e moço ainda.

Augusto passou em frente à mesa onde estavam os santos, persignou-se e bateu três vezes no peito.

Sem preâmbulos, dissemos a que íamos ali:

[91] Mezinha ou meizinha, significa : remédio caseiro, ou manipulado em farmácias do interior, geralmente com o uso de ervas medicinais.

[92] Biótipo com os caracteres, supostamente inatos, dos criminosos.

"Um nosso parente estava mal, desenganado pelos médicos. Haviam-nos aconselhado que o procurássemos, pois se ele não o pusesse bom, ninguém mais o faria".

Augusto ouvia-nos, orgulhoso, da sua fama. Depois que terminamos, falou:

– Isso é bondade de quem está socorrido. Quem cura não sou eu, são aqueles que estão ali (apontou para os santos) e o espírito que me vem. É verdade que muita gente tenho salvado. Outro dia o filho de um doutor advogado, eu curei de ser morto pelo trem. Eu estava aqui, quando recebi de repente o espírito na cabeça. Vi o menino correndo pela linha e o trem pegou e tombou ele para o meio. A minha obrigação foi avisar o mal e ao menino não aconteceu nada.

– E para o caso do meu parente?

– O "sinhô" quer curar por reza ou por espírito?

– Como for mais ligeiro.

– Bom. Agora o "sinhô" leva o remédio que os espíritos falaram e no sábado vem à reza.

– Está direito.

Augusto chegou-se para junto da mesa em que estavam os santos, ajoelhou-se, rezou em voz baixa, e depois, sentando-se em uma cadeira, esteve por espaço de cinco minutos, imóvel, estático.

Depois falou:

O mal é mesmo muito grave, mas não é para morrer. O "sinhô" vai para casa e dá para ele um chá de quebra-macho. Mata um frango novinho e abre a moela, tira três pedrinhas e moi bem. Bota num copo com água e deixa passar a noite no sereno e quando amanhecer, dá para ele beber de uma vez só. Aqui está também estas ervas que o "sinhô" soca bem no pilão, tira o sumo e dá a ele para beber três colherezinhas por dia.

Garanto que ele vai melhorar.

De posse dessas bugigangas, sobraçando um embrulho das tais ervas, despedimo-nos do feiticeiro Augusto, comprometendo-nos a voltar no sábado para a reza. Antes, depositamos, nos pés do santo, uma nota de cinco réis.

Augusto disse:

– Eu não cobro nada; o dinheiro que se dá é para o santo.

Aqui paramos, aguardando para continuarmos amanhã a descrição da noite de reza.

QUATRO DIAS NOS ANTROS DA BRUXARIA - PARTE V

A Epoca, n. 1204, 12 de dezembro de 1915

Outros episódios interessantes e outras maneiras de tirar e por feitiços

Conforme havíamos combinado com o feiticeiro Augusto, no sábado, às nove horas da noite, comparecemos à sua residência para tomarmos parte na reza.

A sala já estava mais ou menos cheia de fiéis.

Pouco depois da nossa entrada, começou a cerimônia, que pouco ou quase nada diferenciava daquela que era feita pelo Manoel da Ignácia.

A obrigação de pagar o "trabalho" não era satisfeita senão no fim da reza, isto mesmo depositada a espórtula no prato que ficava à mesa dos santos.

Augusto era o médium que recebia a Mãe d'Água e transmitia os seus desejos e as suas inspirações aos circunstantes e crentes. O "povo", que atuava na cabeça de Manoel da Ignácia, tornava a chegar ao bestunto[93] de Augusto, a denominação de Mãe d'Água.

Augusto vinha para a sala, despido o tronco, besuntado de azeite, fazendo piruetas, sacudindo-se todo, gemendo, da mesma maneira que operários, quando tentam demover algum obstáculo.

Os mesmos batuques, as mesmas cantorias, embora com outros versos, servia de compasso aos gingados do preto feiticeiro.

O vinho havia sido substituído nesta casa pelo parati. De instante a instante, um daqueles indivíduos que ali se encontrava ia ao interior da casa e servia uma "golada".

A crioula que morava com Augusto também era uma médium, conforme ele dizia. Em mangas de camisa com o seios a sacudirem dentro da camisa amarelada pela falta de sabão, ela, depois de algum tempo, veio fazer companhia ao

[93] Cabeça de pouco juízo.

Augusto, saracoteando e dançando em meio da sala. Estava também com a Mãe d'Água.

Enquanto tais coisas ocorriam, nós, em meio daquela gente que formava círculo, íamos também acompanhando a infernal pancadaria, batendo ao fundo de um atabaque.

Todas as rezas eram entremeadas com o nome do nosso companheiro que se dispôs a esta peregrinação e mais do seu parente, em perigo de vida, (Vai-te para longe agouro do Diabo!).

Esta situação durou duas horas. Dentro desse espaço, estava terminada a nossa consulta.

Augusto e a sua crioula haviam ficado livres da Mãe d'Água. Tudo parou, todos silenciaram. Augusto, depois de ingerir dois dedos, marcados a vertical, de parati, aproximou-se da mesa onde estavam os santos, sentou-se, rezou em voz baixa e nos disse:

– Seu parente está mal mesmo de verdade. A mezinha que eu dei vai fazer ele melhorar, caso não venha a piorar.

– E qual é a moléstia? – Perguntamos.

– É porcaria que ele pisou.

– Porcaria?

– Sim. Feitiço.

– Então, não morre?

– Talvez. Ele está todo aleijadinho. Talvez fique paralitico: mas, se não morrer, eu tenho fé em São Cosme e São Damião e nos espíritos que hei de deixar ele bom. O "sinhô" também deve se acautelar. O seu corpo está aberto para o mal. Se o "sinhô" pisar em coisa feita ou alguém lhe olhar com mau olhado está ruim. É preciso fechar sua sepultura, que seu inferno está perto.

– Como hei de me livrar desta coisa?

– O "sinhô" tem muitos inimigos e poderosos. Para se esconder deles, um dou um remédio, que o "sinhô" passa por eles que eles não veem o "sinhô".

O Augusto deu-nos um par de figas. Uma de arruda e outra de guiné.

– Estas duas figas – disse ele – corta o mau olhado. Quando uma quebrar, o "sinhô" já sabe, foi coisa. Venha buscar outra. Quer levar a crista do galo pedrês?.

– Crista de galo pedrês? Para que?

– É contra a inveja. O "sinhô" quer fazer uma coisa e faz mesmo, quer queiram quer não.

– Então me de.

– O "sinhô" vem buscar depois de amanhã que eu vou preparar.

Despedimo-nos e saímos, depois de haver deixado o dinheiro para os santos.

Outro feiticeiro

Domingos, residente à Travessa Portela, n. 10, em Madureira, é outro temível e ousado feiticeiro espírita.

As suas sessões são sempre frequentadas, de preferência, por mulheres, mocinhas e, na grande maioria, suas amantes e seduzidas.

Como opera Domingos

As mulheres ficam todas em volta na sala, enquanto um indivíduo, junto a sua janela, toca um instrumento feito de um pedaço de bambu, serrilhado,[94] e outros batem atabaques.

Quando a música vai animada, entra na sala, despido o tórax, trazendo no peito um punhal, um grande rosário com um dente de baleia, pendurado ao pescoço, braço aberto, correndo em roda, o famoso feiticeiro. Ele dá um grito prolongado, que vai diminuindo de diapasão até perder o som completamente.

Os circunstantes gritam:

Uê! Uá! Uê!

Domingos continua a dançar até que Amélia, uma das suas companheiras, salta para junto de si, gritando de forma ensurdecedora, sacudindo-se e bamboleando as cadeiras. Por fim, ela cai violentamente no chão. Outra rapariga entra na sala, apressada, em quase disparada, braço alçado e na destra um fogareiro de barro, onde crepitam essências vegetais, flores de alecrim e outras resinas perfumosas. Com este

[94] Este instrumento é denominado "macumba".

fogareiro, transformado em espécie de turíbulo, ela vai defumando os presentes.

Depois de estarem os três na sala, saem correndo a volta dos fiéis e alisando a cabeça de cada um, assim como, nas cerimônias católicas, os padres batizam as crianças.

Em seguida, sobre o mesmo sinal, que fomos encontrar à mesa de Manoel da Ignácia, eles entoam cânticos esquisitos. No final dos mesmos, quando todos exclamam em altos gritos: – Jesus, Maria, José – Domingos faz explodir a pólvora colocada entre os espaços dos ângulos.

Neste sinal, em vez das velas que Manoel da Ignácia colocou em cada vértice, Domingos inscreveu cruzes, e, no centro, sob os punhais, existe um copo cheio de água.

Concluída tal patifaria, Domingos entra a praticar o saque, extorquindo dos seus consulentes a maior soma que é possível, depois dormindo no mesmo quarto com doze mulheres e algumas crianças.

No quarto de Domingos há um patuá enorme, que tem no interior várias bugigangas, ossos de defunto, pedaços de pão. Sobre o saco estão cruzadas duas costelas de anjo.

Entre as mulheres seduzidas por este patife está Maria Rosa da Fonseca, esposa do estivador Arnaldo José da Fonseca.

Este operário contou-nos que, entrando, um dia, em casa, encontrou sua mulher com um grande patuá no pescoço. Indagando do que significava tal coisa e não tendo resposta, tomou-o para abri-lo. Fora estava a seguinte inscrição: – Amansando Arnaldo – e no interior havia pedaços de pão, um pó amarelo etc. Como cumplice da sedução de sua esposa está um indivíduo por nome Beija Flor, lugar-tenente do referido curandeiro bruxo.

Uma tarde, chegando a casa e ouvindo uma palestra entre sua mulhei e este indivíduo, inquiriu-a de que exprimia tal conversa. Esta, então, declarou estar com "escama de peixe na cabeça". Dias depois, sua consorte desaparecia, queimando-lhe a roupa e carregando-lhe o filho, que mais tarde fora encontrar na casa n. 17 da Rua Tobias Barreto, amarrado por uma perna ao pé de sua cama.

O menino era amarrado diariamente pela sua carcereira,

uma tal Olga, amiga do Beija Flor. Olga alegou que assim procedia porque o menino estava com espírito mau.

Fale no ouvido do galo

Escrevíamos estas notas, quando entrou pela nossa redação um crioulo. Vinha espantado e estonteado:

– Senhor redator, venho pedir ao senhor para me livrar e a minha irmã de uma feiticeira. Minha irmã vive bêbada diariamente por causa dela.

– Onde é isso? Inquirimos.

– É a Senhora Francisca, na Rua Marechal Floriano, n. 129, 1° andar. Ela nos obriga a falar diariamente no ouvido do galo. Minha irmã está quase doida.

– Falar no ouvido do galo? Que diabo é isto?.

– Quem vai à casa dela e quer algum feitiço pelos espíritos, ela manda trazer um galo, ir para trás da porta e dizer o que quer três vezes no ouvido do galo.

– E depois?

– Depois ela mata e come o galo.

– Então, ela tem muitos galos em casa?

Figura 61: Amélia, à mesa de orações. *A Epoca*, n. 1204, 12 de dezembro de 1915.

– Não, senhor. Cada consulente leva um galo ou manda comprar. Aquela casa é um inferno. Ninguém consegue dormir sossegado.

Aqui somos forçados a concluir a nossa reportagem sobre feitiçarias e candomblés, pois, se pretendêssemos pormenorizá-la e prosseguir, teríamos que escrever um livro e não notas de jornal.

Resta que a polícia de decida a abrir campanha que se torna necessária para por termo a este processo pernicioso de exploração da ignorância popular.

AGRESSÃO

Correio Paulistano, n. 18900, 24 de fevereiro de 1916

Uma mulher apanhou por ser feiticeira

Submeteu-se ontem a exame de corpo de delito na Polícia Central, feito pelo Dr. Olavo Castilho, médico legista, a espanhola Thomazia Rodriguez, de 47 anos de idade, moradora em Rio Grande, distrito de São Bernardo.

Thomazia disse que foi agredida no quintal da sua casa por uma vizinha, que a acusou de feitiçaria.

Ali se achava lavando roupa, quando apareceu Rosalina de tal, atribuindo a artes ocultas, praticadas por ela, uma moléstia de que sofrera. E sem atender a explicações de qualquer espécie, deu-lhe uma formidável sova com uma corda de fumo, produzindo as contusões que apresentava por todo o corpo.

FEITICEIRO PRESO

A Noticia, n. 107, 14 de abril de 1916

Uma denúncia misteriosa foi levada na madrugada de hoje, ao 3° Delegado Auxiliar, dizendo que o audaz feiticeiro, na Estrada do Realengo, estava em sessão de magia, num "candomblé" escandaloso em que se achavam reunidas inúmeras pessoas, entre homens e mulheres.

Imediatamente o Dr. Vital dirigiu-se ao local, acompanhado de força, numa rápida e longa excursão de automóvel, logrando surpreender o feiticeiro José Vieira dos Santos, na prática de feitiçarias.

A sociedade que o rodeava era composta apenas por dois pretos e mulher de cor, pessoas sem classificação social.

O Dr. 3° Delegado Auxiliar prendeu em flagrante o feiticeiro, apreendendo todos os apetrechos da feitiçaria, tais como bonecas, manipansos, ervas secas, pedaços de guiné, ramos de flores murchas, galinhas pretas, milho, azeite de dendê e outras miudezas que foram enviados à Central de Polícia a fim de serem inutilizados.

O feiticeiro foi recolhido ao Depósito de presos e vai ser convenientemente processado.

FEITICEIRO EM APUROS

A Noticia, n. 195, 16 de julho de 1916

No Morro de Guandu, longínqua localidade em Campo Grande, havia, há longo tempo, um perigoso antro de feitiçaria dirigido pelo embusteiro Thiago Leal da Silva, ali apontado pelo vulgo de Tio Thiago e respeitado por todos devido aos seus sortilégios, às suas mandingas, às suas habilidades na prática de tisanas perigosas.

Grande era a animação dos frequentadores desse antro de feitiçaria e inúmeros populares iam levar-lhe os produtos de suas economias, para conseguir do feiticeiro trabalhos que lhes melhorassem a existência, que lhes apressassem o casamento, que lhes garantissem a fidelidade da amásia etc.

E o Tio Thiago cada vez mais via a sua clientela aumentar e para melhor armar ao efeito tinha no seu antro inúmeras bugigangas, espadagões, velas de cera, romãs secas, imagens, registros, estiletes etc., diante dos quais se prostravam todos os papalvos.

Na madrugada de hoje, a polícia do 25° Distrito foi ao Morro do Guandu, cercou o antro de feitiçaria e surpreendeu o Tio Thiago rodeado de vários papalvos, homens e mulheres, que assistiam a uma sessão de feitiçaria.

Presos todos e apreendidos os apetrechos, foi tudo conduzido à delegacia do 25° Distrito, onde foi instaurado processo contra Thiago Leal da Silva, o feiticeiro.

A SARDINHA COM A MÃO DO GATO

O Malho, n. 725, 5 de agosto de 1916

A propósito do estardalhaço da polícia, na perseguição aos charlatões e às casas de feitiçaria

Um cliente: – Ora, graças, que vocês sempre arranjam uma repartição onde se possa vir tratar de certos negócios!

Custou, mas afinal, pode-se saber onde vocês moram.

Um charlatão: – Devemos mais esse grande serviço à polícia, que, de vez em quando, dá o nosso endereço e faz a nossa propaganda.

Figura 62: Charge sobre a matéria. *O Malho*, n. 725, 5 de agosto de 1916.

DO "BICHO" À FEITIÇARIA

A Noticia, n. 226, 16 de agosto de 1916

A polícia faz arreganhos e mais nada

A pretensa profilaxia que a polícia quer exercer com relação aos vícios que assolam a população carioca tem sido praticada com tal parcimônia, de forma tão ineficaz que nenhum resultado positivo as casas principais, os maiores empórios do "bicho" continuam incólumes, e se uma ou outra vez a polícia as tem visitado, é tão somente *proforma*.

E por isso o bicho campeará audacioso, porque em nada lhes altera os hábitos a simples apreensão das listas, dos talões e mesmo das quantias arrecadadas e que vão morrer nos cofres da Polícia Central.

Isso quanto ao bicho: quanto às loterias clandestinas, que infestam a cidade, nada se tem feito, e a Caridade, a Agave, a União, a Popular, a Campista e outras muitas, continuam a ser vendidas livremente com escandalosa ostentação.

Nessa forma de repressão aos vícios a polícia não vai além dos arreganhos – visita as tavolagens durante alguns dias e depois lá não volta mais, deixando os banqueiros em plena tranquilidade, funcionando pelas ruas da cidade.

A cartomancia e a feitiçaria já participaram também das atenções da polícia e o delegado do 12° Distrito já fez lavrar dois flagrantes contra os cartomantes e nada mais.

Os antros de feitiçaria, os candomblés estão agora no galarim.[95] São, de momento, os alvos onde a polícia vai bater para a encenação dos seus arreganhos, dos seus arremedos de repressão aos embustes, às chantagens, cujas maiores vítimas são os incautos, os inexperientes.

Desde o bicho até as feitiçarias, nesse pretenso trabalho de profilaxia moral, a polícia nada faz de proveitoso, de útil senão arreganhos inúteis e nada mais.

É FEITIÇARIA!

A Noticia, n. 255, 16 de setembro de 1916

Em matéria de amor galinha e azeite

Conseguiram hoje as autoridades do 20° Distrito autuar em flagrante dois indivíduos quando colocavam em uma esquina um despacho que se destinava a prender o coração de um ingrato cavalheiro.

O caso foi assim. Oscar Mendes e Silvano Seraphim, na Estrada Real de Santa Cruz, colocavam em uma encruzilhada, um embrulho cuidadosamente feito.

Um soldado passando na ocasião desconfiou do serviço e prendeu os homens.

Os presos e o embrulho foram levados para o 20° Distrito, onde o último foi aberto com todo o cuidado.

Era uma galinha preta morta e molhada em azeite. No mesmo embrulho havia uma garrafa de azeite de dendê.

Uma feitiçaria. Para quem seria?

Os presos contaram. Uma senhora jovem, elegante e bela tinha se apaixonado por um insinuante cavalheiro residente nas proximidades do local.

Mas o infortunado cavalheiro é casado e perfeito cumpridor dos seus deveres, pelo que resolveu não ligar à paixão da dama.

[95] O ponto mais alto.

O resultado da ingratidão foi recorrer a mesma a um feiticeiro, que bem o despacho encontrado pela polícia garantia a dama o coração do ingrato.

A polícia que não está de acordo com isto lavrou o flagrante contra os dois está procurando a apaixonada dama.

SORTILÉGIOS E MANDINGAS

A Noticia, n. 314, 14 de novembro de 1916

Dezesseis prisões

Os antros de feitiçaria, de bruxedos, de mandinga e de sortilégios espalham-se por toda a parte, sempre logrando a concorrência dos papalvos, dos imbecis que acreditam nas sortes, nos banhos para curar os infortúnios, e quanto maior é a afluência mais rendosa a exploração.

Agora, já não são apenas os homens que se atiram à rendosa profissão de mandingueiros. Há mulheres também, que iludem os incautos, exploram os crentes e auferem os proventos do charlatanismo.

À polícia do 20° Distrito repetidas eram as denuncias que chegavam, sobre um antro de feitiçaria, dirigido por uma mulher e situado nas proximidades de Terra Nova, no lugar denominado Engenho do Mato, caminho da Estrada de Melhoramentos.

Hoje, às primeiras horas do dia, por ordem do delegado do 20° Distrito, os comissários Accioly e Germiniano foram dar um cerco no antro, acompanhados de praças de polícia.

Chegaram mesmo no momento psicológico, no instante em que a feiticeira Antonia Jesuína da Silva, rodeada de quinze consulentes, entre homens e mulheres, exercia os seus atos de charlatanismo, preparando as mandingas, organizando os bruxedos, fazendo os despachos em troco de propinas variadas.

Os dois comissários caíram ali de supetão e prenderam em flagrante a Antonia Jesuína e mais os quinze consulentes, levando todos em procissão para a delegacia respectiva, no Encantado.

Além das prisões, foram apreendidas todas as bugigangas, os petrechos todos, desde os ramos de flores de papel incolores, os pacotes de ervas, até os manipansos, os registros e os santos, as orações escritas à lápis em papéis amarelados, as cabeças de galos negros, resquícios de esqueletos de animais, uma infinidade de miudezas asquerosas que formavam todo o arsenal de mandingas.

Antonia Jesuína vai ser processada, bem como os seus quinze consulentes.

A CREDULIDADE POPULAR E OS MALES DELA DECORRENTES

A Epoca, n. 2066, 10 de março de 1918

Os processos de cura envenenam as vítimas dos feiticeiros

Os reformadores trabalham e trabalharão mais por muitos lustros, sem que, entretanto consigam fazer desaparecer certos hábitos remanescentes do Brasil Colonial.

A crendice fetichista é um deles.

Levantem-se, às centenas, escolas, academias, templos cristãos, e a religião selvagem há de imperar por muito tempo ainda no espírito inculto de várias classes de nossa sociedade.

Não raro os jornais trazem vasto noticiário a respeito das explorações praticadas pelos fetichistas e feiticeiros outros, que vão ciliciando, torturando, propinando beberagens e fomentações de drogas desconhecidas às suas vítimas, com o fim de afugentar espíritos malignos e fazer curas milagrosas.

Em verdade, somos um povo sugestionável, que acredita no sobrenatural, e daí o sentirmo-nos atraídos às superstições, embora grosseiras, aceitando como possíveis os "milagres" de quanto explorador se propõe a nos iludir.

Aqui mesmo, em plena Capital Federal, impera tranquilamente a feitiçaria, em quase todos os bairros.

E vêm a propósito a reportagem a seguir.

Parece que os leitores já ouviram falar algum dia dos desastrados efeitos de olhos maus, que, uma vez fitos sobre qualquer coisa, objeto ou pessoa, têm a propriedade de tudo mudar. Se por acaso se volvem para uma árvore sã e cheia de vida, esta definha e morre; aí se voltam para qualquer vivente feliz e cheio de boa renda, os negócios atrasam-se e dentro de pouco tempo estará o mortal transformado na mais infeliz das criaturas.

Tudo isso são efeitos – dizem os crédulos – dos maus olhados, tão temidos de tanta gente.

Há feiticeiros crédulos por índole e outros que não creem nas próprias feitiçarias, praticadas por exploração.

Méier, Encantado, Engenho Novo, confins de Cascadura, Realengo etc., são lugares mais habitados por essa praga de feiticeiros e curandeiros.

A uma dessas choupanas de feiticeiros fomos ontem e ali encontramos de "olhado", uma mulher do povo, inteiramente convicta das vantagens do tratamento a que se submetia.

– Eis, meu senhor, um dos sintomas do "olhado" – disse-nos a velha curandeira, mostrando a sua cliente, que bocejava constantemente.

E o feiticeiro, sustentando três folhas de arruda, planta predileta para tal fim e, sem mais nada prestar atenção, começou a pronunciar as palavras sacramentais.

– Com dois te botaram, com cinco eu te tiro, em louvor das cinco chagas de Nosso Senhor Jesus Cristo.

Se te botaram na cabeça, Jesus Cristo se tire; nos olhos a Virgem da Luz; na boca, o Bom Jesus; nas pernas e nos braços. Santo Inácio de Loyola te defenda; nas costas, Jesus Sacramentado. Com dois te botaram, com cinco eu te tiro. Amém.

Essas frases são reproduzidas três vezes, findas as quais o cliente paga uma certa quantia e sai, combinando novas visitas.

Dispúnhamo-nos a abandonar o antro, quando entrou outra mulher, com erupção na pele.

– Misericórdia! "Cobreiro" de lagartixa! Onde apanhaste isto, criatura?

– Na fonte minha senhora.

– Anda, senta-se aqui e vem rezar isso.

De uma lata pequena, cheia de vinagre, a curandeira retirou três ramos de vassourinha, começando a açoitar a mão da infeliz crédula, com as seguintes e sacramentais palavras:

– Sai-te daqui, "cobreiro" maldito, que a Cruz de Cristo vai sobre ti. Ave Maria.

E, como a velha curandeira, há por aí fora dezenas e dezenas de exploradores da mesma natureza; uns, então, verdadeiras sanguessugas da bolsa do incauto e, além disso, perigosíssimos, porque propinam beberagens e quanta droga inventam.

De lastimar, e muito, é que a credulidade se estenda até às altas horas camadas sociais, pois não raro procuram receitas e remédios para os males do corpo e do espírito.

Muito conhecido da polícia e do meio supersticioso do Rio é um tal Antonio Salacó Adioci, chefe supremo dos fetichistas que tem a sua cabana, ora aqui, ora ali.

Adioci é africano, trás as faces caracteristicamente talhadas a longos paralelos e tem o corpo esquisitamente cheio de tatuagens. Não fala o português, quase.

João Samin e Cypriano Abedé são dois outros feiticeiros conhecidos e que vivem exclusivamente de explorar os crédulos inexperientes.

Francisco Abú Aguidá, depois de ter feito fortuna explorando a feitiçaria na Bahia, instalou-se aqui na capital, onde a polícia o perseguiu por algum tempo. Abú Aguidá embarcou então, para as costas da África.

Aqui fica a nossa reportagem como um aviso de precaução aos crédulos.

Figura 63: Feiticeiros conhecidos pela polícia. *A Epoca*, n. 2066, 10 de março de 1918.

Figura 64: Um feiticeiro encantador de serpentes. *A Epoca*, n. 2066, 10 de março de 1918.

A POLÍCIA VAREJA UM ANTRO DE FEITIÇARIA

A Epoca, n. 2070, 14 de março de 1918

Uma sessão de "Arranca Toco" interrompida

Já deu algum resultado a campanha louvável da polícia do 22° Distrito, contra os antros de feitiçaria que enxameiam essa circunscrição, que abrange os subúrbios da Leopoldina.

O primeiro antro visitado pela polícia daquele distrito foi o de João Antonio Martins, à Rua Carlinda, n. 133, na estação de Olaria.

O respectivo delegado Dr. Cândido Mendes Junior, entregou a direção da campanha ao comissário Dr. Accioly Carneiro.

Essa autoridade foi ontem surpreender o feiticeiro na sua tenda de cavação no momento em que realizava uma grande sessão.

Alta madrugada da casa de João Antonio, saia o eco de cantigas estranhas.

Era a reza do "Caboclo Arranca Toco", que era representado pelo espertalhão.

Em meio de uma grande roda formada por homens e mulheres de viver duvidoso, lá estava o João Antonio, charuto no canto da boca, fumegando, representando o "Caboclo".

Com gestos ridículos ele traspassava o espírito para o médium, a parda Elvira Motta, que fingia em contorções de fisionomia, bamboleando o corpo esguio.

E a reza era esgoelada, ecoando sinistramente pelas horas mortas da noite.

Foi aí que o comissário Dr. Accioly Carneiro deu o cerco com o seu pessoal e penetrou no antro.

Foi um calafrio que correu por toda a assistência ao ver a autoridade policial.

Os homens e mulheres desmancharam a roda do "Caboclo Arranca Toco" e pretenderam pôr-se a panos.

Era tarde.

Todos os pontos estavam cercados.

Formou-se o quadro e o pessoal foi todo conduzido à delegacia.

Homens eram, além de João Antonio, o "mestre", José Francisco, residente à Estrada da Penha, n. 114; Manoel Júlio dos Santos, Rua Carlinda, n. 235; Alfredo Carlos da Silva, Rua das Marrecas, n. 26 e Honorato Victor, Rua Drummond, n. 21.

Mulheres: Margarida de Jesus, Rua Botafogo, n. 65; Elvira Martins, Rua Carlinda, n.133; Maria Augusta, Rua Lavradio, n. 34; Maria Marins, Rua Carlinda, n. 133; Alexandrina Pereira, Rua Engenho Novo; Esmeralda da Conceição, Rua Carlinda, n. 133; Catharina Abreu, Praça da Bandeira; Elvira das Dores, Rua das Marrecas, n. 26 e Maria das Dores, Estrada de Pedra, n. 70.

Todo esse pessoal foi posto no xadrez.

À noite, exceto o "mestre" eles foram postos em liberdade.

João Antonio está sendo processado.

A polícia apreendeu um arsenal de feitiços.

Figura 65: O pessoal do Candomblé. *A Epoca*, n. 2070, 14 de março de 1918.

NO MUNDO DA FEITIÇARIA

A Epoca, n. 2080, 24 de março de 1918

E acabou-se o "candomblé"

A função era divertida.

O português João de Almeida, vestido à caráter, fazia as honras da casa.

A sua amásia, a preta Olegária Maria da Conceição, chefiava o bando que dançava, em volta de São Cipriano, uma imagem grande, de madeira, armada no centro da casa.

Súbito, entra a polícia pela casa adentro.

O João, quase em trajes de Adão, deu o alarme e gritou:

– Salve-se quem puder!

Foi um reboliço dos diabos.

Ninguém se compreendia.

Os comissários Arides e Perrone invadiram o "templo", sito à Rua Itacurussá, n. 96 e prenderam tudo, isto é, o João, a Olegária, os santos e os convivas.

Estes, na delegacia do 17° Distrito, foram mandados em paz, sendo a Olegária e o João metidos no xadrez.

O São Cipriano, uma cruz de cedro, um punhal, uma lata com pólvora e outras bugigangas foram apreendidas e guardadas no cartório.

OS CABOCLOS NÃO IMPEDIRAM A ENTRADA DA POLÍCIA

O Imparcial, n. 1912, 31 de março de 1918

Apesar da campanha que há muito vem fazendo a polícia contra os espertalhões que exploram os papalvos, com sessão de feitiçaria e outras, onde declaram operar milagres espantosos, ainda os incautos não se convenceram da esperteza de tal casta de gente e onde aparece um dos tais fantásticos centro de operadores de milagres, grande é o número de tolos que os vão procurar, deixando ali os magros dinheiros, que à custa de enormes sacrifícios conseguem arranjar, na esperança de conseguir os tais milagres.

Ainda agora, a polícia do 23° Distrito, por intermédio do cabo José Ignácio, comandante do posto de Honório Gurgel, acaba de desfazer um daqueles centros.

Em um barracão da Rua Alice, na Parada do Colégio, em Irajá, o indivíduo, conhecido por Pinto Espanhol e sua amásia, a preta Anna, há muito que vinham explorando os incautos com um candomblé.

Diariamente, a casa dos charlatões enchia-se de crentes, que, em troca de pequenas quantias, recebiam passes, efetuados pela preta Anna e por seu companheiro, que se diziam encarnados com espíritos de caboclos.

Tantas foram as explorações, que as queixas surgiram, uma pós a outra, ao cabo José Ignácio que, ontem, pela madrugada resolveu acabar com o tal candomblé.

Acompanhado de policias, seus comandados, o cabo varejou o barracão, quando a preta Anna invocava um caboclo para uns milagres.

Com a presença da autoridade, os crentes foram tomados de grande pânico, havendo correria, no meio da qual Pinto Espanhol logrou fugir.

No candomblé, além da preta Anna, foram presas as seguintes pessoas: Manoel José Portella, Euclydes Ramos, Pedro da Silva, Geraldo dos Santos, Rita Rosa de Oliveira e os menores Nair, Alzira e Porphirio, de oito anos de idade.

Toda essa gente foi levada para a delegacia, onde foi trancafiada no xadrez.

Outro candomblé existe na zona do 23° Distrito, que merece a atenção das respectivas autoridades.

Este fica situado no Morro do Capão, na Vila Militar, aonde um indivíduo de nome Ernesto Hyggino, vem de há muito explorando os habitantes daquela localidade.

Este indivíduo como os de seu jaez, usa dos mesmos processos para a exploração do próximo.

NO RANCHO DO CABOCLO URUBATÃO

O Paiz, n. 12260, 5 de maio de 1918

Distende-se, cada vez mais, pelas ruas suburbanas, os antros de feitiçaria, os casos de sortilégio, as macumbas prejudiciais, onde os papalvos se deixam explorar torpemente pelos charlatões, que engazopam,[96] e os crentes, quando buscam se aprofundar em ciências ocultas, tem a razão perturbada e se tornam paranoicos, indo encher os catres dos manicômios.

Se escapam da influência moral dos sortilégios, se a bolsa resiste, às múltiplas "sangrias", o físico não suporta a ação nefasta de certas beberagens, e bem depressa o infeliz, que cai nas garras aduncas desses charlatões paga com a vida a sua inépcia, a sua ignorância.

Razões sobejas tem as autoridades policiais em perseguir esses antros de feitiçaria, onde os negócios mais indignos são tratados a peso de ouro, aonde mulheres irrefletidas vão em busca de facilidade nas conquistas, procuram meios ilícitos de felicidade, e homens, de espírito inculto, incapazes de discernir, julgam encontrar remédio no infortúnio ou à pouca sorte.

Nessas macumbas, cujo número parece ilimitado, de tudo se encontra, desde a florzinha seca, inodora, oferecida inadvertidamente em um flerte até galinha preta; desde a estampa bolorenta de um santo, até o grande busto, do tamanho natural, do Caboclo Urubatão, caprichosamente esculpido em madeira; desde a faquinha pontiaguda, de ferro, até o punhal de têmpera soberba encastoado em cabos de prata etc.

Tudo, petrechos os mais variados, manipansos e amuletos, rosários e figas, velas de cera e raízes medicinais, tudo ali se encontra, não só por amor ao efeito, como para melhor imbuir os crentes e mais facilmente arrancar dinheiro das vítimas, sob promessas de trabalhos seguros e proveitosos.

Assim são todas as macumbas, onde a polícia tem aparecido de supetão, logrando prender os feiticeiros e seus adeptos surpreendidos em flagrante, em pleno exercício de feitiçaria.

Sobre uma dessas casas, que funciona no lugar denominado Terra Nova, tem a polícia do 20° Distrito recebido denúncias continuas, pedindo providências, feitas pelos moradores da Rua Gaspar, nessa localidade, pois extraordinários são os abusos praticamente no prédio n. 33, onde residem Arsênio Vieira de Magalhães e sua amásia Mariquinhas Chucalheira.

Nessa casa funciona um antro de feitiçaria sob a invoca-

[96] Enganando, ludibriando.

ção de Rancho do Caboclo Urubatão, frequentado assiduamente por gente de todos os matizes, de todas as idades, de todas as condições sociais, homens e mulheres, que ali vão, continuamente, atraídos pela reclame falada, dos grandes e extraordinários feitos do feiticeiro Arsênio Vieira Magalhães.

A pacata e modesta vizinhança da Rua Gaspar, em Terra Nova, já se sentia ofendida nos seus melindres pela aparição continua, ali, à procura da casa de n. 33, de mulheres de vida inconfessável, sendo que o sossego desaparecera dessa rua, porque eram constantes as sessões noturnas nesse antro, reuniões essas bastante concorridas e onde a algazarra, os batuques e a cantoria impediam os vizinhos do sossego noturno.

Diante dessas queixas constantes, o Delegado do 20° Distrito, Dr. Gualberto Filho, resolveu agir, confiando ao seu auxiliar comissário Moraes, toda a diligência, que foi efetuada com êxito na madrugada de ontem.

Quando a caravana policial chegou à Rua Gaspar, na Terra Nova, onde o silencio é apenas perturbado pelo trilar do apito do vigilante noturno a prevenir os larápios da sua passagem e pelos ganidos dos cães a ladrar à rua, depressa foram pressentidos os murmúrios do batuque, os cantos da macumba e o sapateado das danças ao redor da fogueira e sob a direção abalizada do feiticeiro Arsênio, ao lado da grande estátua completa do Caboclo Urubatão.

À aparição da polícia, um grito de pavor percorreu a sala; as danças estacaram como por encanto e todos procuraram fugir, sumir-se, desaparecerem, e o teriam conseguido, se a autoridade, precavida, não tivesse feito guardar todos os pontos de saída e janelas por praças de polícia.

Arsênio e Mariquinhas, o casal dirigente do antro, impassíveis se mostravam, porque nem o Caboclo Urubatão, nem o Santo Onofre, de tamanho natural e com um punhal atravessado no peito, fizeram o grande milagre de torná-los invisíveis ou de petrificar os policiais, que assim lhes perturbavam os sortilégios.

Dadas as ordens de prisão dos feiticeiros – ao rancho, em número de 25 pessoas, foram todos conduzidos à delegacia do 20° Distrito.

Além da grande estátua do Caboclo Urubatão, em tamanho natural, e da imagem de Santo Onofre, também em tamanho natural, tendo um punhal cravado no peito, foram apreendidos todos os petrechos da feitiçaria encontrados ali, e que eram: uma vara de condão, de mais de um metro; um peixe de papelão, prateado, de um metro; cinco barris de cortes diferentes; colares, grandes e pequenos, varas, arcos, flechas, duas espadas compridas, facas, punhais, galinhas pretas, rosários, santos etc.

Na delegacia do 20° Distrito, vinte e duas pessoas foram presas, além dos donos da macumba, que foram também metidos no xadrez, devendo ser ambos devidamente processados, se em socorro deles não correr, com todo o seu poderio sobrenatural, o Caboclo Urubatão.

A FEITIÇARIA EM PROGRESSO

A União, n. 79, 28 de setembro de 1919

Que é da polícia?

A nossa polícia precisa intensificar uma campanha contra os exploradores das superstições populares. Nos quatro cantos da cidade pululam os candomblés, onde o povo ingênuo, não só perde as suas economias como também a sua tranquilidade.

De um lado, a cartomancia e a quiromancia proliferam, sem que as autoridades ponham um cobro a essa especulação desmoralizadora.

Não bastavam, porém, as casas de cartomantes e as de feitiçaria grosseira. Começam a surgir outras, em que estrangeiros desabusados se locupletam com os dinheiros minguados da população.

Há pouco ainda, a imprensa de São Paulo narrou o fato escandaloso de um estrangeiro, Fuão Trindade, que, a pretexto de cultivar o espiritismo, se distraia em desviar donzelas do lar. Agora temos aqui, em pleno coração da metrópole, um novo antro, onde opera um hindu, que se intitula inspirado pelos deuses do Himalaia e lê pelas linhas da mão o futuro dos incautos que lhe caem nas unhas. Mais de uma família conhecemos que estão aterrorizadas com os prognósticos desse meliante.

A polícia tem um ótimo ensejo para prestar um serviço de saneamento moral ao Rio, visitando o sobrado n. 37 da Rua Uruguaiana, onde esse hindu não tem mãos a medir com os ingênuos que acreditam no seu charlatanismo e lhe enchem as algibeiras de ouro.

E não é só:

Leva o pavor às famílias, conduz alguns consultantes, a sós para gabinetes reservados, ameaça pelo telefone, pinta o diabo!

O CENTRO ESPÍRITA REDENTOR

Madame Férula

Jornal das Moças, n. 239, 15 de janeiro de 1920

Vieram a público alguns dos horrores praticados no Centro Espírita Redentor instalado lá para os lados de Vila Isabel. São cenas degradantes e martírios infligidos aos adeptos daquela verdadeira bruxaria. Destinam-se a implantar crenças, mas só conseguem implantar o terror e a barbaria que pervertem o senso e o juízo dos que já são pobres de espírito.

Dizem que a Constituição tolera isso; ninguém, todavia, será capaz de mostrar senão um artigo em que se tolera a liberdade de crenças e se estabelece que ninguém será perseguido por motivos religiosos.

Isso é coisa muito diferente. Nenhuma lei existe que tolere o que se pratica no tal Centro Espírita; e a polícia, em nome da sociedade carioca ofendida nos seus brios de sociedade civilizada, precisa acabar com aquelas cenas deprimentes, que tanto celebrizaram o famoso Juca Rosa.

É tempo de apagar de vez os vestígios do africanismo mandingueiro!

UMA CASA DE FEITIÇARIA NO ITUTINGA

Correio Paulistano, n. 20975, 25 de novembro de 1921

Queixa à polícia

SANTOS, 24 – Um caso original foi hoje levado ao conhecimento da polícia, por vários moradores do lugar denominado Itutinga.

Há cerca de seis meses, apareceram ali três personagens: João de tal, sua mulher, e uma senhorita, que se hospedaram na casa de João Francisco Pereira, vulgo "Mineiro", conhecido mandingueiro.

Nessa casa realizam-se sessões de canjerê e é impingido um preparado composto com pólvora, enxofre, caninha, couro seco de sapo e veneno de cobra, mandinga essa que cura toda e qualquer enfermidade, sendo ministrada à força.

Os pacientes pagam de 50 a 100 réis por esse medicamento.

Na casa do Mineiro, foi erguido uma espécie de altar, onde é venerado um morcego prisioneiro dentro de um nicho.

Recebido com certa curiosidade pelos habitantes do Itutinga, esse fato foi aos poucos causando pavor, visto que os mandingueiros forçam o povo a beber os seus preparados.

A polícia vai chamar à contas os "sacerdotes" da estranha seita.

NO CONVÍVIO DOS MAGOS E FEITICEIROS

O Brasil, n. 76, 29 de maio de 1922

A "indústria da felicidade", estabelecida nos quatro cantos da Capital, assume proporções alarmantes e perigosas

O Brasil inicia hoje a publicação de uma série de sensacionais reportagens em torno da feitiçaria que, sob várias modalidades, campeia livre e desabusada nesta capital.

Do nosso inquérito, feito depois de meticuloso e demorado trabalho de verificação, as nossas autoridades policiais poderão concluir a extensão e a importância que vão assumindo os embustes e as explorações em certas zonas da cidade.

Não é outro o nosso intuito que o de desmascarar os indivíduos sem consciência e sem escrúpulos que se mantém à custa da crendice dos incautos e dos crédulos.

Relataremos fatos de fácil verificação e qualquer pessoa, que se der ao trabalho de seguir as pistas aqui indicadas, poderá aquilatar como se vai desenvolvendo entre nós, a feitiçaria, ungida de segredos e de mistérios interessantes.

A Idade Média ainda não desapareceu

O Rio orgulha-se da sua civilização, que o coloca ao nível das grandes metrópoles europeias.

A Avenida é uma vertigem. As mulheres passam, risonhas, álacres, com uma felicidade comunicativa nos olhos.

Mas essa primeira impressão se dissipa à proporção que se foge do centro para a monotonia rústica do subúrbio. É já a roça com todas as suas características.

Magia negra

De parceria com a cartomancia e com a "feitiçaria branca" (feitiço para o bem) com a *buena dicha* e outras maneiras de exploração, a magia negra estende pela cidade os seus tentáculos.

Verifica-se que "ignorância satânica" assume proporções, senão aterrorizadoras, ao menos capazes de realizar todos os caprichos de uma imaginação fantasiosa e romanesca.

Existem certas casas de comércio – a maioria das casas que vendem ervas – onde se encontram além de objetos que se destinam ao cerimonial do culto selvagem, amuletos de toda a parte, como sejam os chifres de veado, breves, cachimbos mágicos etc.

Um "breve"

Em uma casa da Rua do Catumbi, onde se vendem ervas milagrosas e rezas infalíveis, adquirimos o seguinte breve:

Em nome de Pai João, apóstolo das nove estrelas do quarto céu, que desceu ao mundo em forma de cordeiro e derramou o sangue aromático na erva venenosa, Amém.

Pela cruz virada e pelas tentações do Homo, Amém.

E nunca falte ao fiel nem pão na mesa, nem chumbo na arma, nem restilo[97] no copo. Amém.

Espantoso? Pois é a pura realidade, leitor. O Rio de Janeiro é ainda uma cidade que vive muito feliz, uma venturosa cidade que vive no mundo nirvânico e tranquilo do sonho e da feitiçaria.

Cagliostro no Rio!

É muito conhecido o personagem Cagliostro, maravilhosamente descrito pela inteligência peregrina de Alexandre Dumas, no seu célebre livro, denominado *Memórias de um médico.*

Aquele mesmo Conde de Saint-Germain, que surgiu inesperadamente na corte subtil de Luiz XV, afirmando que "já vivia há mil anos", e pressagiando de modo singular o triste fim da bela e infeliz Maria Antonietta, tem, ainda hoje, no Rio, uma numerosa série de rivais e de êmulos[98] inteligentes.

Duvidam? Os taumaturgos não morrem. São eternos como os mesmos admiráveis milagres que conseguem operar.

Aqui, na Capital, indivíduos insinuantes, bem parecidos e apresentáveis, vivem de fazer o que eles próprios denominam "super-humanas realizações".

É interessante.

A polícia, porém, ocupada com outros negócios, talvez interessada no armazenamento do Morro do Castello ou nos serviços da Saúde Pública vai deixando que o mal cresça enormemente, inacreditavelmente.

Assim, é nos próprios jornais que os "taumaturgos" anunciam as suas altas, as suas funambulescas[99] capacidades. Diariamente, o nosso povo lê anúncios desta natureza:

Cartomante Dona Maria Emília, consagrada pelo povo como a mais perita e a última palavra em ciências ocultas: às excelentíssima famílias do interior e fora da cidade, consultas por cartas sem a presença das pessoas única neste gênero.

[97] Cachaça de ótima qualidade.
[98] Competidores.
[99] Burlesco; ridículo.

– Máxima seriedade e rigoroso sigilo: residência à Rua Visconde do Uruguai, n. 474, perto das barcas em Niterói, e caixa postal número 1.688 – Rio de Janeiro. Nota – Maria Emília é a cartomante mais popular em todo o Brasil.

E este outro, muito mais atrevido:

"Sonambulismo e clarividente. Rua Dr. Mata Lacerda, n. 67, Estácio de Sá".

E este, piedoso, bondoso, caritativo, mal deixando transparecer a intenção do "mágico":

Grátis – Se quer ser feliz em negócios e em amizades, gozar saúde, não perder no jogo, aprender a hipnotizar e a magnetizar, educar a vontade, aumentar a memória, ser clarividente, conhecer a fundo a magia, livrar-se das influências estragadas e dominá-las, vencer as dificuldades da vida e alcançar a felicidade e a paz peça já o MENSAGEIRO DA FORTUNA. Dá-se em mãos ou manda-se pelo Correio, grátis, a quem enviar este anuncio ou citar o nome deste jornal. Só para adultos e não analfabetos.

CAPITAL DA FEITIÇARIA

A Cruz, n. 43, 22 de outubro de 1922

A polícia acaba de dar uma batida em umas casinhas suspeitas do Beco dos Ferreiros, e de apreender, nas mãos de alguns chineses, morfina, cocaína, éter, fumo, ópio, cachimbos, drogas, ervas etc., que vendiam a cavalheiros e damas conceituados, seus fregueses.

Já nós todos sabemos quanto à embriaguez propositada dos sentidos tem conquistado muitos infelizes, que vão procuram afogar as infelicidades de sua vida nos vapores do ópio e nos efeitos deletérios das infecções de morfina.

Nós somos um povo profundamente sentimental.

Por isso é que proliferam em nosso meio os adivinhos e cartomantes, os espiritistas e bruxa de todas as categorias. A polícia, que não desconhece os efeitos desse sistema de exploração, faz o que pode, dando-lhe caça. Mas a nós, classes cultas, é que compete, pela imprensa e pela palavra, chamar a atenção dos ignorantes para a inocuidade, até para o prejuízo considerável desses expedientes. O Rio de Janeiro ainda é, infelizmente, a capital americana da feitiçaria.

MAIS DE MIL CASOS DE LOUCURA DEVIDOS À PRÁTICA DE FEITIÇARIA

A Gazeta, n. 5120, 29 de janeiro de 1923

Profilaxia mental

Sem o alarme de sensação, foi documentada e confirmada por nomes representativos na psiquiatria brasileira, a reportagem dos nossos colegas da *A Noite*, do Rio, sobre os males causados por feiticeiros e curandeiros.

Mais de mil casos de loucura se verificaram no espaço de um ano, cujos fatores primordiais, devem ser procurados na baixa crendice popular, aos feitiços, na força nefasta dos curandeiros, que penetrando à simples psicologia do povo, contando com a falta de instrução, com a miséria mental, com o obscuro discernimento das classes menos protegidas da fortuna, fazem, através da sugestão, a conquista de milhares de almas, de milhares de seres, de milhares de vidas.

Durante o espaço de um ano constataram-se, no Rio, nada menos de 1963 casos de loucura.

É apenas espantoso!

Certo, as causas eficientes do fenômeno são várias e complexas. O agitado, febril e tumultuário da vida moderna; os paradoxos terríveis das maiores opulências ao lado das misérias mais inconcebíveis; o álcool; a cocaína; o prostíbulo, formam inegavelmente, um conjunto de elementos criadores do fenômeno terrível. A loucura, é assim mais um produto das circunstâncias ambientais, que uma fatalidade do atavismo. Agora, ajunta-se a isto tudo outra tremenda causa de patologia cerebral – A feitiçaria. Centenas e centenas de indivíduos perdem *Il bem dell'intelleto*,[100] como diz o poeta do "Inferno", única e exclusivamente pela prática dessas baixas crendices populares, que são, a "bruxaria", as "cartas", as "águas maravilhosas", os "filtros" etc.

[100] O bem do intelecto.

A explicação é fácil.

O espírito do povo, obumbrado[101] pela deficiência de instrução; chumbado às névoas de superstição, de favores, de mistérios ancestrais de que não se pode ainda libertar, é a fácil e indicada presa, que em mãos dos charlatães se amolda aos seus desejos de rapina e exploração, como coisa aquecida e obediente.

O sujeito, que por sua desgraça nas garras de um dos tais "santarrões",[102] se não possuir uma força de vontade excepcional, uma individualidade rebelde a todo o estranho domínio espiritual, acabará no cárcere, no hospital ou no manicômio.

Abdica da própria personalidade, para ter, no desejo do mentor terrível, a epilepsia de um títere sacudido por mãos de criança, ou a passividade idiota de um condenado imbecil.

Operado o domínio imprescindível e fatal sobrevém o estado mórbido da mania, da ideia fixa, da obsessão constante. Só vive "daquilo". Faz defender todos os atos da própria atividade social, da razão única por que existe, sujeita as leis da consciência e aos ditames do raciocínio à dinâmica do próprio estado. E é, assim, lógico dentro da sua incumbência, claro dentro da sua incoerência, claro da sua noite opaca.

Mas espera-o o crime, a morte, a loucura principalmente, como acaba de dar o alarme o nosso colega do Rio *A Noite*.

Nós em São Paulo, também possuímos e em número, os nossos "feiticeiros", "tiradores de cartas", "curandeiros"!

A religião, aqui, como no Rio, sem os seus ritos, os seus fiéis, os seus "sacerdotes".

E aqui como lá, tem-se verificado graves e numerosos casos, perfeitamente possíveis de sanção penal.

Por várias vezes tem a polícia intervindo, e os jornais falado. Mas, estamos em apostar que as coisas continuam ao mesmo pé. Porque não é este um mal a que se apliquem panaceias. É um grande mal social, e, como diz a sabedoria, – para os grandes males, grandes remédios.

O certo é que o tempo de se tratar seriamente desta questão. É preciso por um termo a todas as explorações do

[101] Assombrado, ensombrado.

[102] Que finge uma pureza e/ou santidade que não possui.

espírito crédulo do povo, sujeito, pelo abandono criminoso em que se encontra a tornar-se a vítima de indivíduos sem escrúpulos, despidos da menor noção de humanidade, ignorantes e analfabetos na maioria, que, aproveitando-se das circunstâncias que os favorecem, não vacilam em por em ação a própria perversidade, contanto que vivam à tripa forra,[103] de "pierna tendida", estômago contriste!

Centenas de casos de loucura, durante um ano, em uma única cidade. Fenômeno, cuja origem segundo psiquiatras ilustres deve ser buscado na prática dessas bruxarias e "curas" e revelações do mistério constitui um bem forte argumento para irmos pondo as barbas de molho.

NOTÍCIA TELEGRÁFICA

O Malho, n. 1141, 26 de julho de 1924

Uma notícia telegráfica de Barra do Piraí deu-nos a saber que o Delegado Regional varejou lá um canjerê célebre, sendo apreendidos os apetrechos de feitiçaria: galos sem cabeça, cruzes quebradas e uma garrafa de vinho do Porto quente.

Acrescentava o despacho que na ocasião da visita policial "dançavam o congo uma senhorita acompanhada de diversas outras, com o fim de facilitar casamento, tirar o sol da cabeça e endireitar a vida".

Como demonstração de ignorância, atraso e maus costumes não conhecemos coisa pior! E se nos fosse lícito aconselhar, opinaríamos pela volta da polícia aos tempos do "Vidigal famoso".

Nada como boas surras de "camarão" para dar juízo aos comparsas dos tais canjerês, e, portanto, escorraçar-lhes o diabo do corpo, abreviando-lhes assim o casamento e endireitando-lhes a vida!

[103] Essa expressão vem da época da escravidão, quando o escravo forro era livre. Significa que se comeu a vontade, livremente.

Figura 66: Charge sobre um despacho. *O Malho*, n. 117, 29 de agosto de 1935.

SAL GROSSO? É FEITIÇO NA CERTA

A Gazeta, **n. 5690, 21 de janeiro de 1925**

Oh! Gente encrenqueira!

Algum tempo faz o condutor Rodolpho Rodrigues e sua mulher Felisbina, tiveram uma "fecha" feia com Anna Bautotti, locatária da casa 109, da Rua Conselheiro Nébias. Felisbina no auge do desespero, engoliu meio litro de álcool, disposta a dar cabo da vida.

O médico da Assistência[104] para onde a mulherzinha foi transportada, logrou-lhe os intuitos, socorrendo-a e pondo-a fora de perigo.

Os meses se passaram e, por mais que Anna pedisse ao casal para desocupar o quarto, mais se aferrava ele à casa. Não que faltassem ao condutor e a mulher desejos de habitar em outra parte. O caso é que Felisbina se resolvera a tirar estrondosa vingança de Anna e para isso, frequentando um candomblé qualquer ali ia buscar os meios que, segundo a tola crendice de certa classe de gente, a feitiçaria fornece às

[104] Ambulância.

pessoas que querem provar o saboroso prato da vingança. Não contente ainda, e para melhor fazer vingar os seus propósitos Felisbina procurou um cartomante e mediante certa quantia conseguiu desta um feitiço capaz de quebrar toda e qualquer resistência.

– É São Cipriano legítimo. Garanto o efeito – disse à mulher a cartomante dando-lhe um pequeno embrulho. De posse do que presumia ser o feitiço Felisbina corre agora para casa e contou a história ao marido. Formaram imediatamente um plano para afastar Anna do quarto.

Enquanto um brigava com a mulher a outra punha em execução o projeto.

Assim, instantes depois se formava a "encrenca". Rodolpho exigia de Anna a restituição de uma toalha que, alegava, lhe havia sido roubada. Anna, fechando ameaçadoramente os punhos, investia, feroz, o diabo do condutor. Outras locatárias logo ao início da briga acorreram, prontas a bater palmas ao vencedor. Enquanto isso Felisbina derramava o conteúdo do embrulho no quadro da dona da casa, verificando, não sem espanto, que "aquilo" era sal de cozinha.

Rodolpho, mal viu a mulher de volta, sorriu prazenteiro e, dando as costas a Anna, deu por terminado o sururu resmungando:

– Fica a tolha de esmola.

Anna bufou, mas, como o delicioso casal se trancasse no quarto, desistiu de provocá-lo.

Voltou-se para as demais inquilinas sendo recebida por uma salva de palmas. Sorriu, satisfeita. Descuidada, orgulhosa da vitória, penetrou no quarto de dormir. A proporção que andava no aposento ia esmagando o sal. O barulho que fazia pisando no sal chamou-lhe a atenção. Abaixou-se, pegou uma pedra, colocou-a na boca, fez uma careta e cuspiu, e, como é entendida em feitiçaria, tremeu. Abriu a boca no mundo:

– Miserável, infame, o feitiço não pega! Gente venham ver o que eles fizeram!

Aos brados da Anna acorreram as mulheres todas da casa e constataram a verdade. O caso foi comentado. Anna, bufando de raiva abriu violentamente a porta do quarto de

Rodolpho e, ante o justificado espanto deste e da mulher, desfez-lhe a cama atirando-a para o corredor. Acabado o susto Rodolpho foi a 2ª Delegacia e contou a seu modo a história. Anna, intimada, compareceu àquele posto e explicou o caso desmentindo o que dissera Rodolpho.

Repreendidos severamente pela autoridade e prometendo pela autoridade dar um jeito de acabar com as "encrencas" repetidas que armam, retiraram-se os dois.

Anna, segundo disse, vai comprar um talismã.

Sal grosso: – Feitiço pega.

FEITIÇARIA, FEITICEIROS E ENFEITIÇADOS

A Gazeta, n. 5748, 1 de abril de 1925

É infinito o número de tolos. Felizmente, para os piratas!

É um caso muito sério e muito complicado esse da pele de sapo e ossos de rato, misturados com terra de cemitério e quejandas, imundices que a gente simples, ou melhor, atrasada, chama ridiculamente de feitiçaria.

Há muitas caras de quaresma por aí, que parece a inocência santificada, de uma ingenuidade prodigiosa, que, no fundo, não passam de piratas, na mais lata expressão do termo. De hábitos simples e, aparentemente morigerados,[105] vão eles seduzindo os trouxas que caem na asneira de acreditar nas baboseiras que impigem com a maior naturalidade, fanatizando-os, tornando-os obcecados por uma ideia qualquer.

O mais curioso, no entanto, são anúncios dos jornais, onde um "fera" oferece ao futuro "pato", por preço módico, toda casta de felicidade que nunca o anunciante gozou.

Há, porém, uma casta perigosíssima, que aliás, está sendo perseguida pela Polícia de Costumes, que muitos malefícios causa aos infelizes arrastados pelas suas patranhas. Queremos falar dos que exercem a profissão de feiticeiros. Em geral ignorantes, sem eira nem beira, sem fé, nem lei, vivem eles ao Deus dará, explorando aqui, ali e além, a credulidade de um sem número de trouxas, casta que, felizmente, o mundo sempre teve de sobra. Ora uma namorada que quer

[105] Que tem bom procedimento.

enfeitar o pequeno, para que ele se resolva a casar depressa e que, para isso trás o retrato dele amarrado na perna, envolto em um fio de cabelo.

Ora, é um vingativo qualquer que, aconselhado mediante pagamento da consulta, pelo feiticeiro, assassina o inimigo em efígie, espetando-lhe um alfinete no coração!

Se por circunstância eventual o namorado começa a definhar ou o inimigo cai doente, rejubilam-se os trouxas convictos de que a "coisa feita" pegou.

Na multidão infinita dos tolos, que piamente acreditam em bruxarias tais, está incluída a Maria Martins Ferreira, mulher separada do marido, e que vive em comum com Ismael Molli, à Rua Dr. Abranches, n. 61.

Recomendaram-lhe com certeza, a leitura do livro de São Cipriano, pois ela conhece como ninguém, tudo quanto é feitiço, até os inventados à última hora.

Ainda há dias, compareceu a mulherzinha, na terceira delegacia e se queixou ao comissário de serviço, de que Avelino Silveira, morador à Rua Biguá, n. 5, fora à sua casa e no assoalho da sala deixara feitiço grosso, isto é, uma misturada de imundícies. O homem, para que o feitiço fizesse efeito rápido e seguro, entrou com o pé esquerdo e saiu às pressas, com o direito.

Levada em consideração a queixa, foi o Avelino intimado a ir prestar declarações. Atendendo ao convite da autoridade, compareceu o homem naquela delegacia, onde, depois de inteirado dos motivos porque fora intimado, sorriu superiormente, como homem do século que é, e declarou ser absolutamente falsa a imputação que lhe fizera Maria. Disse que, de fato fora a casa da Rua Abranches, para visitar o Ismael que é seu compadre e amigo do peito. Mas, não se contentou o Avelino em explicar-se. Quis também, já que estava com a mão na massa, fazer a sua acusaçãozinha.

Assim, terminou as suas explicações, dizendo que a Maria era uma "fera", pois deixara o marido, só para seduzir o Ismael, o que conseguiu plenamente.

Nada mais disse, isto é, disse mais de que fora perguntado.

Contentou-se o comissário com as declarações de Avelino e, mandou-o em paz. E ele se foi muito alegre, esfregando natural, dos que conseguem safar-se de uma enlatada com vantagem. E ele conseguiu isso, pois, livrando-se da acusação fez o "elogio" da acusadora.

A Maria, decerto, sonhou que o homem era feiticeiro.

CAVANDO A VIDA

A Gazeta, n. 5789, 26 de maio de 1925

Mais um feiticeiro nas mãos da polícia

Figura 67: Vicente Ignácio, feiticeiro das dúzias. *A Gazeta*, n. 5789, 26 de maio de 1925.

O preto Vicente Ignácio, morador à Rua São João, 300, percebeu, certo dia, que o trabalho não dá, nos tempos que correm, independência a ninguém.

Matutou por isso um meio de cavar a vida sem estragar as mãos. Assim, depois de sérias reflexões, resolveu estabelecer um consultório de feitiçaria que, a julgar pela freguesia que logo o procurou, estava destinado a dar ao esperto camarada pingues rendimentos.

O material para "encantamentos" custou-lhe baratíssimo. Duas tigelas simples, uma lata ordinária, pedaços de carvão, um Santo Antonio enforcado pelos pés e um Santo Onofre apoiado em um níquel. Cedo, os idiotas conheceram o novo "consultório" e não faltou mesmo quem apregoasse a excelência do feitiço do Vicente.

O homem passou a usar sapatos de verniz, a meter-se em grossas farras, gastando à larga o "cobre" tão facilmente ganho.

Afinal a polícia teve conhecimento do caso.

Sexta feira última, o inspetor Mauro Grande, da Delegacia de Costumes e Jogos, foi consultar o Vicente.

– O Senhor – disse o feiticeiro – está destinado a um futuro brilhante. Há de sofrer um pouco, mas vencerá os obstáculos e levará.

– Levarei...

– Que?

– A sua pessoa ilustre, para o gabinete da Rua Sete de Abril...

E levou mesmo.

O Vicente aguarda no xadrez a terminação do processo que contra ele foi instaurado.

NO REINO DOS ÁGUIAS

A Gazeta, n. 6020, 1 de março de 1926

Foi preso um feiticeiro na Rua do Lavapés

Há dias o 5° Delegado de polícia recebeu uma carta anônima denunciando que, em uma casa da Vila de Sant'Ana, na Rua do Lavapés, um indivíduo, com grande sucesso financeiro, exercitava a profissão de curandeiro e médium espírita.

A autoridade, de posse da denúncia, tratou de conseguir entrar na casa, o que fez após dias de pacientes pesquisas, por intermédio de uma preta, cuja confiança ganhara.

Quando ingressou na varanda da casa, cujas paredes estavam cobertas de imagens, ali já encontrou a autoridade cerca de 20 pessoas, gente da baixa classe social, simples e crédula.

Instantes depois, fronte baixa, mãos cruzadas sobre o peito, cercado por duas pretas, comparsas habilíssimas, entrou na sala do feiticeiro.

A sessão ia ter início quando o autoridade deu voz de prisão ao malandro, sendo a casa, nesse momento, invadida por agentes da polícia.

Houve, da parte dos presentes calorosos brados contra aquilo que chamavam uma violência da atrabiliária polícia.

O patife, que é o indivíduo Francisco Ledas Filho, de 25 anos de idade, soldado do Batalhão do Corpo Escola, levado para a 5ª Delegacia e ali interrogado recusou-se à responder às perguntas que lhe foram feitas.

Ficou provado que Victor, servindo-se dos seus truques de feitiçaria, havia causado a desonra de sua noiva Maria Oliveira de Mello e de duas outras mocinhas, Jacyra Domingos e Lazara Rodrigues.

Após a prisão do bandido, numerosas meninas do Lavapés e Cambuci se apresentaram à polícia, acusando Victor de, pela força, tê-las obrigado à cometer atos libidinosos.

Victor está sendo convenientemente processado.

A autoridade pediu e conseguiu sua prisão preventiva.

UM DESPACHO NA AVENIDA

A Manhã, n. 507, 10 de agosto de 1927

A feitiçaria cada dia avulta mais.

O Delegado Augusto Mendes, em comissão com o Dr. Esposel Coutinho, na 3ª Delegacia, não dá tréguas à cocaína, nem ao candomblé. Mas as macumbas continuam funcionando, e ontem foi colocado um despacho na Avenida Rio Branco, no *atelier* de uma manicure *chic*, como se vai ler:

Maria Taylor, massagista, diplomada em *Vicana d'Áustria*, conforme o seu reclame diz, alugou um compartimento da sua sala, à Avenida Rio Branco, 151, 2° andar, à manicure madame Line Guillhaume, francesa, natural de Lyon.

Há dias, por motivos de ciúmes, a massagista resolveu dar ordem de mudança à manicure, que obedeceu, contrariada, mas disse:

– Deixa estar, danada, que eu vou fazer um despacho que

tu nunca mais irás fazer massagens em ninguém.

E, antes de desocupar a sala, a manicure meteu dentro da bolsa um embrulho de tamanho regular – eram pedacinhos de unhas dos fregueses, que ela há muito coleciona, para fazer canjerê.

Ontem, quando madame Taylor chegou ao seu consultório, pegou em flagrante a manicure colocando o despacho: um pequeno saco cheio de cinzas das unhas dos clientes, surgindo então um escândalo colossal.

Veio a polícia.

A vítima, a acusada e o canjerê foram levados, pelo comissário Ataliba Dias, à delegacia do 1° Distrito Policial.

NÃO QUISERAM IR À MACUMBA

A Manhã, n. 639, 12 de janeiro de 1928

Foram agredidos pelo feiticeiro

Chegou, hoje, ao nosso conhecimento, um fato grave que requer enérgicas providências por parte da polícia do 5° Distrito, o qual passamos a narrar.

No Morro de São Carlos reside a viúva Normandina de Oliveira com inúmeros filhos, dos quais a mais velha chamase Edith de Oliveira. Pouco mais acima, na mesma rua, reside um indivíduo conhecido por Leopoldino. Ao que consta Leopoldino que se dedica às práticas de feitiçaria e é conhecido em todo o morro de São Carlos, pelos seus maus instintos, entendeu que as filhas de Dona Normandina de Oliveira, deveriam frequentar a sua macumba.

Como estas recusassem a aceder ao convite, Leopoldino, ontem, pela manhã, acompanhado de outros dois indivíduos atacou a casa onde moram, pondo em fuga toda a família.

A polícia que teve conhecimento do fato precisa tomar sérias providências contra cenas, como essa, tão revoltante.

O ESQUELETO TERIA FEITO PARTE DO ARSENAL DO MACUMBEIRO?

A Manhã, n. 657, 2 de fevereiro de 1928

Encontro macabro de ontem em um presídio em reconstrução

Nas obras de reconstrução do prédio, n. 62 da Rua das Laranjeiras, trabalha, como encarregado dos operários, Pedro da Silva.

Ontem, assistindo a demolição de uma escada que dá acesso ao 1° andar, Pedro teve a surpresa de ver, no socavão da mesma, um esqueleto humano.

Alarmado, como é natural, com esse macabro encontro, o encarregado tratou de comunicar imediatamente o fato à polícia.

Chegando ao local as autoridades do 6° Distrito, que é à primeira vista acreditaram tratar-se de um crime, tiveram logo desvanecida essa ideia, por verificar que os ossos eram já muito velhos.

Contudo, fizeram remover o esqueleto para o necrotério do Instituto Médico Legal para ser examinado, o que será feito hoje.

O fato, como é natural atraiu ao local uma imensidade de curiosos, entre os quais houve um que afirmou à polícia ter residido naquela casa, há já bastante tempo, um indivíduo de nome Juliano Martins que se entregava à prática da macumba.

Daí a suposição de ter o esqueleto feito parte do seu arsenal de feitiçaria, e não se tratar, como a principio supôs, de um crime.

A respeito do estranho achado, a polícia vai ouvir o indivíduo apontado.

COM MEDO DO FEITIÇO

A Manhã, n. 854, 23 de setembro de 1928

Uma tintureira, apontada como mandingueira assusta o bairro de Aldeia Campista

Ainda há muita gente ingênua em nossa terra, que tem medo de feitiço, que acredita em mandingas, que teme os efeitos de bruxedos e bruxarias, que frequenta candomblés, adivinhos, cartomantes, que usa amuletos, figas e outras baboseiras para evitar males e fechar o corpo às maldades alheias.

E o que se pode observar é que no número dos crentes na força misteriosa de tanta bugiganga, talvez a grande maioria seja exatamente de pessoas pretensiosamente cultas ou elevadas.

A polícia, de vez em quando, se preocupa muito com o assunto, atendendo a esta ou aquela denúncia; mas não tem uma orientação inteligente e pertinaz a respeito.

Há dias, um caso intrincado de magia barata andou a tomar o tempo da polícia lá pelos lados de Vila Isabel.

Nós conseguimos "furar" as diligências da polícia e, embora o caso não ofereça tão palpitante interesse, vamos registrá-lo.

A denúncia dizia que na casa n. 159 da Rua Pereira Nunes se praticava a feitiçaria.

Feitas indagações e observações no local e suas proximidades, pareceu que a denúncia, que era anônima, fora veiculada pelo telefone da farmácia da Rua Pereira Nunes, n. 145.

Entretanto, aí, o Senhor Moreira, chefe da casa, nenhum esclarecimento soube ou quis dar a respeito.

Na casa acusada funciona uma tinturaria em cujos fundos mora o tintureiro, sua mulher e um casal de filhos jovens.

Joaquim Sampaio Marinho, dono da tinturaria, declarou-se estranho ao assunto.

A mulher, Florinda Rosa Marinho, porém, deu à língua.

– Era uma infâmia cuja origem conhecia. Nunca aí se fez feitiço. Quem espalhava isso eram as suas vizinhas da casa n. 161. Entretanto, ela, o marido e a filha, uma mocinha de nome Laura, só se preocupavam dos serviços da tinturaria.

Na casa n. 161, apontada por Dona Florinda se ouviu

alguma coisa sobre o caso.

Mora ali o Senhor Arthur Dias, que dizem ser tenente e estar fora desta capital, em tratamento de saúde; a esposa e uma filha de apelido Nenê, também casada; mas cujo marido também está ausente.

As duas senhoras falaram. Confirmaram a denúncia. Sabiam que Florinda "botava feitiço", não só na porta delas como nas das casas de números 158 e 160 da mesma rua.

Atribuem elas à quiromancia da tintureira o suicídio de um filho de Dona Nenê, que contava 18 anos de idade, há cerca de 10 meses.

Em outras informações colhidas e nas imediações, soube-se que Florinda Rosa Marinho não "prepara o feitiço" e apenas os coloca nas casas onde têm desafetos. Acrescentam as notas coligidas no local pelos investigadores que os feitiços são preparados por encomenda da acusada, nas casas da Rua Visconde de Itamaraty, n. 65 ou 67; Rua Dona Maria, n. 10; Rua São Francisco Xavier, n. 53, e em outra da Rua Jardim Zoológico.

Apurou-se, então, que na Rua São Francisco Xavier, n. 53, mora um espírita e que na de n. 10, da Rua Dona Maria mora uma cartomante conhecida por Madame Portella.

De fato esta mulher foi procurada por um representante deste jornal para quem deitou as cartas fazendo as profecias costumeiras dessas profissionais do engodo.

Entretanto, a respeito do preparo da mandinga parece não ter ficado averiguado partir desta casa.

Entre outras acusações ainda formuladas contra a tintureira consta a de que ela durante muito tempo perseguiu com feitiçarias um alfaiate e tintureiro de nome Paulo que era estabelecido na casa n. 154, de onde se mudou, afinal, para ver-se livre da perseguição.

Figura 68: À esquerda, um chifre que a tintureira mantém nos fundos da casa, para tirar o azar; à direita um nosso companheiro ouvindo Florinda Rosa, que está entre sua filha Laura e seu marido. *A Manhã*, n. 854, 23 de setembro de 1928.

À MARGEM DA CRENÇA POPULAR

Lille

Shimmy, 4 de outubro de 1928

Os elementos da raça africana trazidos para o nosso meio e mesclados com a população sentimental e inculta que formava o Brasil primitivo, determinou a ignição da chama da superstição no espírito das classes baixas, já por si inclinadas a temer e respeitar religiosamente tudo que estivesse um pouco acima da sua cultura reduzida. A África nos deu, sem que lhe pedíssemos, os princípios da feitiçaria que vegetava em seu seio e esses princípios entre nós evoluíram formando um todo de religiosidade inteiramente à parte.

Hoje, alguns séculos depois da fixação da raça negra entre nós, os ritos fetiches, inteiramente diversos dos ritos primitivos, constituem uma série de cerimônias que bem mereciam um estudo apurado desses homens que se dedicam a catalogar excentricidades e que outras coisas não fazem na vida senão acumular situações interessantes. O teatrólogo que se dedicasse a copiar para o palco tudo que de curioso se diz e se faz nessas salas, onde se reúnem os que deturpam criminosamente as verdades da magia negra, poderia contar com a celebridade e teria, além do mais, tema garantido para fazer interminável a sua obra literária e crítica.

Porque a feitiçaria, como a fazem atualmente em quase todos os núcleos de crentes e de mistificadores, a feitiçaria que se faz geralmente nas macumbas, não é mais ou menos humorísticas que têm sempre, para seu realce, o fundo dramático da seriedade dos fanáticos. Ver uma sessão de "crentes", como eu a vi há pouco tempo, é fazer armazenagem do "espírito" para, pelo menos um mês.

Foi em Madureira, nos meados do mês passado. Levou-me para lá o Braga, um antigo repórter de polícia e detetive amador nas horas vagas, um homem que conhece a fundo os dias de sessão e as horas certas de reunião de todas as macumbas da vasta zona suburbana. Subimos ruas de chão íngreme como as encostas da Serra do Mar, pulamos valas profundas e sujas, contornamos pedras que mais pareciam montanhas, até chegarmos a uma casa de aspecto sórdido onde sentamos na sala tosca iluminada a lampião de querosene. Lá dentro havia já uma infinidade de "crentes", gente de toda cor e de várias classes sociais, homens e mulheres, criaturas que seria difícil dizer, ao primeiro exame, se iam lá por convicção ou por displicência, como acontecia comigo.

No fundo da sala, meio ocultas pela sombra de um ângulo, estavam duas senhoras bem vestidas – uma era moça e a outra de meia idade – de aspecto fino e atitudes elegantes. Contrastavam grandemente com o meio, com aquela gente de cara fechada, de mãos grossas e roupas pouco perfumadas e eu, admirado, apontei ao Braga:

– Quem são e que fazem aqui?

E ele, que sabe muito, que muito conhece dos subúrbios e da vida:

– São as mais assíduas frequentadoras da casa. A moça foi abandonada pelo marido e vem aqui em companhia da mamãe para ver se consegue amarrar o "gajo".

Nesse meio tempo, porém, fizera-se silencio na sala e o "pai de mesa" se preparava para dar início aos trabalhos. Era um caboclo alto, de olhos vivos, deve ar inteligente, um homem que seria psicólogo se tivesse cultura e que, naquelas condições, sabia viver inteligentemente. Foi ele quem abriu os trabalhos, foi ele quem recebeu o "santo", e quando chegou a vez delas inclinei-me um pouco, para ouvir o que o caboclo falava, com a voz atrapalhada do negro da costa:

– Ele veio minha filha?

A moça sacudiu negativamente a cabeça.

– Mas ele vai voltar, tem confiança. A mandinga que puseram nele é forte, mas comigo não pode.

Depois, mais baixo, o "pai de mesa" fez a sua encomenda especial, exigiu a entrega de certos materiais que lhe eram precisos. E o Braga me disse, confidencialmente:

Elas trazem tudo que ele pede, desde o parati comum até a seda mais cara.

É essa a mais natural das funções da macumba: explorar os tolos. Aquilo constitui, no fundo, um belo meio de vida para o dono da casa, que sabe aproveitar com aparente santidade a superstição dos demais. Porque é engano pensar que todos ali são mistificadores. Há crentes naquele meio, como há fanáticos que seriam capazes de se deixarem mata para provar a sua crença nas verdades proclamadas. Por cima desses, graças a esses, é que vive o diretor das almas, o invocador de Exu, o santo que tudo conhece e tudo vê. Nem sempre, porém, o esperto é o feiticeiro, o médium. Ocasiões há em que ele também, supersticioso e iludido, não é mais do que instrumento passivo na mão de alguém que maneja os cordéis por detrás das cortinas.

Mas, o interessante de se ver no ambiente da macumba é que, confundimos tolos e espertos, anda no ar um cheio vago de unção, de santidade, um respeito que parece se evolar da superstição que domina todas as almas. Não se sabe ao certo quem engana e quem é enganado, mas adivinha-se facilmente que o atraso espiritual de muitos é ali balcão de comércio para não poucos.

E em meio aquela mistura onde há dedicação e infidelidade, a tradição fetiche se infiltra sempre mais no espírito das classes baixas, favorecendo muita gente e burlando não raro a vigilância daqueles que a puseram fora da lei.

EM MOGI MIRIM

Correio Paulistano, n. 23374, 16 de outubro de 1928

O antro da preta Carlota visitado novamente pela polícia – Bugigangas, caveiras e vasta correspondência – Santa ingenuidade

MOGI-MIRIM, 15 – Com os títulos e subtítulos acima, escreve *A Comarca*:

Quando exercia o cargo de delegado de polícia nesta cidade o Senhor Dr. Pedro de Alcântara Carvalho e Oliveira, no intuito de apurar algumas queixas chegadas ao seu conhecimento, organizou uma "canoa" e altas horas da noite, rumou pela Estrada do Cemitério Velho, em digressão à Capela das Almas Santas das Lages, onde pontificavam, em pleno reinado de feitiçaria, o preto Silvano Costa e sua amásia, Carlota Oliveira Costa.

A empresa não foi difícil. A autoridade, acompanhada do escrivão e de alguns soldados, penetrou no antro da mentira e apanhou em flagrante aquele dois pretos e alguns asseclas, praticando o canjerê, tendo, como vítima imolada, um pobre sapo.

A polícia prendeu o casal e carregou para a delegacia todo o "arsenal de guerra" esparramado pelo salão infecto e imundo da famosa capela.

Esses objetos curiosos, tais como: imagens mutiladas, cotos de vela, vidros com terra de cemitério, pedaços de mármore de túmulos, espinhos do ouriço, enfim, inúmeras bugigangas, foram expostos na Casa Cardona, durante alguns dias, atraindo considerável multidão de curiosos, calculada em mais de duas mil pessoas.

Não se conhecia, até aquela data, fato de tanta originalidade e que tenha despertado tamanho interesse público. Famílias inteiras se moviam, do centro e dos bairros, para admirarem a exposição daqueles objetos ridículos. Mas, havia ali, um rolo de correspondências! Eram pedidos de toda parte, para este ou aquele "trabalho": arranjos de casamentos, de negócios, de mil coisas, encomendas, crentemente, pelos missivistas, à tia Carlota.

A polícia intimou o casal de feiticeiros a que abandonasse o fatídico mister, deixando-o, depois, em paz, mediante a formal promessa de fechar a Capela das Lages.

Nada disso aconteceu; Carlota e Silvano, transferindo residência, para o bairro do Tucura continuavam os seus candomblés.

Nova visita

Por ordem do Dr. José de Molina Quartina, delegado de polícia, o Senhor João Branco de Abreu, ativo escrivão, acompanhado do sargento comandante Senhor João Fernandes de Siqueira e dos praças César Freitas, Manuel Telles e Jacintho Bento do Couto, resolveu fazer uma visita inesperada à Capela das Almas Santas de Lages e, sábado, às 22 horas, dirigiu-se ao bairro do Tucura.

Bem próxima à Capela de São Lazaro, na Rua José Mathias, está situada a casa de Carlota.

A "canoa" policial chegou à porta; bateu. Uma voz, a de Silvano, perguntou quem era e foi respondido com a senha: "É um sobrinho da tia Carlota!".

Na capela

Abriu-se a porta, e, em uma avalanche os policiais penetraram na imunda capela, que rescendia a fumaça de cachimbo e a enxofre queimado.

Carlota, mordendo os grossos lábios, quase espumando de cólera pela inesperada visita e Silvano, com os olhos faiscando de ódio, procuraram desculpar-se, alegando que não mais praticavam a feitiçaria.

Mas, o aspecto do antro era o mesmo da primeira vez: altar, bugigangas. Tudo denotava a existência de qualquer coisa anormal.

Procedeu-se em seguida à busca e, em um baú velho, foram encontrados ossos e caveiras de raposa, centenas dos famosos nós de sapé, os "amarrados", com pingos de cera; ceroulas enroladas, fios e mechas de cabelos, camisolas de dormir, saias, objetos esses não pertencentes a Carlota, mas destinados a trabalhos de feitiçaria.

Numa caixinha de papelão, a polícia encontrou correspondência: uma carta, assinada por Margarida, escrita do Grande Alberto Milano, de Salsomaggiore, Itália, em 17 de março de 1927; outra, da mesma pessoa, sem data, escrita do Hotel Astor, n. 11, Rua D'Astor, em Paris, ambas sobre casos de famílias; outra de Santos; numerosos bilhetes e papeis com nomes de pessoas desta cidade.

Não é nosso intuito escandalizar o público, trazendo ao seu conhecimento tudo quanto encerrava a vasta correspondência encontrada na Capela das Almas Santas de Lages.

Referindo-nos ao caso, queremos apenas frisar o "prestígio" de Carlota. Uma mulher, naturalmente brasileira, pela sua carta se convence, escreve-lhe da Itália. A mesma pessoa vai a Paris e lá, da cidade-luz, lá da majestosa capital da França, dirige-lhe nova missiva!

Qual será o poder de Carlota Oliveira Costa?

Terá ela, pela feitiçaria, a força de conseguir a realização de íntimos desejos, poderá, de fato, abreviar negócios e realizá-los à vontade dos consulentes?

Seremos nós da imprensa, serão os senhores da polícia os incrédulos?

Dependerão o êxito de nossa vida, o sucesso de um negócio, a felicidade conjugal, da vontade exclusiva desses pretos imbecis e mandingueiros?

A nossa infelicidade, a nossa desgraça estarão, igualmente, nas mãos dessa gente?

Difícil a resposta.

Inegável, porém, o quanto se constata nessas dezenas de cartas; pessoas existem tão crentes, persuadidas do poder misterioso de Carlota, que lhe confiam negócios de família; outros, procurando alcançá-los por sua intercessão!

E não receiam, não lhe dão cuidado essas buscas da polícia; parece que a ambição de um desejo irrealizável, sem apoio da bruxaria – lhes cega o pensamento, não medem as consequências morais de seus atos ocultos.

SERIA FEITIÇO?

A Gazeta, n. 7066, 10 de agosto de 1929

O Guerra assim pensou e foi tirar satisfações

Às 22 horas de ontem, saindo ao quintal de sua casa à Rua Ítala, n. 55, Augusto Lopes Guerra, viu uma porção de velas acesas precisamente na divisa da sua com a casa vizinha. Intrigado com o caso aproximou-se. Percebeu que era feitiçaria e resolveu logo desmanchar a "coisa".

Foi, por isso, em companhia de sua mulher, Aurora Gomes Guerra, de 46 anos, interpelar os vizinhos que são residentes à Rua Carandiru, n. 170. Ali chegado começou a dizer desaforos, afirmando que não tinha medo de feitiço etc.

Entrou em cena, nesse momento, o soldado do 5° Batalhão Virgílio Ramos de Oliveira que, talvez "enfeitiçado", sacou de um revólver e fez cinco disparos, visando Guerra.

Este não foi, felizmente, atingido. Um dos projeteis, no entanto, alcançou Aurora na coxa direita, varando-a.

O soldado foi preso e remetido para o seu batalhão. Aurora recebeu os necessários curativos na Assistência.

NOTAS DO JORNAL O *ESTADO DE SÃO PAULO* SOBRE A MACUMBA

O Estado de São Paulo, 02 de fevereiro de 1907

A polícia deu anteontem uma busca em uma casa da Rua São Benedito, onde reside Maria Rita de Oliveira, acusada de fazer feitiçaria. Na casa em questão encontrou a autoridade vários apetrechos para feitiçaria. Maria Rita declarou, com toda sinceridade, que curava e tirava o demônio do corpo dos incrédulos.

O Estado de São Paulo, 02 de fevereiro de 1908

Continuou ontem na quinta delegacia o inquérito contra o espanhol Raphael Estevam, estabelecido à Avenida Rangel Pestana com fábrica de camas e colchoaria, que explorava com resultados pecuniários a crendice pública. Uma das testemunhas ouvidas pelo Senhor Dr. Enéas Ferraz disse que Raphael recebera e aceitara de uma mulher uma encomenda para preparar um veneno secreto, que matasse sem deixar vestígios de crime, cujo veneno seria destinado a uma criança. À vista da gravidade da acusação o quinto delegado trata de averiguar sua veracidade.

O Estado de São Paulo, 9 março de 1935

Macumba varejada

A Delegacia de Costumes, a cargo do Dr. Costa Netto, efetuou, ontem á noite uma diligencia na Rua Paim, 75, onde, num quartinho dos fundos do quintal funcionava um centro de macumba, baixo espiritismo e cartomancia. A polícia apreendeu e removeu para o Gabinete de Investigações os apetrechos que guarneciam o local: garrafadas, pacotes de ervas, amuletos, imagens, remédios, águas, etc. Foram detidos e removidos para o Gabinete de Investigações, a fim de prestar declarações: Concetta Biscalchini, cartomante e seu filho Mario, residentes à Rua Ruy Barbosa, 16, Vila, casa 3; Antonio e Thereza d'Avanzo, sua esposa, residentes à Rua Bahia, 75; o guarda noturno Pedro de Rezende, n. 922, morador á rua Apeninos, 89; Ediaulas de Paiva Botelho, guarda noturno n. 55, morador à rua Major Diogo, 97: João Pereira da Silva, guarda noturno n. 500, morador na Rua Paim, 75. Os guardas noturnos se achavam fardados e armados e uma escolta da corporação foi buscá-los ao Gabinete de Investigações, removendo-os para seu quartel. A polícia deteve ainda Anna Rosa de Jesus, moradora em Rio Preto, donde veio especialmente para consultar a cartomante que exercia sua atividade na Rua Paim. A Delegacia de Costumes instaurou inquérito sobre o caso.

O Estado de São Paulo, 1938

Há uma casa de pretos na Travessa do Castelo onde se pratica a liturgia jeje-nagô, culto fetichista, cerimonia cheia de complicações e de mistérios, onde se evocam almas do outro mundo e são manipulados "despachos", feitiços que, quando postos nas encruzilhadas dos caminhos, têm a propriedade de criar malefícios, modificar vontades, corrigir a linha sinuosa que dirige o destino dos homens. Chama o povo a esses núcleos de evocação e de magia onde o homem de cor, em geral, predominam canjerês, candomblés ou macumbas.

O Estado de São Paulo, 3 setembro de 1941

Sedução da macumba

Todos os dias a Polícia de Costumes dá em cima do mistério das macumbas, desfazendo a ilusão dos crentes com a dureza da lei. Todos os dias se desmancham esses antros pitorescos onde a esperteza explora a ingenuidade do povo que busca no desconhecido remédio para os males cotidianos na terra. A cidade do Rio de Janeiro inteira vive no pavor do mistério adverso, no medo da fatalidade oculta no bolo das garrafas que os macumbeiros colocam, juntamente com outros tenebrosos ingredientes quando os relógios marcam a hora fatídica da meia noite em qualquer encruzilhada deserta.

NOTAS DO JORNAL *FOLHA DA MANHÃ* SOBRE A MACUMBA

Folha da Manhã, 13 de julho de 1925

A Delegacia de Costumes e Jogos, a cargo do Dr. Mário Bastos Cruz, iniciou ultimamente duas oportuníssimas campanhas! Uma contra os chantagistas do espiritismo, outra contra os chamados feiticeiros, classe que explora em São Paulo, abertamente, a crendice popular. Dentro do coração da cidade, à Avenida São João, há pouco menos de dois meses, o Dr. Cruz apanhou em flagrante um preto afamado em adivinhações e em curas das mais difíceis moléstias. Sua casa era frequentada diariamente, até por gente da alta sociedade, que acreditava nas suas intrujices como se tratasse de um oráculo.

Folha da Manhã, 10 de abril de 1926

A ação da polícia, a princípio tenaz, não sabe por que foi

esmorecendo, ao que parece por completo. E os candomblés, fechados então, foram se abrindo de novo disfarçadamente, voltando os intrujões, verdadeiros parasitas da sociedade, a ganhar pingues quantias neste comércio extorsivo de iludir a boa-fé de gente simples.

Um velho Pai de Santo, Ismael Vicente, que fundou em 1949 sua casa, relata seu diálogo com o delegado que o intimara a comparece à delegacia:

> Intimaram-me na polícia. Na Delegacia de Costumes falei com o Dr. Armando Correia Braga. Aí ele queria que assinasse um compromisso: "Você vai assinar um compromisso para deixar esse negócio de macumbaria, de feitiçaria". "Não assino porque não sou mentiroso. Eu não vou dizer para o senhor nem para ninguém. Eu não vou deixar de trabalhar". Ele disse: "Eu ponho dois inspetores na sua porta". Eu disse: "Não adianta". Ele disse: "Você trabalha com eles lá na porta mesmo?" Eu disse: "O senhor pode vigiar minha casa, mas a mata o senhor não vigia, é muito grande".

AS SUGESTIVAS FORÇAS SECRETAS QUE NÃO VEMOS

Mattos Pinto

O Que Há?, n. 49, 10 de julho de 1930

Ouvimos murmurar a todos os momentos da vida, sem sabermos a origem dessa superstição universal, que o mundo onde vive e sofre o homem, não passa de insignificante parcela da ordem geral das coisas.

Segredava-se à puridade primeiro, depois nos estranhos concílios dos iniciados, e hoje se propala abertamente em toda a parte, que os fenômenos sensíveis percebidos pelos nossos sentidos são em síntese, manifestações das forças invisíveis da natureza.

A feitiçaria, magia branca e magia negra, o Espiritismo, as seitas secretas, o charlatanismo religioso e a macumba, são enormes linhas paralelas que nasceram do terrível obscurantismo do desconhecido.

Remontam de longe as doutrinas ocultistas. Santo Agostinho declarava que as doutrinas dos platônicos de Alexandria eram as doutrinas esotéricas originais dos primeiros discípulos de Platão, e via no admirável e límpido Plotino, a ressurreição de Platão. Ora, o grande mestre de Aristóteles já prenunciava a reencarnação de Kardec, quando asseverava que fazendo precioso uso das vidas precedentes, apurando-se nos puros mistérios, o homem torna-se verdadeiramente perfeito. Pitágoras dizia ser o número o primeiro principio de toda entidade, porém, Ritter acha que a fórmula de Pitágoras deve ser entendida simbolicamente. Aristóteles associava os números pitagorianos às ideias de Platão. Mais recentemente, sob as reminiscências de Buda, dos segredos da ciência indiana e dos karmistas, Blavatsky vê a Terra como um corpo magnético, e nota nos corpos humanos, como em todas as outras formas da matéria, propriedades elétricas negativas.

Na incontida ânsia de decifrar as sugestivas forças secretas do desconhecido, Annie Besant decide-se pela existência de homens, que adquiriram em outras vidas, certas faculdades físicas que agora se revelam. O Hatha Yoghi, por exemplo, habitua-se a reprimir a respiração, suspende-a por muito tempo, regula as pulsações do coração, e acelerando ou retardando a corrente circulatória, produz um estado de êxtase que tem por fim libertar o corpo astral.

Em realidade nada existe e não pode ser oculto senão pelos nossos próprios sentidos, pois que o mundo se amplia para todo o homem em evolução, – sugere C. W. Leadbeater. – O ocultismo é o estudo do lado oculto da natureza, ou melhor, é o conhecimento do *todo* na natureza, em vez da pequena parte que está incluída nas investigações da ciência moderna. Buda ensinava que a verdade permanece sempre em torno de nós.

Os macumbeiros estão sempre a falar na luz e no corpo astral. O que significa isto? A luz astral é a luz sideral de Paracelso, fisicamente é o éter da ciência moderna, informa H. P. Blavatsky, porém, metafisicamente, na acepção espiritual e oculta, o éter é mais alguma coisa. A denominação *astral* foi empregada por alguns neoplatônicos. Porfirio descrevia o corpo celeste, sempre junto à alma de essência imortal, luminosa e semelhante a uma estrela. Paracelso pensava que os astros exercem influência sobre o nosso corpo e que nós exercemos igual atração sobre eles. A magia seria a filosofia da alquimia.

Se Huxley e Tyndall chamaram o Espiritismo de crença degradante e a magia oriental de charlatanaria, Pierre Poiret Naudé era entusiástico defensor do magnetismo oculto. O Dr. Hufeland escreveu um tratado de magia, propondo a teoria da simpatia magnética universal entre os homens, os animais, as plantas e os minerais, confirmando as concepções de Campanella, de Van Helmont e de Servius, acerca da simpatia existente entre as diversas partes do corpo, como entre todas as partes dos corpos orgânicos e inorgânicos.

O famigerado duplo etéreo dos macumbeiros, dos espíritas e dos ocultistas, assim se chama por ser constituído de éter, e duplo por ser ainda a reprodução exata do corpo grosseiro humano. Apresenta uma cor roxo-acinzentada, a textura sendo fina ou grosseira conforme a qualidade do corpo denso. Graças ao duplo etéreo, a força vital *prana* percorre os nervos transmitindo energia motriz e sensibilidade, dimanam do *ego*. *Prana*, o sopro da vida, é a energia do *ego*, segundo a doutrina de Shri Shankarâchâriga.

O sol, a lua, as estrelas, os seres humanos, os rochedos, todos os objetos da natureza, irradiam força sobre nós, – opina Leadbeater. – Há sempre massas de pensamentos vagos flutuando na atmosfera. Foi Schopenhauer o autor da verdade, de que não há nem espírito, nem matéria, e se a pedra pode cair, também pode pensar. Em uma frase sarcástica, Aksakoj acusava os sábios de fugirem dos fenômenos e incriminava os fenômenos de perseguirem os sábios.

Eglinton apresentava nitidamente o fenômeno de separação física. Via-se o duplo etéreo escoando-se pelo lado esquerdo, enquanto o corpo contraia-se. Em Husk, o corpo denso diminuía tão visivelmente, que a roupa ficava quase vazia. Certa vez, a redução do corpo de Eglinton foi de tal maneira excessiva, que um fantasma materializado agarrou-o e apresentou às pessoas presentes para examinar. A redução do médium parece indicar o deslocamento de uma parte da substância ponderável do corpo, conclui Annie Besant. A exteriorização do etéreo provoca turbações nervosas.

C.W. Leadbeater confirma que há entre a maioria dos homens uns que são mais sensíveis, sonham, percebem visões e vêm miraculosas coisas que não vemos. Seja como for, na origem de todos os fenômenos de superstição afetiva e intelectual, como a feitiçaria, macumba, magia branca e magia negra, ocultismo, existe sempre o temperamento impressionável.

A influência do espírito sobre o corpo é possante, escreve H. P. Blavatsky.

– Quantas curas inesperadas, súbitas e prodigiosas, têm sido operadas pela imaginação! – Exclama Salverte.

No imenso e misterioso domínio da impressionabilidade, cujos arcanos invisíveis escapam às investigações da física e às especulações da psicologia, os milagres da superstição pululam desde que a humanidade viva.

MANDRÁGORA

Horta Macedo

Fon Fon, n. 15, 11 de abril de 1931

Figura 69: Mandrágora. *https://lookfordiagnosis.com*. Planta da família das solanáceas, adepta das regiões quentes, cujas raízes, tuberosas e bifurcadas, assumem a forma do corpo humano.

Figura 70: Raiz de mandrágora. *https://www.flickr.com.*

Mandrágora é candomblé,
Abracadabra, feitiçaria.
Planta esquisita,
Que traz mandinga que nem sei que.
Quem, por acaso, por negligente,
For arrancá-la de onde nasceu,
Sua raiz em forma de gente,
Entre gemidos, longos soluços,
Deita-lhe todo o feitiço seu.

Verde mandrágora esquisitíssima,
Extra terreal,
Na Idade Média de ti faziam
Filtro de amor,
Que punha o corpo todo da gente
Num delicado, langue torpor.

Tu és mandrágora, és meu feitiço,
Meu candomblé.
Estranha planta
– Tronco de carne, raiz de nervos —
Quis arrancar-te do coração,
Porém agora vivo encantado,

Vejo-me agora hipnotizado
Por tua louca fascinação!

* * *

Apresentamos agora, após o poema de Horta Macedo, algumas anotações que pensamos pertinentes para conhecer um pouco sobre as virtudes e usos da mandrágora.

Desde a mais remota antiguidade a planta mais característica, mais intimamente associada à bruxa e à sua Arte é a mandrágora. Conforme Frater Azael:[106]

> Por mandrágora, compreendem-se duas plantas distintas, a *Mandrágora officinalis* (*ou officinarum*) e a *Mandrágora autumnalis*. Nos textos ingleses, quando se fala em mandrágora, a referência é à Briônia Branca (*Bryonia dioica*) e, segundo alguns, à Briônia Negra. A mandrágora americana é chamada de Maçã de Maio e seu nome é *Podophyllum peltatum*. Contudo, a mandrágora propriamente dita é originária do sul da Europa e encontra-se fortemente vinculada à tradição de bruxaria que lá floresceu, modernamente conhecida por stregheria.

A mandrágora é considerada na Tradição a interface entre a humanidade e o reino das plantas. Poeticamente, costuma-se dizer que ela é a planta que um dia sonhou em ser humana, podendo amar como os homens e mulheres amam, razão pela qual é muito utilizada em feitiços de amor. Frater Azael nos diz que:

> A mandrágora desde sempre é considerada poderoso talismã, cujo poder deriva do seu espírito familiar, conectado às forças ctônicas e a tudo que caminha à noite. É, assim, conhecida como a raiz da feiticeira. A propósito desse espírito familiar, cujo meio de se contatar será revelado mais adiante, ele cria um campo energético altamente perturbador em quem desenterre a mandrágora sem os cuidados e os ritos apropriados, ligando-se a esse fato a lenda de que a mandrágora, uma vez desenterrada,

[106] *A bruxaria e os espíritos aliados do reino das plantas: contatando o espírito da mandrágora.*

emitia um grito que poderia levar o incauto à morte ou à loucura.

A mandrágora era muito usada pelos feiticeiros. É uma planta que contém atropina, substância que administrada em pequenas porções, causa sono, mas em grandes doses causa alucinações.

Encantamento para evocar o espírito familiar da mandrágora

Sois o Mestre que observais na hora da meia-noite,
A raiz das feiticeiras, fonte do poder das bruxas.
A planta que desejou a forma humana,
Leva bruxa e planta a jurarem um pacto.
Habitante enraizado na negra terra oculta,
Olhos ocultos espiando para pegar um feixe de lua.
Copa frondosa de estrelas, o poder do Reino Verde,
Fortaleceis e conferis poder à Vontade através do Rito das Bruxas.
Vinde até a bruxa (bruxo) que jurou com seu sangue e que ora vos saúda.
Eu vos chamo para passardes através dos véus verdejantes.
Eu chego até vós na hora do poder.
Pela semente, pelo broto, pelo ramo e pela flor.

OS GRANDES MALES SOCIAIS

A Gazeta, n. 7840, 23 de março de 1932

Quantos desgraçados palmilham as ruas da cidade maravilhosa servindo de palhaços à molecada perversa? Em quantos lares, desde os cortiços sem ar, sem higiene e sem luz onde nunca apareceram os médicos sanitários, aos prédios burgueses, não se desenrolam, diariamente, tragédias anônimas, de desesperação? Quantos vencidos da vida da vida não dão o grande pulo da morte, surpreendendo a viagem de onde ninguém regressa? Atacados pela mania de perseguição encontram-se recolhidos nas casas de saúde e hospícios, dezenas e dezenas de infelizes que, se a polícia tivesse querido, seriam hoje cidadãos prestantes ao convívio social.

Se a polícia quisesse, quantas dolorosas ocorrências, tragédias medonhas que espantam pela crueldade dos seus autores, seriam evitadas? Se a polícia quisesse as ruas de São Paulo não ofereceriam mais o espetáculo degradante proporcionado pelos viciados do álcool, pelos atacados da mania de perseguições? Se a polícia quisesse, muitas tragédias anônimas que hoje se desenrolam em lares paulistanos, cessariam e muitos desanimados da vida seriam afastados do precipício da morte para onde caminham a passos largos.

Duas simples providências das autoridades bastam para minorar o sofrimento de muita gente. Apenas, tais providências requerem ação enérgica e decidida, pertinaz, sem tréguas.

Dois males são as causas principais de muitas infelicidades e esses males estão radicados profundamente nesta São Paulo de Piratininga: o falso espiritismo e as macumbas de feiticeiros espertalhões.

O combate a esses é fácil. A publicação dos nomes afastará, naturalmente, os consulentes desses malandros que, com um pouco de sal e muita manha, vivem à tripa forra.

Quanto ao falso espiritismo, a polícia precisará, para combatê-lo com eficácia, do concurso das pessoas que cultas, estudiosas, se dedicam a essa difícil ciência. Infelizmente esse concurso não o terá a polícia porque as pessoas que cultivam, com moral elevada, o espiritismo, parecem desconhecer a existência, na cidade, de sórdidos centros disto ou daquilo, onde malandros que nem sequer soletram o bê-á-bá, com frases estudadas e decoradas, espantam os seus simplórios ouvintes, invocando os espíritos de Garibaldi e Rodolfo Valentino.

Macumbas

Inteligências descambadas para o qual, os feiticeiros que ergueram as suas baiucas na cidade, fazem muito dinheiro e muitas desgraças.

Qualquer desses espertalhões, desmancha "coisa feita", arranja e desfaz casamentos, cura feridas bravas, lava a alma do crente de todos os pecados. Com um pouco de sal e chifre moído misturados com terra de cemitério, curam os feiticeiros qualquer mau olhado. Um carvão pingado de vela metido no colchão do homem amado torna-o loucamente apaixonado por qualquer enxundiosa quarentona. Uma mecha de cabelo e uma reza liquidam um casamento.

É doloroso de se ver as cenas desenroladas diariamente nas macumbas frequentadas por gente de todas as castas sociais. Senhoras ricamente vestidas, descem de autos de luxo à frente das casas dos feiticeiros e vão misturar-se, no interior sujo, de paredes negras de fumo e onde aparecem as mais esquisitas figuras, pessimamente pintadas, com a gente de todas as raças e castas que ali vive a adorar o charlatão.

A polícia tem-se contentado em prender, por hora, esses perigosos malandros. Postos em liberdade vão de novo exercer a profissão rendosa e levar a desgraça a muitos lares.

Na Ilha dos Porcos, de enxada na mão, cavando a terra, esses charlatões esqueceriam, por certo, os meios de curar males alheios, eles que não reparam nas próprias mazelas do corpo e da alma.

A polícia precisa ser impiedosa para que esta gente, causa de muitas tragédias com lares que podiam se felizes.

Falso espiritismo

O Delegado de Costumes, que é um moço esforçado, nunca penetrou nem desses antros onde o falso espiritismo é praticado às escancaras. Um malandro qualquer, treinadíssimo, e que seria excelente ator de Grand-Guignol[107] "banca" o médium. Outro , o dono da espelunca, indivíduo carrancudo e cínico, com modos austeros, compenetrado da sua importância, antes de iniciar a sessão arenga[108] aos ouvintes – também gente simplória de todas as castas sociais – em linguagem misteriosa, dificílima. O médium, em seguida, entra em transe e aparece o espírito de Rodolfo Valentino!

– Vim do éter para a luz contentar o espírito curioso da irmã fulana. Ela que tem sofrido, terá dias felizes.

[107] O Grand-Guignol foi um teatro na região do Pigalle, em Paris, o qual, desde sua inauguração em 1897 até à data do encerramento, ocorrida em 1962, era especializado em espetáculos de horror naturalista.
[108] Discurso cansativo.

E malandro, o médium, que sabe a vida inteira da consulente, vai relatando os seus sofrimentos e os seus desejos. Há muita exploração no falso espiritismo, que é a fonte de grandes males sociais. Um homem são de corpo e espírito, em poucas sessões desse baixo charlatanismo, transforma-se em um doente atacado da mania de perseguição e há casos de famílias inteiras cujos lares se transformaram, por obra desses miseráveis que a polícia não castiga, em verdadeiros infernos.

Medida profilática indispensável que a polícia deve executar com urgência, é a destruição desses covis sórdidos. E os estudiosos do verdadeiro espiritismo não devem deixar de prestar o seu concurso às autoridades. Para exemplo do charlatanismo e da tapeação aí vai a oração que um preto malandro decorou para rezar aos seus otários consulentes.

Uma moça casadoira não encontrava noivo e ia pedir feitiço. O "águia", orava então:

O que é mufumba – fumba
O que é mufumba – lá
O que é pinga – repinga
Que não para de pingá

Mufumba – fumba é uma velha
Quando ela qué si casá
Mufumba – lá é criança
Quando qué si acalentá

Pinga – repinga, eu lhe digo
Eu lhe digo e digo já
É uma fonte permanente
Que tem no fundo do má

A moça casadoira, que já passou dos trinta ou não casa mais ou casa ainda. Isso depende do acaso.

O espírito de Garibaldi

Lá para as bandas de Vila Augusta existia um centro de feitiçaria e de falso espiritismo que tinha como dono um charlatão audaciosíssimo: – Aniello de Sanctis. Secundava-o Angelina Padulla. Esse casal fez mal a muita gente e impressionava os consulentes que lhe iam levar as suas economias com o aparato que cercava as suas exibições. Ele recebia as visitas com uma cara compungida, cínica. Enquanto isso, desnastrando a cabeleira, cercando-a de um véu preto. Angelina preparava a cruz. Entravam os consulentes e, pouco depois, já sem o gorro, ia o malandro ajoelhar-se junto à cruz fingindo rezar. Feita essa cerimônia começavam as consultas rendosas. Uma garrafa de água nunca rendeu ao charlatão menos de cinco réis.

Nas suas sessões de espiritismo ele tanto evocava Goethe como Confúcio. Dependia da espécie de consulentes.

De uma feita, quando os adeptos que o rodeavam eram italianos, ele chamou José Garibaldi. "Este" ditou-lhe a seguinte carta:

"*Bon giorno* irmão Aniello de Sanctis. Quer que fale em italiano ou na língua do país? Irmão fala como o senhor quer. Eu Giuseppe Garibaldi, conhecendo que o irmão Aniello de Sanctis é italiano como eu sou; os dois da mesma nacionalidade; não podia deixar de vir nesta calada luz, e verdade, pois, a minha Pátria hoje nego nem por orgulho e nem por ambição mas conhecendo que a Pátria é uma só e que é esta Pátria de Deus. Pois, bem meu irmão Aniello. Conhecendo hoje, mais do que nunca, que eu era um espírito atrasado quando eu estava na matéria, não conhecia aspiração alguma nem vinha com uma espada na mão como general combatendo pela liberdade de meus irmãos e irmãs encarnados arrancando os escravos de todo o mundo inteiro debaixo daquela meia dúzia de idiotas e mentirosos daquele poder orgulhoso temporal que diz a ignorância que é ministro de Deus. Eu, meu irmão Aniello, hoje mais que nunca venho fazer afirmação da minha da minha entrada em Roma depois de 44 anos na nossa cadeada luz, e verdade sem orgulho e sem ambição conhecendo em nós até quatro anos passados que eu era um espírito rústico e sem fé alguma. Hoje mais do que nunca, conhecendo a fé e a boa vontade do espírito da razão, eu venho com voz firme dar comunicação desta data de hoje tão solene da minha entrada em Brescia de Porta Pia, em Roma. Entrando sem orgulho e sem ambição e sem interesse algum.

O único desejo que eu tinha era aquele que eu seguia tirando os escravos das mãos Claristas. Deitar a conhecer a verdade esmagando aquela meia dúzia de mentirosos do poder temporal. Hoje mais do que nunca que me acho no espaço com meu espírito adiantado venho a fazer na nossa cadeada a firmação do significado da entrada em Roma no dia 26 de setembro de 1870. Hoje mais do que nunca estou conhecendo a espada e a bandeira da misericórdia, que a alma mais poderosa que podia haver na terra como no espaço. Pois bem meu irmão Aniello Luta que eu também sou um soldado da tua fileira; que agarro aquele trapo daquela bandeira que é o símbolo daquele grande Divino Mestre, com amor e caridade tenho dito. Adeus Aniello. Adeus Aniello meu irmão, desaparecerei para o espaço eterno. Giuseppe Garibaldi".

A polícia

A polícia sabe que feiticeiros e falsos espíritas são a causa de um sem número de desgraças. Por que, pois, não inicia uma campanha impiedosa, sem tréguas, contra esses perigosos elementos que vivem vida farta nesta civilizada São Paulo?

Se a polícia quiser a *Gazeta* lhe apontará numerosas casas de falso espiritismo e de feitiçaria.

Figura 71: Aniello de Sanctis, tal como recebia os seus consulentes e como foi apanhado pela polícia, no tempo do Dr. Bastos Cruz. *A Gazeta*, n. 7840, 23 de março de 1932.

Figura 72: Anielo de Sanctis, fotografado no Gabinete de Investigações. *A Gazeta*, n. 7840, 23 de março de 1932.

Figura 73: Uma cena comum representada por Aniello e Angelina Padulla no covil de Vila Augusta. *A Gazeta*, n. 7840, 23 de março de 1932.

O TRÁGICO EPISÓDIO DA SANTA CASA DE BELO HORIZONTE

A Noite: Suplemento, n. 144, 4 de janeiro de 1933

O preto Virgílio Gonzaga, recolhido à Santa Casa de Belo Horizonte, quando ali recebia das mãos do padre Francisco Rimann a extrema unção, foi tomado de um acesso de fúria e acometeu, armado de faca, que levara oculta, a quantos lhe estavam próximos.

Feriu gravemente a irmã Virgília Hotter, o padre Rimann, o enfermeiro Sebastião e outras pessoas.

Virgílio, recuperada a lucidez, lamentou o atentado e pediu, de joelhos, perdão pelo que fizera. O preto, que conta 70 anos e é cardíaco, confessou-se adepto do baixo espiritismo e avezado à prática da macumba.

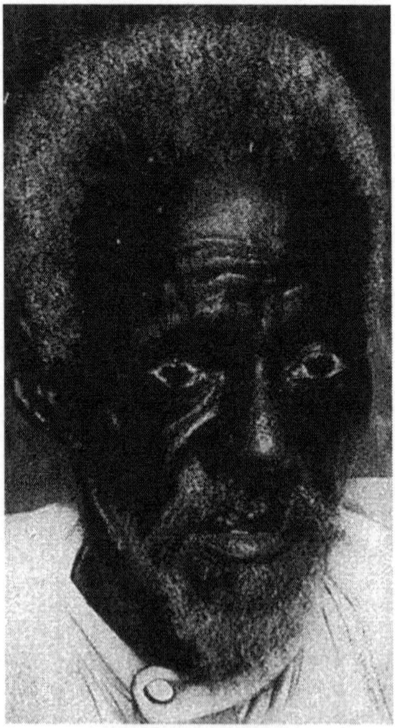

Figura 74: Virgílio Luiz Gonzaga. *A Noite: Suplemento*, n. 144, 4 de janeiro de 1933.

ARRUDA

O Cruzeiro, n. 24, 6 de maio de 1933

A *Ruta graveolens*, de Linneu, a mal cheirosa arruda dos nossos jardins goza o prestigio de afastar malefícios entre gente crendeira também desfruta a fama de planta medicinal, com suspeitas virtudes.

Há quem plante entre espécies floríferas dos jardins, como anteparo dos olhares cobiçosos.

Entre o material desmoralizado da feitiçaria, que a localidade indígena ainda hoje reverência, a arruda ocupa a vanguarda.

Para espantar o mau olhado e evitar o quebranto nada mais eficaz. O curioso é que estas virtudes misteriosas não foram inventadas pelo africano escravo, pois já entre os romanos e gregos dos áureos tempos, a arruda era tida com um "porrete" para todas as moléstias e até para facilitar certos inconfessáveis negócios.

Hoje só lhe creem nas virtudes misteriosas as gentes simples, mas na terapêutica as suas qualidades curativas conservam ainda um prestígio, em todos os pontos merecidos.

A arruda multiplica-se facilmente de estaca.

Figura 75: Arruda. *http://flores.culturamix.com.*

A FEITIÇARIA NO BRASIL

Humberto de Campos, da *Academia Brasileira de Letras*

A Gazeta, n. 8339, 24 de outubro de 1933

Colocado na terra diante dos fenômenos da Natureza, o Homem, à medida que se lhe fixava o entendimento, enchia-se de respeitoso pavor temendo aquele que sua inteligência rudimentar não podia compreender. Nasceu, assim, a primeira religião. E das formas brutas, primitivas, grosseiras das religiões, as primeiras superstições. O racionalista, ordinariamente, considera a religião montada pela ignorância. Repousam, ambas, no sobrenatural, e não são mais do que sobrevivências do homem ingênuo, na infância da espécie.

Figura 76: Um devoto em oração. Ilustração da U. B. I. Desenho de Sólon Henriques. *A Gazeta*, n. 8339, 24 de outubro de 1933.

Apesar dos seus milênios de evolução, não há ainda hoje nenhum povo liberto, em absoluto, dessas preocupações. *Nullum est animal, praeter, hominem, quod abeat notitiam aliquam dei* assinalava Cícero. E completava: *Ipsisque inhominibus nulla gens est tamfera quae non Deum esse seiat, etimsi ignoret qualis sit.* Da circunstância de não haver animal religioso, e de não existir homens, por mais selvagem, que não o fosse, tirava ele a conclusão da existência dos deuses. Os deuses existiam porque os homens acreditavam neles. E, nisso, interpretando-lhe direta ou sofisticamente o pensamento. O romano tinha razão. Quanto mais próximo das suas origens bárbaras, mais supersticioso é, por isso, o homem. E sendo isso, hoje um axioma científico, uma verdade universalmente aceita e proclamada, como admite não fosse o brasileiro um povo acessível a esses prejuízos mentais, quando possui nos alicerces da sua sub-raça dois elementos étnicos em estado primitivo, é, no conjunto da população, grandes parcelas desses elementos ainda por absorver?

Com 48,38% de índios puros em alguns Estados, como no Amazonas, e 26,75% de pretos, como no Rio de Janeiro, consoante as estatísticas organizadas pelo Senhor Oliveira Vianna, e uma percentagem de mestiços correspondente a esses algarismos, o Brasil tinha de ser, e ainda será por muito tempo, viveiro de populações amedrontadas pelo sobrenatural. Um dos campos mais vastos para o exercício de um espírito agudo e perquiridor, é, assim, entre nós, o das crendices e superstições populares. Na cidade mais vasta como na povoação mais insignificante, encontrará o estudioso elementos preciosos para obras curiosas, de alto interesse literário ou científico. E assim é que recolheram subsídios do mais alto valor, no gênero. Paulo Barreto, na capital da República, isto é, na cidade mais culta e policiada do país e o Senhor Xavier de Oliveira, nos sertões do Crato, ou seja, uma das regiões mais impermeáveis geográfica e etnicamente, à Civilização.

A cidade do Rio de Janeiro é aliás, pela população negra que o 13 de maio despejou dos Estados do Rio e Minas Gerais, um dos maiores focos de superstição de todo o Brasil. E isso pode ser verificado, mais completamente nos *Feitiços e Crendices*, do Dr. Hernani de Irajá, o qual reuniu aí não só aquilo que já se havia escrito sobre a matéria, como um número considerável de observações pessoais, obtidas em investigações pacientes e, não raro, perigosas.

A conclusão não é tirar dessa obra, escrita por um homem de letras, que é também um homem de ciência, e que o Rio de Janeiro é uma cidade de bruxarias. E essa conclusão não é falsa. A intimidade com o negro, e a quantidade de indivíduos desta raça que resistem a absorção, permitem a existência desse misto de selvageria africana no coração, pode-se dizer, da civilização mais polida. E mostra o que há de embuste e de ignorância nessas práticas, constitui obra de patriotismo, e sobretudo, obra de humanidade.

CHARLATÃ E FEITICEIRA!

Correio de São Paulo, n. 862, 27 de março de 1935

Prosseguindo na enérgica e louvável campanha iniciada contra o curandeirismo a Inspetoria de Fiscalização ao Exercício da Medicina e Farmácia realizou, ontem, mias uma movimentada diligência.

Desta vez foi dada uma "batida" no "consultório" de uma curandeira, a massagista Luiza Criscuolo, sócia do médico Mário Gnecco.

Inúmeras foram as queixas recebidas por aquela repartição do Serviço Sanitário, contra madame Luiza, como é conhecida no bairro, e que agora teve seu "consultório" intempestivamente interditado.

O "consultório" do Largo da Concórdia

Madame Luiza montou seu "consultório" no prédio n. 22 do Largo da Concórdia, em comum com o professor, médico, operador e parteiro Dr. Mário Gnecco, profissional que residiu algum tempo na Rua Galvão Bueno.

O Dr. Gnecco, além de praticar a medicina, vendia canários a preços módicos, despertando a curiosidade o anuncio que fazia por meio de um letreiro afixado junto à sua placa de médico:

"Vendem-se canários – Pechincha!"

O Dr. Gnecco passou agora a residir no Ipiranga, à Rua Bom Pastor, clinicando, de manhã, no Largo da Concórdia.

Madame Luiza, sua "preciosa" auxiliar, continuou a dar consultas à tarde, praticando também a feitiçaria, nas horas vagas.

Eu sou formada "de medicina"

Quando chegamos ao "consultório" de Madame Luiza, grande era o número de consulentes à espera da charlatã, que havia saído a serviço. Pessoas de ambos os sexos, de aspecto pobre umas e bem vestidas outras ali, se achavam em busca de remédio para suas enfermidades.

Um velho português que disse chamar-se Antonio Rodrigues, nos declarou que sofria de cólicas nos intestinos. Já havia "consultado" o Dr. Hugo (o charlatão apanhado anteontem na Ponte Pequena) e agora esperava sarar nas mãos milagrosas de Madame Luiza.

Passados cerca de trinta minutos, quando já estavam sendo afixados nas portas e janelas os impressos da interdição lavrada pelo Chefe da Inspetoria, chegou a curandeira, fula da vida, pois fora avisada da presença da autoridade sanitária em seu "consultório".

Sem nem mesmo ter sido interpelada pelo médico-chefe, foi dizendo:

– Doutor. Isso é uma violência! Eu sou formada "de medicina", por uma escola da cidade, onde fiquei seis meses!

O médico riu-se da indignação de Madame Luiza, que prosseguiu:

– O Senhor não sabe, doutor. Eu tenho firma registrada no 5º Tabelião e o Dr. Mário me protege. O Senhor vai ver com ele.

Indiferente às palavras da curandeira, a autoridade continuou lavrando a interdição e recolhendo todos os papéis que se relacionavam com a prática ilegal da medicina, a fim de fazer parte do prontuário a ser registrado na repartição.

Feitiçaria!

Madame Luiza também pratica a feitiçaria. Atendo pessoalmente ou por carta todos os interessados em "fazer mal aos outros" ou "bem segundo a intenção".

Não tem especialidade: faz "passes", desmancha ou arruma casos encrencados, intercede em favor dos alunos vadios, que são reprovados nos exames, evita assassínios e é capaz de cortar "mau olhado". Assim foi que Amália Pedenotti Bucci, residente à Fazenda Florianópolis, estação de Cesário, solicitou um "passe" por sua filhinha Adelina, com um ano de idade: o Senhor Mário Bucci pediu a aprovação de seu filho no 4° ano ginasial, o Joaninha Rugieri Pereira, residente à Rua Fernão Salles, n. 1, pediu, finalmente, o afastamento de si da amizade de certas pessoas que não lhe são simpáticas.

Portanto, além de ser massagista sem possuir o necessário registro, a falsa enfermeira formada "de medicina" faz suas feitiçarias e pratica ilegalmente a medicina.

Uma namorada esquiva, ameaçada de morte

Para complementar a reportagem em torno do caso de Madame Luiza, reproduzimos a seguir uma das cartas enviadas à charlatã, solicitando seus bons ofícios junto às cortes infernais de Belzebuth, naturalmente o maior dos feiticeiros.

Ei-la na íntegra e sem comentários:

Senhora D. Luiza faço-lhe estas linhas para lhe avisar que o namorado da Hilda vai aí pedir-lhe consulta para fazer a menina virar a cabeça, pois ela não gosta dele e ele quer obrigar, peço a senhora que se for aí a senhora não faça – peço-lhe pelo amor de Deus. Ele vai aí segunda feira. Para a senhora saber quem é ele eu lhe dou o nome: ele chama Urbano Lage Canella e Hilda está fora daqui por que ele jurou matá-la.

Aleina Alves dos Santos

A respeito da reportagem publicada pelo *Correio de São Paulo*, sob o título "Charlatã e feiticeira", procurou-nos ontem a Senhora Luiza Criscuolo, que nos pediu publicássemos a seguinte carta:

Foi com surpresa que deparei, no seu acreditado jornal de 27, a desagradável notícia a meu respeito, alcunhando-me de charlatã e feiticeira e, por conseguinte, dando-me sérios prejuízos morais e materiais.

Porque, na minha profissão de massagista diplomada (pois possuo o meu diploma dessa especialidade, à disposição de quem quiser vê-lo), trabalho e sempre trabalhei honradamente, sem práticas de charlatanismo, nem de feitiçaria.

Eu trabalho rigorosamente por receita médica. A ciência de massagens faz parte, como toda a gente sabe, da ciência médica, e é por isso que vários médicos, entre eles o Dr. Gnecco, aleivosamente envolvido no meu caso, indicam a minha especialidade.

Ninguém está livre de denúncias que acabam de prejudicar-me.

Após a visita de Dona Luiza, procurou-nos o Dr. Mário Gnecco, também envolvido no caso, que nos pediu esclarecêssemos o seguinte: os canários "a preços módicos" não eram vendidos por ele, mas por um vizinho.

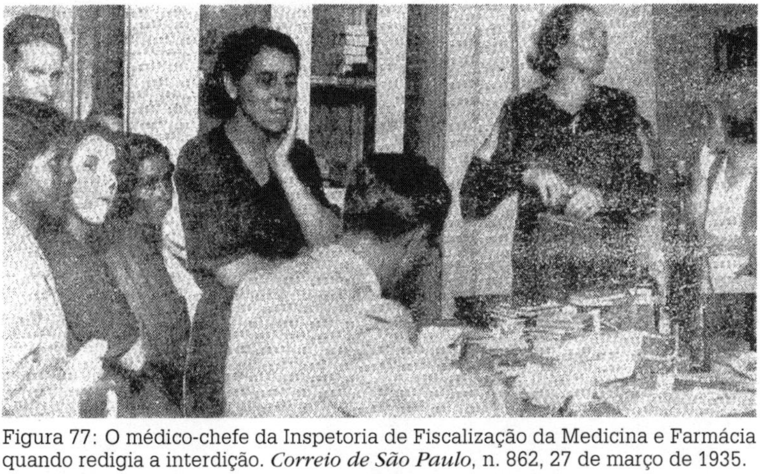

Figura 77: O médico-chefe da Inspetoria de Fiscalização da Medicina e Farmácia quando redigia a interdição. *Correio de São Paulo*, n. 862, 27 de março de 1935.

NO ANTRO DA MAGIA NEGRA

A Noite: Suplemento, n. 286, 27 de abril de 1935

Dança macabra em torno de uma cabeça ensanguentada de bode

Revelou-se na Rua Guaxindiba, em Madureira, um antro singular de macumba. Os ritos da magia negra são geralmente de teatralidade sonora. Ao contrário de outros cerimoniais de baixa religião, esses se caracterizam por uma exaltação rumorosa em que o canto e a dança se ajustam através de ritmos ferozes. Os adeptos, recolhidos entre adultos e crianças, indiferentemente, têm que envergar vestes especiais, sempre tendendo para a tradição histórica, em imitações grosseiras, e realizar quanto lhes ordenem o Pai de Santo, regente dos fluidos espirituais que atuam em torno, e Ogum, personagem singularmente ativo, e que conduz com o seu entusiasmo fanático e brutal energia a execução do ritual.

Por isso mesmo que o rito impõe a sonoridade, os feiticeiros são constantemente pilhados pela polícia em seus antros, apesar do cuidado que empregam na eleição das sedes de macumba. Tal sucedeu com o núcleo da Rua Guaxindiba. Tão forte algazarra fizeram os "crentes", sob a inspiração de um mestre exaltado, convicto do seu papel, que a vizinhança começou a inquietar-se. Fala que fala e o estranho acontecimento foi ter nos ouvidos alertas do comissário. Este, acompanhado de soldados, lá compareceu e verificou não haver exagero nos relatos.

Figura 78: Estandarte religioso profanado pelos macumbeiros em suas práticas. *A Noite: Suplemento*, n. 286, 27 de abril de 1935.

De fora, no silêncio da noite, ouviu ruídos tremendos, confusos, em que se mesclavam toadas rudes de canto, sons de tamborins, brados ininteligíveis, mas de feroz energia. Invadida a casa pelos policiais, a seus olhos surgiu a cena caraterística da macumba: homens, mulheres e crianças, em trajes exóticos, dançando e cantando. Mas nesse caso, o arsenal e a cerimônia apresentavam cunho mais extraordinário do que no comum dos casos. Ao centro, uma cabeça de bode sacrificado em honra dos "espíritos" gotejava sangue, tendo entre os dentes um longo punhal. À volta do trágico símbolo é que rugia, cantava e bailava a turba de "crentes".

Figura 79: Conjunto de apetrechos encontrados na casa ocupada pelos macumbeiros. *A Noite: Suplemento*, n. 286, 27 de abril de 1935.

Figura 80: Penas, colares e outras bugigangas usadas para ornamentar as vestes dos praticantes da macumba. *A Noite: Suplemento*, n. 286, 27 de abril de 1935.

A CARTOMANTE "QUEIMOU" OS DOIS CONTOS DE RÉIS DO PADEIRO!

Correio Paulistano, **n. 24264, 1 de maio de 1935**

Uma história de feitiçaria que termina prosaicamente no Gabinete de Investigações.

O número de crentes é infinito.

O padeiro Albano Castanheira, português, residente à Rua Silva Bueno, n. 1194, foi cheio de crenças procurar Madame Diva, a grande feiticeira orientalista, que, a par dos altos segredos da quiromancia, dos mistérios cabalísticos e outras transcendentes artes desvendadoras do passado, presente e futuro, mesmo na mansão da morte – pela simples quantia de dois mil réis, certo de que ela lhe desvendaria qualquer segredo.

O bom patrício de Camões, fiado na vasta sabedoria de Madame Diva, não teve duvida alguma em lhe ir confiar os padecimentos no consultório instalado à Rua Arthur Motta, n. 136.

Já poderemos adiantar que a entendida em magias terríveis do Egito e artes tenebrosas da Índia, é nada menos que a vulgar cigana Maria Jorge, com algumas visitas bem a seu contragosto aos xadrezes da polícia.

Como se desmancha a "amarração"

Albano Castanheira sofria de moléstia pertinaz, um mal secreto que não quis revelar à curiosidade da reportagem. Queixava-se de anemia, não tinha vontade para nada, nem trabalhar podia. Foi à presença de Madame Diva, a qual, com o pomposo nome, e a sua fama toda, prometeu solenemente curar nosso homem, classificando a doença por "amarração".

E ela assim deveria ter explicado:

– "Seu" Castanheira, o senhor tem na sua vida uma terrível mulher que não o aprecia muito. Pelo que revela a "bola de cristal" auscultada pela orelha do morcego, a malvada "amarrou-o" pelo resto da vida, pagando nada menos de cinco contos de réis!

O português estremece. Pálido, mais pálido do que o níveo fantasma de Paquetá, fica tomado de terror, num verdadeiro pânico.

Choraminga. Puxa os cabelos, desmantela-se em impropérios. Tinha uma esperança a vagar-lhe pelo espírito e, agora, tudo era findo! Iria fatalmente à morte.

Implorou, porém, um remédio à única criatura em que colocava a sua última esperança: Madame Diva, a sábia, a pitonisa oriental, a mulher que falava e dominava aos maus espíritos em uma avenida escura do mundo das sombras. A mágica egípcia titubeou e respondeu, após algum tempo:

– Olhe aqui, Albano. Poderei desmanchar a "amarração", mas preciso, pelo menos, de dois contos de réis para combater os efeitos malignos dos cinco "bagarotes"[109] que a tal mulher empregou na história.

[109] Notas de mil réis.

Albano Castanheira estava por tudo. Conseguiu o dinheiro e levou-o à sua "salvadora".

Feitiçaria negra

Estava preparada a sessão. A esperta cigana e mais outra farsante no pequeno cômodo do antro armado na via referida, fez sentar numa cadeira o português. Pelo quarto espalhavam-se as caveiras, cabeças de cobras, lagartos, corujas, folhas de arruda, vidrinhos de ovos de cascavel misturados com terra de cemitério e outros ingredientes próprios de feitiçaria negra ou egípcia como declarava misticamente a charlatã.

Uma grande vela de cera, toda enfeitada de rendas e enegrecida de hieróglifos misteriosos, foi posta a arder, solenemente, enquanto a companheira entrava em "transe" e proferia palavras incompreensíveis. A cigana riscava o ar com os braços em ziguezague, em "passes" para espantar os espíritos!

Aparece um grande pano preto, e, antes que fosse o mesmo passado em redor da cabeça de Albano, Maria Jorge aproximava o dinheiro da chama da vela de cera.

A companheira da espertalhona volta a si e amarra o pano no português, nada mais vendo ele, então.

As duas mulheres saltam e gritam histericamente, doidamente, em um banzé delirante.

Estava desfeita a "amarração".

Fim da mistificação

É retirado o pano da cabeça de Albano. Madame Diva afirma-lhe que está curado. Ele levanta-se e ainda sente os mesmos padecimentos e, em plena razão, pergunta logo onde estava o seu dinheiro para pagar o trabalho da feiticeira.

Esta, com voz doce, responde-lhe se não havia visto queimar as notas na vela.

Já não estava bom de saúde?

O ibérico não se convenceu da história contada pela mulher e dirigiu-se à presença do Dr. Pires e Albuquerque, autoridade de plantão na Central, a quem tudo relatou.

Madame Diva foi presa e logo se descobriu que era a

conhecida cigana Maria Jorge, adivinha a charlatã, seno encaminhada à Delegacia de Costumes para contar qual é a "chama" devoradora do dinheiro do Albano Castanheira.

FEITIÇARIA AFRICANA

Correio de São Paulo, n. 978, 14 de agosto de 1935

A Delegacia de Costumes prendeu um branco que punha em prática os processos dos negros para iludir os incautos

Hoje não é só o africano ou seu descendente quem pratica a feitiçaria. O brasileiro descendente de europeus e mesmo os europeus gostam da coisa e, de uma hora para outra, arvoram-se em feiticeiros, macumbeiros, queimadores de pólvora e que tais, conseguindo freguesia e quase sempre cometendo desatinos, pois não é raro registrarem-se casos fatais de doentes que se entregam a esses charlatões, para tratar de qualquer moléstia.

Figura 81: Luiz Valler, o curandeiro preso ontem. *Correio de São Paulo*, n. 978, 14 de agosto de 1935.

A polícia, porém, não descansa no combate a esses indivíduos, prendendo-os e processando-os todas as vezes que se tem notícia de que estão ainda em qualquer parte.

Ainda ontem, foi preso e conduzido ao Gabinete de Investigações, onde será devidamente processado pela Delegacia de Costumes, o curandeiro Luiz Valler, residente na Chácara Azinçara, na Vila Conceição do Parque Jabaquara.

Luiz Valler foi preso no momento que praticava "feitiçaria preta", utilizando-se de pólvora, rosários, velas e outros objetos indispensáveis para iludir a boa fé dos seus incautos clientes.

CALÇAS ENTRELAÇADAS E TERRA DE CEMITÉRIO

Correio de São Paulo, n. 984, 20 de agosto de 1935

Coisas interessantes que a polícia apreendeu na casa de um macumbeiro que foi preso em flagrante

Quase todos os dias registramos uma prisão em flagrante de curandeiros, charlatães, feiticeiros e praticantes do baixo espiritismo, efetuadas pela Delegacia de Costumes.

Ainda ontem por inspetores da Delegacia de Costumes foi preso em flagrante o curandeiro José Cursino da Cruz, residente em Jaçanã, quando praticava suas artes endemoninhadas para extorquir dinheiro de uma pobre mulher que o fora procurar.

Na casa do macumbeiro foram encontrados diversos punhais, chifres de bode e de carneiro, pólvora, agulhas, santos sem cabeça e uma infinidade de apetrechos de que se servia para enganar seus clientes. Em um saquinho escondido a um canto da sala, ele conservava uma porção de terra de cemitério retirada à meia noite do túmulo de um anjinho e também uma calça de homem amarrada à uma calça de mulher. Com certeza os seus donos deveriam se casar, por obra e graça da feitiçaria de José Cursino da Cruz.

O macumbeiro está sendo devidamente processado.

FEITICEIRO FRACASSADO

Correio de São Paulo, n. 1306, 19 de setembro de 1936

Dizia-se especialista em harmonizar namorados, mas acabou batendo com os costados no xadrez

A "feitiçaria" é, ainda hoje, uma crendice respeitável. Não há quem chegue a casa, alta madrugada e encontre à beira do portão, a competente farofa amarela, ou um chumaço de cabelo atravessado por dois enormes alfinetes, que se cruzam, que consiga conciliar o sono. E que noite horrível. As sogras, aliás, usam e abusam da feitiçaria, quando percebem que os genros se estão comportando de maneira inconveniente. Mas, a feitiçaria não só se aplica para os maridos arredios. Os noivos, os namorados e até os sem-trabalho recorrem à manipulação do feitiço, cuja eficiência depende muito da cor do despacho. Feiticeiro preto é infalível. Não sendo preto, é charlatão.

Estas nossas considerações vêm à baila, a propósito da prisão de um feiticeiro, que, aliás, não é de cor preta, efetuada ontem, pelas autoridades da Delegacia de Costumes. O pilantra se intitulava "bamba" em arranjo de casamento, de emprego e em desmancho de namoro.

A sua especialidade, entretanto, era a de harmonizar namorados. Mas, como não é ele preto, o feitiço falhou, deploravelmente, e resultou na queixa que determinou a sua prisão.

Figura 82: Desenho relativo à matéria. *Correio de São Paulo*, n. 1306, 19 de setembro de 1936.

A queixa à polícia

As autoridades da Delegacia de Costumes foram procuradas, há dias, por Dona Continentina Silva, residente à Rua Netto de Araújo, n. 35, nesta Capital. Queixou-se aquela senhora de que havia sido lesada pelo feiticeiro Carlos da Costa Pinto. Não quis, entretanto, declarar os motivos que a levaram a recorrer à feitiçaria, nem mesmo da pessoa a quem se destinava o feitiço.

Interrogada pela autoridade, teria declarado:

– O homem, "seu" doutor, é um charlatão. Garantiu-me que o despacho seria infalível, e cobrou-me bastante pelo "trabalho", que resultou em pura perda.

Carlos da Costa Pinto reside à Rua Bernardo Nogueira, n. 23, onde recebia os clientes. Mas, leitor, não vá lá, que o Carlos é somente meio preto: feiticeiro falsificado.

MACUMBA

A Noite: Suplemento, n. 377, 27 de outubro de 1936

Terreiros é o nome que os negros dão aos templos especiais onde celebram seu culto fetichista, geralmente afastados dos centros populacionais da cidade, e, à noite, em virtude da pressão que sofrem por parte das autoridades. Na África, esses cerimoniais são realizados à luz meridiana, em lugares públicos e abertos, sem que produzam na assistência a menor sensação. Para eles, aqueles atos são simples obrigações religiosas, como para os crentes de religiões outras os formosos atos de virtude.

A mentalidade do civilizado é que pinta quadros sugestivos, ora com cores suaves, ora com tons tétricos. De fato, para os que professam o fetichismo, as cerimônias por eles realizadas são naturalíssimas, ao passo que para outros, que procuram os terreiros para minorar sofrimentos, arranjar empregos, ser correspondido em amores, assume proporções ridículas e o som dos atabaques produz sensação de pavor o que contribui grandemente para a ascendência que tem o ritual chamado macumba, candomblé e catimbó sobre os leigos, que, às vezes veem o diabo vomitando fogo, corujas perpassarem no espaço, levando mortalhas, bodes enfurecidos com punhais são preparados pelos sacerdotes, aí é que são iniciadas as filhas de santo e também celebrados os cultos comuns e as grandes festas anuais (candomblés propriamente ditos).

Realizam os negros também outras festas, que para eles são profanas, a que dão o nome de afoxés. Durante esses atos é que os pais de santo "brincam" com ídolos, que cada vez mais se aproximam dos próprios Santos da religião cristã. São, dizem eles, os Orixás. Essa confusão é devida ao sincretismo católico. Os sacerdotes do culto são chamados de babalaôs, e essas funções são na maioria das vezes exercidas por velhos negros descendentes diretos de africanos, muito embora hoje qualquer um possa exercer esse cargo nos candomblés. Esses sacerdotes são geralmente chamados "candomblezeiros" e "macumbeiros". O sacerdote nos terreiros toma o nome de pai de santo (cuja origem é babá, pai) e ainda "pegigan" (o dono ou senhor do altar).

Há também sacerdotisas, as mães de santo, que na África não podem funcionar devido à sua inferioridade social. No Brasil, porém, elas podem atuar presidindo os trabalhos, conjuntamente com o pegigan. O babalaô é ainda conselheiro, vidente, adivinho, mágico, médico etc. Qualquer objeto inanimado pode ser preparado pelo pai de santo, assim como o santo "bruto". Para prepará-lo o babalaô lava a pedra (ou qualquer outro fetiche) e coloca-a dentro de um vaso de barro à guisa de sopeira. Em seguida um sacerdote auxiliar, ou axogun sacrifica o animal preferido do santo em apreço: um galo, um bode etc. Há variantes, porém. O fetiche meteorito[110] de Xangô é posto no vaso juntamente com azeite de dendê com uma infusão de folhas safradas. A matança do galo para Exu obedece a um rito especial, porque para os macumbeiros essa cerimônia tem importância capital; sem o conveniente preparo de Exu, para o seu consequente despacho, nenhum festejo poderá prosseguir.

O galo é sacrificado nas encruzilhadas ou atrás das portas. O animal é degolado e o sangue derramado sobre o fetiche de Exu – um pedaço de ferro, previamente embebido em azeite de dendê. A cabeça e os pés do animal são postos ao lado do fetiche onde se acham também moringas e quartinhas com água. Dizem os candomblezeiros que os santos comem o "espírito" dos alimentos e que o resto poderá ser aproveitado pelos assistentes dos candomblés. Uma vez preparado, o fetiche é levado para o seu altar, ou pegi, situado na casa do terreiro.

É frequente encontrar-se nos entrecruzamentos de ruas ou de estradas afastadas um despacho constituído de galinha

[110] Pedra de raio.

morta, penas, azeite de dendê, charutos, moedas de cobre, farofa etc. O ebó ou despacho é um feitiço de procedência jejenagô. O despacho tem diversas finalidades, sendo a principal o malefício a determinada pessoa; por isso ele é colocado no lugar por onde transite a pessoa visada, ou na porta da residência desta. O despacho geralmente produz nos transeuntes impressão de pavor, e alguns até nem olham para o feitiço.

A "troca de cabeça" é uma das finalidades mais interessantes do despacho, que consiste em "mudar a cabeça", isto é, em transmitir os males de uma pessoa a outra. O despacho é preparado pelo feiticeiro fixando nele as atribuições (doença ou desgostos morais) da pessoa que deseja livrar-se delas. Esse despacho é colocado num lugar frequentado: o malefício será transmitido à pessoa que o pisar, tocar ou examinar. Neste caso se dará a "troca das cabeças". Para o despacho empregam também o alguidar, galinha preta, farofa, azeite de dendê, velas etc. Para conseguir o amor de uma pessoa fazem o "efifá", que consiste numa forquilha de pau, preparada com besouros, algodão, linhas e ervas. Se o fito é separar um casal envolvem o nome da pessoa com pimenta de cheiro, malagueta e linha preta, deitando tudo ao fogo, em seguida. O Xuxú-Guruxú" é feito com um espinho de Santo Antonio besuntado de ovo e enterrado à porta do inimigo, acompanhado de três pancadas, ao mesmo tempo em que dizem: Xuxú-Guruxú, iô, le, bará.

Figura 83: O "ponto" como é chamado no baixo espiritismo. *A Noite: Suplemento*, n. 377, 27 de outubro de 1936.

* * *

O número de curandeiros vai decrescendo de dia para dia em todo território do Brasil, graças não só à repressão policial, mas ao trabalho lento da cultura. Ainda assim são muitos os crentes que procuram as rezas, as garrafadas, os banhos de ervas, e as "mesas". Geralmente o feiticeiro exige do cliente dinheiro, sabonetes, frasquinhos de cheiro para preparar a mesa. A medicina mágica avassalou todos os antros do baixo espiritismo, tornando-se uma sobrevivência dos três sincretismos: africano, ameríndio e do folclore europeu. Os médicos especializados em moléstias mentais são os que sofrem mais rendida campanha por parte dos curandeiros. Os casos são frequentes em que a família de um débil mental ou neuropatia em tratamento médico, o leva, à revelia do especialista, à casa de feiticeiros, que lhe preparam longa série de banhos de ervas e garrafadas. Se o doente fica bom, o mérito é do feiticeiro, e se piora a culpa cabe ao médico. Há também curandeiros magnetistas.

* * *

A dança e a música tem grande influência nas macumbas e candomblés. O atabaques e agogôs tem parte predominante em todos os festejos celebrados no terreiro. Todas as músicas e danças executada são de origem africana. O "quizomba",[111] por exemplo, exerceu especialmente nítida influência entre nós, nos sambas e batuques. Essa dança consiste em formar uma roda, dentre a qual saem uns pares que bailam no largo, dois a dois, tomando ares provocadores e atitudes indecorosas, em que a voluptuosidade toma caráter insolente.

Essa dança individual é característica nos batucajés[112] fetichistas das macumbas e dos candomblés. A coreografia das filhas de santo é alucinante, com participação total do corpo – braços, mãos, pernas, cabeça em movimento e con-

[111] Ritmo típico da Angola, caracterizado por possuir uma batida muito forte e movimentada.

[112] Dança afro-brasileira, de diferentes localidades. É, também, denominada de batuque do Jaré e dança Cabinda. O batucajé é o título genérico das danças religiosas dos candomblés brasileiros. Do yorubá: "batuc" (homens que tocam) e "ajé" (mulheres que dançam).

torções violentas, sem cansaço, sem solução de continuidade, até as manifestações espasmódicas finais, da "queda no santo". Em alguns casos as bailadeiras dessa dança estranha usam leques de metal chocalhantes. O som do tambor acalma o paciente, tendo além do efeito psicológico, bem conhecido dos indígenas, uma ação mística própria. Exerce uma influência sobre as disposições dos seres invisíveis como sobre a dos humanos. Os candomblés brasileiros guardam a tradição africana. Em todas as cerimônias, de iniciação, de preparo dos fetiches, de festas destinadas aos "santos", de sacrifício de animais etc., o atabaque é elemento indispensável.

* * *

São Jorge é também santo protetor dos terreiros e não é difícil encontrar nesses locais a sua imagem e as suas armas cercadas de litografias de santos emoldurados, velas, espadas e enfeites de pano e papel coloridos; à direita do altar, um estandarte com bandeira de pano vermelho, trazendo a inscrição Ogum. Além de Ogum – São Jorge, um dos protetores de terreiro mais frequentes, no Rio, é Xangô, aqui confundido com São Miguel, o forte e influente Oxóssi, espírito caçador, no Rio confundido com um espírito de caboclo (sincretismo com o ameríndio). A macumba de influência banto é caracterizada por um espírito familiar, que, desde tempos imemoriais, surge invariavelmente, encarnando-se no "Umbanda".[113] Há várias

Figura 84: Estandarte de Ogum. *A Noite: Suplemento*, n. 377, 27 de outubro de 1936.

[113] Aqui a palavra Umbanda tem o significado de sacerdote. No extinto culto da Cabula o sa-

falanges que pertencem a diversas "nações" ou linhas. Há a linha da Costa, linha de Umbanda e de Quimbanda, linha de Mina, de Cabinda, do Congo, linha do Mar, linha cruzada (união de duas ou mais linhas) etc.[114]

O sincretismo permite ao grão-sacerdote trabalhar ainda com a linha de Caboclo e a linha de Mussurumin. Em algumas macumbas o "pai do terreiro" inicia o cerimonial com o canto do defumador para a limpeza do terreiro. É um rito de purificação que lembra o despacho de Exu dos jeje-nagô. Nesta defumação, utiliza-se o pai do terreiro de uma espécie de turíbulo, quase sempre um pequeno fogareiro de barro, onde se queimam grãos de incenso, folhas de arruda etc. Evidentemente trata-se de uma prática litúrgica de imitação católica.

* * *

Mas no Brasil não é só o culto católico que recebe o influxo do fetichismo negro. Também refletem essa influência as práticas do baixo espiritismo e a cartomancia. Narraremos um episódio da influência exercida por certos finórios no espírito dos supersticiosos. Subúrbio do Rio. Uma entrada quase deserta. Uma casa modesta, mas de boa aparência, sombreada pelas árvores frutíferas.

A dona da casa, uma mulata clara, mãe de terreiro, alternando de tempos a tempos as sessões de baixo espiritismo com os candomblés. Vivia em sérias dificuldades financeiras, quando um belo dia descobriu que era mãe de santo. Estava feita, era só agir. Aberta a casa, a fortuna fez-se rapidamente com lucrativa clientela.

Na casa de um só pavimento, além da sala de espera para os consulentes e de alguns aposentos particulares da família, existem duas peças capitais. A sala das sessões, instalada onde devia ter sido a sala de jantar e a capela armada num quarto vizinho. É uma linda e bem arranjada e quadros de Cristo, da Virgem e de Santos. Há ali todos os preparativos necessários para celebrar missa, e missas, dizem, ali tem sido celebradas.

É ainda afamada e consultada cartomante desta cidade. Ainda há pouco tempo uma senhora da nossa melhor socie-

cerdote era chamado de Embanda.

[114] As linhas aqui citadas nada têm a ver com as Sete Linhas da Umbanda.

dade tendo uma senhora da nossa melhor sociedade tendo ouvido a cartomante sobre os seus sofrimentos, esta a aconselhou que mandasse dizer missas a diversos santos católicos, e fazer festas a Xangô e a Ogum. E como a senhora lhe declarasse que lhe era fácil satisfazer a exigência em relação aos santos católicos, mas muito difícil em relação aos Orixás, a cartomante propôs-lhe incumbir-se desta última parte. A cartomante em questão tem residido em diversas partes desta cidade sempre com grande celebridade e clientela. Tal é a disposição de animo da nossa população em geral.

COMBATE AO BAIXO ESPIRITISMO

O Estado (PR), n. 72, 24 de dezembro de 1936

Várias vezes temos nos referido aqui às disposições em que a Federação Espírita do Paraná se acha de cooperar com as autoridades no combate ao chamado baixo espiritismo, ao qual cabe melhor a designação de macumba ou feitiçaria.

Acerca do assunto o Senhor João Ghignone dirigiu ao Dr. Fausto Bittencourt, Delegado de Costumes, o oficio abaixo com afirmações das mais categóricas e impressionantes:

Curitiba, 23 de dezembro de 1936.

Excelentíssimo Senhor Dr. Fausto Bittencourt, DD. Delegado de Costumes.

Prezado Senhor.

Acuso recebido o vosso oficio n. 382, de 15 de dezembro, inteirando-me devidamente dos seus dizeres.

Esta Federação tem a agradecer a ação das autoridades policiais pelo combate ora empreendido contra os intrujões, mistificadores e charlatões, que se dedicando a prática de toda a sorte de malefícios, desejam envolver o nome de nossa doutrina, a qual paira muito acima dos sentimentos materializados e inescrupulosos desses eternos "vendilhões do templo".

Nesta campanha, encetada em boa hora por V. S., a Federação Espírita do Paraná, e todos os grupos e centros a ela filiados, sentem-se à vontade para aplaudirem essa moralizadora ação.

Em reunião realizada a 20 do presente ficou deliberado que até 31 de janeiro próximo vindouro vos será fornecida a relação completa dos Grupos e Centros Espíritas, e filiados a esta Federação, entidades estas que serão fiscalizadas por membros da Diretoria e onde não se praticam sortilégios e ritualismos exóticos, incompatíveis com os grandiosos ensinamentos do nosso Divino Mestre Jesus.

Semper Ascendens.

João Ghignone – Presidente

A POLÍCIA DE COSTUMES FECHOU UM CENTRO ESPÍRITA

Correio de São Paulo, n. 1475, 17 de abril de 1937

Dona Julieta dava receitas médicas e "embrulhava" a freguesia, de comum acordo com o dono da espelunca

Curandeirismo. Macumba. Baixo Espiritismo. Feitiçaria. Quiromancia. Tudo isso é igual a isto: chantagem.

E São Paulo, apesar de suas prerrogativas de capital adiantada, está cheia de antros dessa natureza, espalhados pelos porões e cortiços dos bairros distantes.

Inúmeros charlatões de ambos os sexos vivem se ocupando desses múltiplos misteres, engabelando com os seus bruxedos e horóscopos fantásticos uma grande quantidade de gente crédula, passiva, falta de instrução e de quem lhe ensine a fugir dessas baboseiras.

O imenso campo de ação de tais exploradores é a ignorância pública. Tarefa mais eficiente para se conseguir a irradiação desses cancros sociais seria, sem duvida, educar a massa do povo. Propalar por todos os meios possíveis que isso tudo não passa de vil e despudorada exploração – além de produzir os terríveis efeitos que produz sobre certas e impressionáveis, levando-as ao desespero e à loucura.

O dia em que fosse articulada uma campanha educativa e ao mesmo tempo repressiva, desse jaez, os macumbeiros e espíritas de todas as espécies ver-se-iam obrigados a arranjar uma profissão decente, por falta de clientela.

Foi fechado ontem um centro espírita

A Delegacia de Costumes, chefiada pelo Dr. Alfredo de Assis, teve conhecimento de que vinha funcionando com pleno êxito, no prédio n. 124 da Rua João Boemer, um centro espírita duvidoso.

E foi combinada uma batida nessa espelunca, a cargo de vários inspetores daquela especializada.

A diligência realizou-se na tarde de ontem, tendo os investigadores surpreendido os "donos" do centro em franca atividade, quando eles atendiam a inúmeras pessoas.

Georgino Barroso receitava esquisitos remédios, que eram manipulados por Dona Julieta Paranhos de Aguiar, sendo algumas receitas aviadas numa farmácia existente à Avenida Celso Garcia, n. 90.

Georgino e Dona Julieta foram presos em flagrante e encaminhados ao Gabinete de Investigações, devendo ser iniciado contra eles o competente processo.

GUERRA A EBÓS E ORIXÁS

A Noite: Suplemento, n. 2625, 8 de abril de 1941

A polícia, por intermédio da Diretoria Geral de Investigações, acaba de desenvolver violentíssima ofensiva contra os chamados terreiros e tendas onde se realizavam práticas de macumba e de baixo espiritismo. A medida foi determinada pelo próprio major Filinto Müller[115] e teve como causa as estatísticas alarmantes fornecidas pelos estabelecimentos especializados na cura de doenças mentis, oficiais e particulares.

Segundo os dados ali registrados, uma porcentagem fabulosa dos que eram acometidos apresentava como causa a frequência a esses antros de exploração da credulidade popu-

[115] Filinto Strubing Müller foi um militar e politico brasileiro. Participou dos levantes tenentistas entre 1922 e 1924. Durante o Governo Vargas, destacou-se por sua atuação como Chefe da Polícia Politica e por diversas vezes foi acusado de promover prisões arbitrárias e a tortura de prisioneiros. Ganhou repercussão internacional o caso da prisão da judia alemã Olga Benário, militante comunista e companheira de Luís Carlos Prestes, à época grávida quando deportada para a Alemanha, onde seria executada em Bernburg, em 1942.

Figura 85: Filinto Müller. *https:// pt.m.wikipedia.org.*

lar. Uma providência urgia ser tomada, e como a 1ª Delegacia Auxiliar, que tem a seu cargo a repressão de tais mistificações, não estivesse aparelhada para uma ação repressora da envergadura que se fazia mister, foi encarregado de pô-la em execução o Dr. Cesar Garcez, diretor geral de investigações. Para a ***blitzkrieg***[116] contra os macumbeiros foram destacadas por essa última autoridade nada menos de 35 turmas, que percorreram todos os recantos da cidade, desde o centro às mais remotas zonas rurais. É de destacar como digna dos maiores elogios a atuação do Socorro Urgente da D. G. L., instituição recém-criada e que, sob a direção proficiente do Senhor Jorge de Lacerda, distinguiu-se de modo particularíssimo nessa investida sem quartel aos macumbeiros. Assim, iniciada a campanha na sexta feira próxima passada, 48 horas depois estavam varejados e apreendido o material de quase 100 terreiros.

A polícia não vem

A rumorosa diligência apresentou, em seu desenrolar, aspectos pitorescos. Um deles foi o de um dos tantos pais de santo que, por estar instalado num morro quase que inacessível e tendo sempre cercado suas funções de absoluta discrição, conseguirá, até agora, manter-se afastado das malhas da Justiça. Isso lhe valia um prestígio imenso. E quando alguma nova vítima que lhe ia a casa pela primeira vez manifestava receio de que os fossem as autoridades surpreender, ele afirmava:

– Meu santo não deixa. A polícia não vem!

[116] Blitzkrieg ou guerra-relâmpago é uma tática militar em nível operacional que consiste em utilizar forças móveis em ataques rápidos e de surpresa, com o intuito de evitar que as forças inimigas tenham tempo de organizar a defesa.

Ainda na note da *blitzkrieg* estava ele reunido a tirar pontos e fazer trabalhos, quando as autoridades lhe cercaram a casa. Um vigia avisou-o da aproximação dos elementos estranhos. E ele convicto:

– A polícia não vem cá. Vamos tirar aquele ponto que nos livra dos delegados. Todo mundo cantando.

A roda entoou com frenesi:

Ogum de Lê,
lê lê!
Ogum de Lê,
lê lê!
Das ondas do mar. Malê!

Estavam no melhor, quando um dos investigadores entrou. Era, naturalmente, estranho entretanto, não se deu por achado. Avançando até o centro da roda, exclamou, como de praxe nos terreiros:

– "Quem é de benção, a benção. Quem é de boa noite, boa noite".

O pai de santo, encantado, pois pensava tratar-se apenas de um novo "crente", respondeu solene:

– "Ogum te abençoe, meu "fio".

– O investigador:

– "Obrigado, mas está todo mundo preso!"

Foi uma bomba que estourou em meio a função.

Ouvindo os mais afamados macumbeiros

Da diligência ora feita, resultou a prisão dos mais afamados "azes" da macumba, entre homens e mulheres. Quando o repórter de *A Noite Ilustrada* teve ocasião de ouvi-los, reunidos numa das salas da D. G. L. Eles a principio opuseram certa resistência, protestando, a maioria, ser inocente. Um deles, conhecido como Caboclo Sizenando, escusou-se de toda a maneira. Ele não tinha nada com aquilo e jamais entendera ou praticara a macumba. Mas uma cabocla que de perto ouvia a conversa, chamando o repórter à parte, elucidou:

– Ele diz que não é disso, não é? Pois olhe: uma vez eu quis lhe dar quinze contos para que ele me ensinasse tudo o que sabe a respeito de "trabalhos" e ele achou pouco! Ele trabalha com todas as "linhas".

Como não entendêssemos bem, explicou:

– Há uma porção de linhas, de acordo com o Orixá, que é protetor do "guia" do terreiro. Há a linha de Ogum, que é São Jorge, há a de Xangô, que é São Jerônimo (Em algumas linhas, Xangô também é Santa Bárbara, noutras, essa santa é Iansã). Temos também, a linha de Iemanjá, Nossa Senhora de Lourdes; Oxóssi, São João Batista; Xangô-Mirim, São João Batista; Oxum, Nossa Senhora da Conceição. Ogum Megê, Ogum de Lê, uma porção delas. Isso sem contar a Linha das Almas, que é a que tem por protetores os caboclos. Pois bem, Caboclo Sizenando trabalha com todas elas. Cada Orixá é especialista num trabalho. Um é para casos de amor; outro, para negócios; outro para acertar na loteria. De maneira que, quando alguém nos procura para fazer um "trabalho" que não seja especialidade de nosso Orixá, temos que perder o cliente, mandando-o a outro terreiro, onde baixa o espírito que poderá fazer o que ele nos pede.

Figura 86: Macumbeiros e macumbeiras presos. *A Noite: Suplemento*, n. 625, 8 de abril de 1941.

Quem assim nos falava era Hortênsia Abranches de Araújo, que tem seu terreiro na Penha, à Rua Thomaz Lopes, n. 266, e que, como os demais, foi varejado e fechado pela polícia.

Suas declarações deram margem a uma série de outras perguntas e investigações por parte das autoridades. Dessas últimas ficou apurado existir em pleno funcionamento uma verdadeira rede de exploração. Os "clientes", como essa gente chama os infelizes que lhes caem sob as unhas, eram permutados entre uns e outros macumbeiros, conseguindo eles, assim, tirar o máximo daquele que se embaía pela baixa mistificação.

E, além de serem despojados do dinheiro, muitos ainda foram terminar seus dias em manicômios, delirando, a "traçar pontos" nos cubículos em que os encerraram, a cantar, invocando espíritos do bem e do mal.

Figura 87: Com a indumentária própria, o pai de santo dá consultas, possuído do espírito de Ogum. *A Noite: Suplemento*, n. 625, 8 de abril de 1941.

Figura 88: Rei Congo e Cabocla Jupira. *A Noite: Suplemento*, n. 625, 8 de abril de 1941.

Figura 89: Os mais famosos macumbeiros presos, quando iam ser interrogados. *A Noite: Suplemento*, n. 625, 8 de abril de 1941.

PENAS DE CORUJA PARA CONQUISTAR O HOMEM AMADO!

Carioca, n. 410, 1943

Apresentamos quatro propagandas curiosas sobre o batom Colgate, publicadas pelo *Carioca*, sob o título sob o título "Famosas receitas de amor".

Figura 90: Desenho da propaganda. *Carioca*, n. 410, 1943.

A feitiçaria ensinava às mulheres que desejavam prender o homem amado, o seguinte:

Apanhe uma coruja no ninho, arranquem-se-lhe as penas; meta-se tudo no bojo de um pedaço de veludo preto, espete-se em cima de um cartão com o nome da criatura que se deseja conquistar e atire-se o embrulho numa encruzilhada em noite de lua cheia.

Nós não acreditamos. E você, é lógico, também não acredita que desse modo possa uma mulher conquistar homem algum! Mas uma receita de amor que conhecemos que é usada pelas mulheres mais belas de 72 países e nunca falha:

A mulher que quiser atrair a atenção do homem amado, pega um Baton Colgate, passa-o suavemente nos lábios e realça a sensualidade e o encanto de sua boca. Os toques mágicos do Baton Colgate despertam nos homens ânsias de beijos. Porque o colorido vivo e provocante do Baton Colgate empresta ao lábios sugestões amorosas e torna as mulheres mais sedutoras. Use esta receita de amor, hoje mesmo! Ela tem feito a felicidade de muitas mulheres e pode fazer a sua também!

O Baton Colgate, importado da América do Norte, é feito com *Karanuva*, o supremo embelezador dos lábios!

INSPIRAR PAIXÃO COM UM SAPO!

Carioca, n. 416, 1943

Figura 91: Desenho sobre a propaganda. *Carioca*, n. 416, 1943.

Para despertar amor nos homens e inspirar paixões violentas, a feitiçaria recomendava:

Pegue-se num sapo preto, cuja boca se coserá com retrós preto. Depois, amarrem-se, um a um, os dedos do sapo, com fio de linha grossa, também preta, formando a figura como a de um paraquedas.

Nós não acreditamos. E você, é lógico, também não acredita que desse modo possa uma mulher conquistar homem algum! Mas uma receita de amor que conhecemos que é usada pelas mulheres mais belas de 72 países e nunca falha:

A mulher que quiser atrair a atenção do homem amado, pega um Baton Colgate, passa-o suavemente nos lábios e realça a sensualidade e o encanto de sua boca. Os toques mágicos do Baton Colgate despertam nos homens ânsias de beijos. Porque o colorido vivo e provocante do Baton Colgate empresta ao lábios sugestões amorosas e torna as mulheres mais sedutoras. Use esta receita de amor, hoje mesmo! Ela tem feito a felicidade de muitas mulheres e pode fazer a sua também!

O Baton Colgate, importado da América do Norte, é feito com *Karanuva*, o supremo embelezador dos lábios!

PELO DE GATO PRETO PARA ARRANJAR CASAMENTO!

Carioca, n. 424, 1943

Figura 92: Desenho sobre a propaganda. *Carioca*, n. 424, 1943.

Para as jovens que custavam a casar, a feitiçaria recomendava:

Pegue-se uma tesoura bem afiada, corte-se um pouco de pelo de gato preto, torre-se o pelo na chama de uma vela e depois de torrado, misture-se o pó que sobrar com algumas folhas de arruda e ponha-se tudo dentro de um breve.

Nós não acreditamos. E você, é lógico, também não acredita que desse modo possa uma mulher conquistar homem algum! Mas uma receita de amor que conhecemos que é usada pelas mulheres mais belas de 72 países e nunca falha:

A mulher que quiser atrair a atenção do homem amado, pega um Baton Colgate, passa-o suavemente nos lábios e realça a sensualidade e o encanto de sua boca. Os toques mágicos do Baton Colgate despertam nos homens ânsias de beijos. Porque o colorido vivo e provocante do Baton Colgate empresta ao lábios sugestões amorosas e torna as mulheres mais sedutoras. Use esta receita de amor, hoje mesmo! Ela tem feito a felicidade de muitas mulheres e pode fazer a sua também!

O Baton Colgate, importado da América do Norte, é feito com *Karanuva*, o supremo embelezador dos lábios!

COLAR DE DENTE DE COBRA COMO TALISMÃ DE AMOR!

Carioca, n. 428, 1943

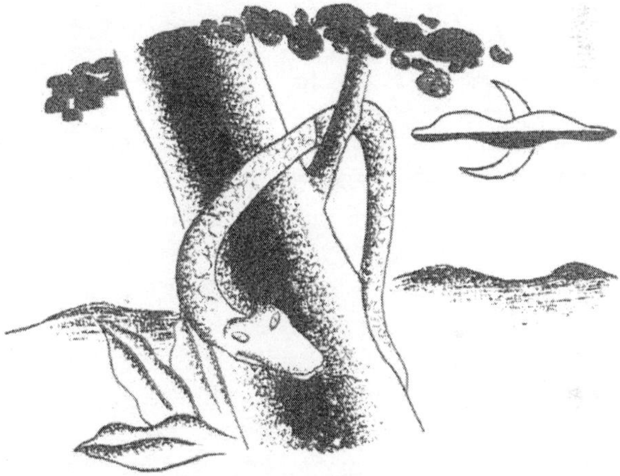

Figura 93: Desenho sobre a propaganda. *Carioca*, n. 428, 1943.

Como um dos meio de atrair o homem amado, a feitiçaria recomendava:

Enfiem-se três dentes de cobra em um fio de linha preta untada com sebo de carneiro, faça-se um colar que se deixa ficar ao sereno durante três noites seguidas de lua cheia e a seguir pendure-o ao pescoço sempre que for ao encontro do homem cuja paixão deseja provocar.

Nós não acreditamos. E você, é lógico, também não acredita que desse modo possa uma mulher conquistar homem algum! Mas uma receita de amor que conhecemos que é usada pelas mulheres mais belas de 72 países e nunca falha:

A mulher que quiser atrair a atenção do homem amado, pega um Baton Colgate, passa-o suavemente nos lábios e realça a sensualidade e o encanto de sua boca. Os toques mágicos do Baton Colgate despertam nos homens ânsias de beijos. Porque o colorido vivo e provocante do Baton Colgate empresta ao lábios sugestões amorosas e torna as mulheres mais sedutoras. Use esta receita de amor, hoje mesmo! Ela tem feito a felicidade de muitas mulheres e pode fazer a sua também!

O Baton Colgate, importado da América do Norte, é feito com *Karanuva*, o supremo embelezador dos lábios!

AS CURAS DA SENHORA MACKENZIE

***O Jornal*, n. 9778, 18 de março de 1952**

Reportagem de Geoffrey Murray (Londres)

Recentemente, tive oportunidade de ver a atuação da Senhora Nan Mackenzie, na sede da Associação Espírita Marylebone,[117] em Russel Square. A sala, destinada a conferências, estava repleta de mulheres e crianças. Não raro, as sessões de cura da Senhora Mackenzie vão das duas da tarde às oito da noite, com rápida interrupção para o chá, tantos são os enfermos que procuram o auxílio dessa mulher.

Parte da sala era separada por uma cortina. Atrás desta havia um divã de consultório médico, algumas cadeiras, uma bacia com água, sabão, toalhas, um bico de gás aceso, e a Senhora Mackenzie e uma assistente, ambas de casacos brancos.

Durante todo o tempo em que trabalha nas curas a Senhora Mackenzie permanece em transe, e seu guia espiritual, um índio pele-vermelha chamado Água Corrente, assume o controle de seu corpo e de sua mente. Água Corrente fala em voz um tanto elevada, refere-se ao "homem doutor" e faz perguntas assim: "Causa-lhe bem estar, isto, não?" Toda a conversação com Água Corrente, não com a Senhora Mackenzie.

Não houve curas instantâneas enquanto estive lá mas pacientes declaravam-se melhores e traziam amigos e vizinhos igualmente necessitados de auxílio. A mãe de uma

[117] Marylebone Spiritualist Association, fundada em 1872.

menina retardada na palavra e dada a crise de gritos disse que estes tinham cessado e que a filha falava melhor. Água Corrente prontamente pediu um beijo, e recebeu-o.

Massagens e repolho

Muitas mulheres queixavam-se de juntas entrevadas, dores nas costas, cefaleias intensas, distúrbios gástricos, pressão arterial e dores de ouvido. O método de Água Corrente consistia em aplicar forte massagem na parte afetada, terminando a Senhora Mackenzie cada movimento com estalo dos dedos, como se quisesse livrá-los de alguma coisa fisicamente desagradável. Ocupava-se muito com a espinha e a nuca dos doentes.

Água Corrente é adepto convicto de receitas vegetais. A Senhora Mackenzie aconselhou duas pacientes a envolverem os joelhos em folhas de repolho, ao deitar, se esses a incomodassem. "Isso puxará o ácido úrico", disse.

Quando uma das doentes soube que eu era repórter, pediu permissão a Água Corrente para falar-me a respeito da operação espiritual a que se submetera para extrair um ulcera do duodeno. "Vi tudo em sonho", disse-me ela. – "Minha filinha, que desencarnou aos seis anos, era uma das enfermeiras. Vi toda a operação, mas nada senti. Quando despertei, pela manhã, meus braços estavam cruzados sobre a cabeça. Meu marido teve de descruzá-los. Fui ao hospital. O Raio-X mostrou que a ulcera cicatrizara por completo".

Testemunho curioso

Houve depois o testemunho da Senhora Savile, de Mombaça: "Desloquei um quadril aos três anos". E assim fiquei toda a vida, até vir consultar-me com Água Corrente. Médicos e hospitais nada puderam fazer por mim. Água Corrente submeteu-me a três preparos. Deitei-me então naquele divã e ela recolocou o quadril no lugar, sem dificuldade alguma. Passou-se isto em 1949. Regressei à África. Dede então, o clima e as preocupações tem-me incomodado. Minha pressão arterial subiu, e outros sintomas apareceram.

Por isto, vim novamente de Mombaça consultar-me com Água Corrente. Meu estado geral já está imensamente melhor. Quero que todos saibam do benefício que tive.

MÃE d'ÁGUA

Rachel de Queiroz

O Cruzeiro, n. 27, 25 de abril de 1953

Porque tinha os olhos verdes e porque se chamava Iara, que é sereia em linguagem de índio, de menina lhe puseram o apelido de Mãe d'Água. E a pequena, de natural romântico, se apossou do apelido, entregou-se a ele, deu-se de corpo e alma, como se dá um médium ao seu espírito familiar.

E sendo, pois, Mãe d'Água, devoradora de homens, que outra coisa poderia fazer senão devorá-los? Começou no grupo, a exercitar entre os colegas de classe as artes da sereia. Um requebro dos olhos verdes, um torcer da cintura fina, um pentear do cabelo grande, solto por cima dos ombros. Sei que aos treze anos já provocara dezessete brigas de murro, dois narizes quebrados, uma cabeça arrombada, um roubo de bicicleta (para passear com ela na praia) e uma canivetada que foi mister tratar na Assistência.[118] Sem contar conflitos menores, descomposturas e malquerenças que não merecem registro; e tudo isso só entre os companheiros de escola e os meninos do quarteirão.

Moça feita, o diabo a ajudou: deu até mais bonita que prometia. As longas pernas se encheram de carne redonda, o busto desabrochou, a face afinou, apurou-se. Com tais armas nas mãos, e a ideia fixa na cabeça virou-se em um flagelo do bairro. Seus métodos já não eram tão crus, nem tão evidente o rastro de murro e sangue dos seus encantos fatais. Mas só Deus sabe os tormentos e as fúrias que aqueles olhos malvados, desencadeavam no peito de cinco cadetes, de alguns comerciários, de inúmeros tarzans de praia, e até de um moço filho de senador, dono de um carrinho inglês, que vinha diária e expressamente de Copacabana, só para vê-la e lhe sofrer as negaças. E, murmuravam as vizinhas, havia um homem casa-

[118] Ambulância.

do – sim senhor, pai de família – que andava no beiço atrás dela, já a levara a jantar em uma boate; por sinal a pobre da esposa desconfiara e ameaçava fazer um justo escândalo.

Nessas alturas, ela sentiu a sua vocação para o teatro, para Iara, era usar biquíni, ou menos, é ser *girl*. Isso a mãe não deixou – nem a mãe, nem o Juiz de Menores. Tentou então o concurso de rainha da praia de Ramos, que também não conseguiu; houve marmelada e só lhe coube um ofensivo quinto lugar.

Quando estrugiu a barulhada do crime do Sacopã, ela ficou irritadíssima. Sentia-se assim a modo de um inventor a quem subtraem a descoberta. A moça Marina lhe roubara todo o cartaz. A vingança dela era dizer "qual, o bancário não morreu nunca por causa daquela menina. Ninguém tem provas!" E deixava entender com um sorriso que, se a polícia procurasse direito, acabava descobrindo mesmo quem foi o pivô do drama.

Faz poucos meses, entretanto, uma tragédia sorrateira se insinua na vida da moça: imaginem, a Mãe d'Água está engordando. Por que mistério de feitiçaria ou de glândulas, ninguém sabe. Já tomou tudo quanto é remédio que dá no rádio, já foi a médico, se mata de ginástica. Tem gente que diz que é praga daquela senhora casada – pois o marido não desistiu e muita coisa se fala a respeito dos dois. O queixo fino vai se empastando, a cintura engrossa, a esbelteza de garça se atarraca.

Com a crônica que ela tinha – imagine o que o povo não foi logo dizendo. Mas qual, era maldade. Passa-se um mês e outro e a gordura se mostra gordura mesmo. Aliás, a maluca da pequena diz que até preferia isso; afinal um filho, pode ser vergonha se a mãe é solteira. Mas além da reparação a que a menor tem direito, é coisa passageira e não deixa aleijão visível.

A um amigo, ela falou em se matar. Visse ele bem: uma pessoa passar a vida toda se exercitando em um ofício para o qual não nascera e fora dotada, e de repente se ver roubada da condição física que esse ofício exige? Quem já viu uma sereia, matadora de homens – obesa? É o mesmo caso de uma pianista a quem amputassem os dedos da mão.

Mas há novidades: consta que a Mãe d'Água deu para frequentar assiduamente um terreiro, e não deixa em paz caboclos e pretos velhos, suplicando a devolução do seu corpinho do ano passado. Ou quem sabe talvez não peça nada. Talvez ela tenha descoberto que afinal não lhe está vedado o mundo feiticeiro das sereias das ondas salgadas, a quem também chamam de Iemanjá, lá está com a sua imagem no altar enfeitado: o cabelo verde, o olho verde, o corpo de peixe... E gorda! E se Iemanjá pode, por que ela também não pode? E até deixou de tomar remédio.

MACUMBA MASCARADA

Jornal de Umbanda, n. 40, março de 1954

Diário Carioca, sob o título de Macumba Mascarada, publicou uma reclamação de um leitor contra um Centro Espírita sediado na Rua Cirne Maia, n. 50, a que taxa de "terreiro da mais baixa macumba" e que com seus gritos, cantos, batuques, gemidos, pancadas e palmas, que vão pela noite adentro até de madrugada, não o deixam dormir quatro noites por semana. O reclamante pede que as autoridades acabem com as sessões quase diárias de macumba.

Se de um lado há o direito de livre culto, de outro lado há também o direito de descanso dos moradores circunjacentes, garantido pela lei do silêncio. As sessões de Umbanda (colocamos de lado as expressões malévolas) de fato podem acabar mais cedo, ou pelo menos depois das 10 horas deveriam cantar seus pontos baixinhos para não incomodar os vizinhos, mesmo porque a vibração não depende de altura dos gritos ou dos sons, mas da harmonia do ponto e a caridade para uns não deve prejudicar outros.

PRISÃO DE 25 CIDADÃOS EM POÇOS DE CALDAS

Folha de Poços **(MG), 14 de outubro de 1955**

Impetração pública de ***habeas corpus***
O fanatismo, a macumba e a Lei

Edmundo Cardillo

A *Folha de Poços* publicou, em sua edição de 12 do corrente, uma notícia sensacional: foram presos, às 10 horas da noite, em um barracão da Rua São Paulo, perto da Igreja de São Benedito, adeptos do baixo espiritismo que invocavam mensageiros do além, com cânticos e curimbas esquisitos, sapateados moçambiques.

Vinte cinco fanáticos, cercados por soldados, viram-se detidos, e levados para a hospedaria pouco recomendável da Rua dos Agachados.

A notícia termina apregoando a repressão ao baixo espiritismo que o Senhor Delegado Regional pretende incrementar na estância e em nosso município, a bem da moralidade pública.

Em torno de tal assunto, aqui vão algumas linhas, a título quando mais não seja de ensaio sociológico, e de petitório semioficial.

Dada a formação racial de nossa gente, em cujo substrato psíquico entrou a contribuição do totemismo indígena, do fetichismo africano e do medievalismo ibérico, impõe-se considerar que a miscibilidade religiosa obedeceu aos mesmos imperativos de sua miscibilidade étnica.

Destarte, o brasileiro, como tipo racial definido, só agora vislumbra a fase de sua maturidade; e, como expressão de crença, não despreza os determinantes de sua fé, em virtude de ser sensível às influências do meio e de sua criação, em quatro séculos de história religiosa.

Solicitados por esta ou aquela preferência metafísica, ou impelidos por este ou aquele complexo de berço, os espíritas destas paragens – para eles nos referimos – se subdividem: uns permanecem na doutrina de Allan Kardec, tal como foi codificada, e procuram repetir os fenômenos estudados pelo eminente sábio inglês William Crookes; outros discutem a existência fluídica do corpo de Jesus, com Roustaing à frente; e alguns nem admitem a pesquisa desses fenômenos, como os racionalistas redentoristas.

Se teorias tais vieram para o Brasil, da mesma forma que as religiões mais amplas, importadas na alma de todos os ádvenas e no dorso da respeitável cultura disseminada agora, e tão profundamente, pelas editoras e bibliotecas; e, tendo-se em vista que, radicadas na grande massa de crentes, encontraram a religião oficial já em boa parte transformada pelas intercorrências das crenças de populações indígenas e negras, – não repilamos o dever de atentar os subsídios da psique das primitivas civilizações.

Se, no povo propriamente dito, esses subsídios ganharam o campo das emoções psíquicas, e lhe subiram a coluna barométrica do sensório, em face da pressão exercida por quatro séculos de sedimentação psicológica, na elite eles penetraram o terreno da emoção mental e cativaram o interesse dos escritores nacionais os mais expressivos redutos do pensamento, nos românticos dias do Império. O índio, o escravo, à luz dos mesmos destinos foram os temas prediletos de nossa literatura de há quase cem anos.

A ternura de Moema, no "Caramuru", e o heroísmo de Cacambo, no "Uruguai", acenaram aos pósteros as primícias da brasilidade literária que o Visconde do Araguaia se esforçou por enquadrar no romantismo com a publicação de "A Confederação dos Tamoios".

Couto e Magalhães, Batista Caetano, Teodoro Sampaio e Rodolfo Garcia, colheram, de outra sorte, no folclore indígena, algumas emoções da lama genuinamente nacional.

O "Indianismo", evitando os moldes de além-mar, e dando novas cores às letras brasileiras, teve a serviço e para sua glória, o estro encantador de Gonçalves Dias e o talento privilegiado de Alencar – almas irmanadas na poesia e no romance, as duas faces do ideal comum. Em "Y-Juca-Pirama" sente-se o silvícola movido apenas pelos seus mais alevantados impulsos, realçando-lhe o poeta a nobreza de tendências milenárias, sopitadas no imo de uma raça capaz de rasgos notáveis de caráter.

"O Guarani", "Iracema" e "Ubirajara", de outra sorte, as três contribuições altivas sobe as quais Alencar, proclamando a nova era das virtudes gentílicas, erigiu o seu apurado conceito acerca do aborígene devotado.

Longe da pátria, no berço da latinidade tão fecundo em sugestão, Carlos Gomes preferiu buscar a suprema inspiração de suas sinfonias nos temas do indianismo. E Castro Alves sofreu com o preto escravo; seus versos viajaram com os navios negreiros, metrificaram-se ao ritmo debruçado no eito, cantaram nos quibungos da senzala e abriram as portas do 13 de maio.

Trabalho literário, e de eugenia sem dúvida, porque era um processo, o da palavra escrita e musicalizada, encastoada no mais puro estilo de brasilidade, que iria despertar na consciência do povo sequioso de sensações essa amorável simpatia pelo índio perdido na selva, acuado nas brenhas profundas, e pelo negro de cachaço nu, batendo enxada para a riqueza do branco e para a sepultura de sua liberdade.

Não é de se admirar, portanto, que as tendências melhores ou piores dessa miscigenação étnica consagram o "terreiro", a "macumba", o "candomblé", a Linha de Umbanda e a própria Linha de Quimbanda, ou Nagô, Jeje, Moçambique, ou das Almas.

As primeiras observações científicas a respeito devem-se ao formidável Nina Rodrigues que, em sua obra *Os africanos no Brasil*, se pronuncia de maneira insuspeita, visto ser psiquiatra de universal renome. A VIOLAÇÃO DOS TEMPLOS OU TERREIROS AFRICANOS E A DESTRUIÇÃO DE SEUS ÍDOLOS E IMAGENS, violação e destruição, aliás, nascidas exatamente da infundada suspeita de que todo terreiro é organizado para a prática da magia negra.

Tais cultos tem apoio legal, e permitimo-nos recordar que a Carta Constitucional de 1824, após a dissolução da Constituinte de 1823, preceituava em seu artigo quinto que "todas as religiões serão permitidas com seu culto DOMÉSTICO". A Carta Constitucional de 1824 esteve em vigência até a queda do regime monárquico, em novembro de 1889.

Na Revolução Farroupilha, que pretendeu reformar a

direção do país, a liberdade religiosa é quase uma cópia do Artigo 5° da que se achava inscrita na Constituição do Primeiro Império.

Já no Brasil República, entre os primeiros decretos do Governo Provisório, um dos mais importantes foi o que tomou o n. 119-A, de sete de janeiro de 1890, proibindo a intervenção da autoridade federal e dos Estados, em matéria religiosa. Assim se entende pela leitura dos artigos 1°, 2° e 3°. Foi o decreto mais conhecido por "Separação da Igreja do Estado", que veio possibilitar a existência, em igualdade de condições, de todas as igrejas e confissões religiosas, instituindo, destarte, a plena, a absoluta liberdade parcial vigente no regime monárquico. Desde sete de janeiro de 1890, o Estado Brasileiro passou a ser juridicamente laico.

Figuram dispositivos libertários na Constituição Republicana de 1891, relativos à prática religiosa (artigos 72, § 7° e § 28°).

As emendas sofridas pela Constituição Federal, em 1926, em nada alteraram o princípio legal da liberdade religiosa, permanecendo imutáveis os parágrafos citados acima. E na Constituição de 1934, o tema assumiu proporções maiores por isso que, em seu Artigo 113, § 4°, ficou estabelecido que "por motivo de convicções filosóficos, políticas ou religiosas, ninguém será privado de qualquer de seus direitos, porque (Artigo 5°) "é inviolável a liberdade de consciência a liberdade de consciência e de crença".

A Constituição de 1937 vedava (Artigo 32, alínea b) à União, aos Estados e aos Municípios, estabelecer, subvencionar ou embaraçar o exercício de cultos religiosos, e preceituava (Artigo 122, § 4°) que "todos os indivíduos e confissões podem exercer pública e livremente o seu culto".

A Constituição atual, em seu artigo 141, § 7°, assegura o "livre exercício dos cultos religiosos"; e (§ 8°) "por motivo de convicção RELIGIOSA, filosófica ou política, ninguém será privado de nenhum dos seus direitos".

Nessas condições, a prisão desses homens, que se encontravam em suas práticas religiosas, é ilegal, a menos que a autoridade tenha sido levada a contrariar uma contravenção iminente. Mesmo assim, a advertência, e não a prisão, seria medida muito mais consentânea e muito mais próxima da legalidade.

Não há lei que impeça a macumba, nem pode ser inibido o cidadão que deseje "adorar um pedaço de pau", desde que não fira os bons costumes.

E não será com medidas policiais que iríamos desviar o ancestralismo de seu curso histórico, e sim com a educação e instrução do povo.

O brasileiro é um misto racial, e não depurou nem decantou de todo as suas tendências negativas. Vamos devagar. Compete ao governo proporcionar meios para que possamos nos desligar do passado e do que ouvimos em nosso berço, das aias e mucamas. Necessitamos de tratamento, e não de cadeia. Que venha a eugenia, mas não a grade.

Solicito ao Senhor Delegado Regional, com vistas ao Excelentíssimo Senhor Juiz de Direito, que deixe esses homens em liberdade, em face das razões acima expostas. Não os conheço a nenhum deles, mas participo de uma civilização, como a de Poços de Caldas, que está sob a égide da Carta Magna.

AS BRUXAS

Humberto de Campos

Careta, n. 2473, 19 de novembro de 1955

Os comentários sobre a feitiçaria praticada nas altas rodas mundanas não podiam ficar no ponto em que o tem deixado nestes últimos tempos os jornalistas profissionais.

O assunto é rico em surpresas, e é natural que eu aproveite convenientemente as preciosas informações que me vão chegando.

O caso que ontem me contou o ilustre magistrado Sr. Dr. Machado Guimarães vale, ele só, por toda a crônica da bruxaria do Rio de Janeiro. O fato é recente e tem a vantagem de envolver pessoas muito conhecidas e muito elegantes, uma das quais está presa a mim por estreitos laços de parentesco.

Um cavalheiro meu conhecido, e íntimo amigo do Dr. Guimarães, teve a fraqueza, mais que invejável, de apaixonar-se por uma senhora muito linda e muito loura, que tem sido o suplício de uma centena de corações.

No seu desvairamento, desiludido dos processos galantes com que procurava cativar aquela fugitiva mosca dourada, resolveu o mísero socorrer-se de uma bruxa da Rua dos Arcos, que lhe fora indicada pelo próprio Dr. Machado Guimarães.

A receita que esta lhe deu era simples e comum: consistia em obter trinta e três fios de cabelo da moça, polvilhá-los com açúcar, e deixá-los nas proximidades de um formigueiro. À medida que as formigas os fossem roendo, a ingrata iria sentindo também o formigueiro do amor no coração.

O desventurado fez o que lhe recomendaram, sem omitir uma única particularidade. Escolheu no seu jardim, em Copacabana, um formigueiro enorme, onde enxameavam milhões de formigas pretas e irrequietas e entregou, não sem pena, à gula desses tigres pequeninos, os trinta e três fios de ouro que havia obtido por intermédio de uma criada, a dez tostões cada um.

Durante a noite não sonhou com outra coisa. Viu a bem amada debater-se entre milhões de feras minúsculas, e foi com grande contentamento que correu ao jardim.

Aguardava-o, porém, uma surpresa.

Foi debalde que procurou em torno do canteiro de magnólias, onde o vira na véspera, o formigueiro das formiguinhas pretas.

Por toda a parte, por mais que remexesse a terra, só via formiguinhas vermelhas ou amareladas, dessas que chamam vulgarmente "formigas de fogo".

As formigas tinham devorado os fios de cabelo, e estavam todas oxigenadas!

UMBANDA EM CUBA

Waldemar da Silva Nunes do
Grupo Espírita "Humildes de Jesus"

Jornal de Umbanda, n. 70, abril/maio de 1957

Cuba é uma ilha situada na boca do Golfo do México, separada de Key West, pelo Estreito da Flórida; a leste é separada do Haiti pela Passagem de Wind Ward (48 milhas de largura); ao sul fica a Ilha de Jamaica, de que é separada por uma porção do mar de Caraíbas (90 milhas de distância); e a oeste tem Yucatan, de que é separada pelo Canal de Yucatan (120 milhas de largura). O maior comprimento da Ilha de Cuba é de 760 milhas e sua largura de 25 a 124 milhas; sua área, incluindo a Ilha de Pinos e adjacentes mede 44, 164 milhas quadradas, tamanho aproximado do Estado americano de Pensilvânia.

Era uma possessão espanhola desde seu descobrimento, mas em 10 de dezembro de 1898, foi abandonada pela Espanha e em maio de 1902, foi organizada como uma República.

A população de Cuba é mista, estando nucleados na encantadora ilha mais de 800 mil negros, de várias procedências, cujos ascendentes lá chegaram como escravos.

A cultura negra que predominou foi a Yorubá ou Nagô, por ser a mais adiantada em paralelo com outras civilizações africanas, daí a semelhança do culto de Umbanda[119] em Cuba com o da Bahia, posto que os sudaneses lá tenham entrado sob a denominação de Lukumis.

A diferença entre a teologia dos nagôs da Roma-Africana (Bahia) e a dos Lukumis de Cuba, reside em dois fatos: a grafia dos vocábulos, sob a influência da língua portuguesa ou espanhola, e no sincretismo, isto é, na representação do culto de Umbanda pelos santos católicos, o que se formou de modo diverso nas duas nações.

Na teologia dos nagôs-cubanos, o Deus Supremo, o Absoluto, é Olorum – O Senhor do Céu. Chamam-no, também, Ludunaré – que significa – O sempre justo; Oluwa – O Senhor; Obá-Ogô – O Rei da Glória e Obangidzi – O Senhor etc.

[119] Percebe-se aqui que o autor confunde Umbanda com Candomblé.

Em cuba, como no Brasil, Olorum não tem culto especial; é uma expressão do monoteísmo negro.

O culto de Obatalá, o maior dos Orixás (Espíritos que reinam na Natureza), em Cuba, é chamado *Religião de Babalá* e ainda – *Batalá* ou *Baterás*. Seu sincretismo em Cuba foi com a *Virgem de las Mercedes*, enquanto na Bahia foi com o Senhor do Bonfim. Em Cuba, Obatalá, ainda é sincretizado com o Santíssimo Sacramento ou com o Cristo Crucificado.

Xangô, em Cuba, é representado por Santa Bárbara: Xangô é Santa Bárbara macho, dizem os negros, porém Xangô é representado por São Jerônimo.

Yemanjá ou Yemayá tem ali o seu sincretismo com a *Virgem de Regia*, por ser esta a patrona dos marinheiros cubanos, cujo santuário está erguido na Baía de Havana.

Oxóssi, em Cuba, é simbolizado por Santo Alberto e Ogum por São Pedro.

Oxum é chamada – *Virgem de la Caridad del Cobre*. Orunmilá é equiparado a São Francisco de Assis; Omolu é assimilado a São João Batista, que no Brasil é equiparado a Xangô de Aganjú.

Babayu-Ayê (Obaluaiê), em Cuba, é identificado com São Lázaro.

Jimáguas (Os Ibejis, no Brasil), em Cuba não foram sincretizados com Cosme e Damião.

Em Cuba, não se diz "Linhas", mas "Regia de Oshum", "Régia de Ogum" etc.

O culto de Umbanda ou Espiritismo religioso se une com outras religiões, achando similitudes, sentindo que as mesmas verdades espirituais subsistem sob expressões e ritos diversos.

O Espiritismo, de fato, é o coração, a razão de ser de todos os cultos; esperança da humanidade; o fim para o qual marcha a ciência moderna.

UMBANDA EM MARCHA EM MINAS GERAIS

Jornal de Umbanda, n. 70, abril/maio de 1957

Revestiu-se de excepcional brilho a solenidade de instalação da Associação Umbandista Mineira - Presentes delegações de diversos pontos do Estado - Caravana da U.E.U.B. esteve presente - Como transcorreram os trabalhos em Belo Horizonte no dia 31 de março passado

Figura 94: Um aspecto da mesa diretora dos trabalhos de instalação da Associação Umbandista Mineira, vendo-se quando o nosso diretor e presidente da UEUB, irmão Floriano Manoel da Fonseca, fazia entrega do diploma ao representante de uma das filiadas. *Jornal de Umbanda*, n. 70, abril/maio de 1957.

Atendendo ao grande crescimento das atividades umbandistas na capital mineira os adeptos da Religião de Umbanda naquela cidade iniciaram um movimento no sentido de fundarem uma organização capaz de congregar todas as tendas ali existentes, a fim de melhor coordenarem suas atividades. Assim, um grupo de denodos trabalhadores iniciaram a tarefa que acaba de se cobrir de pleno êxito, com a instalação, no último domingo de março próximo passado, da Associação Umbandista Mineira, o Dr. Antônio de Mello, um dos mais esforçados batalhadores umbandistas de Minas, não poupou esforços no sentido de ver realizado o seu ideal e de muitos militantes da Umbanda em terras mineiras, tendo, com um punhado de idealistas como ele levado a cabo tão ingente tarefa para concretização dos postulados da Umbanda.

A União Espiritista de Umbanda do Brasil, a que está filiada a novel organização no Estado de Minas, compareceu as festividades de instalação com uma caravana de diretores entre os quais se notavam os irmãos Floriano Manoel da Fonseca, Presidente, e sua Senhora; Orlando P. de Almeida, 2° Secretário; Raimundo Guedes Cavalcanti, 1° Tesoureiro e gerente do *Jornal de Umbanda*; Aristides Castanheira, 2° Tesoureiro; Bernardo de Almeida, Diretor do Departamento de Assuntos Religiosos; Júlio Esteves, Conselheiro e Babalorixá da Tenda Espírita Filhos de Oxalá; Juracy Norah, Iabá da mesma Tenda e Sérgio Pereira da Costa, representante da Tenda Espírita São Thiago.

Partindo do Rio no sábado, dia 30, às primeiras horas da manhã, precisamente às 17 horas desembarcava na bela capital mineira a referida caravana, sendo, então, logo recebida por uma grande comissão de umbandistas, chefiada pelo Dr. Antônio Mello. Para dar aos leitores uma impressão exata do que foi a magnífica festividade e ainda os dias que se sucederam à instalação da AUM, procuramos ouvir o presidente da UEUB, nosso irmão Floriano Fonseca, para que ele nos dissesse algo a respeito do que lhe fora dado observar. Assim passamos a palavra ao nosso confrade para que ele nos conte como se desenrolou o programa na bela cidade de Minas, com referência ao auspicioso fato que marcará época nos anais umbandistas.

Inicialmente disse o nosso entrevistado: Quando chegamos a Belo Horizonte, após sermos recebidos na estação de desembarque, formou-se um grande cortejo que rumou para o Hotel Icaraí, onde fomos fraternalmente instalados como hóspedes da Associação Umbandista Mineira. Depois de rápido descanso, foi nos servido o jantar e logo após em novo cortejo, agora de automóveis, rumamos para o primeiro terreiro da cidade, no bairro de Santo André, a Tenda Espírita São Jorge, que tem o n° 1 na novel associação. Recebidos pelo seu presidente e chefe espiritual, nosso antigo companheiro Euclides Barbosa, com aquela simplicidade que lhe é característica, provou como é grande e fraterno o coração umbandista. Aí fomos saudados pelo Orador Oficial da AUM, Dr. Lívio de Freitas e Silva, que demonstrou, em belo improviso, a alegria que ia à alma dos presentes. Falaram, ainda, Bernardo, Sérgio e eu como presidente da União, dizendo dos objetivos da caravana no Estado de Minas Gerais.

Terminada a troca de saudações assistimos, então, a uma gira fraterna, onde todos os guias tiveram oportunidade de abençoar o trabalho material da organização e que a AUM vem desenvolvendo no Estado, sob a orientação da UEUB. Já madrugada – continuou – encerrados os trabalhos, deixamos saudosos, aquele ambiente de paz e harmonia. Domingo, dia 31, finalmente, às 20 horas, no vasto salão de festas da Associação Beneficente dos Sargentos, que por especial deferência de seu presidente, Senhor Silvio Ferreira de Carvalho, foi cedido à AUM completamente superlotado, vendo-se representações de todas as localidades de Minas Gerais, conforme relação que trouxe e vai aqui publicada, então, eu como presidente da UEUB, logo após os últimos acordes do Hino Nacional, assumi a presidência da magna assembleia.

A seguir, após breves palavras e sob calorosa salva de palmas empossei na presidência da AUM o Dr. Antônio de Mello, e na vice-presidência o Sr. Gilhens Nascimento de Oliveira, que após a leitura do compromisso de honra de bem servir à Pátria, à Umbanda, à UEUB e à AUM e na qualidade de presidente da novel Associação dá posse aos demais membros da diretoria, fazendo a leitura do mesmo compromisso o Dr. Lívio de Freitas e Silva, secretário e orador oficial da AUM.

Terminada a cerimônia de posse foram ouvidos alguns números de música. Foi feita, então, a entrega de dezesseis diplomas às Tendas que já haviam cumprido as exigências para a respectiva filiação. Mais alguns números de música e o Dr. Antônio de Mello mandou fazer a entrega de flâmulas comemorativas à efeméride a todos os visitantes. Fez-se então ouvir o ilustre presidente, Dr. Antônio de Mello que, emocionado, teceu em seu discurso as considerações da reunião, dizendo da alegria que lhe ia na alma pelo brilho alcançado após longos meses de trabalho estafante.

Foi, aí, concedida a palavra ao orador oficial, Dr. Lívio de Freitas Silva, que com facilidade, entusiasmo, brilho e inteligência que lhe são peculiares demonstrou possuir belos dotes de oratória e excelentes qualidades de causídico. As suas referências à caravana do Rio deixaram-nos a todos sensibilizados. Demonstrou com eloquência e visão jurídica como está amparada a Umbanda dentro da Constituição Brasileira. Suas últimas palavras foram abafadas com estrondosa salva de palmas que contagiou aquela multidão incalculável ali presente. Segue-se com a palavra o veterano umbandista de Barbacena, Stelio Ribeiro, que com os conhecimentos de pesquisador eficiente disse da satisfação daquele momento, hipotecando a solidariedade das tendas de Barbacena e se comprometendo a trabalhar pela AUM por ser um movimento que empolgará todo o Estado de Minas Gerais.

A seguir, usou da palavra Bernardo de Almeida, que externou sua admiração por tudo quanto assistia deslumbrado naquela demonstração de determinismo e de trabalho. Seguiram-se com a palavra Raimundo Guedes Cavalcanti pelo *Jornal de Umbanda*, Sérgio Pereira da Costa, pela Tenda Espírita São Thiago, do Rio, e inúmeros outros oradores que se identificaram com o movimento iniciado dentro do Estado pela AUM.

Prossegue o nosso irmão Floriano a nos descrever com entusiasmo e satisfação todo o transcorrer da bela festa, fazendo sentir o quanto de vibrante havia naquele ambiente de fé e esperança nos domínios da Umbanda, citou, ainda, que entre números de oratória faziam-se ouvir números de delicioso bem estar espiritual como o que foi proporcionado pelo irmão Werter Gabriel, do Núcleo Caboclo Coqueiro, que a todos deliciou com um poema de grande vibração.

Após mais alguns números de música, como presidente da UEUB fiz o agradecimento a todos, das inúmeras atenções com que a caravana vinha sendo cercada, traçando o roteiro que devem seguir toda as tendas filiadas à AUM para que estejam sempre alertas e a cavaleiro, contra as perseguições dos que não veem com bons olhos o crescimento fantástico de nossa religião, encerrando assim esta noite de gala que a todos satisfez e alegrou. Estiveram presentes à magna reunião de instalação além dos membros da caravana do Rio, o Senhor General Berzelius Veloso Figueira, o Senhor Silvio Ferreira de Carvalho, presidente da Associação Beneficente dos Sargentos de Minas Gerais, a Senhora Margarida de Mello, esposa do presidente da AUM, Senhora Eunice de Freitas Silva, esposa do Dr. Lívio de Freitas, Senhora Gení de Oliveira, esposa do Senhor Gilhens do Nascimento e muitas outras senhoras que no momento não tenho em mente.

Após esta festa seguiu-se um programa de visitas a várias tendas, e, assim, na segunda feira, dia primeiro de abril, às 20 horas, fomos honrosamente recebidos na sede própria do Centro Espírita São Sebastião Mártir, onde fomos saudados pelo seu presidente, irmão Raimundo Casimiro de Souza, que com eloquência e fraternalmente colocou a Tenda ao inteiro serviço da AUM. Ao terminar a gira já altas horas da noite, com grande alegria, deixamos os nossos agradecimentos com a Babá do terreiro, Dona Cecília Duarte, a bondade em pessoa, para que os transmitisse a todos os filhos.

Terça feira, dia 2, as nossas atividades começaram cedo, pois às 07h30min, fomos ao bota fora do Bernardo de Almeida e Orlando, que retornaram ao Rio devido seus compromissos profissionais. Assim, com tristeza para nós a caravana ficou reduzida a sete membros apenas. Às 16 horas rumamos para a sede da AUM, onde na qualidade de presidente da UEUB, e com os membros da caravana, a diretoria da entidade mineira, tendo à frente seu presidente Dr. Antônio de Mello e inúmeros convidados, desatei o laço simbólico, dando como inaugurada a Clínica São João Batista, com ambulatório, Radioscopia e Raios-X e que se destina a atender a todos os necessitados sem distinção de cor, nacionalidade ou credo religioso.

Terminada a solenidade da inauguração da Clínica o grupo seguiu para a Tenda de Umbanda São Miguel Arcanjo, onde foi recebido com toda a cordialidade pelo Senhor José Joaquim Mendes. Já rompia a aurora quando nos retiramos desta gira. Apesar de ainda prosseguir foi nos servido um bem feito aluá e acarajés que saímos saboreando.

Quarta-feira, dia três, a comissão teve a insigne honra de ser convidada para uma suculenta feijoada na residência do ilustre casal Freitas, onde nos foi proporcionado um convívio sadio e fraterno naquele lar onde mora a simpatia personificada. Já à tardinha seguimos para a residência do dinâmico presidente Dr. Antônio de Mello, onde sua esposa Dona Margarida de Mello nos brindou com um saboroso lanche que nos deixou saudade.

Já às 19 horas, debaixo de chuva de flores a caravana deu entrada na Tenda Espírita Jesus e Amor, sob a direção do nosso querido companheiro Geraldo Nepomuceno Araújo que, em um gesto de fidalguia não só fez a gravação da solenidade, como ofereceu-nos uma flâmula como prova de amizade. Depois da gira de Ogum e Oxóssi a comitiva se retirou sob intensa vibração para seguir até a Tenda Espírita Virgem Maria, onde foi recebida com bela saudação do babalaô Odorico. Aí fomos introduzidos no vasto terreiro dentro do ritual de Angola. Cabendo ao babalorixá Júlio Esteves, integrante da caravana carioca, as honras da recepção.

Depois da troca de saudações cordialíssimas entre o Dr. Antônio de Mello, Dr. Lívio de Freitas, Sérgio Soares da Costa, o presidente da UEUB e o orador oficial da Tenda Espírita Virgem Maria, que ofereceu ao presidente da União uma flâmula comemorativa à solenidade, foi dado início à fervorosa curimba, que nos satisfez completamente. Com assistência calculada em 600 pessoas, um corpo de médiuns em perfeita concordância em ritual e paramentos, passamos horas de boa espiritualidade e onde a caridade não foi esquecida, pois toda a assistência recebeu o seu passe. Terminado o qual nos foi servido um opíparo[120] amalá de Iemanjá, que saboreamos com prazer.

A cada membro da caravana o guia chefe da casa ofertou uma lembrança do seu abacé. Nesse ambiente de atenções e carinho deixamos, assim, a última gira no Estado de Minas Gerais, cuja diretoria da casa, enquanto o corpo mediúnico nos acenava lenços brancos conduzia-nos aos automóveis que nos havia de levar ao Hotel. E foi assim que quinta-feira, dia quatro, no ônibus de 07h30min deixamos a cidade de Belo Horizonte, onde a diretoria da AUM lá estava presente com sua fidalguia e mais um grande número de umbandistas para as suas despedidas.

[120] Lauto, abundante, magnífico, suntuoso.

MANDINGA

R. Almeida

Jornal de Umbanda, n. 76, janeiro de 1958

"Sou nego mandinga sim sinhô".

A todos na Fazenda do Fundão, o Benvindo dizia ser negro mandinga, sem, no entanto, explicar por que ele negro mandinga. Fora escravo do pai estancieiro Fausto e preferira ficar servindo ao seu novo senhor, do que se arriscar a novas aventuras, com a avançada idade que contava quando da terminação da escravatura. Meigo e amigo a todos contava, com a sua linguagem rude, sua odisseia, desde quando, a bordo dos trágicos navios negreiros, fora trazido para cá. Moço, forte e guapo, Benvindo fora vendido por bom preço ao senhor Bandeira, pai de Fausto e de mais dez filhos e dono de grande feudo. Cumpria todas as ordens e desenvolvia todos os esforços, de sol a sol, sem descanso e sem liberdade, não lhe faltando, também, no lombo, as chibatadas quando por qualquer motivo o seu senhor assim entendia.

"Sou nego mandinga sim sinhô".

Quando tudo prosperava na Fazenda do Fundão eis que surge desconhecida enfermidade do "Seu" Bandeira. Por mais que ele se esforçasse, não poupando dinheiro nem recursos de qualquer espécie na ânsia de salvar os seus entes, tudo era em vão para deter a marcha inexorável da morte que ceifava cada dia mais um filho do dono da casa. E, um após o outro sucumbiam todos levados pela pertinaz doença que nem a ciência médica nem as mezinhas dos curandeiros conseguia debelar. Por fim, apenas lograram escapar o "Seu" Bandeira e seu filho Fausto. Tudo era agora desolação na Fazenda do Fundão.

Certo dia, quando já desfrutava de paz e tinha os seus trabalhos mais suaves e podia então repousar para um sono tranquilo e reparador, apareceu na Fazenda um moço, metido a entender de tudo e a conhecer a origem das raças, a razão de ser de tudo e a conhecer a origem das raças, a razão de ser de tudo quanto se passa nesta vida e na outra. Amigo de Fausto, com ele pôs-se a palestrar, lamentando o ocorrido com a família Bandeira e investigando as possíveis causas da tragédia, acabou por convencer ao dono da Fazenda, já hoje reduzida a 1/3 do que fora de que o negro Benvindo era de fato o causador de todo aquele dano. E disse mais: que sendo Benvindo um ex-escravo, guardara consigo terrível recalque, que dia a dia mais incendiava a sua alma prenhe de vingança, contra os maus tratos a ele impostos pelo avô de Fausto.

Não tendo naquela época podido fazer uso de seus conhecimentos de mestre em magia negra, pela severa vigilância exercida pelos capatazes e capitães do mato, guardou consigo todo o ódio contra os brancos seus algozes, vindo, agora, longe da suspeita de quantos ali viviam a fazer explodir, numa tenebrosa mandinga – (feitiçaria) a sua sede de vindicta.

Não quis acreditar Fausto no que lhe asseverava tão categoricamente o seu amigo, pois julgava o Benvindo uma alma boa, incapaz de uma maldade e que, apesar de haver sido escravo, possuía um grande coração, não demonstrando nutrir o menor rancor contra aqueles que haviam sido seus senhores. Passou então o pérfido visitante a rebuscar elementos e fatos na origem da raça do negro Benvindo, para convencer que, usando os nativos daquela tribo da África Ocidental, (Berbere-etíope) e da qual descendia o escravo, de toda sorte de feitiçarias, visto que se punham constantemente em contato com deuses da magia negra e invocavam espíritos satânicos, era certo, portanto, que fora ele quem causara a tragédia da família Bandeira. Precisava quanto antes mandar punir o Benvindo.

Convenceu de tal forma o Fausto e a seu pai, de que tudo não passava de "trabalho" executado pelo negro Benvindo que estes não trepidaram em reviver o negro drama da escravidão, submetendo o bom preto velho, já alquebrado, a verdadeiro massacre. Espalderado,[121] amarrado ao tronco, o inocente preto rogava a Olorum e a todos os deuses de sua encantada mitologia para que dessem "maleme" a seus inimigos e lhes mostrassem o caminho do bem, para que recebessem a tragédia de que foram vítimas, apenas como consequência lógica da lei de causas e efeitos.

[121] Agredido.

Figura 95: Benvindo foi espaldeirado para satisfazer o seu acusador. Desenho de Guimarães. *Jornal de Umbanda*, n. 76, janeiro de 1958.

"Sou nego mandinga sim sinhô".

Foi numa manhã radiosa de sol, ao som dos gorjeios de pássaros canoros que com seus multicoloridos emprestavam um aspecto festivo e álacre à mata virgem que a alma de Benvindo subiu aos céus.

Como está feliz o Benvindo! Mais uma ingratidão humana; mais uma alma para servir a Deus! Negro Mandinga nunca fez mal a ninguém. E quando, hoje, Benvindo vê, lá do alto, chamar aqui, feitiçaria, bruxaria e maldade quimbandeira de mandinga ainda se põe a chorar.

MARCO DE UMA VITÓRIA

Jornal de Umbanda, n. 84, outubro de 1959

Figura 96: Prédio da UEUB. *Jornal de Umbanda*, n. 84, outubro de 1958.

A foto acima é da fachada do prédio recém-adquirido pela União Espiritista de Umbanda do Brasil, para sua sede própria, à Rua Conselheiro Agostinho, n. 52, no subúrbio de Todos os Santos. Além deste prédio, toda a área onde o mesmo está localizado foi adquirida para nela edificar, dentro em pouco, o Grande Templo Umbandista do Brasil, que será o ponto alto de nossas atividades. Constituirá este empreendimento a concretização do ideal de milhares de filhos de fé, que esperam um dia poder ter um local amplo para a realização de suas festas máximas, como também um abrigo na sua velhice, uma creche para seus filhos, um colégio para alfabetização, além de hospital e demais obras de assistência social para quantos necessitarem.

SEQUESTRADA POR TRÊS MESES NUM ANTRO DE MISTIFICAÇÃO

Diário de Notícias, n. 11393, 6 de janeiro de 1960

Maria Teresinha da Silva (26 anos, solteira), cujo paradeiro era desconhecido pelos seus familiares e pelo seu companheiro Pedro Luís de Oliveira Nunes, que com ela residia há cerca de três meses passados na Avenida Copacabana, 427, apto 603, apareceu na residência de sua irmã Nadir Tavares da Silva, moradora na Rua Visconde da Silva, n. 46, após ser abandonada nas imediações da praia de Copacabana por seus sequestradores, que a mantinham em cárcere privado desde a época do seu desaparecimento.

Umbandismo, roubo e sequestro

Ao ser interpelada pela sua irmã Nadir quanto ao local em que se encontrava durante todo o tempo em que esteve desaparecida, Teresinha declarou que fora induzida a abandonar o lar pelo indivíduo Nilo Almeida Filho, residente à Rua Embaixador Graça Aranha, n. 169, que se intitula possuidor de dons mediúnicos e que mantém naquele local um centro espírita denominado Tenda Espírita Nossa Senhora das Graças, pois só assim conseguiria alcançar os reinos de Aruanda, isto é, o céu. Declarou Teresinha ainda que o perigoso elemento obrigou-a através de ameaças veladas a trazer consigo a importância mínima de 50 mil cruzeiros para as despesas com trabalhos e festas em louvor às entidades superiores das sete falanges de Umbanda.

Diante do dilema, a vítima, que é criatura ingênua, solicitou um empréstimo ao seu companheiro Pedro e assim que obteve os 50 mil cruzeiros entregou-os a Nilo, que é mais conhecido pelo vulgo de "Nilo dos Coités". Uma vez de posse da importância, e para não ser descoberto em suas trapaças, o delinquente, trazendo sempre Teresinha sob ameaça, determinou que ela ficasse prisioneira na tenda espírita, em promiscuidade com outros elementos de conduta duvidosa.

Vício e mistificação

Nas comemorações do dia consagrado pelos umbandistas à Rainha do Mar, denominado de dia de Iemanjá, que é 31 de dezembro, os componentes da Tenda Espírita Nossa Senhora das Graças, após praticarem os seus rituais nas diversas praias da zona sul, abandonaram Teresinha em Copacabana, dando assim a possibilidade à polícia de descobrir seus crimes. As autoridades do 1° Distrito Policial, iniciando as diligências no endereço onde funciona a tenda espírita, apreenderam grande quantidade de bebida alcoólica, ervas supostamente medicinais, e um saco de um tipo de planta, que se supõe seja muda de maconha para algum plantio clandestino ainda não descoberto pela polícia. Cabritos, pombas, viveiros com sapos e outros animais foram ainda encontrados pela polícia no quintal da casa, tendo Nilo declarado que os animais serviam para serem sacrificados em holocausto às entidades sagradas da seita.

As bebidas e ervas, segundo informou o mistificador, prestavam-se a causar o estado hipnótico dos adeptos do umbandismo para facilitar o "transe" e evocar com mais eficiência os espíritos dos caboclos e africanos. As autoridades policiais estão interrogando várias pessoas detidas na tenda espírita, a fim de melhor se orientar na descoberta de todos os crimes praticados por "Nilo dos Coités", o qual apesar de declarar ter visto a importância de 50 mil cruzeiros nas mãos de Teresinha quando esta chegou ao centro, desconhece o fim que foi dado a tal importância. Prosseguem as diligências, presumindo as autoridades que Nilo praticava ainda outros crimes, inclusive a receptação de roubo e proteção a delinquentes que, disfarçados em adeptos, escondiam-se na tenda espírita.

GRUPO ESPÍRITA HUMILDES DE JESUS

***Jornal de Umbanda*, n. 98, junho de 1960**

Rua Alice Figueiredo, 69

Narciso Cavalcante dirige o Grupo Espírita Humildes de Jesus de maneira original e *sui-generis*.

Enquanto os chefes de terreiros fazem por onde aparecer e crescem aos seus próprios olhos – Narciso mantem-se sempre meditativo e humilde olhando, vigiando e orando para poder vencer com dignidade, elevar-se com o Cristo e aparecer entre os justos ou simples. De uma humildade crística – que eleva, mas que não avilta – de uma dedicação evangélica que a todos perdoa sem ser omisso nem descambar para a licenciosidade mantem-se fiel aos princípios de dar de graça o que de graça recebe, e sempre o fazendo com a direita sem que a esquerda saiba.

Culto, quase letrado, a sua modéstia o prejudica não o deixando aparecer com o fulgurante reflexo de estrela de primeira grandeza entre os intelectuais do Estado da Guanabara. Idealista, tem sacrificado seus anos de vida em prol do povo humilde e necessitado que mendiga o pão de corpo e da alma e que recebe de suas mãos tudo quanto ele pode recolher na tortuosa estrada da caridade para mitigar a fome de seus irmãos.

Incompreendido, e injustiçado até mesmo por aqueles que tem ajudado e protegido não conseguiu alcançar a meta desejada no último pleito eleitoral e nem por isso se renegou nem abandonou os que traíram. Com animo forte, faz como os grandes generais que perdem uma batalha, mas não perdem a guerra e se atira de novo Narciso Cavalcante para a grande arrancada decisiva para a própria Umbanda, que tem na sua pessoa o grande general de sua vitória. Por certo que desta vez marcharão com Narciso a grande massa de umbandistas e o grande círculo de amigos que de longas datas o acompanham nas suas árduas tarefas.

NOTÍCIAS DA U.E.U.B.

Jornal de Umbanda, n. 100-101, agosto/setembro de 1960

Licencia-se o Senhor Presidente

Em carta datada de 27 de agosto último, o Senhor Floriano Manoel da Fonseca comunicou aos demais diretores haver resolvido licenciar-se do cargo de presidente da União

Espiritista de Umbanda do Brasil, até o término de seu mandato a 31 de dezembro do corrente ano.

Em virtude desta sua decisão passou a exercer o cargo de presidente desta instituição, o Senhor João Severino Ramos, primeiro vice-presidente.

Convocação

O irmão João Severino Ramos, presidente em exercício da UEUB, de acordo com os estatutos em vigor, convida todos os diretores para uma reunião extraordinária dia 22 de setembro, às 20 horas em sua sede social à Rua Conselheiro Agostinho, n. 52.

– No próximo dia quatro de outubro, às 20 horas, haverá reunião do Conselho de Representantes, a qual deverão comparecer todos os chefes de terreiros ou seus representantes, para tomar conhecimento de assuntos importantes sobre a Umbanda.

NEGROS HOMENAGEARÃO PRINCESA ISABEL COM RITUAL DE UMBANDA

Diário de Notícias, n. 11669, 27 de novembro de 1960

Ao som de tambores, em um ritual afro-brasileiro, o negro vai prestar homenagem à Princesa Isabel, entre os dias dois e cinco de dezembro próximo, a partir de meia noite, para coincidir com a inauguração oficial do monumento à Redentora, cujas obras estão em fase de conclusão no início da avenida que tem o seu nome, no Leme.

O Sr. Flávio Costa Fabico Urumilá, líder umbandista, disse ao *Diário de Noticias* que a cerimônia será levada a efeito, ao pé do monumento à Princesa, faça ou não bom tempo.

Figura 97: Estátua da Princesa Isabel, no Leme, inaugurada em 2003, de autoria de Edgar Duvivier. O monumento inaugurado em 1960 foi demolido por causa de uma obra.

Como será

A cerimônia do ritual afro-brasileiro, declarou o Sr. Flávio Urumilá, será falada no dialeto africano da Guiné, com a duração aproximada de duas horas e a participação de centenas de crentes ativos dos rituais de Umbanda. Começará com uma oferenda de preceitos ao mar, que nada mais é que um pedido às divindades para prestigiarem a função.

Ao constante som dos tambores, as danças e evoluções próprias do culto, com um exotismo que chega a fascinar quem os presencia, darão continuidade ao culto que será encerrado com cânticos de louvor a sua Redentora, a Princesa Isabel.

O Sr. Flávio Urumilá, que é Babalaô (mestre) de um dos maiores terreiros umbandistas do Rio, afirmou que a sua entidade está convidando todos os mestres dessa religião que, tem certeza prestigiarão a raça negra nessa homenagem à Libertadora da Escravatura no Brasil.

MANUAL DOS CHEFES DE TERREIRO E MÉDIUNS DE UMBANDA

José Antonio Barbosa
Livraria Espiritualista Editora – 1961

José Antonio Barbosa foi um umbandista de grandes

Figura 98: Capa do livro *Manual dos chefes de terreiro e médiuns de Umbanda.*

vivências nos terreiros de Umbanda. Em 1939 lançou o jornal *O Espiritualista* que pretendia unificar as diversas correntes espiritualistas. Fundamentado em sua profunda vivência em terreiros, José Antonio Barbosa escreveu esta importante obra que fez muito sucesso na década de 1960. Percebe-se, ao longo do texto, que o autor utilizou diversos conceitos trazidos pelo Mestre W. W. da Matta e Silva e de outros importantes autores.

Neste manual ele aborda: O que é Umbanda, origem e dogmas; Liturgia umbandista; sacerdócio, cerimônias e sacramentos; organização de um terreiro; trabalhos fora do terreiro; vade-mécum[122] do chefe de terreiro, preces, banhos e defumações.

Apresentamos a seguir alguns trechos do primeiro capítulo relativo às origens da Umbanda.

Umbanda ou doutrina da luz é uma palavra de origem africana que serve para designar uma forma peculiar de espiritismo religioso, não kardecista. Como toda religião organizada e sistematizada, tem a sua dogmática, isto é, conjunto de verdades fundamentais; sua ética, ou parte moral e liturgia, ou complexo de cerimônias do ritual.

Várias explicações têm sido propostas para a origem (ou etimologia) dessa palavra. Há quem atribua a sua origem ao idioma Pali, primeira linguagem da humanidade sistematizada e cujo começo se perde na noite dos tempos. O mais certo, porém, é que vem da língua Bantu, de Krim-Mbanda, ciência ou arte de curar, por extensão, a salvação, a saúde espiritual. O primeiro elemento da palavra caiu, ficando apenas Mbanda; e como ocorre com todos os termos africanos que começam com um som nasal representado pela letra M inicial, acrescentou-se o prefixo U (assim aconteceu com Ngana, Nguá, Mbata, que deram em nossa língua Unganga, Unguá, Umbaiá). O mesmo se pode dizer das palavras tupi Mboy, Mauba, que deram Embu, Umbauba e Umbamba.

A melhor definição de Umbanda, com base na sua raiz vocabular, é esta: MB-Força, ANDA – Luz, isto é, força, poder da luz. Como os primitivos adoravam o sol como manifestação visível de Deus, e o sol é a grande fonte de luz, verifica-se aí uma reminiscência do culto solar, que é no fundo a fonte comum de todas as religiões existentes no mundo.

Bantu é o nome de um dos grandes ramos da raça negra africana. Abrange principalmente os angoleses, congoleses, os cabindas e os moçambicanos. Foi desse ramo que se originaram as principais correntes de escravos que vieram ao

[122] Denominação para qualquer livro de referência de uso muito frequente e que instrui o leitor a fazer determinadas tarefas.

Brasil. Daí, serem os cultos bantos os que mais influíram na formação da Umbanda no Brasil.

Nesses cultos, verifica-se o sincretismo ou aproveitamento de ritos espíritas e católicos. Assim, Umbanda se tornou uma religião mista, em que entram elementos espíritas em grande escala, e católicos, estes na parte exterior ou litúrgica.

Umbanda é uma religião essencialmente evolutiva. Para ela, todo o universo está perpetuamente em movimento e em marcha para a Perfeição Suprema que é Deus.

Os mais obscuros organismos minerais marcham para o vegetal. O vegetal para o animal e o animal para o humano. O humano para escalas superiores, rumo ao divino.

A lei fundamental de Umbanda é:

Respeito à obra da criação, amor ao próximo, crença em Deus e em uma alma imortal.

Seus sete princípios ou verdades básicas:

1°) A existência de um Deus Supremo e Único, Onipotente e Onipresente.

2°) A evolução, em escala ascendente do inanimado, do inerte ao movente, do inconsciente ao consciente, da treva à luz, o aperfeiçoamento espiritual constante, através da dor e do sofrimento, rumo à Aruanda ou região celestial onde assentam morada os seres espirituais mais elevados.

Esta evolução se processa por meio de sucessivas encarnações materiais. A isto é que chamamos Lei da Reencarnação ou dos Renascimentos.

3°) A existência de espíritos não encarnados – Anjos, Deva ou Orixás – hierarquicamente superiores aos homens e inferiores aos Mestres ou Aruandas, que acompanham e protegem o homem contra as investidas do mal.

4°) A imortalidade da alma humana.

5°) A comunicação entre os seres da natureza e dos espíritos com os homens por meio dos médiuns ou cavalos.

6°) A lei do amor ao próximo ou prática da caridade e solidariedade humana como base de um mundo melhor, mesmo em um plano de imperfeição como é a Terra pela qual incidentalmente passamos agora.

7°) O reconhecimento de todas as religiões são raios

diversos de uma mesma luz, sendo a Umbanda a síntese de todas elas, mas em todas se contendo a Verdade Única sumarizada na Regra-Síntese:

Amar a Deus sobre todas as coisas e ao próximo como a si mesmo.

Note-se que são sete esses fundamentos; o número sete e, um dos mistérios – ou mirongas – de Umbanda, como de tantas outras religiões; trata-se do número místico por excelência.

Dentro desses sete princípios, enquadram-se os sete fins terrenos da Umbanda, a saber:

1°) Praticar a caridade, a fraternidade, o bem e a tolerância.

2°) Evidenciar a imortalidade da alma.

3°) Comprovar a reencarnação.

4°) Propagar a palavra de Jesus e dos grandes Mestres da humanidade, contida na Bíblia e nas comunicações astrais ou mediúnicas.

5°) Promover o respeito e o culto à natureza criada por Deus.

6°) Harmonizar o homem com o seu Orixá ou protetor.

7°) Preparar o homem para uma vida melhor aqui e na Ascenção até a Aruanda luminosa.

VOCÊ SABE O QUE É UMA MACUMBA? DIA 13 VEM AÍ

Diário de Notícias, n. 13023, 8 de maio de 1965

"Não haverá cachaçadas, nem incorporações no Maracanãzinho, mesmo que isso desgoste alguns dos que não foram convidados e que estão falando por aí", declarou o presidente da Confederação Espírita Umbandista a propósito das restrições que os umbandistas estão fazendo à realização da festa do próximo dia 13.

A promoção "A macumba em uma noite carioca" com o seu tema principal "Você sabe o que é a macumba?", é um espetáculo de cunho folclórico, que não justifica venham pseudolideres da seita nos atacar, declarou por seu lado, o Sr. Iberé Barroso, coordenador da festa.

Noitada dos deuses

Na noite de 13 de maio, às 18 horas no Maracanãzinho, baseado em uma ideia do Sr. Tancredo da Silva Pinto, vai mostrar os deuses do panteão da Umbanda. Ogum com seu criado Exu, interessado em Oxum, Oxóssi e Oxalá, Iemanjá, todos os deuses, grandes e pequenos, que povoam os cultos afro-brasileiros, estarão desfilando, ao som no Maracanãzinho, em suas vestes características, ao som da macumba, dos atabaques e de todos os instrumentos que marcam o ritmo das danças cultuadas na Umbanda.

Informou o Sr. Tancredo que não haverá incorporações dentro do espetáculo, embora faça questão de frisar que não garante que tal não venha a acontecer entre os "cavalos" (médiuns) que estejam na assistência.

Serão apresentados seis quadros. O primeiro mostrará "O que é Ogum?", enquanto que o segundo apresentará a Princesa Isabel assinando a lei de libertação dos escravos. O terceiro constará da coroação da Mãe Preta, aproveitando a passagem próxima do Dia das Mães. Uma elegia[123] à Caxias, com um grito de triunfo dado ao término da guerra do Paraguai, no campo de batalha de Humaitá, constituirá o quarto quadro. O quinto será um desfile de figuras folclóricas afro-brasileiras, e o sexto fará a apresentação dos deuses africanos e sacerdotes dos diversos que, transplantados para o Brasil, vieram a constituir a Umbanda.

Alguns grupos umbandistas não concordam com a manutenção do sincretismo dos deuses da Umbanda com santos católicos, como por exemplo, a identificação de Ogum com São Jorge. Outro grupo, bastante numeroso, entende que não deveria a Umbanda ser apresentada, no Maracanãzinho, como mostra folclórica. Em seu lugar preferiam fosse mostrada a Umbanda como é praticada nos centros e terreiros.

Pelé vai receber

Vera Lúcia Couto, miss Guanabara e Pelé vão receber convites para comparecer à festa. Vera Lúcia, em princípio já

[123] Poesia triste.

concordou em participar. Pelé, que seria incumbido de entregar à Sra. Maria Bebiana, uma placa alusiva à glória da Mãe Preta, mostra-se ainda reticente em aceitar o convite. Dona Maria Bebiana, uma placa, descendente direta da nobreza africana, foi a primeira mulher que formou um candomblé na Bahia para a prática da Umbanda.[124]

Contra o ato

No segundo quadro, senhores brancos, em desespero pela perda dos escravos que fomentavam a sua riqueza, surgirão em cena protestando contra o ato da Princesa Isabel. Os sacerdotes que integram o sexto quadro, vestidos de acordo com os rituais de Nagô, Keto, Cabinda e Angola. Mussurumi não aparecerá por ser um rito desaparecido.

Europa presente

Entidades umbandistas de São Paulo, Espírito Santo, Belo Horizonte, Uberlândia, Belém do Pará e de diversos pontos do Estado do Rio, enviarão representações – algumas com mais de cem pessoas. Diversas embaixadas de países sul-americanos e europeus aceitaram os convites formulados para assistir a festa.

Delegações africanas estarão presentes e empresas de turismo para que tenham uma visão diferente da Umbanda que são levados a ver na faixa de Copacabana.

A promoção foi considerada como parte dos festejos do IV Centenário, mas não haverá subvenção estadual. Por outro lado, toda a renda do espetáculo reverterá para a construção do Hospital Nacional da Umbanda.

O prefeito de Barra do Piraí facilitará a vinda do grande "Abafá de Oxalá Ainfá" – Centro Espírita de Umbanda – que funciona naquela cidade.

[124] Percebe-se aqui uma confusão entre Umbanda e Candomblé, duas religiões distintas.

FOI ÀS SESSÕES E GOSTOU DO MÉDIUM: VEIO DESQUITE

Diário de Notícias, n. 13027, 13 de maio de 1965

Negando o desquite pedido por uma senhora que, depois de viver anos felizes com o marido resolveu abandoná-lo ao dedicar-se à prática do Espiritismo, o juiz Hélio Trindade, da 6ª Vara de Família, confessou ser também espírita e com base em livros de Allan Kardec disse ter a mulher procurado acabar com o seu casamento por se encontrar dominada por um mau espírito.

O principal personagem da história é o presidente do centro frequentado pela autora do desquite, amigo do casal, e aparelho do espírito conselheiro da esposa, que a aconselhou a trocar o marido por aquele médium.

A mudança de Antonia

Antonia vivia feliz com o marido Altamiro, quando ambos passaram a frequentar um centro espírita em Niterói, a Sociedade de Estudos e Pesquisas Espíritas de cujo presidente o médico Rodélio Pena Ribas, ficaram amigos íntimos. Decorrido algum tempo notou Altamiro que sua esposa vinha se dedicando, com exagerado interesse, à instituição. E, o que era pior preocupava-se demais, também, com o dirigente da entidade. Começou a ficar com ciúmes e tiveram, em consequência disso as primeiras rusgas.

A separação

O casal acabou brigando. E Antonia, recorrendo a 6ª Vara de Família, apelou para o desquite litigioso, acusando Altamiro de maltratá-la física e moralmente. Nos autos ficou provado, todavia, que Antonia em verdade desinteressa-se do esposo, seduzida pelo presidente do centro, médium de seu espírito protetor, suspeito autor dos conselhos para abandoná-lo a fim de viver em sua companhia.

Decisão do juiz

Julgando o caso, observou o juiz, inicialmente, que era com o maior respeito que tocava no assunto, pois confessava que "muitas vezes nos refugiamos na encantadora pregação espírita, onde sempre encontramos o reconforto da explicação consoladora". E acrescentou: O Espiritismo não prega a destruição da família, mas, ao contrário, o seu aperfeiçoamento, através da evolução dos espíritos. E o casamento impõe restrições que a ninguém é licito afastar, pois interessa a disciplina indispensável à vida em sociedade. Decidiu, afinal, depois de tecer longas considerações em um confronto entre os fatos julgados e os ensinamentos de Allan Kardec em seus livros: *O Livro dos Médiuns* e *O que é o Espiritismo*, que lhe parecia que, efetivamente, a autora não está dispondo normalmente de sua vontade, mas sob a influência de ideias estranhas, a cujo domínio não tem o poder de resistir. E negou o desquite, conforme pedira o marido.

UMBANDA PARTE COM FLEXA: ACABARÁ COM PERSEGUIÇÃO

Diário de Notícias, n. 13142, 22 de setembro de 1965

O fundador da Liga Umbandista Brasileira, radialista Atilla Nunes, que há vários anos mantém programas de divulgação dos ritos de Umbanda, endereçou manifesto ao DN, apoiando também o professor Flexa Ribeiro, afirmando que essa candidatura "significa a consolidação dos ideais democráticos que animam nosso povo". Diz ainda o documento que os seguidores do culto de Umbanda devem ao governo Carlos Lacerda a tranquilidade de que hoje desfrutam, e acentua: "Nós, umbandistas, que fomos perseguidos até 1960, não queremos a volta de um Deraldo Padilha e de tantos outros policiais arbitrários que tanto nos humilharam, que tentaram destruir a Umbanda".

O manifesto

Eis, na íntegra, o manifesto umbandista, de apoio à candidatura Flexa Ribeiro:[125]

Há cerca de vinte anos venho realizando, pela imprensa e pelo rádio, um trabalho modesto de projeção da Umbanda como religião, procurando levar ao conhecimento do povo em geral que a Umbanda não é apenas "macumba" (macumba é um instrumento de madeira que marca o ritmo acionado por duas varetas), mas, um culto religioso tão digno e tão respeitável quanto os demais. Durante longos anos nos jornais *O Dia* e *A Notícia* e nos programas *Cânticos da Umbanda* e *Melodias de Terreiro* (Rádio Rio de Janeiro e Rádio Quitandinha) tenho feito minha pregação em defesa e divulgação da doutrina espiritualista da Umbanda, com o objetivo de situá-la no plano que faz jus pelos grandes serviços que presta à coletividade, àqueles que procuram nossos templos humildes em busca da caridade espiritual.

Amigo incondicional de Carlos Lacerda, logo ao lançamento da candidatura Flexa Ribeiro coloquei-me à serviço da mesma, iniciando meu trabalho junto aos milhares de irmãos de crença que me ouvem aos domingos. Enviei 12.000 cartas aos chefes das tendas espíritas umbandistas e organizei equipes de trabalho que prestam serviços em meus comitês e visitam quase todas as noites, as associações religiosas umbandistas do nosso Estado.

Estou certo de que a Umbanda atenderá ao meu apelo. Temos no Estado da Guanabara cerca de 18.000 terreiros (Tendas, Centros, Cabanas etc.). Sou presidente de honra de 382 Tendas, fundador da Liga Umbandista Brasileira, com sede na Rua da Glória, 338, sobrado. Sou presidente

[125] Carlos Otávio Flexa Ribeiro nasceu em Belém no dia 11 de agosto de 1914, filho de José Flexa Ribeiro e de Alice Flexa Ribeiro. Aluno da Universidade do Distrito Federal bacharelou-se em direito em 1935 e em história em 1938. Depois de formado, tornou-se professor do Colégio Andrews, do qual viria a ser diretor e proprietário. No pleito de outubro de 1960 elegeu-se, na legenda da União Democrática Nacional (UDN), suplente de deputado à Assembleia Constituinte do estado da Guanabara, criado nesse mesmo ano, após a transferência da capital federal do Rio de Janeiro para Brasília. No ano seguinte foi nomeado pelo governador Carlos Lacerda secretário da Educação e Cultura da Guanabara, função que exerceu até 1965. Em novembro de 1966 elegeu-se deputado federal pela Guanabara, na legenda da Arena, assumindo o mandato em fevereiro de 1967.

de honra de várias entidades federativas umbandistas dos Estados e mantenho contato pessoal constante com numerosas Tendas sediadas na Guanabara nas visitas que faço todas as noites e me correspondo, por carta, com a maioria das Tendas, Centros, Cabanas, todas as organizações de culto religioso umbandista do Rio e de todos os Estados. Sim, a Umbanda atenderá ao meu apelo. Desfrutamos, hoje, de uma liberdade que nos foi negada até 1960. O livre exercício de culto religioso (parágrafo 7° do artigo 141 da Constituição Federal promulgada em 1946) não era respeitado pelos antigos governos. Nossos templos eram invadidos, nossos chefes (Babás e Babalaôs) e nossos trabalhadores (médiuns) eram humilhados com perseguições, com a presença constante da polícia que efetuava prisões arbitrárias e apreendia atabaques (tambores) e cerceava de todas as formas, as nossas atividades religiosas. Graças á compreensão do governo eleito em 1960, tivemos os nossos direitos assegurados e cessaram as perseguições aos umbandistas. Devemos a Carlos Lacerda a tranquilidade que hoje desfrutamos. Nossa Umbanda – na Guanabara – é livre, é considerada como religião.

Os chefes e componentes das 18.000 Tendas de Umbanda do nosso Estado já ouviram o meu apelo. Iniciei a minha luta em princípios de julho. Doze mil dirigentes e colaboradores receberam a minha mensagem. Tenho fé em Deus que os umbandistas não faltarão ao seu dever de cerrar fileiras em torno da candidatura Flexa Ribeiro, candidatura que significa a continuação das grandes obras que vem sendo realizadas pelo governo Carlos Lacerda; candidatura que significa a certeza das eleições em 1960; candidatura que significa a continuação de um governo de paz, de trabalho, de honestidade, de ordem, de progresso e, sobretudo, de liberdade. Liberdade que se adquire com a instrução, com a educação, graças às centenas de escolas e ginásios que foram criados neste governo que teve a preciosa colaboração do grande educador Flexa Ribeiro: liberdade que só se adquire quando há fé, quando há esperança; liberdade que se adquire quando há trabalho para todos. A candidatura Flexa Ribeiro significa a certeza de que não teremos as dezenas de greves diárias. A candidatura Flexa Ribeiro significa a consolidação dos ideais democráticos que animam o nosso povo. Ansiamos pela liberdade de ir e vir, liberdade de pensar, de sorrir e de chorar, liberdade de crer em Deus, de praticar, cada um, a religião que bem lhe aprouver.

Nós, umbandistas, que fomos perseguidos até 1960, não queremos a volta de um Deraldo Padilha e de tantos outros policiais arbitrários que tanto nos humilharam, que tentaram destruir a nossa Umbanda.

A Umbanda está com Flexa Ribeiro!

COISAS DO OUTRO MUNDO EM UMA CASA DO SÉCULO XV

O Cruzeiro, n. 12, 17 de dezembro de 1966

No Reino de Sua Majestade Britânica, onde todos os castelos que se prezam têm seus fantasmas cativos, os duendes e bruxas e maus espíritos e fantasmas e feiticeiras que povoam as peças de Shakespeare têm, na vida real, passaporte livre. Ao que parece, os prudentes súditos da Rainha Elizabeth seguem, no assunto, a sábia máxima do gênio espanhol: *Yo no creo en brujas, pero que las hay, las hay*. Talvez mesmo com uma alteração fundamental: *Yo creo en brujas*.

Vai daí, um habitante da pequena aldeia de Bourton-on-the-Water (um homem de visão, naturalmente) teve a ideia de fazer uma espécie de Museu de Magia Negra e Feitiçaria. Mister Cecil Hugh Williamson vem, há muito tempo, colecionando amuletos, objetos de cultos, feitiçaria e magia negra. Recentemente, viu que sua coleção já atingia umas 40 toneladas. Então, pegou tudo isso e arrumou dentro de uma velha construção do Século XV. Agora, os interessados no assunto podem ver tudo à vontade. Pagando uma licença de entrada, naturalmente. Crianças, meia entrada. A reação do público tem variado. Alguns acham que a coisa tem aspecto de estudo, pesquisa, enfim, é séria. Outros veem no museu de Mister Williamsom apenas uma forma de divulgação da magia negra.

O fato é que a casa vive cheia. Creio que, por lá, eles chamam isso de indústria do turismo. Aqui fica, pois, a informação, para quem interessar possa, nessas nossas bandas tão ricas no assunto.

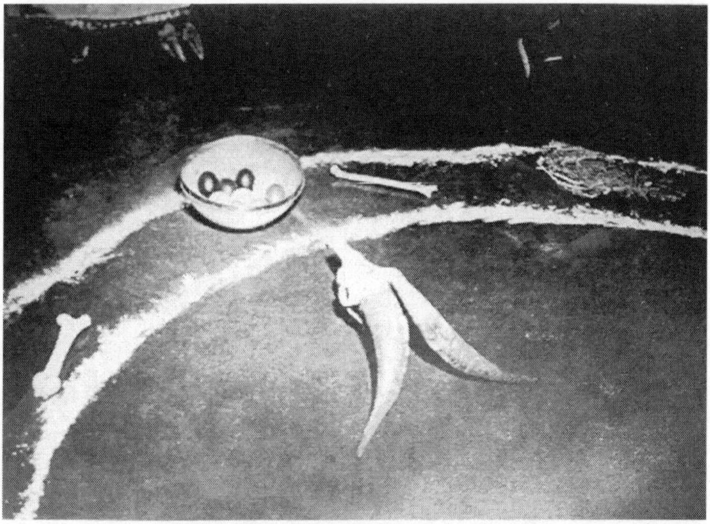

Figura 99: Isto não é "coisa feita" em uma encruzilhada nacional. É macumba "in English". E da boa. *O Cruzeiro*, n. 12, 17 de dezembro de 1966.

Figura 100: Objetos para o rito da fertilidade. *O Cruzeiro*, n. 12, 17 de dezembro de 1966.

Figura 101: Uma nota de humor em meio ao macabro. *O Cruzeiro*, n. 12, 17 de dezembro de 1966.

IEMANJÁ LEVA UM MILHÃO DE ADEPTOS E SIMPATIZANTES A PRAIA

Diário de Notícias, n. 13840, 31 de dezembro de 1966

O primeiro dia oficial de Iemanjá será comemorado hoje – como uma das maiores atrações da passagem de ano –, e o presidente da Federação Nacional dos Umbandistas calculou em um milhão o número de pessoas – adeptos ou simpatizantes – que irão a várias praias da cidade.

Advertiu o Senhor Jerônimo de Sousa que já foram tomadas medidas especiais para coibir o chamado culto pesado, praticado por elementos que levavam pólvora e cachaça para a orla marítima; desta vez apenas velas e flores enfeitarão a cabeleira de Dona Janaína.

Frente ampla

Eram grandes os preparativos, ontem à tarde, nos terreiros e tendas de Umbanda, com vistas às comemorações, hoje, do dia de Iemanjá. As áreas mais concorridas no culto à Dona Janaína são Copacabana e Ipanema. Entretanto, os atabaques, os guizos também levarão milhares de pessoas às praias da Barra da Tijuca, Guaratiba, Saco de São Francisco, Icaraí e Paquetá, em uma autêntica frente ampla. Uma caravana já seguiu rumo a Santos.

Só velas e flores

O presidente da Federação Nacional dos Umbandistas informou, ontem ao DN: "Algumas das tendas que, mal orientadas, faziam o chamado culto pesado, levando aguardente e pólvora às praias, já foram reprimidas pela Federação, de modo que isso não se repetirá este ano. Só poderão levar flores e velas aos festejos da Mãe d'Água". O Senhor Jerônimo de Sousa revelou que calcula em um milhão as pessoas que estarão presentes às comemorações; e esclareceu que 60% são umbandistas militantes, enquanto os demais são simpatizantes. A Federação Nacional dos Umbandistas – acrescentou – congrega 17 mil terreiros, com mais e oito mil entidades filiadas.

Polícia

A Secretaria de Segurança, visando garantir a tranquilidade dos umbandistas e dos assistentes, já armou um esquema de policiamento, contando com vários guardas distribuídos nas praias em locais estratégicos. Admitiram as autoridades que são muitos os que aproveitam das atividades dos umbandistas para praticar furtos e atos atentatórios ao pudor.

A UMBANDA REACIONÁRIA

General Mauro Porto[126]

Diário de Notícias, n. 14119, 1 de dezembro de 1968

Tínhamos estabelecido o propósito de não escrever sobre Umbanda, especialmente para o grande público leitor de jornais; falta de tempo, razões pessoais e, quem sabe, talvez o

[126] Orientador do Circuito Iniciático Umbandista. Secretário-Geral da Confederação Espiritualista e dos Cultos Afro-Brasileiros.

nosso empenho em divulgar a Umbanda Iniciática e Esotérica pudesse criar áreas de fricção entre os milhares de filiados da nossa Confederação. De outro lado, o constante aumento do Círculo Iniciático sob nossa direção indicava uma linha de serviço onde aplicar objetivamente a instrução que mais de perto nos interessava.

Entretanto, com muito agrado acedemos ao convite de Lilia Ribeiro, orientadora da TULEF,[127] agora com o pesado encargo de substituir Attila Nunes na direção desta coluna. Também influiu a recordação das palavras de Attila na visita que lhe fizemos, logo após a recuperação inicial do insulto que o acometera:

> Toda a minha vida dediquei à Umbanda, que nunca me falhou. Fui combatido de início, depois se acomodaram. Faltavam-lhes convicção e espírito de luta. Isto é o de que precisamos, persistência na ação, intransigente vontade de defender as nossas convicções; não há noticia de que, alguma vez, o maligno haja sobrepujado o divino.

Aqueles que o conheceram sabem como se empolgava facilmente; foi indispensável interrompê-lo, tanto mais quando causara a sua excitação saber, por nosso intermédio, de uma "novidade" que estava surgindo no meio umbandista, sub-repticiamente impulsionada por um pequeno grupo de pessimistas: diziam que nós éramos "reacionários" em contraposição a eles, que seriam sempre "tradicionalistas".

Verdadeiramente jamais conseguimos penetrar as razões desta tentativa de "classificação", pois que a Umbanda Esotérica e Iniciática se radica, exatamente, em um culto africano dos mais tradicionais e perfeitos, o culto Nagô. É muito simples confirmar esta afirmação, que não é nossa; é suficiente conhecer um pouco de Nagô e Jeje, alguma coisa de Teosofia e ter coragem bastante para reconhecer a realidade de que a Umbanda com raízes no Banto, a Umbanda que se pratica preferencialmente na Guanabara e Estado do Rio de Janeiro, é a menos tradicional. Ninguém é culpado por isto, a não ser o fato inconteste de ter cabido um enorme

[127] Tenda de Umbanda, Luz, Esperança e Fraternidade.

contingente de negros Bantos à então província do Rio de Janeiro. Infelizmente, o culto dos Bantos era o mais pobre de todos em mitologia, não possuía sua teogonia própria e a sua hierarquia sacerdotal era primitiva ou inexistente.

Oliveira Magno analisa com clareza o que estamos transmitindo; sua obra *Umbanda Esotérica e Iniciática*, publicada em 4ª edição em 1962, ainda pode ser compulsada pelos amantes da tradição africanista, com grande proveito e pelos umbandistas também, certamente.

Não desejamos nem temos o menor interesse em polemizar a respeito deste assunto; todavia, acreditamos que se alargariam de muito os horizontes regionalistas de alguns se, fugindo da literatura encontradiça nas casas de ervas, dedicassem mais tempo a pesquisas de nível mais elevado. Talvez, arrepios lhe percorressem o espinhaço ao lerem, em *A Umbanda perante a crítica*, de autoria do Dr. Leopoldo Bettiol, famoso conferencista de assuntos de Umbanda com a qual abre um capítulo: "A chave mãe sobre o Orixá é a filosofia Rosa Cruz".

Tal como o Dr. Bettiol termina sua obra, terminamos nós, esta conversa informal:

Epahei, gajulou. Orixá. Abá! Agô! Abá!

Viva Deus – Saravá.

RUMOS DA UMBANDA

General Mauro Porto

Diário de Notícias, n. 14125, 8 de dezembro de 1968

É plena a liberdade de consciência e fica assegurado aos crentes o exercício dos cultos religiosos, que não contrariam a ordem pública e os bons costumes.

Tal é o texto do parágrafo 5°, do artigo da Constituição do Brasil, promulgada pelo Congresso Nacional, invocando a proteção de Deus e publicada no *Diário Oficial* de 24 de janeiro de 1967.

Os católicos seguem o culto católico; os judeus o culto israelita; os muçulmanos, o culto do Islã; os umbandistas, o culto de Umbanda; todos tem assegurado o livre exercício das suas práticas religiosas amparados na LEI e nas suas igrejas as quais já conceituaram perfeitamente os seus respectivos cultos, menos os umbandistas. Menos os umbandistas repetimos, que não possuem igreja e que ainda não conseguiram ordenar o conjunto de cerimônias ritualísticas padronizadas constituintes de seu culto.

Como a doutrina umbandista não se origina de uma revelação de um profeta, de um enviado de Deus, ela tem que buscar os ensinamentos doutrinários, de forma racional, dentro de várias linhas doutrinárias de outras religiões; aí reside uma das grandes dificuldades em padronizar o culto de Umbanda.

Como a Umbanda não possui hierarquia eclesiástica, já que não se constitui em Igreja, não possui obviamente uma liturgia; todavia, a Umbanda tem rituais, os quais ela absorveu aqui e ali, de outros sistemas religiosos anteriores, ou paralelos no tempo.

Dizem que a Umbanda é muito jovem, que recém-começa a se desvincular de suas raízes mais profundas embaraçadas no africanismo; dizem que a fase atual da Umbanda pode ser comparada àquela que precedeu imediatamente à formação da Igreja Católica primitiva, originando-se do mosaismo estruturalmente, mas com um pensamento doutrinário novo: a revelação do Cristo.

De nossa parte, não acompanhamos estas informações em toda linha; não cremos, por exemplo, que se consolide qualquer movimento tendente à sustentação de uma hierarquia sacerdotal na Umbanda; é uma tentativa de sobrevivência remanescente de determinadas áreas de culto africanista. Todavia, aceitamos a ideia de uma Umbanda em formação, nova no seu aspecto esotérico, porém assentada em antiquíssimas tradições ocultistas.

Em verdade, os nossos estudos e a vivência dos nossos dias nos inclinam cada vez mais a acreditar no fortalecimento de uma Umbanda Esotérica e Iniciática que com o tempo há de proporcionar os elementos padronizados do culto externo e esotérico. A tradição mística e mitológica há de conservar-se, mas será explicada em termos de espiritualismo filosófico;

há de surgir um "credo" que resumirá as ideias básicas conformadoras da fé umbandista; monoteísmo, seres angélicos (Orixás) intermediários, reencarnação, lei do karma, manifestação mediúnica assistencial e curadora etc.

Os rituais do culto, tanto os internos como os externos e os públicos se harmonizarão naturalmente com o "credo" e com a doutrina espiritualista filosófica. Não haverá sacerdotes, nem templos. Os guias oficiarão através dos seus instrumentos através dos seus instrumentos mediúnicos em santuários interiores ou no templo da natureza.[128]

A MAGIA SAGRADA será a grande arma dos iniciados que, como veículos de forças benfazejas, a utilizarão com ciência em proveito dos seus irmãos, encarnados ou não. Eis como vemos a futura Umbanda, objetivo constante das nossas cogitações e do nosso serviço desde agora, pois sabemos que os "tempos são chegados" e que a aurora de uma Nova Era já ilumina os horizontes deste findar de milênio.

Que a paz e o amor de Oxalá iluminem a todos os seres.

EIS O "ÔME"

Texto de Paulo Stein

Revista *Intervalo*, n. 311, 20 de dezembro de 1968

Desbancou os Beatles e Roberto Carlos. Também, pudera, é um feiticeiro com três mil anos de tarimba!
Conheça aqui o baixo Noriel Vilela, que frequenta botequins do Méier, mas que jamais deixou de andar na linha

Seresteiro e boêmio, muito conhecido no Méier, bairro carioca onde nasceu e vive até hoje, Noriel Vilela, afastado muito tempo do mundo discófilo, volta de repente à ativa com uma gravação, "Só o ôme" que pouco tempo após o lançamento estourou nas paradas de sucesso do Rio, deixando os Beatles e Roberto Carlos para trás, com uma vendagem superior a 70 mil discos.

No início de sua carreira Noriel era um dos Cantores

[128] Esta frase mostra que a profecia do General Mauro Porto não se concretizou.

de Ébano, que alcançaram êxitos há uns cinco anos com "Uirapuru" e "Leva eu". Depois que abandonou o conjunto, Noriel passou a cantar serestas para seus amigos de boteco, no seu querido Méier, e aí estaria ainda, não fosse o diretor artístico da Copacabana, Ismael Correia, que, acreditando no seu valor, levou-o para gravar "Só ôme" – "Só ele mesmo é que teve peito de me levantar novamente" – diz Noriel.

Solteiro, e faturando alto, Noriel tem compromissos em televisão quase que diariamente, mas é mais fácil encontrá-lo em algum bar, onde fica até que vão buscá-lo para cantar. "Gosto de chutar meus tragos" – explica – "mas não perco o juízo, não, nem topo a malandragem. Sou um homem de macumba, sou de Ogum Megê e neto do feiticeiro Timbó, por isso tenho que andar na linha certa".

Noriel trás sempre no pescoço um colar de dentes e nas mãos uma bengala, que, na sua crença, o imunizam de qualquer mal. "A gente tem que dar um jeito na vida" – diz – "Deus é bom, e o Diabo também não é ruim; perigosas são certas pessoas que só pensam em fazer o mal. Sou feiticeiro de três mil anos, sou do tempo anterior ao brontossauro, mas não faço feitiço, não. De vida terrena tenho 33 anos e vou viver até os 75, assim me sobram 42 anos para viver neste mundo e cumprir minha missão, que tem sido de bondade e amizade".[129]

Noriel gosta muito de viajar e já conhece todo o Brasil. Para casar, não tem pressa: "Se encontrar uma mulher ideal, me caso". E sobre a mulher ideal: "Mulher para mim tem que ser uma mulher e mais nada".

---

[129] Noriel faleceu em 20 de janeiro de 1975, com 39 anos, em função de leucemia combinada com anemia aguda.

Figura 102: Noriel Vilela com sua bengala. Foto de Paulo Salomão.

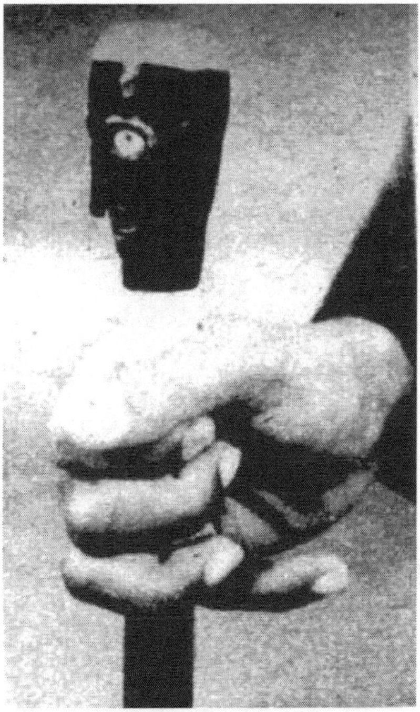

Figura 103: Detalhe da bengala. Foto de Paulo Salomão.

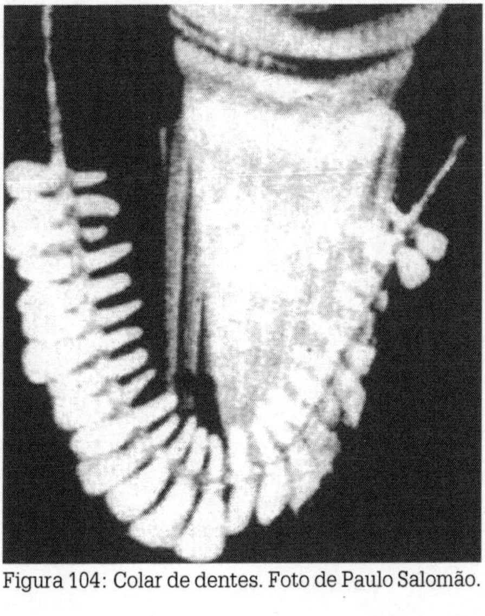

Figura 104: Colar de dentes. Foto de Paulo Salomão.

Figura 105: Noriel Vilela. https://www.youtube.com.

Figura 106: Capa do LP *Eis o "Ôme"*.

OS SANTOS VÃO À UMBANDA

Maria Lucia Amaral

Diário de Notícias, n. 14260, 20 de maio de 1969

Os santos já fazem parte de tal modo de vida do povo até nos fatos mais corriqueiros como um argueiro nos olhos, uma espinha atravessada na garganta ou um cobreiro, que retirar, a esta altura, alguns deles do calendário litúrgico é trabalho inútil e só faz despertar celeuma e causar distúrbios como tem acontecido em várias partes do mundo e até mesmo no Brasil onde um vereador conhecido por "Mário Pau de Fósforo" organizou uma concentração na pequena cidade de Santa Luzia, a 27 quilômetros de Belo Horizonte, onde 25 mil pessoas estão revoltadas com "cassação" de sua padroeira. Centenas de volantes, jogados pelas ruas, convocam o povo para a passeata dizendo, somente: "Santa Luzia não se conforma com a decisão do Papa".

O vigário não se mete, mas a população liderada por Valdemar Augusto dos Santos, o "Pau de Fósforo", está firme no seu protesto e vai defender a imagem de Santa Luzia construída há 250 anos e cujo santuário inclui peças do Aleijadinho.

Assim como em Minas, os motoristas cariocas não se conformam com a ideia de substituir o querido São Cristóvão por Santa Francisca Romana como ocorreu com os motoristas italianos. Caindo dos altares, muitos santos arrastaram com eles a ira do povo e o seu protesto. Pois que derrubaram lendas e mitos que davam um toque de lirismo à vida feia e sem graça dos pobres mortais.

Apesar das observações do órgão do Vaticano – *L'Osservatore Romano* – de que os católicos podem continuar a venerar todos os Santos retirados do calendário e até mesmo os que nunca existiram, já que o culto dos Santos, em geral, é uma forma de veneração que visa à glorificação de Deus, a medida recente do Papa, constituiu um verdadeiro choque para a maioria do povo. Não dizemos católicos porque até os não católicos veneram os Santos. São Jorge,

Santa Bárbara, Santa Catarina são figuras importantes nos terreiros de Umbanda. A Umbanda, que é uma forma de sincretismo religioso dos povos africanos e índios brasileiros, talvez venha a conseguir mais adeptos com a recente medida da Igreja. Para o professor José Herculano Pires, do Instituto Paulista de Parapsicologia, a Umbanda vai ter mais adeptos e mais terreiros, aonde muitos irão em busca de Ogum e Iansã que representam São Jorge e Santa Bárbara.

São Jorge "Ogum"

Ogum é um dos santos principais invocados na Umbanda, é o Orixá ou divindade da religião yorubá que representa a guerra e o combate. Seu dia é a quinta feira, a sua cor predileta é o azul profundo e o seu fetiche é um pedaço de ferro qualquer, depois de preparado pelo pai de santo. A ferramenta de Ogum compõe-se de safra de ferreiro, foice, cavador, pá, enxada, lança, malho, espada, arco, flecha etc. Nos candomblés baianos, as invocações de Ogum são várias, segundo Luís da Câmara Cascudo: Ogum Menino, Ogum Sete Espadas, Ogum Sete Encruzilhadas, Ogum do Cariri, Ogum da Pedra Branca, Ogum da Pedra Preta, Ogum Megê, Ogum de Ronda etc.

Apesar de toda a campanha que se faz contra a Umbanda, esta religião, se pode chamar assim, vai se espalhando pelo país inteiro. No fim do ano passado, já havia mais de 100 mil terreiros espalhados por todo o país. Na Guanabara existem 22 mil e no Estado do Rio, 20 mil. São Paulo e Rio Grande do Sul vêm com 18 mil. Perto de cinco milhões de brasileiros frequentam esses terreiros, segundo pesquisa de Armando Cavalcanti Bandeira. A Umbanda está atraindo, também, os brancos e muitos de classes sociais privilegiadas. Frei Boaventura Kloppenburg, que fez uma longa campanha contra os umbandistas declarou que "o movimento umbandista está penetrando cada vez mais nas populações de origem europeia".

Figura 107: Médium, incorporado com Preto Velho, em frente à oferenda. *Diário de Notícias*, n. 14260, 20 de maio de 1969.

Figura 108: Mãe de Santo no terreiro. *Diário de Notícias*, n. 14260, 20 de maio de 1969.

CULTO A IEMANJÁ NA NOITE DE SÃO SILVESTRE

Joana Palhares

Diário de Notícias, n. 14459, 28 de dezembro de 1969

O culto de Iemanjá atrai, cada fim de ano, pessoas de todas as classes e de todas as crenças. A festa saiu do campo religioso para o calendário turístico e o culto da Rainha do Mar é saudado em todo litoral da Guanabara, anunciando, ao som de atabaques e cantos, velas acesas e danças, a chegada do Ano Novo.

Ao longo da orla marítima, curiosos e fiéis ao culto molham os pés nas águas do Flamengo, Botafogo, Copacabana, Ipanema, Leblon, São Conrado, Barra, como, também nas praias de Ramos e da Ilha do Governador. A festa já é internacional, a tal ponto que muitos produtores de filmes estrangeiros vêm ao Brasil, nessa época, para filmá-la. Dela todos participam jogando – embora alguns o façam discretamente – branca flor ao mar. E, ao soar as batidas que encerram o ano velho, nos pequenos barcos, iluminados e lançados com oferendas à Iemanjá, vão, também, as tristezas do ano que findou, deixando apenas o brilho da esperança para o ano que se inicia, representado pelas luzes das velas que ajudam a lua a iluminar a terra.

Figura 109: Danças, cânticos e oferendas para Iemanjá. *Diário de Notícias*, n. 14459, 28 de dezembro de 1969.

ODÔ IYÁ Ê!

Antonio Carlos Freitas

Diário de Notícias, n. 14461, 31 de dezembro de 1969

Figura 110: Homenagem à Iemanjá. *Diário de Notícias*, n. 14461, 31 de dezembro de 1969.

"Odô iya ê"! Eis como os negros saudavam Iemanjá, nos tempos da escravidão. Milhares de brasileiros – herdeiros do culto dos nagôs – estarão hoje nas praias com flores, colares e perfumes – as oferendas – para prestar homenagem à Rainha do Mar, mãe de todos os Orixás.

Iemanjá é o mais conhecido dos Orixás, ou seja, Santos de Umbanda. É um espírito altamente iluminado, como dizem os umbandistas, que trabalha somente para o bem, desfazendo "despachos" de feitiçaria, protegendo os que creem nela, os pescadores e de todos que lhes vão procurar para pedir ajuda.

No Brasil, segundo o livro de Zora Seljan, *Iemanjá e suas lendas*, ela aparece em certas regiões com diversos nomes, como Janaína, Dona Janaína, Dona Maria, Inaê e Princesa de Aiocá. Na maioria das vezes, um Orixá sempre é identificado com um algum santo da Igreja. Iemanjá é Nossa Senhora. Os baianos dizem ser ela Nossa Senhora da Piedade, outros acham que ela é Nossa Senhora do Rosário e para alguns, Nossa Senhora da Conceição, com a qual ela mais se identifica.

Os estudiosos no assunto, acham que Iemanjá tem ligação com as lendas das sereias da Mitologia Grega, das mães d'água no Amazonas. Estudos profundos provaram ser Iemanjá conhecida desde há muitos século, nas civilizações mais antigas, pois até mesmo os povos orientais prestavam suas homenagens às divindades da água, comandada por outra superior.

As pessoas que lhe enviam presentes, de um modo geral, quando o fazem, pedem qualquer coisa que querem obter. Outras, nada pedem, presenteiam por amor. Segundo alguns centros espíritas, quando Iemanjá toma simpatia por alguém, dificilmente essa pessoa sofrerá na vida. Não será nunca desamparada, nem esquecida pela Rainha das Águas.

Inúmeros são os casos de problemas, alguns de enorme seriedade, resolvidos pela fé em Iemanjá. Os que seguem a Umbanda garantem que não se deve perturbar em hipótese alguma, os filhos de Iemanjá. Ela é o símbolo de amor, proteção, carinho e defesa contra as forças do mal. Eis o porquê da enorme devoção que se dedica a ela.

Quando eu cheguei nesta casa
Olhei para a cumeeira
Salvei Dona Iemanjá
Com sua família inteira

Segundo o livro de Edison Carneiro, *Candomblés da Bahia*, a Iemanjá vinda da África é identificada no Brasil com Nossa Senhora da Conceição e é festejada no dia oito de dezembro. Suas cores são azul e vermelho, usa como enfeites objetos de contas de água, espada e abebé branco, com uma sereia recortada no centro.

Afirma ainda o livro que a Iemanjá criada no Brasil é outra, embora tenha conservado o título de "Rainha do Mar". Às vezes é sereia, outras é ninfa e até mesmo virgem, chegando a se identificar com a Virgem Maria, o que provoca em suas devotas cariocas uma certa revolta, quando leem ou sabem alguns casos da Iemanjá africana, cujas lendas são cheias de sexo, um tanto voluptuosas, contando estórias de jovens rapazes que foram atraídos pela Rainha do Mar, a fim de passarem uma longa e amorosa noite em seu palácio submarino.

No Candomblé, as cores de Iemanjá são o rosa e o azul claro. Seu metal é a prata. Assim conta Roger Bastide em *O Candomblé da Bahia*. O autor diz no mesmo livro que "sábado é dia da água, em forma dupla: da água salgada, com Iemanjá e da água doce, com Oxum. A gente da Bahia se reúne facilmente num mesmo culto".

Tainha deu
Tainha abalô
Cadê a Sereia
Que aqui não chegô

Segundo ensina a Umbanda, as entidades de Iemanjá são divinizadas em falanges e protegem os que trabalham no mar, as mulheres e as famílias. Todos os centros e terreiros têm um dia guardado especialmente para festejar Iemanjá.

Os presentes dados nas praias são, geralmente, ofertados no sábado, ao meio dia, sendo seis horas da tarde a hora ideal para presentear e fazer um pedido à Rainha das Águas. É essa a hora em que Iemanjá desperta do seu sono.

Ela é a mãe de todos os Orixás. Adora que deem flores, perfumes e que peçam alguma coisa. Só não gosta de quem promete e não cumpre alguma obrigação. Seus filhos são, por ela, intensamente amados e pelos outros, respeitados.

Cita João Ângelo Labanca, em *Iemanjá e suas lendas* a estória que sua babá lhe contava, sobre os negros africanos, que eram trazidos como escravos ao Brasil. "Eles resistiam aos maus tratos e à fome, porque as sereias, durante toda travessia, cantavam lindas canções para entorpecê-los. Quando algum deles conseguia escapar e atirar-se ao mar, os outros ao invés de lamentarem gritavam: Viva o eleito, esta noite estará no palácio da Senhora do Mar".

Eu me chamo Ogum de Lê
Não nego meu naturá
Sou filho das águas claras
Sou neto de Iemanjá

Foi somente a partir de 1952 que o culto à Iemanjá tornou-se público. Antes as homenagens eram feitas em centros e terreiros, pois haviam as perseguições da polícia e dos medrosos, que até hoje chamam a Umbanda e o Candomblé, de macumba.

As "obrigações" para Iemanjá ou qualquer outro Orixá tinham que ser feitas às escondidas, com um número certo de adeptos, que geralmente pertenciam à chamada classe inferior.

Mas, com o tempo, seja por obra da Rainha das Águas ou por força do destino, a Umbanda e o Candomblé cresceram e aumentou enormemente o número de seus seguidores, sendo que a Umbanda é a mais popular das duas religiões. Hoje em dia, podemos ver, todos os anos, em todas as praias cariocas, milhares de pessoas prestarem suas homenagens a Iemanjá e toda sua falange. Não se vê apenas pessoas pobres, mas de todas as classes, conversando com as entidades, querendo saber o porquê de certas coisas acontecidas, e pedindo que lhes digam o que o futuro lhes reserva.

Quando a noite de 31 de dezembro desce, terreiros, centros e associações chegam às praias, levando seus altares, guias, imagens e quadros, representando as entidades. À meia noite, barquinhos cheios de flores e presentes são lançados às águas, acompanhados de pontos (cânticos de Umbanda), para que Iemanjá e o Povo da Água os recebam e deem sua proteção durante todo o ano, que se inicia.

CACHOEIRAS DE TINGUSSU: TERREIRO – MESTRE DOS ADORADORES DE OGUM

Texto de Gélcio de Souza

Diário de Notícias, n. 14552, 22 de abril de 1970

Amanhã é dia de São Jorge, Ogum para os umbandistas. A natureza e os homens de fé unem-se para festejar a data dedicada ao grande mártir do cristianismo, cuja história, cercada de muitas lendas e fantasias, dificulta um verdadeiro trabalho de reconstrução da sua vida.

Segundo afirmação dos historiadores Lactâncio e Euzébio, São Jorge, então oficial do Exército do Imperador Deocleciano, em um gesto de incontida revolta, rasgou o édito de perseguição contra os cristãos, afixado à porta do Palácio Imperial da Nicomédia. Esta rebeldia provocou o seu martírio e morte no ano de 303. Mais tarde, o seu corpo foi transladado para a Palestina, onde Constantino erigiu um oratório sobre o seu túmulo.

São Jorge já era cultuado na Grécia, com a denominação de Megalomarte (grande Marte). Era muito venerado, também, na Itália e na Gália, no Século VI. A Inglaterra considerou-o seu patrono no ano de 800 e Dom João I, de Portugal, depois da vitoriosa batalha de Aljubarrota, reedificou o Palácio de Lisboa, dando-lhe em agradecimento à proteção do santo, o nome de São Jorge, que até hoje permanece.

São impressionantes também, as festividades consagradas a Ogum. Milhares de pessoas se deslocam para os mais diversos terreiros, principalmente cachoeiras, para abrirem os trabalhos da festa dedicada ao grande Orixá.

Cachoeira de oferenda

Uma das cachoeiras mais procuradas é a de Tingussu, situada na localidade de Coroa Grande, costa sul do litoral fluminense, na divisa do Município de Itaguaí com Mangaratiba.

Com a finalidade de testemunhar a afluência dos umbandistas àquela cachoeira, a reportagem do DN se deslocou para o local.

Depois de uma viagem de quase duas horas, chegamos a Coroa Grande e logicamente procuramos uma praça, centro de informações de qualquer lugarejo. Coroa Grande aparentemente não tinha praça, para a nossa surpresa. Dirigimo-nos, então, à praia, onde um roceiro do lugar vendia milho cozido à sombra de uma árvore, naquela típica atitude contemplativa.

Vislumbrando novos fregueses, o homem respondia com boa vontade às nossas perguntas e enriquecia mais a descrição dos fatos quando se referia à macumba. Dizia ter ouvido na noite anterior um "estouro lá para o lado da cachoeira", o que para nós era um bom indício da presença de fiéis. Após saborearmos o milho cozido e ter batido um papo animado com o nosso improvisado guia turístico, seguimos o caminho que nos foi indicado e um pouco mais adiante encontramos a entrada para a cachoeira, estreita, porém transitável. Começamos a subir logo no início, em uma clareira, havia carros e um ônibus estacionado. Subimos mais um pouco e o acesso para automóveis terminou. Saltamos, então, e à beira de um riacho travamos os primeiros contatos com pessoas vestidas com roupas de santo, divididas em pequenos grupos, realizando trabalhos e oferendas. O fotógrafo do DN iniciou o seu trabalho, que por vezes foi dificultado pela desconfiança que a nossa chegada provocara. Alguns inclusive não permitiram fotografias.

Até aquele ponto da subida, não havíamos encontrado um terreiro organizado, porém a quantidade de automóveis e o ônibus, nos faziam acreditar na existência de um grupo maior.

O barulho vinha do alto

Depois de um breve descanso, reiniciamos a caminhada, agora por um caminho mais difícil, por entre pedras e pequenas trilhas embrenhadas no mato. Por todo o percurso, havia uma quantidade enorme de amalás (ceias de oferendas para os Orixás). O barulho da cachoeira aumentava e nada de novo aparecia aos nossos olhos.

Paramos novamente e já pensávamos em voltar, quando ouvimos ao longe sons de palmas e tambores que se misturavam com o barulho das águas. Tomamos de novo o caminho, desta vez mais animados. Os tambores e as palmas aumentavam e aos poucos se distinguiam vozes entoando curimbas (pontos cantados).

Figura 111: Oferenda na Cachoeira de Tingussu. Foto de Paulo Moreira. *Diário de Notícias*, n. 14552, 22 de abril de 1970.

Finalmente, ao atravessarmos uma passagem fechada por cipós emaranhados, avistamos uma clareira onde um grande número de pessoas realizavam trabalhos de Umbanda, com todas as suas características rito-litúrgicas.

A apreensão de sermos mal recebidos, naquela altura da mata, dissipou-se com a acolhedora recepção que recebemos por parte daquela gente que ali estava reunida por uma forte crença, que segundo eles, protegia seus corpos, evitando os perigos que a mata oferecia.

Essa boa gente pertencia à Tenda Ogum Beira Mar e o seu presidente, o medico Armando S. M. Veloso, declarou que eles estavam dando, ainda, os primeiros passos na Umbanda e que no dia 23 (amanhã) iriam inaugurar a sua sede na Rua Ivan Pessoa, n. 45, em Santíssimo, juntamente com a festa de seu guia espiritual: Ogum.

O terreiro era chefiado, espiritualmente, pelos caboclos Sete Cachoeiras e Rompe Nuvens que comandavam todos os trabalhos do ritual umbandista.

Figura 112: Médium incorporada com Caboclo na Cachoeira de Tingussu. Foto de Paulo Moreira. *Diário de Notícias*, n. 14552, 22 de abril de 1970.

Uma série de oferendas e despachos foram realizados, sob às nossas vistas, ávidas de capturar a atmosfera reinante. Um espetáculo realmente belo, principalmente causado pelas cores que reforçavam o quadro da natureza. As pessoas contritas, distantes do mundo lá de baixo, oravam e cantavam irmanadas com as forças dos Orixás ali presentes.

Ao voltarmos para a cidade, nossas mentes ainda estavam marcadas pela grande festa que presenciáramos na cachoeira de Tingussu, Coroa Grande, às vésperas da grande festa de Ogum.

VEREADOR QUER FESTAS DE UMBANDA FORA DA NOVA LEI DO SILÊNCIO

Diário de Notícias, n. 14662, 16 de agosto de 1970

O Vereador Manoel Barbosa, de Nilópolis, ao tomar conhecimento do anteprojeto que o governo fluminense elaborou, objetivando implantar no Estado a Lei do Silêncio, regulamentando o assunto em moldes técnicos e atuais, redigiu requerimento no sentido de resguardar a plenitude dos rituais dos cultos da Umbanda.

No documento, solicita o edil[130] providências à Mesa da Câmara Municipal no sentido de que seja oficiado ao Governador Geremias Fontes, a fim de que sejam liberados das limitações da Lei do Silêncio datas especiais do calendário espírita-umbandista, quando o ritual é acentuado pelo ritmo de tambores, atabaques e outros instrumentos de percussão.

Justificativa

Justificando sua proposição, já aprovada pelo plenário, destaca o Senhor Manuel Barbosa, que tal iniciativa já foi tomada pelo Governador Negrão de Lima, da Guanabara, em atendimento às reivindicações dos cultos umbandistas localizados em território carioca.

Acentua também que, atendendo a sugestão do Chefe do Executivo Fluminense estará atendendo "às legitimas aspirações dos espíritas-umbandistas na luta para o aprimoramento e a liberdade da prática dos seus cultos, demonstrando assim sua compreensão do problema, como homem religioso que é".

A título de colaboração, junta o autor à sua proposição a seguinte relação de dias santificados no ritual da Umbanda:

20 de janeiro – Consagrado a Oxóssi; 13 de fevereiro – Consagrado a Omolu; 20 de março – Consagrado a Oxalá; 23 de abril – Consagrado a Ogum; 13 de maio – Festa umbandista; 13 de julho – Consagrado a Exu; 24 de junho – Consagrado a Xangô; 29 de junho – Consagrado a Nanã; 15 de agosto – Consagrado a Iemanjá; 27 de setembro – Festa umbandista; 3

[130] Funcionário eleito pelo povo que faz parte do poder legislativo, da câmara municipal de uma cidade; vereador.

de outubro – Festa umbandista; 23 de outubro – Consagrado a Ibeji; 2 de novembro – Consagrado a Salauin; 22 de novembro – Consagrado aos Caboclos; 4 de dezembro – Consagrado a Iansã; 8 de dezembro – Consagrado a Oxum.

UMBANDA TEVE RITUAL DE CHANCHARAN E EBÓ NA SEXTA FEIRA SANTA

Antonio Carlos Freitas

Diário de Notícias, n. 14861, 11 de abril de 1971

Durante a Semana Santa, também os terreiros, tendas e centros, onde se cultuam as religiões afro-brasileiras, realizaram seus rituais, terminando na Sexta Feira Santa com a realização do Chancharan e do Ebó, que, dentro do cerimonial religioso é o despacho ou louvor a todos os Orixás, e que se realiza após a meia noite, com a matança e sacrifício de animais, quando se "prende" ou "amarra" e cultos, em uma trajetória de normalidade e sem "demandas" entre o bem e o mal, conforme a crença umbandista.

Chancharan

Este ritual é praticado com a finalidade de fazer com que os chamados filhos de fé fiquem purificados e protegidos contra todos os males e imunes de qualquer perigo. Tal purificação e "fechamento do corpo" são feitas dentro de rituais especiais, para cada um, de acordo com a linha a que pertence e a proteção que recebe de determinado Orixá, se constituindo na lavagem do corpo, "pontos" riscados e cantados, preparação de símbolos, breves, bentinhos, patuás e outros talismãs que refletem e contém as magias do culto e invocam a proteção, encarnando, até mesmo, a própria entidade que protege a cada um de seus filhos. Durante o ritual das magias, todos entoam cantos e no ritmo de instrumentos de percussão, suas louvações a todos os Orixás, enquanto o bacura[131] ou iniciado a ser protegido submete-se a todas as determinações que lhe são ministradas pelo babalaô ou babalorixá, chefes do terreiro.

[131] O mesmo que bacuri (filho).

Ebó

Após a meia noite, é tempo de "prender os maus". Inicia-se o ritual do Ebó, que se caracteriza pelo sacrifício de animais em louvor aos que têm poder contra as forças para usar influências negativas e obscuras, contrária aos bem intencionados. Matança de galinhas, carijó ou preta, preparo de condimentos – a farofa – ou o sacrifício de carneiros e cabritos, com o aproveitamento do sangue, e algumas partes dos órgãos internos, são feitos e despachados, em uma espécie de ceia às maiores entidades dos cultos de Umbanda. Todos os "filhos de fé" filiados ao terreiro já tomam parte no culto, terminando pela madrugada, quase já com o dia claro, na Aleluia, com um amalá[132] para os filhos da casa.

Figura 113: Umbandistas foram aos terreiros fechar o corpo. *Diário de Notícias*, n. 14861, 11 de abril de 1971.

[132] Prato da culinária afro-brasileira. Para Ogum é feito com feijão fradinho, azeite de dendê e camarões. E para Xangô, preparado com carne fresca, preferindo-se a rabada, quiabo, azeite de dendê, camarões e muita pimenta verde.

A FARMÁCIA DE ZÉLIO DE MORAES

Diamantino Fernandes Trindade

Muitos questionamentos tem surgido com relação à Zélio de Moraes ter uma farmácia. Vejamos então:

Leal de Souza, no livro *No Mundo dos Espíritos* (1925)[133] escreveu no capítulo "O Centro Espírita Nossa Senhora da Piedade": Atravessando, em procura do arrabalde das Neves, a cidade de Niterói, perguntávamos, no bonde, a quanto passageiro ficava ao alcance da nossa voz:

– Conhece, porventura, nas Neves, a farmácia do Senhor Zélio?

No *Jornal do Commercio* (RJ), n. 204, de 26 de agosto de 1928 encontramos:

> DIRETORIA DE SAÚDE PÚBLICA
> Despachos do Diretor
>
> Paulo Nicoli, farmacêutico, pedindo licença para assumir a direção técnica e profissional da farmácia Nossa Senhora da Piedade, de propriedade de Zélio de Moraes, sita à Rua Marechal Floriano, n. 53, Neves, Município de São Gonçalo.

Penso que está esclarecida a questão.

PRECONCEITO

A famosa Mãe Menininha do Gantois faleceu em 13 de agosto de 1986.

O editorial do jornal *O Estado de São Paulo* deixa claro o seu preconceito contra os cultos afro-brasileiros.

> Diante do cortejo imenso e de importância política que presenças ilustres deram ao ato (o funeral), resta-nos raciocinar sobre o imenso esforço de educação que é necessário para que o Brasil se transforme numa nação moderna, em condições de competir com os maiores países do mundo. A importância exagerada dada a uma sacerdotisa de cultos afro-brasileiros é a evidência mais chocante de que não basta

[133] A segunda edição deste livro foi publicada pela EDITORA DO CONHECIMENTO.

ao Brasil ser catalogado como a oitava maior economia do mundo, se o país ainda está preso a hábitos culturais arraigadamente tribais.

SEU SETE DA LIRA - ENTRE A CARIDADE E A FAMA

Adão Lamenza

Entre as décadas de 50 e 60, um Exu com características bem peculiares começou a ganhar notoriedade no pequeno e tranquilo bairro de Cavalcanti, zona norte do Rio de Janeiro. Seus dons de cura rapidamente se espalharam despertando a curiosidade de alguns e a real busca de caridade por outros. O Guardião que utilizava a musica e a fé para curar começou a ganhar grandes proporções de fieis e que cresciam geometricamente.

Mãe Cacilda de Assis surpresa com aquela repercussão e orientada por seus guias vai à busca de um lugar maior para abrigar os devotos de Sete Encruzilhadas da Lira. O bairro de Santíssimo foi o escolhido e ratificado por Cabocla Jurema. A princípio Mãe Cacilda, até achou, que tudo se acalmaria por se tratar de um bairro longínquo e difícil acesso. Mas qual não foi a surpresa. Não só todos os fieis seguiram Sete da Lira, como também a quantidade de devotos subia e subia cada vez mais.

Sem dúvida o bairro de Santíssimo era um antes de Seu Sete e se tornou outro depois dele. Seu Terreiro ganhou o auge nas décadas de 1970 e 1980, embora o Exu tenha comandado suas giras até dezembro de 2000. Seu Sete ganhou as capas das principais revistas da época e algumas raras apresentações surpreendentes em programas de TV.

"Emparedado" entre a fama e caridade, o Rei da Lira jamais perdeu o foco de seu trabalho e nunca se deixou levar por vaidades efêmeras. Seu lema era fazer o bem sem olhar a quem e só o que pedia eram três coisas que se tornaram o alicerce de sua missão espiritual: FÉ, RESPEITO E COMPREENSÃO.

Figura 114: Mãe Menininha do Gantois. Htttps://historiasdopovonegro.wordpress.com.

Figura 115: Seu Sete da Lira. Acervo de Adão Lamenza.

LUKUMI E SANTERIA

Diamantino Fernandes Trindade

Os escravos yorubá que foram levados para Cuba durante o tráfico de escravos e seus descendentes em Cuba e na diáspora eram conhecidos como Lukumi. Existem algumas conjecturas para a palavra Lukumi. Uma probabilidade plausível é o termo é originário de *Oluku mi*, cuja tradução é *meu amigo*.

Lukumi é um culto religioso afro-cubano e está intimamente ligado ao legado étnico da África Ocidental de cubanos escravizados, mantidos pelos cabildos – corporações municipais instituídas na América Espanhola durante o período colonial que se incumbia da administração geral das cidades coloniais – durante a escravidão em Cuba. Cada cabildo tinha um santo católico de devoção.

Esse culto é também conhecido como La Regla de Ocha ou Santeria. Vários cultos similares são praticados no Brasil e, também na África Ocidental. Os praticantes da Santeria (caminho dos Santos) são, muitas vezes, denominados de santeiros e os Orixás são denominados de Santos. É um culto sincrético praticado, não só em Cuba, mas em diversos países.

Os escravos trouxeram as suas tradições espirituais com eles, e quando compelidos pelos seus "donos" a converter-se ao Catolicismo, criaram um engenhoso sistema para esconderam os seus mistérios religiosos dentro do imaginário dos Santos Católicos, algo que também aconteceu no Brasil. Os lukumis consideram seus antepassados tão importantes e sagrados quanto os Orixás, e dignos do mesmo respeito.

Não existe uma doutrina central para as práticas religiosas da Santeria; mas é entendida em termos de seus rituais e cerimônias que ocorrem em local denominado de casa dos santos ou ilè. Geralmente os ilè são localizados nas casas dos sacerdotes e sacerdotisas iniciados e são construídos para os Orixás, criando um espaço para o culto, chamado de igbodu (altar).

Conforme Wirtz:[134]

[134] WIRTZ, Kristina (2007). ***Ritual, Discourse, and Community in Cuban Santería: Speaking a Sacred World.*** Miami: University Press of Florida: Miami: University Press of Florida.

A Santería tem uma visão de mundo homogênea, discreta, completamente explícita e coerente centrada em um "apanhado" de deidades yorubá e informada por um conjunto fixo de textos orais conhecidos como *patakines* que transmitem histórias parecidas com as parábolas da Bíblia e outros personagens fixos. Sua lista de rituais, canções, orações e saberes herbais são frequentemente apresentados em termos prescritivos e livros como manuais de instruções. Essa maneira de definir a Santería, que certamente é verdadeira para muitos santeiros, claramente se refere à metaculturalidade. Não há indícios de debate sobre rótulos como "religião", nenhum indício de sobreposição com outras religiões cubanas, e nenhum indício de desacordos ou lutas sobre o significado e a filiação dentro das fileiras de praticantes. Para entender completamente tais retratos da Santeria seria necessário traçar suas origens em gêneros, tais como manuais religiosos escritos por praticantes, estudos folclóricos cubanos e relatos antropológicos estruturalistas de religiões não ocidentais, e pensar sobre como os autores e consumidores de religiões não ocidentais pensam.

Figura 116: Assentamento de Santeria. http://ufothetruthisoutthere.blogspot.com.

Figura 117: Ritual de iniciação na Santeria. A cerimônia de iniciação na Santeria é denominada de *Assento* ou *Fazer o Santo*. https://santerosdel-mundo.blogspot.com.

Figura 118: Assentamento de Xangô na Santeria. https://santerosdelmundo.blogspot.com.

Figura 119: Reunião de Santeria cubana. https://santeriaafroamericana.blogspot.com.

Referências

WIRTZ, Kristina (2007). ***Ritual, Discourse, and Community in Cuban Santería: Speaking a Sacred World.*** Miami: University Press of Florida: Miami: University Press of Florida.

http://www.lukumiart.com

http://eleda.org/blog.

http://ufothetruthisoutthere.blogspot.com

https://santerosdelmundo.blogspot.com

https://santeriaafroamericana.blogspot.com

A RAINHA JINGA

Njinga Mbande nasceu em 1581. Foi rainha do Ndongo e do Matamba, hoje atual Angola.

Seu pai era Ngola Mbande Kiluanji, Rei do Ndongo que faleceu em 1617. Seu sucessor foi seu filho Ngola Mbande. Este, em 1622, fortemente influenciado pelos portugueses, enviou sua irmã Njinga Mbande para negociar com Dom João Correia De Souza, Vice-Rei de Portugal como embaixadora à Luanda em busca de paz, mostrando-se uma hábil negociadora e diplomata.

No ano de 1623 Njinga Mbande converteu-se ao Catolicismo e recebeu o nome cristão de Dona Ana de Sousa.

Em 1624 Ngola Mbande faleceu por causas misteriosas. Uma das teorias mais aceitas é que ele teria sido envenenado por Jinga, que também mandou matar o sobrinho, herdeiro natural do trono.

Njinga Mbande então assumiu o reinado de Ndongo e do Matamba. Foi uma figura marcante contra o colonialismo português em terras africanas no Século XVII, defendendo seu país até sua morte em 1663.

Arlindo Correia[135] cita:

> É imensa a fama da Rainha Jinga que viveu no centro de Angola na primeira metade do Século XVII e ficou célebre, primeiro pela sua crueldade e imoralidade, e depois pela sua espetacular conversão à Fé Católica, em que tinha sido batizada no início da idade adulta. Até há pouco tempo, porém, a sua fama só foi divulgada através de obras de ficção, faltando quase totalmente o estudo histórico da sua figura. Não admira assim que a Rainha Jinga se tenha transformado numa figura mitológica.
>
> Dois mitos principais se formaram em torno da sua figura. O primeiro foi o da "santidade" da senhora, espécie de milagre propagado pelos missionários da altura, que apregoaram por todo o mundo a sua conversão de novo ao Catolicismo. Um exame sumário dos acontecimentos revela logo que a "conversão" da Rainha teve em vista a aliança com os Portugueses, ajudada pelo apoio dos missionários que se encontravam na Matamba, os Capuchinhos italianos.
>
> O segundo mito, mais recente, é o da figura patriótica, a Rainha querida do seu povo, que passou a vida lutando contra os colonizadores portugueses, defendendo a independência do seu povo.

[135] http://arlindo-correia.com

Referências

A Rainha Jinga. http:/arlindo-correia.com.

Cachimbos do Valongo – Preto Novo, Preto Véio – Na pista a busca do lenitivo da dor. http:/spiritosanto.wordpress.com.

A líder da resistência africana. http:/profjjb.blogspot.com.

Figura 120: A Rainha Jinga. Gravura do Século XVIII. http://ginga.co/sobre-nos.

Figura 121: Rainha Jinga fuma cachimbo. Pintura do padre Giovanni Cavazzi no Século 17. http://*spiritosanto. wordpress.com.*

Figura 122: A Rainha Jinga dando comandos a seu séquito de guerreiros no século XVII. Aquarela de Araldi de Cavazzi.

AS RELIGIÕES AFRO-BRASILEIRAS E A "INTERVENÇÃO MILITAR"

Mário Alves da Silva Filho

29 agosto de 2018

Alguns amigos estão fazendo postagens a respeito da intervenção militar e as religiões afro-brasileiras, fazendo duras críticas àqueles que praticam ou seguem essas religiões e de alguma forma são favoráveis à "intervenção militar", dizendo que se precisa estudar mais e buscar mais informações.

Parece-me que se tenta, a todo tempo, desqualificar os militares; não sei o motivo disso. Como militar, sinto-me extremamente desconfortável com essas críticas, às vezes, muito duras e sem base.

Para colaborar com aqueles que sugerem que se precisa estudar a história, vamos trazer alguns fatos históricos sobre nosso passado.

Há que destacarmos a figura de três Tenentes da atual Polícia Militar, que foram figuras importantes no meio afro-brasileiro de São Paulo: o Tenente Vareda, Oficial da Força

Pública (que em 1970 se torna a Polícia Militar) que, junto com Pai Jaú e Sebastião Costa, em 1941, fundou a primeira federação de Umbanda do Brasil, chamada "Liga de São Jerônimo"; o Tenente Eufrásio, Oficial da Polícia Militar, que junto com Pai Jamil Rachid, nas décadas de 60 e 70, foram baluartes na resistência à agressão às Casas de Umbanda e de Candomblé, sendo que este havia recém se instalado em nosso Estado; e o Tenente Hilton de Paiva, Oficial da Polícia Militar, que em 1976 assumiu o Superior Órgão de Umbanda e Candomblé do Estado de São Paulo, fundado em 1974 pelo General de Exercito Nelson Braga Moreira, e que foi presidido, duas vezes, pelo querido Tenente Milton Aguirre, também Oficial da Polícia Militar do Estado de São Paulo, que começou sua carreira como Soldado da Força Pública.

Eu, por outro lado, fui o primeiro presidente do Núcleo de Religiões Afro-brasileiras dos Policiais Militares de São Paulo, os PM's de Axé, Associação criada para proporcionar um "link" entre as comunidades-terreiro e a Polícia Militar.

Temos, também, na história, o papel do General Mauro Monteiro Porto, do Exército Brasileiro, que em 1964 presidia a Confederação Nacional Espírita Umbandista e dos Cultos Afro-brasileiros e conseguiu a inclusão da religião de Umbanda nos anuários estatísticos do IBGE a partir de 1968. (NEGRÃO, 1996:97).

O General Onofre Pinto Aleixo, em 1939, sob o Estado Novo, quando os toques de atabaque estavam proibidos, garantiu que o Gantois pudesse fazer sua tradicional festa de Oxum. (IANAMÁ, 1984:70)

Há, ainda, várias histórias envolvendo militares de todas as Forças e das polícias com as religiões afro-brasileiras. Infelizmente as histórias ruins são as únicas que permanecem, mas é necessário fazermos o contraponto, para que não fique apenas um único olhar sobre um assunto tão importante.

Infelizmente as pessoas associam militar com atraso, tortura, ditadura apenas. Não se interessam em saber de suas contribuições ao país, nem de seu papel fundamental na manutenção da democracia e na garantia dos direitos fundamentais.

Ah! Sobre "intervenção militar" sugiro a leitura da

Constituição Federal, especialmente o Título V, Capítulo I, Seções I e II: "Da defesa do Estado e Das Instituições Democráticas, Do Estado de Defesa e do Estado de Sítio". Ao ler você saberá como se dá a intervenção e como ela se processa.

O CORONEL É UMA LENDA?

Diamantino Fernandes Trindade

Em 2014, já com o primeiro volume da obra *História da Umbanda no Brasil* em fase bem adiantada de pesquisa e redação, um fato inesperado ocorreu.

O Coronel Carlos Soares Vieira deslocou-se do Rio a São Paulo e, no Santuário Nacional da Umbanda, ofereceu um livreto,[136] com uma importante pesquisa por ele realizada, a um escritor umbandista que pouca ou nenhuma importância deu ao material.

Nesse dia eu estava no Santuário e meu Pai Espiritual, Ronaldo Linares, apresentou-me o Coronel. Ofereci-lhe um exemplar do meu livro *Umbanda Brasileira: um Século de história*. Ele me mostrou o material e ele me ofereceu o seu livreto e outros documentos históricos sobre a Umbanda. Passamos a nos corresponder por telefone, cartas e e-mail. Gradativamente ele foi me enviando um farto material documental.

Mas quem é afinal o Coronel?

Carlos Soares Vieira é natural do Estado de Sergipe e iniciou carreira militar no Exército Nacional, na cidade do Rio de Janeiro. Serviu também em Sergipe, Mato Grosso do Sul, Brasília e Paraná.

Desde 1960 ele frequentava terreiros de Umbanda e cultos afro-brasileiros. Diz ele que quando era transferido de cidade, a primeira coisa que fazia era procurar um terreiro. Frequentou centenas deles pelo Brasil afora. Médium atuante, até hoje (aos 83 anos) dá incorporação às entidades espirituais que lhe assistem quando visita uma casa umbandista.

Após a sua reforma, no Exército Brasileiro, dedicou-se à pesquisa histórica da Umbanda na Biblioteca Nacional, no *Jornal de Umbanda*, terreiros, organizações federativas e

[136] *Desenvolvimento da pesquisa sobre as Sete Tendas mandadas criar pelo "Chefe".*

com médiuns e sacerdotes.

Um dos objetivos de sua pesquisa foi o resgate do processo histórico das Sete Tendas Mestras,[137] oriundas da Tenda Espírita Nossa Senhora da Piedade, fundadas por determinação do Caboclo das Sete Encruzilhadas. O coronel cita:

> Apesar do grande esforço, com persistência e vontade que venho colocando neste empreendimento, lamento com tristeza em dizer que encontrei muita falta de vontade e de fraternidade por parte de alguns irmãos, por não entenderem o meu propósito de resgatar a história dessas sete tendas que foram o alicerce básico dessa religião de humildes e oprimidos.

No livreto o Coronel relata algumas de suas visitas e dificuldades durante a pesquisa que, segundo ele, está em aberto e ainda tem algumas lacunas para serem preenchidas. Disse também que, em março de 2008, tentou contato com Marizeli, médium da Tenda São Jorge e responsável pelo site e com o seu Dirigente Espiritual Pedro Miranda, também presidente da UEUB, que pouco informaram, mesmo sendo o Órgão de Cúpula criado pelo Caboclo das Sete Encruzilhadas, visto que a UEUB (União Espiritista de Umbanda do Brasil), não possuía os arquivos destas tendas. Em Cachoeiras de Macacu (RJ) recebeu da Sra. Laudelina informações sobre as entidades espirituais de algumas tendas e datas de fundação.

Na CEUB (Congregação Espírita Umbandista do Brasil), Dona Fátima, sua presidente, mostrou-lhe os exemplares do *Jornal de Umbanda* onde colheu informações, às vezes contraditórias, sobre as sete tendas.[138]

Felizmente o livreto foi recusado pelo irmão escritor, conforme já mencionei, pois, provavelmente ele não saberia o que fazer com o material pesquisado.

A minha pesquisa sobre as Sete Tendas Mestras era, até então, muito pobre, com muitas lacunas, e fundamentada em alguns documentos da década de 1970.

---

[137] Tenda Espírita Nossa Senhora da Conceição, Tenda Espírita São Pedro, Tenda Espírita Nossa Senhora da Guia, Tenda Espírita Santa Bárbara, Tenda Espírita São Jerônimo, Tenda Espírita São Jorge e Tenda Espírita Oxalá.

[138] Maiores detalhes podem ser obtidos no primeiro volume do livro *História da Umbanda no Brasil*, publicado pela **EDITORA DO CONHECIMENTO**, em 2014.

Ampliei, então, os textos sobre o tema e tudo foi publicado no primeiro volume da obra *História da Umbanda no Brasil*, com as devidas citações e autorização do nosso querido irmão e amigo Coronel Carlos Soares Vieira.

Outros materiais importantes, como os livretos históricos da Tenda Espírita Mirim, escritos por Benjamim Figueiredo, foram registrados pelo Coronel e publicados por mim em outros volumes da obra *História da Umbanda no Brasil*.

Em determinado momento alguns "irmãos" umbandistas disseram que o Coronel era uma lenda que eu havia criado. Pois bem, no dia 2 de julho de 2018, eu, minha esposa Tarsila e meu filho Tharso, fomos recebidos pela "lenda" em sua residência na Rua Lauro Muller, em Botafogo, Rio de Janeiro.

Figura 123: Diamantino, Tharso e o Coronel (2 de julho de 2018). Foto de Tarsila Costa de Oliveira.

Depois de algumas horas de agradável conversa ele nos apresentou diversos documentos históricos impressos e gravados que nós desconhecíamos e que, provavelmente, não serão publicados em livros, porém estão sob a custódia da Casa de Cultura Umbanda do Brasil que fará a sua divulgação gradativamente.

Uma quantidade significativa de exemplares do *Jornal de Umbanda*, o primeiro periódico umbandista, fundado por Zélio de Moraes e colaboradores, nos foi enviado pelo Coronel e estão sob a guarda da Casa de Cultura Umbanda do Brasil. Atualmente esse acervo é disponibilizado, na forma digital, pela Biblioteca Nacional.

Em nosso retorno a São Paulo fizemos uma visita ao Santuário Nacional de Nossa Senhora Aparecida onde pudemos sentir a energia intensa e positiva daquele santuário da fé brasileira.

Saravá Coronel Carlos Soares de Oliveira!

Figura 124: Diamantino e o Coronel examinando documentos históricos da Umbanda Coronel (2 de julho de 2018). Foto de Tarsila Costa de Oliveira.

Figura 125: Diamantino, Tarsila e o Coronel (2 de julho de 2018). Foto de Tharso Costa de Oliveira Trindade.

Figura 126: Capa do livreto sobre a pesquisa.

HINO DE UMBANDA NO MICROCOSMO

Letra e música de Carlos Soares Vieira

Umbanda, fonte de verdadeira luz
Tu és a força que nos conduz

Umbanda é paz, Umbanda é amor
Que ameniza dos filhos, o sofrimento e a dor (Bis)

Na fé contrita em nosso Pai Oxalá
E na sublime vibração de todos os Orixás

Com nossos Caboclos e bondosos Pretos Velhos
Seus médiuns transmitem seus sábios conselhos (Bis)

Com muita fé, com esperança e imensa alegria
Eu saravo as Santas Almas e o Rosário de Maria (Bis)

No mister da caridade pura e desinteressada
Que a todos nós, por Zambi é determinada

Respeitamos dos filhos, o seu Sagrado Livre Arbítrio
E vamos lhes ajudando a vencer o seu martírio (Bis)

Durante todas as nossas rondas
Os Orixás vão cortando as mirongas

E com a proteção de nosso Pai Oxalá
Todos os filhos estão seguros para caminhar (Bis)

Com muita fé, com esperança e imensa alegria
Eu saravo as Santas Almas e o Rosário de Maria (Bis)

MENSAGEM DO SENHOR CABOCLO TUPINAMBÁ

Colaboração do Coronel Carlos Soares Vieira

Sim, seu caminho é a Umbanda
Enquanto você valorizar a Experiência Espiritual
Com os Orixás, Guias e Mensageiros do Astral
Seu caminho é e sempre será a Umbanda
Enquanto você acender uma vela
E sentir que ela fala contigo
Enquanto você escutar o som do atabaque
E seu corpo aquecer de vibrações e arrepios
Seu caminho é e sempre será a Umbanda
Enquanto o brado dos Caboclos te arrepiar
O silêncio dos Pretos Velhos te emocionar
O gracejo dos baianos te alegrar
A sinceridade dos Exus te curvar
A simpatia das Pombagiras te atrair
A ciranda dos Eres te relembrar o mais importante:
Não perder a pureza das Crianças
Seu caminho é e sempre será a Umbanda
Sim, seu lugar é no Templo que frequenta
Enquanto os Espíritos Regentes
Ainda forem referências de aprendizado
Enquanto você sentir saudade ao final de cada gira
Enquanto objetivos espirituais e materiais
Também forem os seus objetivos
Enquanto o sentimento de irmandade
Não se dissipar em momentos de atrito e conflitos naturais
Enquanto você preservar o respeito e a lealdade ao seu Sacerdote
Seu caminho é e sempre será a Umbanda

– Tão bonitinho! Parece-se com o Juca Rosa.
É Verdade, mas creia, minha cara, que foi efeito da imaginação.
Figura 127: Charge relativa às aventuras amorosas de Juca Rosa. *A Comédia Social*, n. 65 27 de abril de 1871.

Figura 128: Alegoria sobre as feiticeiras. https://br.images.search.yahoo.com.

Figura 129: Pai João Maria. *https://mandaladosorixas.blogspot.com*. Seu culto é muito intenso na região de Sorocaba, sobretudo em Araçoiaba da Serra, onde tem uma espécie de religião independente devotada a ele. Segundo contam, João Maria era italiano da região de Piemonte. Viveu na região da mata de Araçoiaba como eremita em lugar conhecido como Pedra Santa. Existem inúmeros mistérios atribuídos a ele. Inscrições estranhas, milagres etc. Desapareceu sem deixar rastro e foi encontrado no Paraná, por volta de 1912, onde também curou muita gente.

Figura 130: O luar propicio para a magia. Foto de Susi de Oliveira.

Figura 131: Feiticeiro medieval. *http://www.magianegra.com.pt.*

Figura 132: Feiticeira em ritual. *http://alessa-makedance.blogspot.com.*

Figura 133: Antigo livro de feitiços, do século VII ou VIII, ou "Manual de Rituais de Poder" como denominam os pesquisadores Malcolm Choat e Iain Gardner, professores da Universidade Macquarie e Universidade de Sydney, foi escrito em Copta, uma das linguagens do Antigo Egito. *https://hypescience.com.*

Figura 134: Ritual de bruxaria. *http://www.magianegra.com.pt.*

Figura 135: Alegoria a feitiçaria. *http://bruxos-nimbuz2000.blogspot.com.*

Figura 136: Círculo Mágico, 1886. Pintura de John William Waterhouse.

Figura 137: Imagem do século XIII. Catedral de Schleswig-Holstein, Alemanha. Alguns historiadores consideram que essa mulher seja uma representação da deusa Freyja. Outros sugerem que se trate de alguma feiticeira qualquer, voando em um ramo de meimendro (planta medicinal da família das solanáceas, usada como narcótico ou anestésico).

Figura 138: *Feitiçaria*. Dosso Dossi (século XVI).

Figura 139: Pesando uma suspeita de praticar a bruxaria. Acreditava-se que as bruxas pesavam pouco ou quase nada, por isso pessoas suspeitas de bruxaria eram pesadas em uma balança. *https://www.wol.jw.org*.

Figura 140: O diabo carregando uma bruxa. Olaus Magnus (Século XVI).

Figura 141: Bola de cristal. *http://thepulpgirls.tumblr.com.*

Figura 142: Entrada da Capela dos Ossos. Igreja de São Francisco – Évora – Portugal. *Nós ossos que aqui estamos pelos vossos esperamos.* Frase que indica a transitoriedade da vida. *http://www.evora-portugal.com.*

Figura 143: Feiticeiras. *https://www.megacurioso.com.br.*

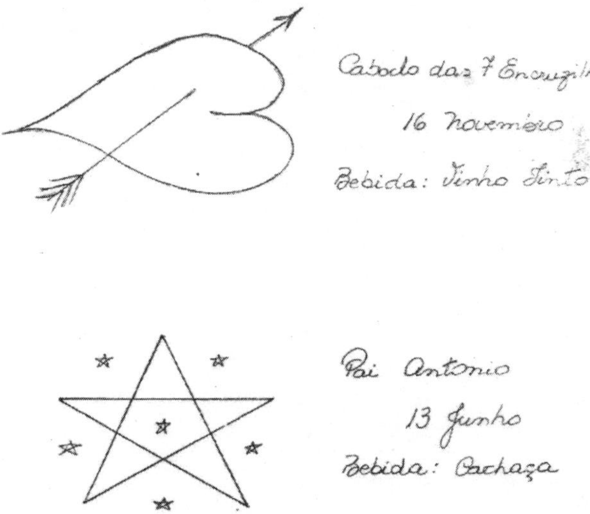

Figura 144: Pontos riscados do Caboclo das Sete Encruzilhadas e Pai Antonio. Tenda Espírita Nossa Senhora da Piedade.

Figura 145: W. W. da Matta e Silva consagrando uma iniciada, com possível emissão de ectoplasma. Acervo de Rogério Corrêa.

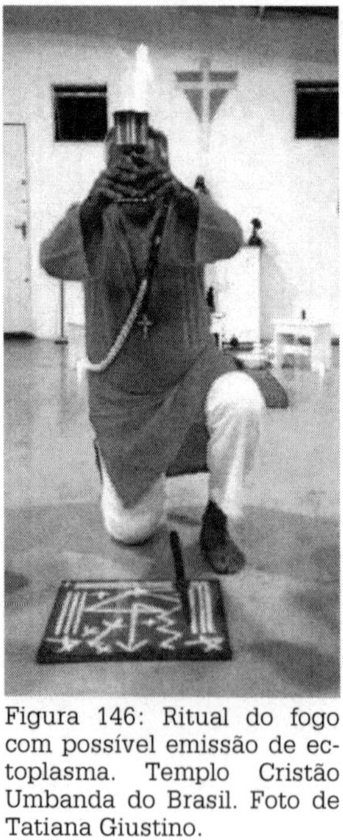

Figura 146: Ritual do fogo com possível emissão de ectoplasma. Templo Cristão Umbanda do Brasil. Foto de Tatiana Giustino.

Figura 147: Como ocorre ainda hoje, na época do Segundo Império, os fiéis iam à missa aos domingos, porém durante a semana frequentavam os terreiros. Igreja de Santo Antonio, no Rio de Janeiro. Quadro de Aidéia Santiago.

Figura 148: Diamantino F. Trindade junto à imagem de Nossa Senhora da Piedade. Santuário Nacional de Nossa Senhora Aparecida (São Paulo). Foto de Tarsila Costa de Oliveira.

Figura 149: Supermercado de feitiçaria no Togo. *https://www.mdig.com.br.*

Figura 150: O misterioso mercado de feitiçaria no México. O mercado de Sonora fica aberto todos os dias para os peregrinos da Cidade do México e turistas que vão para lá para previsões de fortuna e promessas de vida melhor. O mercado está cheio de poções para sorte, amor e dinheiro. *http://portugalmisterioso.blogspot.com.*

Figura 151: D. Almerinda Fraga, Babá da Tenda Espírita São Jorge (São Paulo), entre suas cambonas Dona Alzira Garcia e Dona Dinorah Gayoto. *Jornal de Umbanda*, n. 70, abril/maio de 1957.

Figura 152: Candomblé em Portugal. *https://candombleemportugal.wordpress.com*.

Figura 153: Dança escravista afro-caribenha. Fotografia de Everett, 2011. *https://fineartamerica.com*.

Figura 154: Selo sobre Tambor de Crioula. Arte de Márcio Guimarães. Tambor de crioula ou punga é uma dança de matriz africana praticada por afrodescendentes de escravos africanos no Maranhão, em louvor a São Benedito, um dos santos mais populares entre os negros. É uma dança alegre, ritmada e muito descontraída.

Figura 155: Capa do LP *Terreiros e atabaques*. J. B. de Carvalho.

Figura 156: Membros da corte africana dos cucumbis no Carnaval de 1868. Foto de Christiano Jr.

Figura 157: Charge de uma mulher da alta sociedade carioca observando o trabalho de uma bruxa. *Careta*, n. 1309, 22 de julho de 1933.

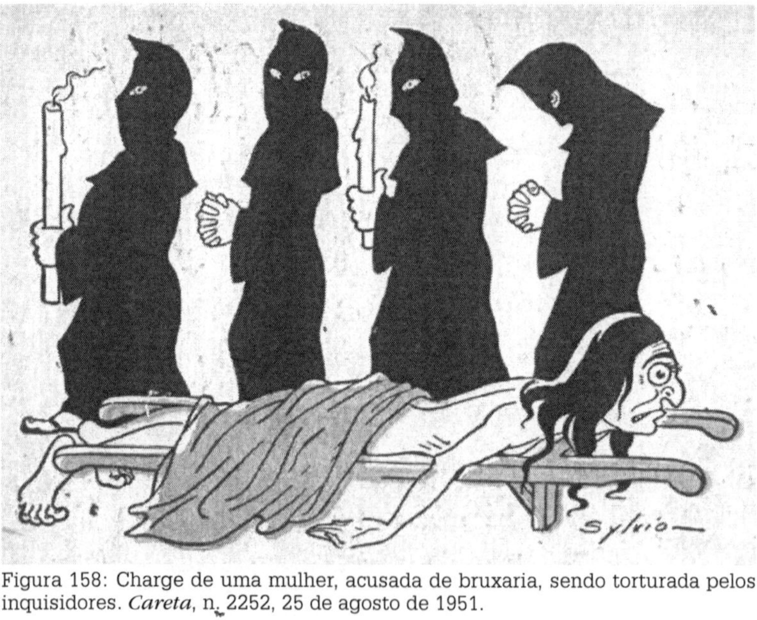

Figura 158: Charge de uma mulher, acusada de bruxaria, sendo torturada pelos inquisidores. *Careta*, n. 2252, 25 de agosto de 1951.

Implacável como é a fama,
A Inquisição certo dia
Pôs a tratos uma dama
Suspeita de bruxaria.

Porém debalde se açoda
O carrasco, entre gemidos,
Para quebrar-lhe na roda
Os pobres membros doridos.

Com os olhos esbugalhados
Morre afinal a mulher
Sem poderem tais malvados,
Quebrar-lhe um osso sequer.

Figura 159: Charge sobre a bruxaria. *O Malho*, n. 496, 16 de março de 1912.

Figura 160: Quadros da bruxaria e do fanatismo. *O Malho*, n. 584, 22 de novembro de 1913.

Entrevistados pelos jornais sobre vários casos de loucura, ocorridos ultimamente entre a gente que frequenta a magia negra e o baixo espiritismo, opinaram eles que esses e outros fanatismos tem sido os maiores fornecedores de hóspedes para o Hospício Nacional de Alienados, nestes últimos tempos.

Zé Povo: – Eis as consequências da estupidez geral, servida pela crassa ignorância e pelo analfabetismo crônico! Onde eu só vejo torpeza e exploração, esta pobre gente só vê horrendos monstros de hiantes fauces, a cuja influência obedece marchando para o Hospício!

E não haver uma lei, de chicote, que nos livre desta nova praga, devoradora de dinheiro, de corpos e almas, e até do nosso nome de povo civilizado!

Figura 161: Bruxarias e patifarias. *O Malho*, n. 495, 9 de março de 1912.

Eis o retrato do célebre Pedro Bandeira de Carvalho Filho, *doutor* de mentira, que teve a habilidade de arranjar dois doutores de verdade, para servirem de capa ao seu famoso "Instituto de Saúde", onde ele *curava* por processos reprovados pela civilização, pela polícia e pela moralidade.

O inquérito policial tem revelado coisas sensacionais de bruxaria imoral, que devem por de sobreaviso todos os chefes de família.

Figura 162: Preta Velha e Preto Velho. *O Malho*, n. 596, 14 de fevereiro de 1914.

Figura 163: A famosa feiticeira de Évora. *http://bloghalooweenmansao-pesadelo.blogspot.com*. A feiticeira ou bruxa de Évora é uma das personagens mais populares e misteriosas do folclore e das lendas da magia, especialmente na esfera da cultura popular.

SOBRE O AUTOR

• Professor do curso de pós-graduação em História e Cultura Afro-Brasileira do Centro Universitário Salesiano (UNISAL).

• Professor (aposentado) do Instituto Federal de Educação Tecnológica de São Paulo (IFSP) onde lecionou as disciplinas: Química, Fundamentos da Educação, Psicologia da Educação, História da Ciência e Epistemologia do Ensino.

• Lecionou como professor emérito na Universidade Cidade de São Paulo e professor adjunto nas Faculdades Oswaldo Cruz, Universidade de Santo Amaro e Universidade de Guarulhos.

• Pesquisador CNPq.

• Pesquisador do Grupo de Estudos e Pesquisa em Interdisciplinaridade (GEPI) da PUC-SP.

• Mestre em Educação pela Universidade Cidade de São Paulo.

• Master Science in Education Science by City University Los Angeles.

• Doutor em Educação pela PUC-SP.

• Pós-Doutor em Educação pelo GEPI-PUCSP.

• Autor de livros sobre Educação e Ciências: *A História da História da Ciência*, *Temas Especiais de Educação e Ciências*, *O Ponto de Mutação no Ensino das Ciências*, *Os Caminhos da Educação e da Ciência no Brasil*, *Leituras Especiais sobre Ciências e Educação*, *O olhar de Hórus: uma perspectiva interdisciplinar do ensino da História da Ciência*, *Química Básica Teórica*, *Química Básica Experimental*, *Médicos e Heróis*: *os caminhos da Medicina brasileira desde a chegada da Família Real até as primeiras décadas da República* e *Personagens da Ciência Brasileira*.

• Autor de livros sobre Umbanda: *Umbanda e sua história*, *Umbanda Brasileira: um século de história*, *Umbanda: um ensaio de ecletismo*, *Iniciação à Umbanda*, *Os Orixás na Umbanda e no Candomblé*, *Manual do Médium de Umbanda*, *A construção histórica da literatura umbandista*, *Antônio Eliezer Leal de Souza: o primeiro escritor da Umbanda*, *Memórias da Umbanda do Brasil*, *Você sabe o que é Macumba? Você sabe o que é Exu?*, *Leal de Souza*, *História da Umbanda no Brasil*, *História da Umbanda no Brasil – Volume 2: A Umbanda nos Jornais do Rio de Janeiro*, *História da Umbanda no Brasil – Volume 3: Memórias de uma religião*, *História da Umbanda no Brasil – Volume 4: Registros históricos*, *História da Umbanda no Brasil – Volume 5: Documentos históricos*, *História da Umbanda no Brasil – Volume 6: Registros históricos periódicos*, *Volume 7: Macumbas e perseguições religiosas*,

Volume 8: Retratos e memórias, Volume 9: Notícias Históricas da Macumba, Retratos e memórias, Retratos e Registros Históricos da Umbanda – Volumes 1 e *2*; *Manual de Umbanda para iniciantes.*

• Membro da Escola Superior de Guerra.

• Médium do Templo de Umbanda Ogum Beira-Mar, dirigido por Edison Cardoso de Oliveira, entre 1981 e 1989.

• Vice Presidente da Federação Umbandista do Grande ABC entre 1985 e 1989 e Membro do Conselho Consultivo do Superior Órgão de Umbanda do Estado de São Paulo no mesmo período.

• Relator do Fórum de Debates: *A Umbanda e a Constituinte*, realizado na Assembleia Legislativa de São Paulo, em 1988.

• Colunista do Jornal *Notícias Populares*, em 1989, escrevendo aos domingos sobre a história e os ritos da Umbanda.

• Pesquisou a Umbanda e os cultos afro-brasileiros em diversos terreiros, visitando várias vezes a Tenda Nossa Senhora da Piedade e a Cabana de Pai Antônio onde conviveu com Zélia de Moraes e Zilméia de Moraes.

• Dirigiu o Templo da Confraria da Estrela Dourada do Caboclo Sete Lanças entre 1993 e 1999.

• Colunista do *Jornal de Umbanda Sagrada* entre 2008/2009.

• Colunista do Jornal *Aldeia de Caboclos* desde 2013.

• Ministro religioso do Templo Cristão Umbanda do Brasil.

• Ministro religioso da Casa de Cultura Umbanda do Brasil

• Sacerdote de Orunmilá-Ifá iniciado pelo Babáláwò Ifatoki Adekunle Aderonmu Ògúnjimi (Babalawo *Ifasoya Ifadaisi Agbole Obemo*).

• Iniciado na Raiz de Guiné (*Hanamatan Ramayane*).

• Iniciado e consagrado na Kimbanda das Almas (*Babá Egúngún Inú Aféfe*).

FEITICEIROS E FEITIÇARIA NO SEGUNDO IMPÉRIO BRASILEIRO
foi confeccionado em impressão digital, em abril de 2025
CONHECIMENTO EDITORIAL LTDA
(19) 3451-5440 — conhecimento@edconhecimento.com.br
Impresso em Luxcream 70g - SoraEnso